Hans Weder

Die Gleichnisse Jesu als Metaphern

Für Vroni!

HANS WEDER

Die Gleichnisse Jesu
als Metaphern

Traditions- und
redaktionsgeschichtliche Analysen
und Interpretationen

Dritte, durchgesehene Auflage

GÖTTINGEN · VANDENHOECK & RUPRECHT · 1984

Forschungen zur Religion und Literatur

des Alten und Neuen Testaments

Herausgegeben von

Ernst Käsemann und Ernst Würthwein

120. Heft der ganzen Reihe

CIP-Kurztitelaufnahme der Deutschen Bibliothek

Weder, Hans:
Die Gleichnisse Jesu als Metaphern: traditions- u. red.-
geschichtl. Analysen u. Interpretationen / Hans Weder.
– 3., durchges. Aufl. – Göttingen: Vandenhoeck und
Ruprecht, 1984.
(Forschungen zur Religion und Literatur des Alten
und Neuen Testaments: H. 120)

ISBN 3-525-53286-5 kart.
ISBN 3-525-53280-6 Lw.

3. Auflage 1984
© Vandenhoeck & Ruprecht, Göttingen 1978. – Printed in
Germany. – Ohne ausdrückliche Genehmigung des Verlages
ist es nicht gestattet, das Buch oder Teile daraus auf foto-
oder akustomechanischem Wege zu vervielfältigen.
Gesamtherstellung: Hubert & Co., Göttingen

VORWORT ZUR ERSTEN AUFLAGE

„Wir sind gezwungen, in Bildern und Gleichnissen
zu sprechen, die nicht genau das treffen, was wir
wirklich meinen. Wir können auch gelegentlich
Widersprüche nicht vermeiden, aber wir können uns
doch mit diesen Bildern dem wirklichen Sachverhalt
irgendwie nähern. Den Sachverhalt selbst dürfen
wir nicht verleugnen."

(W. Heisenberg, Der Teil und das Ganze, München
1961, S. 285)

Wenn Heisenberg schon im Blick auf die Beschreibung der Wirklichkeit der Welt nicht auf die metaphorische Sprache verzichten kann,
um wieviel mehr muß die Metapher dort unentbehrlich sein, wo es
um die Wahrheit Gottes geht. Dies wird dem Leser der Gleichnisse
Jesu in aller Anschaulichkeit vor Augen geführt, vorausgesetzt allerdings, er lasse sich davon abbringen, die Gleichnisse ausschließlich
im Rahmen der antiken Rhetorik zu verstehen. An der Bemühung,
den Leser von eben jenem Verständnis abzubringen, möchte die vorliegende Arbeit teilnehmen. Sie versucht, die Gleichnisse Jesu vom
Wesen der Metapher her zu verstehen.

Auf den ersten Blick mag der Eindruck entstehen, es gehe im folgenden um die Rekonstruktion der Verkündigung des historischen
Jesus. Der Eindruck ist falsch, und ich bitte den Leser, noch einen
zweiten Blick zu tun. Dann wird er sehen, daß *der historische Jesus
Thema der folgenden Überlegungen nur wird, sofern er im Rahmen
des kerygmatischen Christus wesentlich ist.* Wenn das Denken sich
bemüht, die Beziehung zwischen dem historischen Jesus und dem
kerygmatischen Christus als *ein Verhältnis* zu begreifen, dann mag
es gelingen, die unselige *Alternative* zwischen beiden aufzubrechen.
Das ist das Hauptinteresse dieser Arbeit.

Die Arbeit wurde im Wintersemester 1977/78 von der Theologischen
Fakultät der Universität Zürich als Dissertation angenommen. Ich
danke meinem Lehrer, Herrn Prof. Dr. E. Schweizer, für seine aus-

dauernde kritische Begleitung und für seine ständige Aufmunterung, ohne die diese Arbeit nicht zustande gekommen wäre. Ich danke Herrn Prof. Dr. E. Käsemann, der meine Arbeit in die FRLANT aufgenommen hat. Ich danke der Emil Brunner-Stiftung und der Evangelisch-reformierten Kirche des Kantons St. Gallen, die sich mit namhaften Beiträgen an den Drucklegungskosten beteiligt haben. Ich danke schließlich meinem Kollegen, Herrn Fritz Gloor, der auf vielerlei Weise zum Gedeihen der Arbeit beigetragen hat.

Männedorf, im März 1978   H. W.

VORWORT ZUR DRITTEN AUFLAGE

Was kann ein Autor sich Besseres wünschen, als daß sein Buch brauchbar ist? Daß schon nach so kurzer Zeit eine dritte Auflage nötig geworden ist, hat seine Ursache bei all denen, die das Buch wohlwollend aufgenommen haben. Dafür bin ich ihnen sehr dankbar.

Die wissenschaftliche Diskussion hat auf viele Einzelheiten aufmerksam gemacht, die anders gesehen werden könnten oder müßten. In manchen Detailfragen — insbesondere im Bereich der unvermeidlicherweise hypothetischen historischen Analysen — würde ich schon jetzt einen anderen Weg gehen. Dennoch habe ich darauf verzichtet, Einzelheiten zu verändern. Dies hätte eine erhebliche Ausdehnung des Anmerkungsteils zur Folge gehabt, zumal es ja nicht sinnvoll ist, seither erschienene Literatur bloß zu erwähnen ohne begündete Zustimmung und ausgeführten Widerspruch. Dadurch wäre die Lesbarkeit alles andere als erhöht worden. Deshalb habe ich mich darauf beschränkt, noch einmal drei Druckfehler zu verbessern. An den Grundthesen dieses Versuchs, die Gleichnisse Jesu zu verstehen, etwas zu ändern, besteht kein Anlaß, trotz des zuweilen vehementen Widerspruchs, den einige Fachkollegen äußern zu müssen meinten. Die Gleichnisse Jesu im Horizont metaphorischer Rede zu verstehen, scheint mir nach wie vor ein gangbarer Weg zu sein. Daß auf diesem Weg noch mancher Schritt zu tun ist, ist selbstverständlich. Da mögen andere ihre Fähigkeiten zur Verfügung stellen.

Die Hinweise mancher Rezensenten auf nicht berücksichtigte Literatur nehme ich gerne entgegen; ich könnte sie mühelos vervielfachen. Dennoch verzichte ich auf entsprechende Literaturnachweise. Literatur bloß aufzuführen, ohne sich mit ihr auseinanderzusetzen, erscheint mir sinnlos. Immerhin sind in jüngster Zeit Arbeiten erschienen, die erstaunlich ähnliche Einsichten zutage förderten wie die der vorliegenden Arbeit. Zu nennen ist das fast gleichzeitig herausgekommene Buch von H.-J. Klauck (Allegorie und Allegorese in synoptischen Gleichnistexten, Münster 1978 [NTA.NF 13]), der in der Grundtendenz weitgehend mit meiner Arbeit übereinstimmt. Nachteilig an dieser Arbeit ist, daß sie ihre theoretischen Einsichten nur an ganz wenigen Gleichnissen der synoptischen Überlieferung in die Bewährungsprobe führt. Erfreulicherweise wurden auch auf der Nachbardisziplin der Systematischen Theologie ähnliche Entdeckungen gemacht, wie das Buch von Martin Petzoldt (Die Gleichnisse Jesu in ihrer Bedeutung für die Dogmatik, Diss. Leipzig 1976, demnächst als Buch) zeigt. Schließlich ist hinzuweisen auf die beiden Sammelbände, die Wolfgang Harnisch für die Wissenschaftliche Buchgemeinschaft zusammengestellt hat (Gleichnisse Jesu. Positionen der Auslegung von Adolf Jülicher bis zur Formgeschichte, Darmstadt 1982 [WdF 366] und Die neutestamentliche Gleichnisforschung im Horizont von Hermeneutik und Literaturwissenschaft, Darmstadt 1982 [WdF 575]). Diese beiden Bände machen wichtige Aufsätze zur Theorie der Gleichnisauslegung bequem zugänglich (wobei mir die Auswahl nicht in allen Punkten sachlich gerechtfertigt erscheint).

Manche Rezensenten bekundeten etwelche Mühe, bis zum Sachanliegen der vorliegenden Arbeit vorzustoßen (krasse Beispiele sind W. G. Kümmel, Jesusforschung seit 1965: Nachträge 1975—1980, ThR 47 [1982] 358—360, und G. Strecker/U. Schnelle, Einführung in die neutestamentliche Exegese, Göttingen 1983, S. 79f). Möglicherweise war es nicht ganz einfach, das wesentliche Anliegen zu entdecken. Ich erlaube mir deshalb, auf zwei Punkte explizit hinzuweisen.

Ich habe versucht, die Geschichte einzelner Gleichnisse bis hin zu ihrem Ursprung beim historischen Jesus nachzuzeichnen. Ein Gleichnis dem historischen Jesus zuzutrauen, verleitete bisweilen zum Vorwurf des Konservativen (was heißt denn hier konservativ? unter welchen Bedingungen kann konservativ ein Schimpfwort werden?). Es geht mir in dieser Arbeit nicht um die Rettung aller Gleichnisse für den historischen Jesus, sondern vielmehr darum, die Gleichnisse der Evangelien *in ihrem Werdegang* zu begreifen. Einen Text in seinem Werdegang zu verstehen heißt, ihn geschichtlich verstehen. Ihn geschichtlich verstehen heißt, ihn funktionaler Vereinnahmung zu entziehen. In diesem Zusammenhang stehen die Bemühungen, die Gleichnisse bis hin zum historischen Jesus zurückzuverfolgen.

In der vorliegenden Arbeit habe ich ebenfalls versucht, eine hermeneutisch reflektierte Auslegung einer Gruppe von vergangenen Texten vorzulegen. Mir scheinen die Einsichten der Metapherntheorie wesentlich, sofern sie das Problem des Sprachverständnisses auch in der neutestamentlichen Exegese ins Bewußtsein rufen. Eine neutestamentliche Exegese, die nicht um die Reflexion des Sprachverständnisses — gerade auch des in ihrer Methodik beschlossenen Sprachverständnisses! — bemüht ist, mag historisch noch so differenziert sein, hermeneutisch und systematisch bleibt sie völlig naiv. Das hier gewählte Verfahren ist bestimmt verbesserungsbedürftig. Wenn es aber auf dem Boden sogenannt rein historischer Exegese als dogmatisch bezeichnet wird, zeugt ein solches Urteil von bedenklicher Naivität. Auch das sogenannt rein historische Vorgehen — einmal ganz abgesehen von den methodologischen Ungereimtheiten, welche das Postulat der historischen Deskription hat — fällt hermeneutische Entscheidungen bzw. dogmatische Urteile, bloß daß sie hier unreflektiert sind. Solches ist für theologische Erkenntnis sehr bedenklich.

Die Gleichnisse Jesu haben ein unerschöpfliches Sinnpotential, sofern sie nicht — auf dem Wege historischer Fixierung — zu Fossilien verkümmern. Dieses Sinnpotential offen zu halten, erscheint mir als vornehmste Aufgabe der Exegese. Sie kann nur mit vereinten Kräften gelöst werden.

Männedorf, im Oktober 1983   H.W.

INHALT

1 ZUR THEORIE DER GLEICHNISAUSLEGUNG

1.1 Ansätze in der neueren Forschungsgeschichte

1.1.0 Der Anfang

Der Anfang der modernen Gleichnisauslegung ist gegeben durch das breit angelegte, zweibändige Werk von Adolf Jülicher[1], dessen vorrangiges Interesse darin besteht, eine grundsätzliche methodische Besinnung über die Bedingungen der Gleichnisinterpretation darzulegen.[2] Jülichers neuer Ansatz leitete geradezu eine neue Epoche der Gleichnisauslegung ein; seine Einsichten und Theoreme haben auch in allerjüngster Zeit nichts an Beachtung und Bedeutung eingebüßt.[3]

Der von Jülicher pointiert herausgestellte *Gegensatz zwischen Gleichnis und Allegorie* gehört nach wie vor zu den grundlegendsten Prinzipien der Gleichnisauslegung. Dabei gilt es zu beachten, daß dieser Gegensatz eine deutlich polemische Komponente aufweist, sofern Jülicher sich mit der genauen Bestimmung jenes Gegensatzes am „Kampf gegen die *allegorisierende* Auslegung von Jesu-‚Parabeln' ... beteiligen möchte"[4]. Diesen Kampf hat Jülicher mit bewundernswerter Konsequenz geführt. Er findet den Gegensatz von Allegorie und Gleichnis bereits angelegt in den *Vorstufen* jener beiden Sprachformen, nämlich der *Metapher* und der *Vergleichung*. Während die erstere „das Grundelement uneigentlicher Rede bildet", verbleibt „die Vergleichung durchaus auf dem Boden der eigentlichen Rede"[5]. In der Vergleichung bedeutet „jedes Wort ... ganz dasselbe wie sonst und immer"[6], dh sie ist eigentliche Rede, in der Metapher dagegen wird „etwas gesagt, aber etwas andres gemeint"[7], dh sie

---

[1] A. Jülicher, Die Gleichnisreden Jesu, Erster Teil: Die Gleichnisreden Jesu im Allgemeinen, 2. Aufl., 2. Abdruck. Tübingen 1910; Zweiter Teil: Auslegung der Gleichnisreden der drei ersten Evangelien, 2. Abdruck, Tübingen 1910.
[2] Das ist Thema des „Ersten Teils", der die „für die ganze Redegattung aufgestellten Grundsätze" (S. III) enthält.
[3] Vgl das gleichlautende Urteil Jüngels, Paulus und Jesus 88.
[4] Jülicher, Gleichnisreden I 50 (das Kursive gesperrt).
[5] AaO 52.
[6] AaO 54.
[7] AaO 55.

ist uneigentliche Rede. „*Die Metapher läßt eine Deutung zu,* neben das ausgesprochene Wort kann man in jedem Fall das in Wahrheit dabei zu denkende stellen; *bei der Vergleichung wird jedes Deuten zum Unsinn.*"[8] Demzufolge ist jene für den Hörer anspruchsvoller als diese. Die Metapher „steigt nicht wie die Vergleichung zum Hörer herab, sondern zieht ihn zu sich hinauf".[9] Das für Metapher und Vergleichung Erkannte gilt nun auch für die Allegorie und das Gleichnis, denn „wie das Gleichnis die auf ein Satzganzes erweiterte Vergleichung, so ist die Allegorie die auf ein Satzganzes erweiterte Metapher".[10] Demnach definiert Jülicher das „*Gleichnis als diejenige Redefigur, in welcher die Wirkung eines Satzes* (Gedankens) *gesichert werden soll durch Nebenstellung eines ähnlichen, einem andern Gebiet angehörigen, seiner Wirkung gewissen Satzes.*"[11] In dieser Definition liegen die Grundmerkmale des Gleichnisses beschlossen. Zunächst will das Gleichnis, „wie die Vergleichung *ein* Wort, so *einen* Gedanken durch ein ὅμοιον beleuchten, daher man auch bei ihm nur von einem *tertium* comparationis redet".[12] Das Gleichnis ist notwendig zweigliedrig: es *muß* einerseits einen Satz enthalten, der einer weiteren Beleuchtung bedarf, und andererseits den Satz, der „behufs solcher Erleuchtung" gebildet wird.[13] Hier ist der Grund gelegt für die in der neueren Gleichnisauslegung so entscheidend gewordene Unterscheidung von *Sach- und Bildhälfte*[14], wobei Bild und Sache im tertium comparationis aufeinander bezogen sind. Im weiteren ist für das Gleichnis wesentlich, daß es die Wirkung eines Satzes (der Sache) zu *sichern* sucht. Es ist darauf aus, den Willen und den Verstand eines Zweiflers durch Nebenstellung eines Bildes zum Einverständnis bezüglich der Sache zu führen.[15] Daraus folgt, daß ein gutes Gleichnis eine klare, ihrer Wirkung gewisse Bildhälfte aufweisen muß, die keinesfalls eine Deutung notwendig haben darf.[16] Die Wirkung eines Gleichnisses lebt davon, daß zwischen dem *Verhältnis* der Begriffe in der — als eigentliche Rede zu betrachtenden — Bildhälfte und dem *Verhältnis* der Be-

---

[8] AaO 56 (das Kursive gesperrt). Die Metapher muß gedeutet werden, denn „sie bedarf recht eigentlich der Deutung", aaO 57.

[9] AaO 57.

[10] AaO 58.

[11] AaO 80 (das Kursive gesperrt).

[12] AaO 70 (das Kursive gesperrt).

[13] Ebd.

[14] „Ich schlage vor, diese beiden unentbehrlichen Bestandteile des Glcichnisses als ‚Sache' und ‚Bild' zu bezeichnen; ..." aaO 70.

[15] AaO 73.

[16] „Bekannt, klar, vor jedem Einwand gesichert muß in der Bildhälfte des Gleichnisses alles sein" (aaO 74).

griffe in der Sachhälfte eine gewisse *Ähnlichkeit* besteht.[17] Gewiß können auch die entsprechenden *Begriffe* beider Hälften einander ähnlich sein, doch ist diese Ähnlichkeit nicht konstitutiv für das Gleichnis. Schließlich ist auf den *didaktischen Charakter* der Gleichnisse hinzuweisen. Die Notwendigkeit, eine Sache in einem Gleichnis darzustellen, ergibt sich *nicht* aus der Sache selbst, sondern aus dem Willen des Erzählers, seinen Adressaten *zu belehren*.[18] Wäre es nicht um der Belehrung des Hörers willen, könnte die Sache auch ohne das Bild ausgesagt werden. Die Wirkung der Sache ist für Jülicher unbestritten, sie wird durch das Bild lediglich *gesichert*. „In konkreter Form ist die Wahrheit mächtiger als abstrakt: daher die Macht des Gleichnisses."[19] Mit dieser Definition des Gleichnisses ist „jede Verwechslung und Vermengung mit der *Allegorie*" ausgeschlossen; diese wird definiert als diejenige „*Redefigur, in welcher eine zusammenhängende Reihe von Begriffen* (ein Satz oder Satzkomplex) *dargestellt wird vermittelst einer zusammenhängenden Reihe von ähnlichen Begriffen aus einem andern Gebiete.*"[20] Hier kann nicht mehr von einem tertium comparationis gesprochen werden. Vielmehr *muß* jeder Begriff des Bildsatzes uneigentlich verstanden, dh im Blick auf die in ihm gemeinte Sache gedeutet werden. „Vollendet ist die Allegorie, wenn in ihrem Bildsatz ... jedes Wort doppeltes Verständnis zulassend, auf Deutung berechnet ist"[21]. Die Allegorie ist nicht dem Leben entnommen, sie ist vielmehr *konstruiert*: „Der Allegorist schreibt jedes Wort im Blick auf das unsichtbare Modell, das er hier in sprödem Material wiederzugeben, nachzubilden versucht ..."[22]. Mithin ist sie „eine der künstlichsten Redeformen"[23]. Ihre Entstehung verdankt die Allegorie einem Hang zum Formalismus, mit dem sich eine Epoche über ihren eigenen Mangel an Originalität tröstet.[24]

---

[17] AaO 75.

[18] Schon für die Vergleichung gilt, daß sie unterrichtend ist (Jülicher, aaO 57). Das Gleichnis will illustrieren, indem es durch das Alltägliche das Ungewöhnliche zu erkennen hilft (aaO 73). Jesus wendete Gleichnisse an, weil er fand, „wie diese Form vorzüglich geeignet war, die Deutlichkeit und Ueberzeugungskraft seiner Gedanken zu erhöhen" (aaO 146, gesperrt).

[19] AaO 72.

[20] AaO 80 (das Kursive gesperrt).

[21] AaO 81. Die Allegorie *braucht* Deutung (aaO 76). Sie bedeutet das nicht, was sie sagt (aaO 73).

[22] AaO 81. Vgl. ebd: die Allegorie unterscheidet sich vom Gleichnis dadurch, daß „jene das ‚Bild' auf den ‚Gedanken' zuschneidet, dies das ‚Bild' in seiner Naturfarbe und allein um derselben willen unverletzt erhält".

[23] AaO 63.

[24] „Vorliebe für Allegorie hat sich immer nur in Perioden kundgethan, wo die Litteratur wegen Mangels an grossen Stoffen, an neuen und bedeutenden Ge-

Im Gegensatz zum Gleichnis, das die Helle des Tages liebt, sucht die Allegorie ein „gewisses Helldunkel"; sie will, daß der Leser „das Vertrauen zu dem Gelesenen verliert" und hinter dem Gesagten ein geistreicheres Gemeintes sucht.[25] Die Allegorie sagt dem Uneingeweihten nichts; er muß zuerst aus der Deutung des Bildsatzes das „Modell" des Verfassers kennen lernen, um dann als Eingeweihter den Bildsatz zu durchschauen.[26] Der Bildsatz der Allegorie trägt nichts zur Vermehrung der Erkenntnis des Lesers bei, er ist für ihn — wie die Metapher — lediglich „interessant".[27] Die Allegorie — sofern sie ohne Deutung erzählt wird — ist somit eine Sprachform, die der Scheidung von Uneingeweihten und Eingeweihten entspricht und sie noch verfestigt, denn für den Uneingeweihten ist sie ein Rätsel.

Mit dieser, primär an aristotelischen Kategorien gewonnenen[28] Unterscheidung von Allegorie und Gleichnis ist Jülicher vorzüglich gerüstet für den Kampf gegen die allegorisierende Gleichnisauslegung. Schon die Evangelien sind dem allegorisierenden Mißverständnis zum Opfer gefallen. „Nach der Theorie der Evangelisten sind die παραβολαί Allegorien, also uneigentliche ... Rede, ... in Wirklichkeit ... waren sie ... aber immer eigentliche Rede".[29] Die „Wirklichkeit", die Jülicher hier gegen den „Mißverstand" der Evangelisten ins Feld führt, ist der *unverfälschte, historische Jesus*. Die Parabeln *Jesu* können keine Allegorien sein, einerseits weil die meisten von ihnen ohne Deutung zu verstehen sind und auch ohne solche überliefert wurden,[30] andererseits weil es unwahrscheinlich ist, daß Jesus in Allegorien gelehrt hat.[31] Zudem machen die Parabeln Jesu den Eindruck, „dass sie eigentlich zu verstehen sind".[32] Jülichers *historische* Lokalisierung des Gegensatzes von Gleichnis und Allegorie ist für die mo-

---

danken, sich durch aussergewöhnliche Dichtungsformen entschädigte, sich die Langeweile zu vertreiben suchte durch Ausführung schwieriger Kunststücke" (aaO 64).

[25] AaO 74.

[26] AaO 81.

[27] AaO 57.

[28] Auf die aristotelische Prägung der Theorie Jülichers weist besonders Jüngel, Paulus und Jesus 92. 94 (Verweis auf Sokrates). 95 hin. Bedenklich ist dabei, „daß mit der Rhetorik des Aristoteles auch dessen Logik, mit seiner Logik aber eine / ganze Ontologie zur Stelle ist, die diese Logik durch und durch bestimmt" (aaO 95f). Die bei Jüngel (96) gemachten Einwände sind mE ohne Ausnahme zutreffend.

[29] AaO 49 (gesperrt).

[30] AaO 61.

[31] AaO 63.

[32] AaO 66.

derne Gleichnisauslegung grundlegend.[33] Dieser Sachverhalt rechtfertigt es, Jülichers Begründung des Urteils über die Parabeln Jesu
näher zu besehen. Sein *historisches* Urteil ist begründet durch ein
bestimmtes *Bild* vom historischen Jesus: Die Allegorie ist künstlich,
unnatürlich,[34] nur ästhetisch wirksam,[35] sie baut nicht auf die Erfahrung der Hörer auf,[36] sie verhüllt,[37] sie ist berechnend,[38] sie ist
zu schwer, um „heiligen Eifer, um überhaupt ein hohes Pathos zu
vertragen"[39]. Alle diese Merkmale der Allegorie lassen sich nicht
mit dem Bild Jesu vereinbaren, der doch ein naturverbundener,
natürlicher Sohn Galiläas war und also seine Gedanken in „das Gewand der Heimat"[40] kleidete, um „mit sicherer Hand seine Ge-
treuen vom Bekannten zum Unbekannten, von der Sinnenwelt zum
Reiche der Himmel" zu führen.[41] Dieses Bild vom historischen Jesus
ermöglichte es Jülicher, die *formale* Unterscheidung von Gleichnis
und Allegorie *historisch* zu lokalisieren als Unterscheidung zwischen
Jesus und den Evangelisten. Dabei kam ihm sein allgemeines Ge-
schichtsbild zu Hilfe, wonach *Einfachheit, Echtheit und Wahrheit*
unabdingbar zusammengehören. Darum kämpft er für die Gleichnisse Jesu und gegen die Allegorien der Evangelien und der Kirche
„unter der Fahne: *simplex sigillum veri*"[42]. Aus alledem ergibt sich
die nicht unbedenkliche Konsequenz, daß ein formales Urteil über
ein zur Debatte stehendes Wort *identisch* ist mit dem historischen
Urteil über die Ursprünglichkeit eben dieses Wortes.

Für die moderne Gleichnisauslegung bedeutsam ist Jülichers Nachweis des *engen Zusammenhangs* zwischen Gleichnis und historischem
Jesus. Die Gleichnisse machen „am getreuesten offenbar", „was und
wie Jesus gelehrt hat".[43] Sie sind der „Teil seiner Lehre, ..., / wo
wir ihm am tiefsten ins Herz sehen".[44] Allerdings gilt es zu beachten,
daß die Gleichnisse die Person Jesu selbst nicht thematisieren,[45] son-

---

33 So zB Jüngel, Paulus und Jesus 88. Sie wird zwar bisweilen modifiziert (zB
Jeremias, Gleichnisse 14; Via, Gleichnisse 25), grundsätzlich aber von fast allen
Auslegern übernommen.
34 Jülicher, Gleichnisreden 63.
35 AaO 64.
36 AaO 88.
37 AaO 141.
38 AaO 145.
39 AaO 63.
40 AaO 145.
41 AaO 145.
42 AaO 322 (Hervorhebung von mir).
43 AaO 150.   44 AaO 148f.
45 „Gewiss durchströmt seine Parabelreden ein gewaltiges Kraft- und Selbstge-
fühl; ... aber von Gottheit dieses Sohnes Gottes klingt in keiner Parabel das

dern daß sie seine Gedanken, seine Lehre (insbesondere den Haupt-
und Grundbegriff: das Himmelreich) in unmißverständlicher Form
darlegen.[46] In den Gleichnissen führt Jesus „den Menschen unmittelbar mit seinem himmlischen Vater" zusammen, „ohne sich künstlich
zwischenhineinzuschieben"[47]. Betrachtet man allein Jesu Lehre in
Gleichnissen, so ist nach Jülicher die Christologie der Kirche keine
notwendige Folge. Zum Heiland hat ihn erst die Geschichte gemacht.[48] Für den Menschen ist allein Jesu Lehre wichtig, vorab
seine Lehre in Gleichnissen: „denn in seinen Parabeln ist die neue
Zeit schon da, ist schon alles bereit, werden einem jeden, der kind-
lich bittet, seine Sünden schon vergeben, nicht weil in Bälde Christus
für die Sünden der Welt sterben wird, sondern weil der väterlich liebende Gott solche Bitte nie versagen kann, niemals versagt hat"[49].
Unter dem Gesichtspunkt des Heils betrachtet ist Jesus insofern von
seiner Lehre ablösbar, als die durch das Gleichnis wirksam vermittelte Einsicht in seine Lehre für den Menschen *schon Heil ist.*

Jülichers These verstellt den Blick für ein Verständnis, wonach schon
das Faktum der Gleichnisrede Jesu — ganz abgesehen von ihrem Inhalt — zur Christologie der Kirche nicht ohne Bezug ist. Folgt man
Jülicher, so können die christologischen Implikationen der Gleichnisse nicht entdeckt werden. Dementsprechend ist auch die Christologie der Kirche für das Verständnis der Gleichnisse unerheblich. Diesem Problem werden weitere Überlegungen gewidmet werden müssen
(vgl unten 1.2.6; 1.2.10).

Der Zusammenhang zwischen Gleichnis und historischem Jesus ist
noch in einer anderen Hinsicht wichtig. „Jesu Parabeln waren auf
sofortige Wirkung berechnet, Kinder des Augenblicks, tief eingetaucht
in die Eigenheit der Gegenwart"[50]. Daraus folgt, daß die Kenntnis
der Situation, in der sie gesprochen wurden, für ihr Verständnis von
höchster Bedeutung ist. Das gilt besonders für jene Gleichnisse, die
ohne Sachhälfte überliefert sind. Die Sachhälfte muß aus dem (zu

---

Leiseste an" (aaO 152). Was Jesus „predigend zeigt, ist das Heil nicht der
Heiland" (ebd).
[46] AaO 149.
[47] Jülicher, Gleichnisreden I 151.
[48] AaO 152.
[49] Ebd.
[50] AaO 91; in diesen Zusammenhang gehört auch die später sehr wichtig gewordene These vom „argumentative(n) Charakter des Gleichnisses" (aaO 90).
Allerdings gebraucht Jülicher diesen Begriff noch nicht im Sinne *streitender*
Argumentation (wie er bei Jeremias, Gleichnisse 18.34f und oft vorausgesetzt
ist), sondern im Sinne gewinnender, Einverständnis schaffender Argumentation.

vermutenden) ursprünglichen Zusammenhang im Leben Jesu und aus dessen Relation zur (tradierten) Bildhälfte erschlossen werden. [51] Hier ist der Grund gelegt für die historische Auslegung der Gleichnisse Jesu.

Indem Jülicher die Gleichnisse definiert als konkrete, durch das didaktische Interesse Jesu notwendig gemachte Vermittlungen abstrakter Wahrheit, [52] macht er die Gleichnisse zu Vehikeln für *allgemeine* Wahrheiten über Gott und die Welt. [53] Die Gleichnisse sind zwar historische Phänomene, aber ihr Zweck ist gerade die Vermittlung von Übergeschichtlichem. So verkennt Jülicher im Grunde den *geschichtlichen Charakter* der Gleichnisse Jesu und *mit diesem* konsequenterweise auch *ihren eschatologischen Charakter*, sofern der eschatologische Charakter der Gleichnisse darin besteht, die Nähe der Gottesherrschaft als *Ereignis* herzustellen. Damit ist aber etwas verkannt, das sowohl für den Inhalt der Gleichnisse wie auch für das Leben Jesu *konstitutiv* ist.

Endlich ist Jülichers Einteilung des Gleichnismaterials in verschiedene Arten von der neueren Gleichnisauslegung weitgehend übernommen worden. Die „synoptischen ‚Parabeln'" teilt Jülicher in „drei Klassen" ein: das „Gleichnis", die „Parabel im engeren Sinne", die „Beispielerzählung". [54] Alle drei Klassen gehen auf dieselbe Grundform zurück, nämlich die „Vergleichung". [55] Allen gemeinsam ist, daß sie — im Gegensatz zur Allegorie — eigentliche Rede sind, daß sie ein „geschlossenes Ganzes" ausmachen, und daß sie nur *einen* Gedanken, *einen* Satz einprägen. [56] Das Gleichnis unter-

---

[51] Jülicher empfiehlt als methodisches Vorgehen das „liebevolle Versenken in den Geist Jesu" (Gleichnisreden I 92). Die fehlende Kenntnis des Anlasses einer Gleichniserzählung ist indessen erträglich, „weil wir wissen, dass jedes Wort Jesu der Erziehung zum / Himmelreich galt, und wo und wie er auch lehrte, es waren Verhältnisse des Himmelreichs, über die er Belehrung spendete" (aaO 104f). Der historische Ansatz ist also nicht ungebrochen durchgeführt.
[52] AaO 72, vgl oben Anm 18f.
[53] Im zweiten Band der Gleichnisreden wird das durchweg deutlich, vgl etwa Gleichnisreden II 245 (Mt 5,25f; Lk 12,57—59 war „in Jesu Munde eine ganz einfache Mahnung zur Nachgiebigkeit gegen jeden Widersacher ... unter Hinweis darauf, dass der Widerstand ja nur noch schlimmeres Unheil herbeiführe"). 313 (nach Mt 18,21—35 wird „Gott ... uns nicht vergeben, wenn wir den von uns Aehnliches erbittenden Schuldnern die Vergebung versagt haben"). 363 (Lk 15,11—32 ist „eine erhabene Offenbarung über eine Grundfrage der Religion, nämlich die: darf der Gott der Gerechtigkeit die Sünder in Gnaden aufnehmen?") usw; vgl auch Jeremias, Gleichnisse 15.
[54] Jülicher, Gleichnisreden I 117.
[55] Ebd.
[56] Ebd.

scheidet sich von den beiden andern Klassen darin, daß es eine „allgemein anerkannte Erfahrung aus dem Gebiet des täglichen Lebens"
bietet, während die letzteren eine „frei erfundene Erzählung" dar-
bieten.[57] Die „Parabel im engeren Sinne" steht in „*erzählende*(r)
Form"[58], sie kann deshalb auch „Fabel" genannt werden,[59] sie beruft sich auf einen „Einzelfall"[60], auf „einmal Vorgekommenes"[61],
durch „ihre *Anschaulichkeit* ersetzt die Fabel, was das Gleichnis
durch die Autorität des allgemein Bekannten und Anerkannten voraus hat".[62] Sie ist Dichtung und als solche überzeugender als geschichtliche Beispiele.[63] Die Fabel ist definiert als die „Redefigur,
in welcher die Wirkung eines Satzes (...) gesichert werden soll durch
Nebenstellung einer auf anderm Gebiet ablaufenden, ihrer Wirkung
gewissen erdichteten Geschichte, deren Gedankengerippe dem jenes
Satzes ähnlich ist".[64] Diese Definition trifft auch für die „*erzählenden* παραβολαί" Jesu zu.[65] Diese werden erzählt mit „strengster
Beobachtung der Wahrscheinlichkeit"[66]; das macht ihre Kraft aus.
Mit B. Weiss hält Jülicher fest, daß die Deutung der Parabel nur in
einer allgemeinen Wahrheit liegen kann,[67] wobei Jülicher statt „Deutung" „Anwendung" setzt.[68]

Die „Beispielgeschichte" unterscheidet sich von Gleichnis und Parabel dadurch, daß sie sich „auf dem höheren Gebiete", dh in der „re-
ligös-sittlichen Sphäre" bewegt und also nicht auf einem anderen
Gebiet als der zu behauptende Satz abläuft: „Die Geschichte ist ein
Beispiel des zu behauptenden Satzes".[69] Sie bleibt zwar bildliche
Rede, sofern sie „auf die Sinne berechnet ist"[70], aber der Hörer
findet ihre Anwendung nicht im Überschritt in ein anderes Gebiet,
sondern in der *Verallgemeinerung* des geschilderten Einzelfalles.[71]
Beispielerzählungen sind also Erzählungen, „die einen allgemeinen

---

57 Ebd.
58 AaO 92 (das Kursive gesperrt).
59 ZB aaO 96.
60 AaO 96.
61 AaO 97.
62 Ebd (das Kursive gesperrt).
63 AaO 98.
64 AaO 98 (gesperrt).
65 AaO 100 (das Kursive gesperrt).
66 AaO 103.
67 AaO 105.
68 AaO 106.
69 AaO 112.
70 AaO 113.
71 AaO 113f.

Satz religiös-sittlichen Charakters in dem Kleide eines besonders eindrucksvoll gestalteten Einzelfalles vorführen"[72].

Das grundlegende Werk Jülichers zur Theorie der Gleichnisauslegung befreite die Gleichnisse zwar unwiderruflich „von der dichten Schicht Staubes, den die allegorische Deutung auf sie gelegt hatte"[73], zugleich aber legte es durch seine Radikalität des aristotelischen Ansatzes den späteren Versuchen Fesseln an, von denen diese sich nur mühsam frei machen konnten.

Im Anschluß an Jülichers Gleichnistheorie haben sich in der neutestamentlichen Exegese *mehrere Ansätze* der Gleichnisauslegung ausgebildet, die im folgenden anhand von typischen Beispielen charakterisiert werden sollen.

1.1.1 Der formgeschichtliche Ansatz (R. Bultmann)

Für die Worte Jesu, deren Hauptbestand „auf *aramäischem Boden* entstanden ist"[74], ist besonders charakteristisch die „Verwendung von Vergleichen und Bildern in jeder Form"[75]. In der formalen Analyse geht Bultmann (im Gegensatz zu Jülicher) vom vorhandenen biblischen Material aus.

Er unterscheidet zunächst „Bildwort"[76] (Bild und Sache werden ohne Vergleichspartikel nebeneinandergestellt), „Metapher"[77] (mit dem Bildwort verwandt) und „Vergleich"[78] (enthält eine Vergleichspartikel). Als *eigentliche Gleichnisse* bezeichnet Bultmann „solche Bildungen, die sich von einem Vergleich oder Bildwort nur durch die Ausführlichkeit, mit der das Bild gestaltet ist, unterscheiden".[79]

---

[72] AaO 114 (gesperrt). Damit rücken die Beispielerzählungen in die Nähe der Parabeln (Fabeln). Daß aber Jülicher „*auch* die Beispielerzählung als Parabel im engeren Sinne bezeichnen" kann (Jüngel, Paulus und Jesus 100), trifft mE nicht zu. Der von Jüngel anvisierte Satz („Letztere ist das Gleichnis, die andern sind die Parabel im engeren Sinne, d.h. die Fabel im Dienst religiöser Ideen und die Beispielerzählung." Jülicher, Gleichnisreden I 117) ist zumindest zweideutig, wahrscheinlich aber nicht im Sinne Jüngels zu verstehen. Denn in diesem Falle müßte wohl „Parabel" im Plural stehen; Jüngels Verständnis dürfte evoziert sein durch das fehlende Komma nach „Ideen".
[73] Jeremias, Gleichnisse 16.
[74] Bultmann, Synoptische Tradition 179 (das Kursive gesperrt).
[75] AaO 181.
[76] AaO 181f.
[77] AaO 183.
[78] Ebd.
[79] AaO 184.

Davon unterschieden sind (mit Jülicher) die *Parabeln,* die anstelle des
„typischen Zustand(es) oder typischen bzw. regelmäßigen Vorgang(es)"
einen „interessierenden Einzelfall" bringen. [80] Im einzelnen ist der
Übergang zwischen Gleichnis und Parabel „fließend". [81] Mit der letzteren formal verwandt ist die Beispielerzählung, wenn ihr auch „jedes Element des Bildlichen fehlt". [82] Den Hauptunterschied zwischen
Gleichnis und Parabel einerseits und der Allegorie andererseits sieht
Bultmann darin, daß die ersteren „die Übertragung eines (...) Urteils auf ein anderes, zur Diskussion stehendes Gebiet fordern",
während es sich bei der letzteren „um geheimnisvolle oder phan-
tastisch spielende Verkleidung eines Sachverhalts, die der Weissa-
gung wie auch anderen Zwecken dienen kann", handelt. [83] „Wichtig
ist vor allem die methodische Einsicht in die Tendenz der Überlieferung, die Gleichnisse und Parabeln durch allegorische Züge zu erweitern, ja, sie überhaupt als Allegorien aufzufassen." [84]

Schon der eben zitierte methodische Grundsatz dokumentiert Bultmanns Standpunkt in puncto *Echtheitsfrage. Formale* Erwägungen,
etwa die Feststellung von Doppelgleichnissen [85], von Kombinationen
mit Bildworten [86], von deutenden Zufügungen [87] und allegorischen
Erweiterungen [88], führen *unmittelbar zu historischen* Urteilen, weil
formale Stilwidrigkeiten das Resultat der Geschichte sind, die die
Gleichnisse durchlaufen haben. Jesus hat das einfache Gleichnis, die

---

[80] AaO 188.
[81] Ebd.
[82] AaO 192. Hier unterscheidet sich Bultmann von Jülicher (vgl oben Anm 70).
Bultmann legt Wert darauf, die Beispielerzählungen sowohl inhaltlich (sie enthalten keine historischen Exempla) als auch begrifflich (sie sind nicht Exempla,
die einen Gedanken illustrieren, sondern bieten „Beispiele = Vorbilder für das
rechte Verhalten") von den *Paradigmen* der antiken Rhetorik zu unterscheiden;
vgl 192 Anm 1.
[83] AaO 214. In der Unterscheidung von Allegorie und Gleichnis stimmt Bultmann Jülicher explizit zu. Allerdings relativiert er Jülichers Urteil im Blick auf
den jeweiligen Einzelfall, sofern nicht überall, wo Jülicher allegorische Züge fest-
stellte, solche vorliegen, sondern es liegt lediglich die „Verwendung üblicher
Metaphern für Gott (der König)" usw vor. Nicht die Anwesenheit von Metaphern macht ein Gleichnis zur Allegorie, sondern die Beziehungslosigkeit jener
Metaphern zur Pointe bzw Anwendung des Gleichnisses; vgl aaO 214f. Offenbar beurteilt Bultmann schon die *Metapher* grundsätzlich anders als Jülicher,
sofern sie *nicht Vorstufe der Allegorie ist.*
[84] AaO 215.
[85] AaO 210.
[86] AaO 211.
[87] AaO 212.
[88] AaO 213f.

stilistisch reine Parabel erzählt.[89] Die Allegorie ist das Werk der Gemeinde, die das ursprüngliche Gleichnis immer neu auf ihre geschichtliche Situation anzuwenden suchte. Dieser methodische Ansatz Bultmanns ist konsistent mit dem Ganzen seiner formgeschichtlichen Arbeit, da diese „nicht nur ... sachkritische Urteile voraussetzt, sondern auch zu sachkritischen Urteilen (über Echtheit eines Wortes,
Geschichtlichkeit eines Berichtes u. dergl.) führen muß"[90]. Neben die
formalen Erwägungen stellt Bultmann im Blick auf die Echtheitsfrage das *Kriterium der Unähnlichkeit*: „Wo der Gegensatz zur jüdischen Moral und Frömmigkeit und die spezifisch eschatologische
Stimmung, die das Charakteristikum der Verkündigung Jesu bilden,
zum Ausdruck kommt, und wo sich andrerseits keine spezifisch
christlichen Züge finden, darf man am ehesten urteilen, ein echtes
Gleichnis Jesu zu besitzen."[91] Allerdings kann Ähnlichkeit mit
jüdischen Gleichnissen auch darin begründet sein, „daß Jesus ...
in der jüdischen Tradition stand und als Mann seiner Zeit und seines Volkes Gleichnisse bildete wie auch seine Zeit- und Volksge-
nossen", auch wenn damit gerechnet werden muß, daß unter den
synoptischen Gleichnissen solche sind, „die von der Gemeinde aus
der jüdischen Tradition aufgegriffen und Jesus in den Mund gelegt
sind".[92] Im Gegensatz zu Jülicher identifiziert Bultmann Echtheit
nicht mit Wahrheit.

Nach Bultmann gilt von *allen* Gleichnissen, daß sie das *Urteil* des
Hörers herausfordern. Insofern haben sie einen „argumentative(n)
Charakter", der auch in der Form oft zum Ausdruck kommt.[93] Das
besagt jedoch nicht, daß sie vorwiegend an Gegner gerichtet waren,
noch daß die Kenntnis dieser Gegnerschaft zur Deutung des infrage
stehenden Gleichnisses etwas austrägt. Der „Sitz im Leben", der allenfalls als Deutehilfe dienen könnte, besagt nichts hinsichtlich des
ursprünglichen Sinnes eines Gleichnisses, da Bultmann jenen Begriff
nur auf die Gemeinde anwendet, wobei er als eine soziologische
(nicht als eine historische) Kategorie zu verstehen ist.[94]

---

[89] Formale Echtheitsmerkmale sind wohl die von Bultmann aaO 203—208 aufgeführten.
[90] AaO 6.
[91] AaO 222.
[92] AaO 220.
[93] AaO 208. Ähnlich braucht schon Jülicher diesen Ausdruck, vgl oben S. 16
Anm 50.
[94] Vgl Bultmann, aaO 4f. Verwendet man also den Begriff „Sitz im Leben"
gemäß seiner Herkunft, so darf er auf den historischen Jesus nicht angewendet werden.

1.1.2 Der historisierende Ansatz

Seit A. Schweitzer ist die Erkenntnis, daß der historische Jesus in seinem Verhalten und seiner Verkündigung eschatologisch zu verstehen ist, zu einer „conditio sine qua non für jede Erforschung des historischen Jesus"[95] geworden. Von dieser Erkenntnis wurde in der Folgezeit auch die Gleichnistheorie Jülichers betroffen, sofern sein Ansatz, die Gleichnisse Jesu als (didaktisch ausgerichtete) Illustrationen religiöser Grundwahrheiten anzusehen, zugunsten eines eschatologischen Verständnisses modifiziert wurde. Die Gleichnisse eschatologisch verstehen heißt aber, sie historisch verstehen.

C. H. Dodd

Dodd folgt Jülicher zunächst darin, daß die Gleichnisse konsequent mit ihrer ursprünglichen Situation im Leben Jesu in Beziehung gesetzt werden müssen, wenn man sie sachgemäß verstehen will.[96] Die Gleichnisse selbst kommen diesem Vorgehen entgegen, denn sie tragen das Gepräge eines individuellen Geistes, und kein anderer Teil der evangelischen Berichte erweckt stärker den Eindruck der Authentizität.[97] Gegen Jülicher hält Dodd aber fest, daß *auch die Anwendung* der Gleichnisse streng an ihren historischen Kontext gebunden bleiben muß.[98] Freilich gibt Dodd zu, daß der Exeget sich in den meisten Fällen damit zufrieden geben muß, ein Gleichnis zur „Situation Jesu im Ganzen" in Beziehung zu setzen,[99] da die konkrete historische Situation zumeist nicht mehr bekannt ist. Das ändert jedoch nichts an der Annahme, Jesus habe mit einem Gleichnis *nur eine bestimmte Anwendung* intendiert.[100] Zur Frage, wie die ursprüngliche Bedeutung und Anwendung im einzelnen erhoben werden kann, gibt Dodd zwei methodische Prinzipien an: einerseits müssen die Hinweise in den Vorstellungen gesucht werden, die für

---

95 Jüngel, Paulus und Jesus 108.
96 „From this (sc der Beziehung des Gleichnisses „to the original situation") will follow the conclusion regarding its original meaning *and application*, ..." (Dodd, Parables 31, Hervorhebung von mir).
97 „They (sc die Gleichnisse) have upon them ... the stamp of a highly individual mind ...". „Certainly there is no part of the Gospel record which has for the reader a clearer ring for authenticity" (Dodd, aaO 11).
98 AaO 31; Bezug zu Jülicher, aaO 24. Sie können demnach nicht im Sinne allgemeiner Wahrheiten angewendet werden.
99 „More often we shall have to be content with relating it to the situation as a whole" (aaO 27).
100 „We must suppose that Jesus intended some one definite application" (aaO 29).

die Hörer Jesu (nicht für die christliche Gemeinde) typisch sind,[101] andererseits muß die Bedeutung kongruent sein mit Jesu eigener Interpretation seines Werkes, wie sie aus expliziten, unzweideutigen Jesusworten erkennbar ist.[102]

Damit spricht Dodd sich für eine *streng historische Auslegung* der Gleichnisse Jesu aus. Als Historiker, der die Gleichnisse von Jesu Selbstverständnis her interpretiert, muß Dodd sich für ein *eschatologisches* Gleichnisverständnis entscheiden, da das Selbstverständnis Jesu wesentlich von der gegenwärtigen Gottesherrschaft (die das Eschaton *ist*)[103] geprägt ist.[104] Bei diesem Ansatz entsteht über kurz oder lang die Schwierigkeit, daß die historisch ausgelegten Gleichnisse — gerade bedingt durch ihre Eschatologie — dem gegenwärtigen Leser *fremd* bleiben. Hatte Jülicher diese Fremdheit durch eine Anwendung auf allgemein religiöse Sachverhalte zu überwinden versucht, so entgeht Dodd der Schwierigkeit durch eine *neue Verhältnisbestimmung von Geschichte und Eschaton*. Dodd qualifiziert das historische Wirken Jesu eschatologisch, sofern in jenem Wirken das Ewige sich in einzigartiger Weise geschichtlich manifestierte.[105] Die Zeit Jesu ist sowohl Geschichte als auch Eschaton, sowohl universal als auch geschichtlich:[106] sie ist *realisierte Eschatologie*.[107] So qualifiziert ist die Geschichte Jesu von grundlegender Bedeutung für alle Zeiten, so wahr das Eschaton die „ewige Ordnung" ist.[108] Sofern nun die Gleichnisse dazu entworfen sind, den Leser oder Hörer in die Situation Jesu einzuweisen,[109] partizipieren sie an deren fun-

---

101 AaO 32; hier ist im Grunde angelegt, was bei Linnemann das „Phänomen der *Verschränkung*" genannt wird (Linnemann, Gleichnisse 35).
102 Die Bedeutung „must be congruous with the interpretation of His own ministry offered by Jesus in explicit and unambiguous sayings, ..." (Parables 32); dieses Prinzip wurde später als *Kriterium der Kontinuität* in der Frage nach dem historischen Jesus häufig verwendet (vgl zB Perrin, Rediscovering 43—45). Wird dieses Kriterium im strengen Sinne auf die Gleichnisse Jesu angewendet, so kann damit impliziert sein, daß Jesus in seinen Gleichnissen *nichts anderes* sagen konnte, als was er auch in „expliziten" Worten aussprach. Dieses Implikat ist nur so lange tolerierbar, als angenommen wird, die Gleichnisse seien lediglich eine (didaktisch begründete) Einkleidung einer auch ohne sie aussagbaren Lehre.
103 ZB Dodd, Parables 36f. 44 und oft.
104 AaO 113.
105 ZB aaO VII (Vorwort zur dritten Auflage).
106 Ebd.
107 „Realized eschatology", vgl S. 51. 198 und oft.
108 Der Begriff „eternal order" zB aaO 108; vgl auch aaO 109: „The eternal significance of history had revealed itself in this crisis (dh dem Leiden und Tod Jesu)."
109 AaO VII, vgl auch 197.

damentaler Bedeutsamkeit und bleiben, gerade wenn sie historisch verstanden werden, für immer bedeutsam, da ja die „ewige Ordnung" keine Zeiten der Bedeutungslosigkeit kennt.

Dodd entwickelt sein Konzept der „realisierten Eschatologie" anhand einer Analyse der Reich-Gottes-Vorstellung Jesu. Jesus verkündigte das Reich Gottes als eine Sache *gegenwärtiger* Erfahrung.[110] Es ist nicht nur unmittelbar bevorstehend, es ist schon da.[111] Bei Jesus ist das Reich Gottes verschoben von der Sphäre der Erwartung zu derjenigen realisierter Erfahrung.[112] Doch nicht allein darin besteht das Geheimnis des Gottesreiches, daß es gegenwärtig ist, sondern auch darin, daß es erfahren wird in der paradoxen Form des Leidens und des Todes von Gottes Stellvertreter.[113] Gegenwart ist das Eschaton also nicht in jedem Augenblick des Wirkens Jesu, sondern die *Zeitspanne* zwischen Anfang und Ende jenes Wirkens wird als ganze dahingehend qualifiziert, daß in ihr das Reich Gottes sich realisierte. Die Gegenwärtigkeit der Basileia hat demnach einen beschränkten Zukunftsaspekt, sofern Jesus die historische Entwicklung der Situation, in der er stand, voraussah und die Krise (seine eigene wie auch die seiner Nachfolger und des jüdischen Volkes) auch zur Gegenwart des Eschaton zählte.[114]

Dodds Konzept der realisierten Eschatologie zeitigt bedeutende Folgen im Blick auf die *Zukünftigkeit* der Basileia. Dodd kann den Zukunftsaspekt, den das Reich Gottes im Munde Jesu hat, nicht ernst nehmen. So ist beispielsweise das Bild vom Letzten Gericht lediglich dazu gebraucht, den feierlichen Warnungen Lebendigkeit und Stärke zu verleihen.[115] Überhaupt sind alle Zukunftsaussagen als *Bilderwelt* zu verstehen, die ihre Bedeutung darin hat, die ewigen Realitäten zu symbolisieren.[116] Von der Zukunft der Basileia wird geredet, um den

---

[110] „. . . Jesus intended to proclaim the Kingdom of God not as something to come in the near future, but as a matter of present experience" (aaO 46).
[111] „It is not merely imminent, it is here" (aaO 49).
[112] AaO 50.
[113] „This is the ,mystery of the Kingdom of God'; not only that the *eschaton* / that which belongs properly to the realm of the ,wholly other', is now matter of actual experience, but that it is experienced in the paradoxical form of the suffering and death of God's representative" (aaO 79f).
[114] Jesus „forecast historical developments of the situation in which He stood. In particular, He forecast a crisis in which He Himself should die and His followers suffer severe persecution; . . .". Er sah ebenfalls „the disaster for the Jewish people and their temple" voraus; Dodd, aaO 66f. Fraglich ist, ob Gegenwart *so* bestimmt werden kann, ohne daß der Begriff seine Prägnanz einbüßt.
[115] „The time-honoured image of a Last Judgement is simply assumed, and used to give vividness and force to solemn warnings" (aaO 83).
[116] AaO 108.

Sachverhalt symbolisch auszudrücken, daß sie zwar in die Geschichte eintritt, nicht aber in der Geschichte aufgeht.[117] Die Zukunftsaussagen sind nur „accommodation of language", denn im Bereich der „ewigen Ordnung" gibt es kein Vorher und Nachher.[118] Die nachösterliche Gemeinde (außer Paulus und Johannes)[119] hat den symbolischen Charakter der Zukunftsaussagen Jesu verkannt und hat, indem sie seine Worte buchstäblich verstand, eine neue christliche Eschatologie nach jüdisch-apokalyptischem Muster entwickelt (zB Mk 13).[120] Diese allgemein feststellbare eschatologische Tendenz in der Anwendung der Jesusworte[121] ist in den Augen Dodds ein Rückfall ins Judentum.

Es liegt auf der Hand, daß Dodds Neubestimmung der Eschatologie Jesu die Auslegung der Gleichnisse erheblich beeinflußt. Die Krisisgleichnisse, mit denen vornehmlich argumentiert wird, wenn es um den Nachweis einer futurischen Eschatologie Jesu geht,[122] werden von Dodd uminterpretiert, indem er das Kommen des Menschensohnes in seinem Gerichtsaspekt verwirklicht sieht in den unmittelbar bevorstehenden Ereignissen: Jesus und seine Hörer werden verfolgt, der Tempel und die jüdische Nation werden zerstört.[123] Deshalb scheint es möglich, alle diese ‚eschatologischen' Gleichnisse im Kontext des Lebens Jesu anzuwenden.[124] Im gleichen Sinne wendet sich Dodd auch gegen die vorherrschende Auslegung der Wachstumsgleichnisse, wonach diese auf die zukünftige Geschichte der Basileia in der Welt (sei es als Entwicklung, sei es bei den Vertretern der „consequente(n) Eschatologie" als kurz bevorstehende Endkatastrophe) Bezug nehmen.[125] Die Wachstumsgleichnisse müssen nach Dodd *präsentisch* verstanden werden: die Ernte ist da, das Eschaton ist gegenwärtig im Komplex der Ereignisse, die von Jesus ausgehen.[126]

---

[117] Ebd.
[118] Ebd.
[119] AaO 132.
[120] „But meanwhile those who took his words literally built up a new Christian eschatology on the lines of the Jewish apocalyptic tradition" (aaO 133).
[121] Die Tendenz wird festgestellt aaO 135.
[122] AaO 154.
[123] AaO 170: „The coming of the Son of Man, in its aspect as judgement, is realized in the catastrophes which Jesus predicted as lying immediately in store — the persecution of Himself and His disciples, the destruction of the Temple and of the Jewish nation."
[124] AaO 174. Bemerkenswert ist, daß hier die futurischen Aussagen nicht mehr bloße „imagery" sind, sondern durchaus eigentlich verstanden werden.
[125] AaO 175f.
[126] AaO 185.

Ein verborgener Prozeß des Wachstums ist vorangegangen,[127] die Geschichte Gottes mit Israel und mit der Welt ist in Jesus zur Klimax gekommen.[128] Dodds Konzept der realisierten Eschatologie liefert ferner den Hintergrund für die *Unterscheidung von Allegorie und Gleichnis*. Das Gleichnis im weitesten Sinne ist grundsätzlich „a metaphor or simile drawn from nature or common life", welche den Hörer gefangen nimmt durch ihre Seltsamkeit oder Lebendigkeit, und welche den Hörer in einem gewissen Zweifel beläßt, wie sie genau anzuwenden **sei; demzufolge** wird der Hörer zum Weiterdenken gereizt.[129] Die Grenzziehung zwischen den drei Klassen von Gleichnissen (Bildwort, Gleichnis und Parabel) ist nicht strikte durchführbar, wohl aber sind sie alle unterschieden von der Allegorie, sofern jedes Detail in dieser eine selbständige Metapher mit eigener Bedeutung ist, während das typische Gleichnis nur *einen* Vergleichspunkt darbietet.[130] Man erkennt ein Gleichnis daran, daß alles in ihm übereinstimmt mit der Natur und dem Leben. Gewiß können auch in einem Gleichnis Züge vorkommen, die durch ihre spezielle Eignung für die *intendierte Anwendung* bedingt sind.[131] Aber sie sind strikte der Pointe untergeordnet und stören die Einheit des Gleichnisses nicht.[132] Der Realismus der Gleichnisse ist nach Dodd nicht etwa dadurch begründet, daß sie didaktisch effizient sein müssen, sondern der Realismus der Gleichnisse entspringt der Überzeugung, daß zwischen der natürlichen und geistlichen Ordnung eine innere Affinität bestehe, bzw daß das Reich Gottes seinem inneren Wesen nach *gleich* den Naturvorgängen und dem täglichen Leben des Menschen sei.[133] Die Affinität beider Ordnungen gründet auf der Schöp-

---

[127] AaO 193: „An obscure process of growth has gone before it, ...".
[128] Ebd. Dodds Verhältnisbestimmung von Eschaton und Geschichte impliziert ein bestimmtes Geschichtsverständnis. Gottes Geschichte mit der Welt, die im Alten Testament begonnen hatte, kam zu Ende in den Ereignissen um Jesus; diese Ereignisse bedeuten als Ende der Geschichte, als Fülle der Zeit, zugleich die (historische) Offenbarung des Sinnes der Geschichte, von dem her die profane Geschichte vor und nach Jesus Christus qualifiziert ist. Aufgabe der Kirche ist es, durch die Wiederholung jenes Endes der Geschichte in ihrem Wort die spätere Geschichte ins Gericht und so den Menschen zum Heil zu bringen.
[129] Dodd, Parables 16.
[130] AaO 17–19.
[131] Es ist wahrscheinlich, „that details will be inserted which are suggested by their special appropriateness to the application intended, ..." (aaO 21).
[132] Ebd.
[133] „It (sc the realism) arises from a conviction that there is no mere analogy, but an inward affinity between the natural / order and the spiritual order; or ... the Kingdom of God is intrinsically *like* the processes of nature and of the daily life of men" (aaO 21f).

fung beider durch denselben Schöpfer.[134] Somit folgt Dodds Unterscheidung von Gleichnis und Allegorie aus der Verhältnisbestimmung von Schöpfung und Eschaton, sofern zwischen Natur und Ewigkeit, zwischen natürlicher und ewiger Ordnung eine *analogia entis* besteht. Wer (unrealistische) Allegorien macht, um die ewige Ordnung zu umschreiben, vertraut nicht auf jene Analogie und nimmt die Natur nicht als Schöpfung Gottes ernst. Es hängt demnach mit dem Weltpessimismus der Apokalyptiker zusammen, daß diese nur frigide Allegorien zum Gefäß göttlicher Wahrheiten machen können.[135]

Das Postulat der analogia entis zwischen Natur und Ewigkeit ermöglicht es Dodd, die Wahrheitsfrage der Gleichnisse zu beantworten. Denn die Wahrheit der Gleichnisse Jesu beruht darauf, daß die Basileia tatsächlich *gleich* der Natur und dem sozialen Leben ist. Der *Realismus* der Gleichnisse bürgt zugleich für ihre *Wahrheit.*[136] Eine kritische, von der Basileia selbst evozierte Transzendierung der Welt und des Lebens ist in einem derartigen Konzept allerdings verunmöglicht. Dieser Punkt bedarf weiterer Erwägungen.[137] Zudem ist es letztlich unwesentlich geworden, *wer* das Gleichnis ausspricht, und *daß* es ausgesprochen *wird.* Jesus als Sprecher der Gleichnisse hat einen bloß akzidentiellen Stellenwert.

J. Jeremias

Jeremias knüpft explizit an die Arbeit Dodds an und vermerkt auch, daß mit dieser „eine neue Epoche der Gleichnisforschung" eingeleitet worden sei.[138] Der Anknüpfungspunkt besteht vornehmlich im Versuch, die Gleichnisse konsequent auf das Leben des historischen Jesu zu beziehen und so die „älteste erreichbare Gestalt der Gleichnisverkündigung Jesu zu erarbeiten"[139]. Dem Bemühen, der „ipsissima vox Jesu"[140] auf die Spur zu kommen, kommen die Gleichnisse in besonderer Weise entgegen. Sie sind „ein Stück Urgestein der Überlieferung"[141], sie „widerspiegeln" die Verkündigung Jesu „mit beson-

---

[134] AaO 22.
[135] Ebd.
[136] Im Gegensatz zu Jülichers Wahrheitskriterium („simplex sigillum veri" vgl. oben S. 15) könnte im Sinne Dodds gesagt werden: die Naturgemäßheit ist das Siegel des Wahren.
[137] Vgl. dazu unten 1.2.2 und 1.2.6.
[138] Jeremias, Gleichnisse 5 (Vorwort zur sechsten Auflage).
[139] Ebd.
[140] Ebd und passim.
[141] AaO 7.

derer Klarheit"[142], „wir haben es mit besonders treuer Überlieferung zu tun, stehen in unmittelbarer Nähe Jesu, wenn wir die Gleichnisse lesen"[143]. „Dennoch stellen die Gleichnisse uns vor *ein schwie-
riges Problem ...: die Ermittlung des ursprünglichen Sinnes.*"[144] Auf
dem Weg zur Lösung dieses Problems ist Jülicher mit seiner Entallegorisierung ein gutes Stück weit gegangen,[145] aber er „hat nur die
halbe Arbeit getan"[146]. Sein Mangel besteht darin, daß er die Anwendung der Gleichnisse in allgemeinen Wahrheiten sah und so den ursprünglichen Sinn verfehlen mußte.[147] Den entscheidenden, weiter-
führenden Gesichtspunkt sieht Jeremias (im Anschluß an A. T. Cadoux, B. T. D. Smith und vor allem C. H. Dodd) in der Erkenntnis,
daß jedes Gleichnis „in einer konkreten Situation des Lebens Jesu
gesprochen" ist,[148] und daß dessen ursprünglicher Sinn durch diese
konstituiert wird. Die Konkretheit der verschiedenen Situationen
wird aber von Jeremias sogleich wieder generalisiert, indem er sie
im Begriff des Kampfes zusammenfaßt und so die (allermeisten)
Gleichnisse als „Streitwaffe" definiert.[149]

Wer den ursprünglichen Sinn der Gleichnisse entdecken will, muß
vor allen Dingen beachten, daß diese einen „zweifachen historischen
Ort"[150] haben. Sie haben einerseits ihren ursprünglichen historischen
Ort in einer „jeweilig einmalige(n) Situation im Rahmen der Wirksamkeit Jesu", andererseits haben sie ihren „Sitz im Leben und
Denken der Urkirche".[151] Die formgeschichtliche Betrachtungsweise[152] hat bei Jeremias gleichsam eine negative Funktion, indem die
formgeschichtlichen Gesetze zusammen mit anderen „Gesetze(n)

---

[142] AaO 7.
[143] AaO 8.
[144] AaO 9 (das Kursive gesperrt).
[145] AaO 14.
[146] AaO 15.
[147] Ebd.
[148] AaO 17.
[149] AaO 18. Diese Sicht hat im Blick auf die Auslegung der Gleichnisse einen
engführenden Effekt. Fast alle Gleichnisse dienen der Verteidigung des Basileia-
Zuspruchs an die Sünder und Verachteten gegenüber den Gegnern Jesu. Die formale Bestimmung als „Streitwaffe" nimmt den Gleichnissen ihre Vielfalt. Dazu
kommt, daß sie bei diesem Verständnis *nicht mehr als Evangelium, sondern
bloß noch als dessen Rechtfertigung* zur Sprache kommen.
[150] AaO 19 (gesperrt).
[151] Ebd.
[152] Jüngel weist darauf hin, daß Jeremias die formgeschichtliche Kategorie
„Sitz im Leben" auf die Gemeinde beschränkt, während er im Blick auf Jesus
von einem „historischen Ort" spricht; vgl Paulus und Jesus 118.

der Umformung"[153] das methodische Hilfsmittel darstellen, um aus den durch die Gemeinde überlieferten **Gleichnissen die ursprünglichen Gleichnisse Jesu** zu erkennen.[154] Die formgeschichtliche *Einteilung der Gleichnisse in verschiedene Kategorien* bedeutet nach Jeremias, jene unter ein „sachfremdes Gesetz" zu bringen,[155] da der „Maschal ... alle diese Kategorien und noch viel mehr" umfaßt.[156] Die gewichtigsten Umformungen erhielten die Gleichnisse durch eine „Verschiebung des Akzentes ... vom Eschatologischen auf das Paränetische", die durch die Anwendung der Gleichnisse auf die „konkrete Situation" der Urkirche bedingt ist.[157] Eines der Hilfsmittel zur Anwendung der Gleichnisse auf die konkrete Situation, die „vor allem durch das Ausbleiben der Parusie und die Mission gekennzeichnet war", bestand in der (christologischen und paränetischen) Allegorisierung.[158] Die Allegorisierung ist demnach eine *Folge des Geschichtsverlaufs* von Jesus zur Urkirche. Als solche ist sie zugleich eine Folge der *wechselnden Eschatologie*. Waren Jesus und seine Gleichnisse geprägt von „der Gewißheit der ‚sich realisierenden Eschatologie'"[159], so sind die Gleichnisse der Urkirche erfüllt vom Bemühen, das Problem der Zwischenzeit zwischen Ostern und Parusie zu bewältigen. Der historische Ansatz der Gleichnisauslegung bei Jeremias erhält seine höchste Brisanz im Blick auf die *Wahrheitsfrage*. „Welch großes Geschenk, wenn es gelingt, hier und da hinter dem Schleier (sc der sich in der Urkirche über die Gleichnisse gelegt hat) das Antlitz des Menschensohnes wiederzufinden! Auf Sein Wort kommt alles an! Erst die Begegnung mit Ihm gibt unserer Verkündigung Vollmacht!"[160] Also: die Gleichnisse sind deshalb wahr, weil der historische Jesus, der „Menschensohn" und „Heiland"[161] sie gesprochen hat. Die „ipsissima vox Jesu" als ein mit historischen Mitteln erkennbares Phänomen ist das Wahrheitskriterium im *theologischen* Sinne. Von hier aus kann die Arbeit der Urkirche an den Gleichnissen *nur noch als Verdeckung ihrer Wahrheit* verstanden werden.

---

[153] Jeremias, Gleichnisse 21–114; der Ausdruck S. 19.
[154] AaO 114.
[155] AaO 16.
[156] Ebd. Für die Erhebung der *Bedeutung* der Gleichnisse ist also die formgeschichtliche Betrachtungsweise unfruchtbar.
[157] AaO 113.
[158] AaO 64, vgl. 113.
[159] AaO 227 mit Anm 3, wo Jeremias auf die Zustimmung Dodds zum Begriff „sich realisierende Eschatologie" hinweist. Dodds Zustimmung ändert allerdings wenig an der Verschiedenheit beider Konzeptionen hinsichtlich der Verhältnisbestimmung von Geschichte und Eschaton!
[160] AaO 114.
[161] AaO 227.

„Niemand als der Menschensohn selbst und Sein Wort kann unserer Verkündigung Vollmacht geben."[162] Wer sich dieser Vorentscheidung anschließt, wird am methodischen Vorgehen der Lüftung des Schleiers keinen Makel mehr finden können.[163]

E. Linnemann

Aufbauend auf die „unaufgebbare Erkenntnis der jüngsten Epoche der Gleichnisauslegung, die durch die Namen Cadoux, Dodd und Jeremias bezeichnet wird"[164], betont *Eta Linnemann*, daß der „Ausleger, der nach dem Sinn eines ... Gleichnisses (Jesu) fragt, ... ausdrücklich über dessen *Ursprungssituation* reflektieren" muß.[165] „Seine Ursprungssituation ist die Unter-redung, das Gespräch."[166] Das Gleichnis ist darauf aus, den Gegensatz zwischen der „Beurteilung der Lage durch den Erzähler und die Zuhörer" zu überbrücken.[167] Grundlegend für die Gleichnisse Jesu ist, daß sie „überwiegend zu Gegnern gesprochen" sind, wobei sie diese nicht etwa ad absurdum führen, sondern ihr *Einverständnis zu gewinnen* suchen.[168] Dabei gibt der Erzähler in der Parabel seinen Hörern bewußt Raum, indem er einen auch den Hörern vertrauten Sachverhalt in einer bestimmten Weise anspricht, so nämlich, daß er der Urteilsweise der Hörer im Gleichnis einen festen Platz gibt.[169] Linnemann nennt dies das „Phänomen der *Verschränkung*"[170]. „In der Parabel verschränkt sich das Urteil des Erzählers über die fragliche Situation mit dem der Hörenden."[171] Wer das Phänomen der Verschränkung außer acht läßt, hat „keinen Zugang zu dem, was Jesus in Wahrheit gesagt hat".[172] Linnemann bezeichnet die Gleichnisse als *Sprachgeschehen*, da in ihnen „Entscheidendes ... durch das Wort" geschieht:[173] das Gleichnis „stiftet der Situation eine neue Möglichkeit ein, und es zwingt

---

162 AaO 5 (Vorwort zur sechsten Auflage).
163 Zur kritischen Stellungnahme vgl unten 1.2.6.
164 Linnemann, Gleichnisse 30.
165 AaO 31 (Hervorhebung von mir).
166 AaO 27.
167 AaO 30.
168 Ebd (die These Jeremias' ist somit wesentlich modifiziert). Linnemann knüpft an die bei Jülicher und Bultmann gemachten Aussagen zum „argumentativen" Charakter der Gleichnisse an.
169 AaO 35.
170 Ebd.
171 Ebd.
172 AaO 36.
173 AaO 39.

den Angeredeten zu einer Entscheidung"[174]. Damit hängt zusammen, daß der heutige Ausleger versuchen muß, „die Gleichnisse Jesu mit den Ohren ihrer ersten Hörer zu vernehmen"[175]. „In ihrem Bezug auf ihre geschichtliche Ursprungssituation wollen sie erkannt werden, denn gerade so erweisen sie ihre Bedeutung, die über jene Situation weit hinausgeht."[176] Linnemanns Bestimmung der Gleichnisse als Sprachgeschehen, das einen „Existenzwechsel"[177] evoziert, ermöglicht es, die einmalige Ursprungssituation in einen direkten Bezug zu allen späteren Situationen zu bringen. In dieser Weise ist das historische Einmalige bedeutsam.

1.1.3 Der hermeneutische Ansatz

Unter dem hermeneutischen Ansatz in der Gleichnisauslegung soll im folgenden derjenige Ansatz verstanden werden, der die *historische* Frage nach der Bedeutung der Gleichnisse mit der *theologischen* Frage nach der sachgemäßen Rede von Gott ineins setzt und so die Einheit beider Fragen als ein hermeneutisches Problem begreift. Als besonders weiterführende Beispiele dieses Ansatzes werden die Entwürfe von Ernst Fuchs und Eberhard Jüngel in ihren Grundzügen dargestellt.

E. Fuchs

Zunächst mag es scheinen, als ob Ernst Fuchs sich in gewisser Nähe zum historisierenden Ansatz Joachim Jeremias' befinde.[178] Wenn die Gleichnisse Jesu auf Jesus selbst hinweisen, dergestalt daß sie „lichtvolle *Selbstzeugnisse Jesu*" sind[179], wenn Jesu „Verhalten ... der wahre Rahmen seiner Verkündigung" ist[180], so liegt die Vermutung

---

[174] AaO 38. Der Zwang zur Entscheidung bedeutet mE einen Widerspruch zu dem von Linnemann namhaft gemachten Phänomen der „Verschränkung"; Näheres dazu vgl unten 1.2.8.

[175] AaO 42.

[176] AaO 41.

[177] AaO 39 vgl 41. Die den Gegenwartsbezug ermöglichende Methode ist also die existentiale Hermeneutik.

[178] Jeremias jedenfalls äußert „lebhafte Zustimmung" einem Aufsatz Fuchsens gegenüber (Gleichnisauslegung, GA II 136—142), in welchem dieser die Gleichnisse als „implicit christologisches Selbstzeugnis" herausstellt; vgl Jeremias, Gleichnisse 227 Anm 1.

[179] Fuchs, Jesus 94, ebenso ders, Hermeneutik 223. 227; vgl Gleichnisauslegung GA II 139: „Mir scheint aber, Jesu Gleichnisse gelten in erster Linie unserer Beziehung *zu Jesus selbst*" (Hervorhebung von mir).

[180] Fuchs, Jesus 46; vgl ders, Neues Testament GA III 155.

allerdings nahe, daß Fuchs (wie Jeremias) den historischen Ursprungsort der Gleichnisse zum Konstitutivum ihrer Bedeutung macht. Dem
steht jedoch die Beobachtung entgegen, daß nach Fuchs weder das
„Verhalten Jesu" nach das „Selbstzeugnis Jesu" als eine historische
Kategorie aufgefaßt werden darf. Das „Verhalten Jesu" ist insofern
der Rahmen seiner Verkündigung, als es ein Handeln an der Stelle
Gottes ist[181]; so qualifiziert bildet es den Rahmen der Worte Jesu,
die zeigen, daß er selbst nur im Zusammenhang mit Gott verstanden
werden wollte,[182] und in denen er „Gottes Schatz und Macht"
verteilt.[183] Das „Verhalten Jesu" ist demnach eine *theologische
Kategorie.* Dem entspricht, daß der partikuläre historische Ursprungsort eines Gleichnisses für dessen Auslegung belanglos ist und
von Fuchs deshalb gar nicht erfragt wird. Dazu kommt, daß das
„Selbstzeugnis Jesu" nicht psychologisch als „Selbstaussage" bzw
als „Aussage eines Selbstbewußtseins Jesu" verstanden werden darf.[184]
Vielmehr sind die Gleichnisse insofern Selbstzeugnisse, als in ihnen
(mehr noch als in den übrigen Logien) „Jesu Verständnis seiner Situation auf besondere Weise zur Sprache kommt".[185] Sie sind „genau
dort gesprochen, wo Jesus stand: wo einer ganz den Andern (dessen
Zukunft!) und nur von da aus sich selber bedenkt".[186] „Selbstzeugnis" meint also eher Auskunft über die Situation Jesu, seinen Stand-
ort, im Sinne eines *Existentials.*[187] Das Selbstzeugnis der Gleichnisse
transzendiert die historische Frage nach dem Selbstbewußtsein Jesu.

Fuchs unterscheidet sich von der seit Jülicher herrschenden Tradition auch dadurch, daß er *die Unterscheidung von Bild- und Sachhälfte aufgibt.*[188] „Die Gleichnisse sind an sich rahmenlos und dürfen daher keine Anwendung haben. Sie sind selber Anwendung!"[189]
Gegen Jeremias stellt Fuchs fest, daß das Gleichnis selber Deutung
sein will, also eine Anwendung gar nicht verträgt.[190] Das ist deshalb
der Fall, weil es in Gleichnis und Parabel nicht primär um „die Ent-

---

[181] Fuchs, ZThK 53, 219.
[182] Fuchs, Der historische Jesus als Gegenstand der Verkündigung GA III 439.
[183] Fuchs, Wirklichkeit GA III 460; vgl Jesus 122; vgl Einleitung GA III 11.
[184] Fuchs, Jesus 95.
[185] Fuchs, Sprachgeschehen GA III 239; vgl aaO 244.
[186] Fuchs, Hermeneutik 227.
[187] Zur Situation Jesu gehört die „Freude an Gott", ein „auch den historischen
Jesus z.B. in seinen schönsten Gleichnissen bestimmende(s) Existential" (Fuchs,
Selbstbeherrschung GA III 323).
[188] Fuchs, Jesus 103. Jüngels Vermutung (Paulus und Jesus 134) hat sich als
zutreffend erwiesen.
[189] AaO 105.
[190] Fuchs, Gleichnisauslegung GA II 136.

wicklung von veranschaulichenden Sätzen" geht.[191] Es geht dem
Gleichnis nicht darum, den Hörer über die Wahrheit zu belehren,
sondern es will dem Hörer zu einer jener Wahrheit entsprechenden
Einstellung verhelfen.[192] „Muß man dann nicht sagen, daß die Anwendung des im Bildteil Gesagten gerade *offen* bleiben soll, weil
der Bildteil den Partner eben deshalb zu einer Stellungnahme zwingt,
um ihn *daraufhin* bei einem bestimmten Verhalten zu behaften?"[193]
Die Zurückweisung der Unterscheidung von Bild- und Sachhälfte ergibt sich also aus Fuchsens *Bestimmung des Charakters der Gleichnisse Jesu*. Die Sprachform des Gleichnisses ist bedingt durch die
von keiner andern Sprachform zu bewältigende *Nähe Gottes*. Das
Problem ist nicht das Näherbringen des fernen Gottes, sondern die
Faßbarkeit der *Nähe* Gottes, die uns verbrennen müßte, wäre er
nicht im *Gleichnis* nahe.[194] Die Sprachform des Gleichnisses entspricht der Zukunft Gottes als Ereignis, das „dort, wo es geschieht,
in größerer Nähe (geschieht), als alle direkte Rede sie je ausdrücken
könnte".[195] Damit ist das Gleichnis *als Gleichnis* in seiner theologischen (bzw eschatologischen)[196] Bedingtheit erkannt und die (sich
in der Unterscheidung von Bild- und Sachhälfte zeigende) Trennung
von Form und Inhalt aufgegeben.

Die in der Verkündigung Jesu zur Sprache gekommene Nähe der Zukunft Gottes impliziert, daß es im Blick auf den Hörer nicht um
Belehrung über die Wahrheit gehen kann, sondern daß seine *Einstellung zu jener Wahrheit* zur drängenden Frage wird. „Jesus unterscheidet sich darin vom Täufer, daß er versucht, jedem einzelnen
die Basileia in dessen Existenz nahezubringen."[197] Die Parabeln (und
die Gleichnisse) haben eine „neue *Einstellung* ihrer Hörer im Auge".[198]
Sie provozieren den Hörer zu einer seine ganze Existenz betreffenden Entscheidung; dabei ist zu beachten, daß das „Wunder unserer
neuen *Einstellung*" allein Gottes Sache ist.[199] In diesem Sinne gilt
von den Gleichnissen, daß ihnen ein argumentativer Charakter zukommt.

191 Fuchs, Hermeneutik 219.
192 Vgl zB Fuchs, Jesus 38; ders, Hermeneutik 217; aaO 219; uam.
193 Fuchs, Hermeneutik 222.
194 Vgl Fuchs, Jesus 22.
195 Fuchs, Hermeneutik 217.
196 Sofern zum *Wesen* Gottes *seine Nähe gehört* (Jesu Rede von der Basileia
führt dies deutlich vor Augen) fallen Theologie und Eschatologie (Jesu) zusammen.
197 Fuchs, Jesus 104.
198 AaO 38.
199 AaO 40.

Auf welche Weise geschieht es, daß unsere neue Einstellung entsteht?
Es geschieht so, daß Jesus mithilfe seiner Gleichnisrede Gott veran-
schaulicht, „aber in unserer *alten* Existenz"[200]. Die Strukturen unserer alten Existenz werden im Gleichnis als dessen *Verständnisbedingung* gewahrt und als solche dialektisch auf die durch Gott geschaffene (bzw intendierte) *neue Existenz* bezogen.[201] „Jesu Gleichnisse
verfremden die Welt, indem sie die Welt der Berechnung ins Extrem
... verschieben."[202] Sie erinnern „uns an unsere Lebenserfahrung,
um uns etwas Wichtigeres sagen zu können ...": sie wollen von
Gott reden.[203] Sie holen den Menschen also dort ab, wo er als
Mensch anzutreffen ist, um ihn zur Entsprechung zur (nahen) Zukunft Gottes zu führen. „Jesu Gleichnisse verwandelten freilich nicht
die Menschen, sondern deren Situation, sobald jemand verstand, was
ihm das Wort gab."[204] Als ein dem Menschen eine neue Situation
schenkendes Wort bringt das Gleichnis diesen in *Bewegung*, es ist
„ein dem Hörer zuvorkommendes, ihn zu seinem Heil ablenkendes,
ihn daher ... auch ... bewegendes Wort", es ist ein „Wort in Bewegung", ein „logos ana logon".[205] Das Gleichnis lenkt den Hörer ab
von seiner Fixiertheit auf die Denkweisen dieser Welt, es ist „ein
Ruf an die Toten, an die Sünder unter dem Gesetz der Sünde und
des Todes"[206]. Es bewegt ihn zur Einsicht in die Gegenwart der
Basileia, und gerade so widersteht es „in Wahrheit dem Tod", es
führt „ins ewige Leben hinein. Oder nicht?"[207]. „Das Gleichnis Jesu
ist als eschatologisches Gleichnis sozusagen ein winziges Theater-
stück, das etwas inszeniert."[208] Mittels seiner Sprachkraft bewegt
es den Hörer dazu, den Abstand zum Gehörten aufzuheben[209]; vollzieht der Zuhörer die Aufhebung jenes Abstandes, so hat er zugleich
Abstand zu sich selbst gewonnen, er ist zu seinem Heil abgelenkt.

---

[200] AaO 44 (Hervorhebung von mir).
[201] Vgl zB den folgenden Satz (Fuchs, Jesus 33): „Beide Parabeln (sc Mt 20,1ff
und 18,23ff) sind hermeneutische Parabeln. D.h.: eben deshalb heben sich Güte
und Härte gerade nicht auf; denn eines bleibt wenigstens die Verständnisbedingung des anderen."
[202] Fuchs, Jesus 123.
[203] Fuchs, Wunder GA III 476.
[204] Fuchs, Christliche Verkündigung GA III 426.
[205] Fuchs, Jesus 77.
[206] Fuchs, Einleitung GA III 21.
[207] Fuchs, Neues Testament GA III 160; vgl den folgenden Satz (Jesus 79):
„Im Gleichnis erscheint die definitive Offenbarung Gottes, so etwas wie die
persönliche Auferstehung der Toten, als Gottes eigenes und in keiner Weise als
unser Werk — und das eben in actu."
[208] Fuchs, Jesus 92.
[209] Ebd.

Fuchs versteht grundsätzlich die Gleichnisse nicht als Lehren über das Reich Gottes, sondern als *Ansage der Zeit* des Reiches Gottes. Die Gleichnisse wollen die Einsicht erzielen, daß jetzt die *Zeit zur Liebe gekommen* sei. Im Blick auf die Eschatologie Jesu geht es nicht um die „törichte Frage, ob sich Jesus damals in der Zeitspanne getäuscht habe", sondern um die „richtige, bleibende (Frage), ob sich Jesus darin getäuscht hat, daß er glaubte, die Zeit *zur Liebe* sei gekommen".[210] „Jesu Verkündigung ist genau wie sein Verhalten ... ganz einfach Ansage der Zeit selbst, der *neuen* Zeit des Reiches Gottes."[211] Was von der Verkündigung und vom Verhalten Jesu allgemein gilt, gilt von den Gleichnissen besonders: sie „sprechen ... die Zeit selbst aus, indem sie die Zeit des *Glaubens* zusprechen".[212] Indem das Gleichnis die neue Zeit ansagt, wird dem Zuhörer das Tor zur neuen Zeit aufgetan, er wird *eingelassen*. „Wenn Jesus im Gleichnis spricht, benützt er die Kraft der Sprache, um uns dorthin einzulassen, wohin wir durch Gott gesprochen werden, weil wir von Gott her angesprochen werden."[213] Weil es uns einläßt, ist „das Gleichnis ... *ein Geschenk. Es reicht dar."*[214] In diesem Sinne fordert Fuchs eine „*sakramentale* Interpretation"[215] der Gleichnisse wie der Verkündigung Jesu überhaupt.

Die eben angesprochene Charakterisierung der Gleichnisse als „einlassende", „Einlaß gewährende" Worte steht in engem Zusammenhang mit Fuchs' Auffassung vom *Wesen der Sprache*. Es gehört nämlich zum Wesen der Sprache selbst, daß sie Einlaß gewährt.[216] Indem ich einen andern Bruder nenne, lasse ich ihn als Bruder bei mir ein.[217] Wo im Wort so Einlaß gewährt wird, da ereignet sich die Sprache selbst, da geschieht ein „Sprachereignis"[218]. In gleicher

---

[210] Fuchs, Zeitverständnis GA II 375. Es geht also um die Frage, ob die *Nähe* der Gottesherrschaft tatsächlich ihr *Wesen* ist.

[211] Fuchs, Neues Testament GA III 155.

[212] Fuchs, Jesus 80.

[213] AaO 91.

[214] AaO 106.

[215] Fuchs, Jesus 106.

[216] AaO 90: „*die Sprache läßt ein";* sie versetzt zB einen Beschimpften zu den Säuen.

[217] Fuchs, Sprachereignis GA II 426.

[218] Zum Begriff „Sprachereignis" vgl ua Fuchs, Sprachereignis, GA II 427, und den Satz: „,Sprachereignis' ist das Ereignis eines Einlasses durch / die Sprache" (Fuchs, Jesus 90f). Vom Sprachereignis streng zu unterscheiden ist das „Sprechereignis", in welchem sich ein „Griff, eine Herrschaft" vollzieht (aaO 89). Sofern die Sakramente ebenfalls in den Kategorien des Schenkens und Gewährens zu begreifen sind, sind sie „eben kein Sprechereignis, sondern ein Sprachereignis" (Fuchs, Sprachereignis GA II 427).

Weise, wie die Sprache wesentlich Einlaß gewährt, ist für ihr Wesen konstitutiv, daß sie „Zeitansage" ist.[219] Dabei ist zu beachten: „Sprache ist nur dort als Sprache da, wo sie sich ereignet."[220]

Wenn der Sprache wesentlich zukommt, daß sie „Einlaß" und „Zeitansage" ist, so gilt für einen jenem Wesen entsprechenden *Gebrauch* der Sprache, daß er für den Angesprochenen eine *neue Situation* schafft. Die Sprache ermöglicht, das Wirkliche zu überschreiten. Die Sprache muß demnach der Wirklichkeit ontologisch gesehen vorgeordnet sein. „In der Sprache wird der Wirklichkeit zu ihrer *Wahrheit* verholfen: erst in der Sprache erscheint die Wahrheit der Wirklichkeit."[221] Das gilt zunächst in dem Sinne, daß die Wirklichkeit nur in der Sprache *begriffen* werden kann. „Soll das Wirkliche jeweils *begriffen* werden ..., so wird es also darauf ankommen, daß *seine* Gegenwart mit *meiner* Gegenwart übereinstimmt."[222] Für uns „wirklich ist erst, was als gegenwärtig (...) zur *Sprache* gebracht werden kann."[223] Dieses Sprachverständnis impliziert, „... daß die Sprache vor der Wirklichkeit rangiert ..."[224]. Damit hängt zusammen, daß die Sprache kein bloßes Verständigungsmittel (das Verständigung über das Wirkliche ermöglicht) ist, sondern daß sie „das Prius, den Vorrang, vor allem Denken"[225] hat. Denn die Sprache „macht gerade nicht bloß das Seiende, sondern das Sein selbst zum Ereignis".[226]

Sagt man von der Sprache, daß in ihr der Wirklichkeit zu ihrer Wahrheit verholfen werde, so impliziert dies eine *Unterscheidung von Wirklichkeit und Wahrheit*. Jedenfalls kann das Wirkliche nicht selbst Kriterium der Wahrheit sein. Vielmehr ist es das, was von der Sprache getroffen wird und so zu seiner Wahrheit kommt. Die Sprache selbst ist es also, die die Wahrheit mit sich bringt. Hinsichtlich der Sprache des Glaubens gilt: „Im Sinne des Glaubens ist es das *Mögliche*, das dem *Wirklichen* sprachlich zu seiner *Wahrheit* verhelfen und sich so als es selbst, das *Werdende,* aussprechen will."[227] Beim Möglichen handelt es sich freilich nicht um ein an der Kategorie der Wirklich-

---

[219] Fuchs, Neues Testament GA III 152.
[220] Fuchs, Sprachereignis GA II 426.
[221] Fuchs, Hermeneutik 132. Dies ist mE der Fundamentalsatz der Fuchsschen Sprachlehre.
[222] AaO 130. Der Übergang von der Wirklichkeit in die Sprache ist als ein Ereignis sui generis zu begreifen.
[223] AaO 130.
[224] AaO 132.
[225] Fuchs, Jesus 78, vgl 141.
[226] Fuchs, Sprachereignis GA II 425.
[227] Fuchs, Hermeneutik 211 (Hervorhebungen von mir).

keit orientiertes Mögliches, in dem Sinne daß es als Mögliches bloß noch nicht wirklich ist. Die Sprache des neutestamentlichen Zeugnisses erhebt „nicht ein Wirkliches (...), sondern ein Kommendes *und nur so Gegenwärtiges* zur Wahrheit ‚an' uns".[228]

Jenes Mögliche, das die Sprache zur Wahrheit an uns erhebt, ist die Zukunft Gottes, die (nahe) Basileia. Sie ist das Werdende, das sich als Kommendes und nur so Gegenwärtiges ausspricht. Die Sprache, die jenes Werdende aussprechen will, ist wesentlich *analogische* Sprache. Deshalb ist die „auffallendste Besonderheit der neutestamentlichen Sprache" folgerichtig die „Analogie".[229] Denn in der Analogie vermag sich das Kommende als gegenwärtig auszusprechen. Das wäre der direkten Rede nicht möglich. Denn die Zukunft Gottes als Ereignis geschieht doch „dort, wo es geschieht, in größerer Nähe, als alle direkte Rede sie je ausdrücken könnte. Die Nähe geschieht als die Bewegung der Zeit selbst. Eben deshalb bedarf das Zeugnis davon der Analogie, aber nicht einer die Wahrheit spekulativ erschließenden, sondern einer die erforderte *Einstellung* zu seiner Wahrheit mit anderen Einstellungen vergleichenden und uns so an das Mögliche erinnernden Analogie."[230]

Ausgehend von der „Analogie" betrachtet Fuchs die von der Formgeschichte bereitgestellten Kategorien zum Gleichnismaterial des Neuen Testamentes. „Die Analogie spricht sich mit Vorliebe in der Metapher aus."[231] Fuchs unterscheidet die *Metapher* vom *Bildwort* zunächst so, daß er jene ein „uneigentliches Bildwort" nennt.[232] Für das Bildwort gilt jedoch, daß es „zur Metapher hintendiert", denn das Bildwort eignet sich vorab als Sprichwort.[233] „Sprichwörter sind aber vielsinnig anwendbar, ... lassen offen, was zu tun ist, und erweisen sich so eigentlich als Metaphern, die ihre volle Schärfe immer erst durch die konkrete Anwendung gewinnen."[234] Nach Fuchs rangiert zwar die Metapher „stilistisch unterhalb des Bildworts ..., weil sie kein ausgeführter Vergleich ist", sie steht aber „dem Bildwort ... insofern voran, als sie das Analogische ... am unverhülltesten unterstreicht".[235]

---

[228] AaO 218 (Hervorhebungen von mir). Zum Bezug von Möglichkeit und Wirklichkeit vgl Jüngel, Die Welt als Möglichkeit und Wirklichkeit 206–233 bes 226–231.
[229] AaO 212.
[230] AaO 217.
[231] Fuchs, Hermeneutik 212.
[232] Ebd.
[233] AaO 215.
[234] Ebd.
[235] AaO 216.

Im Gegensatz zu Jülicher, der die Metapher als sprachliche Vorstufe
der Allegorie bestimmt, ist nach Fuchs die *Metapher von der Allegorie streng zu unterscheiden.* Gewiß steckt in der Metapher „offenbar ein allegorisierender Zug", sofern zB metaphorische Schimpfwörter „leicht zur Schlüsselsprache eines besonderen Kreises von Menschen" werden können.[236] „Trotzdem wird man die ‚typischen‘ Bezeichnungen der Schimpfwörter von allegorischen Chiffern unterscheiden."[237] Die Allegorie setzt einen „geheimen / Sinn des von
ihr Ausgelegten voraus"[238], während die Metapher mit den Bezeichnungen *spielt* und zu Umschreibungen herausfordert.[239] Die Metapher setzt ein beachtliches „Vermögen zur Analogie" voraus,[240]
was für die Allegorie gerade nicht gilt.

Weil die in Jesu Gleichnissen zur Wahrheit an uns erhobene Wahrheit der Zukunft Gottes „logisch gesehen die Wahrheit der Metapher"
ist, liegt Jesus die *Metapher näher* als das *eigentliche* Bildwort.[241]
Gleichnis und *Parabel* sind deshalb eher von dem Wesen der Metapher her zu verstehen. Das Gleichnis „(im Unterschied vom *durch-
geführten* Vergleich ...) versetzt ... dadurch in Spannung, daß es
eben *nicht* von vornherein verrät, wo der Sprecher hinauswill."[242]
Im Unterschied zum Sprichwort (oder Bildwort), das das Einverständnis des Partners von vornherein voraussetzt, führt das Gleichnis jenes Einverständnis erst herbei.[243] Es „hält sich aber damit schon
in der Sphäre der Erzählung auf, die natürlich stark verkürzt sein
oder der Phantasie überlassen bleiben kann"[244]. Gleichnis und Parabel haben den *erzählenden Charakter* gemeinsam.[245] „Gleichnisse unterscheiden sich von den Parabeln also lediglich durch den Wechsel
der Parabel vom Typischen, Regelhaften zum prägnanten Einzelfall,
der natürlich erzählt werden *muß.*"[246] „Auch die Parabeln (sc wie
die Gleichnisse) verschweigen die Anwendung, wenn sie geglückt
sind."[247]

---

236 AaO 212
237 Ebd.
238 AaO 212f.
239 AaO 213.
240 AaO 213.
241 AaO 218.
242 AaO 222.
243 Fuchs, Hermeneutik 223.
244 Ebd.
245 AaO 221.
246 AaO 222.
247 AaO 224.

Die *Allegorie* wird von Fuchs ausgeklammert,[248] einerseits deswegen, weil sie dem Analogiecharakter der Sprache Jesu nicht entspricht, und andererseits „weil sie der Gegenwart der Verkündigung Jesu nicht gerecht" wird, „indem sie nur scheinbar" verbirgt, „was bei Jesus *ganz* unausgesprochen bleibt".[249] Offenbar ist es denn gleichsam ein Echtheitskriterium der Gleichnisse und Parabeln, daß sie das in sich bergen, was bei Jesus ganz unausgesprochen bleibt. Das führt zur Frage nach dem *Verhältnis von Gleichnis und Jesus*.

Fuchs stellt fest: „das Besondere an Jesu lehrender Verkündigung ist die analogische Kraft, mit welcher Jesus unausgesprochen sich selbst, seinen Gehorsam, zum Maß für die Besinnung seiner Jünger macht".[250] In diesem Sinne sind die Gleichnisse „Selbstzeugnisse Jesu"[251]. Als solche gelten sie nicht unserer Beziehung zu Gott, sondern „in erster Linie unserer Beziehung zu Jesus selbst".[252] Sie sind dort gesprochen, wo Jesus stand.[253] Im Gleichnis ist Jesu Schicksal und die Basileia verschränkt: „Genau so, wie etwa die Gleichnisse durch Jesu Schicksal erst den vollen Inhalt bekommen, so empfangen auch ihre Themata, also z.B. die Gottesherrschaft, erst von daher das volle Licht."[254] Daraus darf jedoch nicht geschlossen werden, daß die Person des historischen Jesus Auslegungskriterium der Gleichnisse ist. In den Gleichnissen überschreitet Jesus die Wirklichkeit seines historischen Daseins. Er sagt mehr als das, was in seiner Situation als einer historischen gesagt werden müßte. „Gewiß konnten sich die Jünger in der Gegenwart Jesu selber sagen, was die Parabeln lehrten. Aber gerade jene drei besonderen Parabeln (sc vom Sämann, vom Verlorenen Sohn, von den Arbeitern im Weinberg) zeigen mehr. *Sie bereiten die Zukunft der Jünger vor,* damit sie in einer bösen Phase dieser Zukunft durch Jesu Wort noch einmal vor die gleiche Entscheidung der Hoffnung gestellt seien, in die sie von Anfang an gestellt waren."[255] Einige Parabeln Jesu weisen demnach über seine Gegenwart hinaus; sie weisen in die Zeit, da Jesus durch seinen Tod seinen Jüngern entzogen war. Das Ziel der Verkündigung Jesu war ja „ihre (sc der Jünger) *eigene* Hoffnung, ihr *eigener* Glaube, ihre *eigene* Begegnung mit Gott"[256]. Weil es ihm um dieses Ziel

---

[248] AaO 220.
[249] AaO 228.
[250] Ebd.
[251] AaO 227.
[252] Fuchs, Gleichnisauslegung GA II 139.
[253] Fuchs, Hermeneutik 227.
[254] Fuchs, Gleichnisauslegung GA II 141.
[255] Fuchs, Hermeneutik 226 (Hervorhebungen von mir).
[256] AaO 227 (Hervorhebungen von mir).

ging, konnte Jesus sich den Jüngern nicht ganz mitteilen,[257] denn
„die Jünger teilten die Gewißheit Jesu keineswegs"[258]. Diese Gewißheit war erst nach Ostern möglich. Fuchs betrachtet die Unmöglichkeit einer ganzen Selbstmitteilung als Jesu eigentliches Leiden, dem
das Kreuz dann ein *Ende* machte. „Gerade die Gewißheit seiner (sc
Jesu) Hoff-/nung zwang Jesus ... sehr viel früher in das Leiden hinein, als das die Evangelien (...) noch erkennen lassen. ... Jesus mußte
sich seinen Jüngern vorenthalten — *das war sein Leiden.*"[259] Sofern
die Gleichnisse Jesu die Zukunft der Jünger bereiten, decken sie sich
nicht mit dem Leben Jesu, sie haben vielmehr einen *Überschuß*:
„Jesu Gleichnisse *vollenden* darum Jesu Person."[260] Mit Ostern trat
im Blick auf die Verkündigung Jesu (gen.subj.) eine grundlegende
Wende ein: „Jesus selbst war zu dem Wort geworden, das er verkündigt hatte, nicht zum Gleichnis, sondern zum Ereignis dieses
Wortes, weil es jetzt, nach seinem Tode, in seinem Namen weiter-
getragen wurde."[261] Dieses Wende führte dazu, daß Jesus selbst
in seine Gleichnisse hineinkam und damit ein neues Verständnis
eben jener Gleichnisse entstand. „Aus dem Ruf Jesu, den wir als
Berufung verstanden, wurde die Verkündigung des Urchristentums,
das Jesus zum ,Gegenstand' einer neuen Sprache machte und nun,
wenn es wollte, Jesus selber als jene Perle, jenes Senfkorn usw. verstehen konnte."[262] Damit ist auch der Stellenwert der historischen
Verkündigung Jesu geklärt. Sie kann nicht Maßstab des sachgemäßen
Gleichnisverständnisses sein. „Die historische Verkündigung des historischen Jesus hat *hermeneutische* Bedeutung. Sie gibt die Verständnisbedingung her für den Glauben an Jesus."[263] Mithin sind
auch die Gleichnisse des historischen Jesus nicht Kriterium des Glaubens an ihn, sondern dessen Verständnisbedingung. Sie sind das
deshalb, weil Jesus in der Lage war, uns den „Glauben an Gottes
wunderbare Gegenwart schon in der Welt der Sünde zu gewähren".[264]
Eben diese Gewährung des Glaubens in der Welt der Sünde geschah
ja im Gleichnis.

Fragt man nach der *Wahrheit des Gleichnisses* und also nach der
Wahrheit des Glaubens, den sie gewähren, so ist man an die Sprache

---

[257] Ebd.
[258] AaO 228.
[259] AaO 227f (Hervorhebungen von mir).
[260] Fuchs, Jesus 88.
[261] Fuchs, An Jesus glauben GA III 269.
[262] Fuchs, Zeitverständnis GA II 373.
[263] Fuchs, Jesus 43.
[264] Ebd.

selbst verwiesen. Jesus gab sich völlig an sein Wort preis.[265] „Seine Legitimation als Sprecher des Wortes Gottes setzt er im Gleichnis *als* Gleichnis aufs Spiel."[266] Dabei gilt: „Sein Gleichnis *ist* das volle Wort Gottes."[267] Wer etwas aufs Spiel setzt, wagt etwas. „Jesus riskiert *Gott*, indem er mit seinem Gleichnis Gottes Wort riskiert", und zwar „*in seinen Hörern*".[268] Wahr ist ein Gleichnis dann, wenn sich in ihm die Sprache selbst ereignet, wenn es ein *Sprachereignis* ist. Gemeint ist bei Fuchs aber nicht jede beliebige Sprache als ein vom Menschen geschaffenes Verständigungsmittel, sondern jene Sprache, *aus der* der Mensch geboren ist.[269] Das ist uranfänglich die Sprache *Gottes*, „und ihr Grundzug" heißt „mit Recht Liebe".[270] Sie ist die „echte Sprache", in welcher wir als Sprechende von vornherein dem Ja Gottes entsprechen.[271] Wesentlich für die Sprache der Liebe ist, daß sie *gesprochen* wird.[272] Dies hat Jesus getan; dadurch wurde uns jene Sprache „geschichtlich eröffnet".[273] Vornehmlich in den Gleichnissen entsprach Jesus dem Grundzug der Sprache, indem er durch das Sprechen der Sprache dem Hörer Einlaß in die Zeit der Liebe gewährte. Unter Berücksichtigung der obigen Präzisierungen im Blick auf die Sprache kann dann gesagt werden: *das Wahrheitskriterium der Gleichnisse Jesu ist ihre Entsprechung zur Sprache selbst* (und nicht etwa wie bei Jeremias die Entsprechung zum historischen Sein Jesu). So verstanden ist die Sprache geradezu *die* Instanz sachgemäßen Verständnisses, aufgrund welcher auch die notwendige Entmythologisierung der neutestamentlichen Eschatologie vollzogen werden muß: „Wer die neutestamentliche Eschato-

---

265 Fuchs, Zeitverständnis GA II 365.
266 Fuchs, Jesus 96.
267 Ebd.
268 Ebd.
269 Fuchs, Hermeneutik 63 (mit Bezug auf Heideggers Sprachverständnis).
270 Fuchs, Christusverständnis GA III 308.
271 Ebd (Fuchs übersetzt den „Logos" von Joh 1,1 mit diesem Ja).
272 „Dieses Wort (sc der Liebe) *muß* also *gesprochen* werden" (Fuchs, Christusverständnis GA III 310).
273 Fuchs, Hermeneutik 72. Für die mE sehr entscheidende Frage, ob die Sprache als Sprache Gottes ein Reservoir an Möglichkeiten darstellt, die von der Person Jesu in den Akt erhoben werden, ist die genaue Bedeutung des Ausdrucks „geschichtlich eröffnet" maßgebend. Von der Bedeutung jenes Ausdrucks hängt nämlich ab, ob der Zuspruch der Liebe Gottes gleichsam zur Kompetenz der Sprache selbst gehört, oder ob die Sprache die Macht, Wahres über Gott zu sagen, als eine *potentia aliena* hat (vgl dazu unten 1.2.6). Ist das letztere der Fall, so müßte nach dem (außersprachlichen) Ereignis gefragt werden, dem die Sprache ihren Gewinn verdankt. Das würde erneut das Problem der geschichtlichen Eröffnung aufwerfen.

logie wirklich entmythologisieren will, der muß sie als Sprachereignis verstehen."[274] Die Sprache hat fundamentale hermeneutische Bedeutung: nicht die Fraglichkeit, sondern die Sprachlichkeit der Existenz zu bearbeiten ist die zentrale hermeneutische Bemühung. „Ihre (sc der existentialen Interpretation) besondere Aufgabe ist die Bearbeitung gerade der Sprachlichkeit (nicht nur der Fraglichkeit!) der menschlichen Existenz geworden."[275]

Eberhard Jüngel

Jüngel entwickelt seinen Ansatz zur Gleichnisauslegung in kritischer Auseinandersetzung mit den seit Jülicher vorgebrachten Gleichnistheorien und insbesondere im Anschluß an den hermeneutischen Ansatz von Ernst Fuchs.[276] Wie die Verkündigung Jesu allgemein als „Sprachgeschehen" verstanden wird, „das es uns verwehrt, die Sprache Jesu als bloße ‚Form' von dem, was in der Verkündigung Jesu zur Sprache gekommen ist, als dem ‚Inhalt' dieser Form von vornherein zu trennen", so gilt von der *Gleichnisrede* Jesu im besonderen die Einheit von Form und Inhalt.[277] Demnach muß „die Basileia in demselben Maße von der Sprachform der Gleichnisse als Gleichnisse her verstanden werden, wie die Gleichnisse von der Basileia her zu verstehen sind".[278] Aus der gegenseitigen Bezogenheit von Form und Inhalt ergibt sich nach Jüngel der „Interpretationsleitsatz": „Die Basileia kommt *im* Gleichnis *als* Gleichnis zur Sprache. Die Gleichnisse Jesu bringen die Gottesherrschaft *als* Gleichnis zur Sprache."[279]

Damit ist der *Unterscheidung von Bild- und Sachhälfte* (die ja nichts anderes als die Unterscheidung von Form und Inhalt ist) der Abschied gegeben. Mit jener Unterscheidung verbunden ist die „Suche nach einem tertium comparationis"[280], die Jüngel ersetzt durch die Suche nach dem „primum comparationis", wobei „dieses ‚primum comparationis' durch seine analogische Kraft einzelne Anschauungselemente bzw. Erzählungszüge auf sich als *Pointe* des Gleichnisses *sammelt* und so schließlich als ‚ultimum comparationis' am Ende des Gleichnisses erscheint."[281] Indem das Gleichnis Erzählzüge sammelt,

---

[274] Fuchs, Sprachereignis GA II 427.
[275] Fuchs, Exegese GA II 286.
[276] Jüngel, Paulus und Jesus 88—135.
[277] Jüngel, aaO 135.
[278] Ebd.
[279] Ebd (beide Sätze kursiv, das hier Kursive ist dort gesperrt).
[280] Jüngel, aaO 136.
[281] Ebd; Fuchs (Jesus 76) stellt fest, daß es sich bei Jüngels „primum compara-parationis ... um einen *Situationswechsel*" handelt.

sammelt es auch den zuhörenden Menschen.[282] Die Pointe wird zur *„Pointe seiner Existenz"* (des Hörers).[283] Die strenge Bezogenheit der Erzählzüge auf die Pointe hin *unterscheidet das Gleichnis von der Allegorie.*[284]

Im oben genannten „Interpretationsleitsatz", wonach die Basileia als *Gleichnis* da ist, liegt auch die strenge Unterscheidung von Gott und Welt beschlossen. Indem die Basileia *ganz* da ist und so als *Gleichnis* da ist, wahrt sie die *Differenz zwischen Gott und Welt.*[285] Das Gleichnis erweist sich also als sachgemäße Form des Redens von Gott, sofern es die zwischen Gott und Welt waltende Differenz allererst *schafft* und zugleich sie auch *wahrt.* Versteht man das Gleichnis auf diese Weise, so wird klar, daß in ihm *alles* themafähig ist: „die Schöpfung (erscheint) ... im Lichte der das Alte beendenden Gottesherrschaft, während die Gottesherrschaft ihrerseits in der Sprache des Alten zum Gleichnis wird".[286]

Ist „das zur Sprache Kommen der Basileia ein ausgezeichneter Modus ihres Kommens" in den Gleichnissen *Jesu*, so ist das „Verhalten Jesu" (sofern man es als eine *theologische* Kategorie versteht) der „Kommentar" der Gleichnisse.[287] Die Gleichnisauslegung wird also auf das Verhalten Jesu besonders zu achten haben, wenn sie den Sinn seiner Gleichnisse zu erheben sucht; denn im Rahmen jenes Verhaltens gewinnen die Gleichnisse „ihre eigene analogische Kraft" zurück.[288]

In einem weiteren Überlegungsgang wendet sich Jüngel dem Problem des „Verhältnis(ses) der Gottesherrschaft zu Jesus" zu.[289] Grundsätzlich gilt von der neueren Exegese, daß jenes Verhältnis als „Problem des *Zeitraumes* diskutiert" wird: „Die Gottesherrschaft wird ... am Modell eines Zeitraumes gemessen, der seinerseits vom Jetzt eines Ich aus als sich erstreckendes Nacheinander von Abständen vorgestellt wird."[290] Jüngel stellt dieses die ganze Debatte der Naherwartung nach sich ziehende Zeitverständnis infrage, indem er schon für den Bereich der „eschatologischen *Vor-*

---

282 Jüngel, aaO 136.
283 Ebd.
284 Jüngel, aaO 137.
285 Jüngel, aaO 138; in diesem Sinne kann man nach Jüngel *alle* Gleichnisse als „Kontrastgleichnisse" (mit C. Westermann) bezeichnen.
286 Ebd.
287 Jüngel, aaO 139.
288 Ebd.
289 Jüngel, aaO 139ff.
290 Jüngel, aaO 140.

stellungen Jesu und seiner Umwelt" zeigt, daß nicht das menschliche
Ich, sondern Gott selbst „das Maß der Zeit" ist.[291] Hier kann die
Zeit nicht mehr als „Nacheinander der Jetzt verstanden werden".[292]
Am Beispiel einiger Gleichnisse zeigt Jüngel, daß die die Verkündigung Jesu bestimmende Gottesherrschaft in jener „als die nahe Gottesherrschaft zur Sprache" kommt.[293] So „setzt sie die Zukunft
Gottes zur Gegenwart der Menschen in Beziehung".[294] Damit ist
die Frage nach dem *Zeitraum* unerheblich geworden. „Wenn sich
in der Person des die Gottesherrschaft verkündigenden Jesus die
Zukunft Gottes mit der Gegenwart der Menschen kreuzt, weisen
die Gleichnisse Jesu, indem sie auf die nahe Zukunft der Gottesherrschaft hinweisen, auf die Zukunft der Tat Gottes in der Geschichte Jesu hin."[295] Das Verhältnis der Menschen zur Zukunft
Gottes entscheidet sich an dem Verhältnis „zu Jesus jetzt".[296]

Daß die Frage nach dem Zeitraum eine der *nahen* Gottesherrschaft
unangemessene Frage ist, zeigt sich auch darin, daß die Nähe der
Gottesherrschaft nicht als „Akzidenz" „zu dieser erst hinzukommt",
sondern daß „die Nähe der Gottesherrschaft als Ausdruck ihres
Wesens" zu verstehen ist.[297] „Die Zukunft ist als die nahe Zukunft
direkt zur Gegenwart; sie kennt keine Zeit-Zwischen-Räume."[298]
Es kann also nicht darum gehen, die Ankunft der Basileia in (nähe-
rer oder fernerer) Zukunft zu denken, so daß die alte Welt bis dahin noch Zeit hätte. „Das Ende des Alten ist vielmehr schon da,
weil der Anfang des Neuen als Basileia nahe herbeigekommen ist."[299]
Begnügt man sich „mit der einfachen Nähe der Gottesherrschaft"
und versucht diese „als ihr Wesen (verbal zu denken!)" zu verstehen,[300] so erweisen sich Begriffe wie „Naherwartung" und „Parusieverzögerung" im Blick auf die Verkündigung Jesu als deplaziert.

Fragt man nach der *Autorität* (bzw. der *Wahrheit*!) der Verkündigung Jesu und vorab seiner Gleichnisse, so wird man von Jüngel
wiederum an die Gottesherrschaft selbst verwiesen. „Die in ihrer
Zukünftigkeit auf die Gegenwart ausgerichtete Gottesherrschaft ist
als Vollmacht Jesu so gegenwärtig, daß Jesus es wagen kann, die

---

[291] Jüngel, aaO 141.
[292] Jüngel, aaO 142.
[293] Jüngel, aaO 173.
[294] Ebd.
[295] Jüngel, aaO 174.
[296] Jüngel, aaO 173.
[297] Jüngel, aaO 175.
[298] Jüngel, aaO 180.
[299] Ebd.
[300] Jüngel, aaO 181.

Gegenwart der Menschen auf die Zukunft der Gottesherrschaft aus-
zurichten."[301] In Jesu Wort bricht sich die Macht der Basileia Bahn.
„Die Autorität der Verkündigung der Basileia durch Jesus ist die
Basileia selbst."[302] Versteht man die nahe Zukunft der Gottesherrschaft als die nahe Zukunft Gottes und beachtet man, daß Jesus
sich in einzigartiger Weise auf die Macht der Gottesherrschaft eingelassen hat, so wird deutlich, „daß Jesus in der Autorität Gottes
da war"[303]. Die „Autorität der Verkündigung Jesu war die Autorität des Gegenstandes seiner Verkündigung."[304] Deshalb ist die Frage
nach der Wahrheit der Gleichnisse Jesu immer auch die Frage nach
dem Wesen der Gottesherrschaft im Zusammenhang mit dem (als
theologische Kategorie aufgefaßten) Verhalten Jesu.

1.1.4 Der literaturwissenschaftliche Ansatz

Unter dem Begriff „literaturwissenschaftlicher Ansatz" wird in dieser Arbeit derjenige Ansatz der Gleichnisauslegung verstanden, der
die Erkenntnisse der Linguistik und Literaturwissenschaft für das
Verständnis der Gleichnisse Jesu fruchtbar zu machen sucht und
also ein interdisziplinäres Unternehmen darstellt, welches die genannten Wissenschaftszweige mit der theologischen Hermeneutik in Beziehung bringt.

R. W. Funk

Ein bedeutender Wegbereiter des literaturwissenschaftlichen Ansatzes ist R. W. Funk. In seinem Buch „Language, Hermeneutic, and
Word of God"[305] widmet er den Gleichnissen einen kurzen Abschnitt, in welchem er seine Theorie der Gleichnisauslegung entwirft. Grundlegend für Funks Gleichnistheorie ist, daß er die Gleichnisse vom *Wesen der Metapher* her zu verstehen sucht, während für
ihn die Vergleichung nicht von Bedeutung ist. Metapher und Vergleichung sind insofern unterschieden, als der Vergleich („comparison") in der letzteren *illustrativ* ist, in der metaphorischen Sprache

---

[301] Jüngel, aaO 188.
[302] Jüngel, aaO 193.
[303] Jüngel, aaO 197.
[304] Jüngel, aaO 197. Die Wahrheitsfrage wird also als Frage nach der Wahrheit
der (nahen) Gottesherrschaft selbst zu stellen sein. Ist damit ein Zusammenhang
von Gleichnisrede und Geschick Jesu (Leben, Tod und Auferweckung) hergestellt? Näheres dazu vgl unten 1.2.6.
[305] R. W. Funk, Language, Hermeneutic, and Word of God, New York/Evanston/
London 1966.

hingegen schafft er neue Bedeutung.[306] Die Metapher ist ein Mittel, die *Sprachtradition* zu verändern,[307] indem sie die Sprache von der Herrschaft festgelegter Bedeutungen befreit.[308] Die Metapher intendiert mehr als sie sagt,[309] sie ist offen,[310] sie ist unvollständig, solange der Hörer nicht als Teilnehmender in sie hineingezogen wird.[311]

Das vom Wesen der Metapher her verstandene Gleichnis kann deshalb keine Anwendung haben, weil durch diese das offene Ende, das den Hörer in Bewegung setzt, geschlossen wird.[312] Indem in der synoptischen Tradition die Parabeln gedeutet wurden, wurden sie stabilisiert, dh ihr hermeneutisches Potential ging verloren.[313] Andererseits ist unverkennbar, daß das Gleichnis zur Anwendung bzw Deutung zwingt. Nur ist zu beachten, daß diese Deutung von jedem neuen Hörer des Gleichnisses *neu* vollzogen werden muß. Denn das Gleichnis lädt ein zur konkreten Aktualisation, kommt aber niemals darin zur Ruhe.[314] Nur so kann es sein hermeneutisches Potential und zugleich seinen existentiellen Tenor beibehalten.[315] Deutend wird der Hörer zum Teilnehmer am Gleichnis. In diesem Sinne kann vom argumentativen Charakter gesprochen werden, denn der Hörer wird zur Entscheidung herausgefordert.[316] Immer aber behält das Gleichnis die Initiative bei sich selbst.[317]

---

306 Im Blick auf die Gleichnisse ist der Begriff der Metapher die *Gelenkstelle* zwischen Literaturwissenschaft und neutestamentlicher Exegese; vgl Funk, aaO 137. *Jülicher* hatte gerade *umgekehrt* den illustrativen Zug von der *Metapher* behauptet, vgl oben S. 11f.
307 Funk, Language 139.
308 Funk, aaO 141.
309 Funk, aaO 142.
310 Ebd.
311 Funk, aaO 143.
312 Funk, aaO 134 (im Anschluß an C. H. Dodd).
313 Funk, aaO 134f.
314 Funk, Language 143. Aus diesem Grunde kann auch eine *historische Interpretation* dem Gleichnis *nicht gerecht werden.* Funk sieht zwischen den Ansätzen von Dodd einerseits und demjenigen Jülichers andererseits keinen grundsätzlichen Unterschied: Jülichers „allgemeine Wahrheit" als Auslegungsprinzip ist bei den Genannten einfach durch die „historische Situation" ersetzt worden, vgl. Funk, aaO 148. Eine historische Interpretation nimmt dem facettenreichen („manyfaceted") Gleichnis den Reichtum, vgl aaO 149.
315 Funk, aaO 143, vgl. 135. 152.
316 Funk, aaO 144, die Begriffsbestimmung von „argumentativ" erfolgt gegen Jeremias und Cadoux mit Bultmann.
317 Das Gleichnis kann keine Anwendung haben, es *ist* Anwendung, sofern es *seine Hörer* interpretiert, indem es die Hörerschaft in zwei Gruppen (Annehmende und Ablehnende) teilt. Tertium non datur! Funk, aaO 152. Hat das Gleichnis diese Absicht? Ist es nicht vielmehr sein Streben, *alle* Hörer auf die gleiche Seite zu ziehen?

Im Blick auf den Inhalt betont Funk, daß allen Gleichnissen die *Säkularität* des Erzählten gemeinsam ist.[318] Die Säkularität ist jedoch *nicht* darin begründet, daß Jesus die Aufmerksamkeit auf ein säkulares Bild lenkt, um über religiöse Wahrheiten zu sprechen (das wäre eine didaktische Begründung der Wahl säkularer Bilder).[319] Vielmehr hat sie ihren Grund darin, daß das Gleichnis als metaphorische oder symbolische Sprachform eine dem Eindringen des Göttlichen („incursion of the divine") in die Geschichte *angemessene* Sprachform ist, indem es Gottes Verborgenheit im Weltlichen wahrt.[320] Jenem Eindringen ist es zu verdanken, daß des Menschen endgültiges Geschick *in seiner alltäglichen, geschöpflichen Existenz* auf dem Spiele steht.[321] Das Gleichnis entspricht diesem Sachverhalt, und deshalb lenkt es die Aufmerksamkeit *nicht weg von* weltlicher Existenz, sondern *auf sie hin.*[322] Allerdings bleibt es nicht bei der vordergründigen Alltäglichkeit stehen, sondern es schaut durch diese hindurch[323] auf den Urgrund menschlicher Existenz.[324] Die Alltäglichkeit erscheint im Rahmen des Endgültigen („ultimate").[325] Eben dies macht die Lebendigkeit („vividness") des Gleichnisses aus.[326] Die Rahmung des Alltäglichen durch das Endgültige zeigt sich im Gleichnis so, daß es das Übliche mit dem Unüblichen in Beziehung bringt, und zwar so, daß das eine das andere interpretiert.[327] In summa: die Gleichnisse als Erzählungen vom Alltäglichen weisen eine *Kehre* auf („they have an unexpected ‚turn'"), die − das Übliche durchschauend − auf eine neue Sicht der Realität verweist.[328] Sie sind Sprachereignisse, in welchen der Hörer zwischen zwei Wel-

---

318 Funk, aaO 153 (im Anschluß an Wilder).

319 Funk, aaO 154.

320 Ebd.

321 Funk, aaO 156: „Man's destiny is at stake *in his everyday creaturely existence.*"

322 Ebd. Die Frage ist, ob darin das *primäre* Interesse des Gleichnisses zu suchen ist.

323 Funk, aaO 159.

324 Funk, aaO 155.

325 Funk, aaO 160.

326 Ebd.

327 Ebd: „The everyday imagery of the parable is vivid fundamentally, then, because it juxtaposes the common and the uncommon ... but only so that each has interior significance for the other."

328 Funk, aaO 161: „In sum, the parables as pieces of everydayness have an unexpected ‚turn' in them which looks through the commonplace to a new view of reality." Beschränkt sich das Gleichnis darauf, eine neue Sicht *welt-licher* Realität zu vermitteln; oder ist es nicht vielmehr das vom Gleichnis geschaffene *Gottes*verständnis, das ein neues *Welt*verständnis zur *Folge* hat?

ten zu wählen hat.[329] Es ist deutlich, daß Funk die säkulare Bilderwelt der Gleichnisse eminent *theologisch* begründet, sofern sie sich
der Offenbarung **des ein Geheimnis** *bleibenden* **Gottes in der** *Geschichte* verdankt. Eben diese Offenbarung vollziehen die Gleichnisse, indem sie das Endgültige im Alltäglichen zum Zuge bringen
und dieses in die Kehre führen.

Obwohl Funk eine historische Interpretation der Gleichnisse als ungenügend betrachtet, ist für ihn das Leben Jesu als *Kontext* der
Gleichnisse von erheblicher Bedeutung. Das Gleichnis *ist* Botschaft
im Kontext des Lebens Jesu.[330] Jesus erscheint im „Halbschatten-
feld" („penumbral field") des Gleichnisses als der, *der es spricht*:
er erhebt eine neue Welt ins Dasein, gleichsam erbaut aus den
sprachlichen Trümmern der alten.[331] Im Gleichnis bezeugt Jesus
den Anbruch der Basileia und bringt sie zugleich nahe.[332] Das Gleichnis ist eine Einladung Jesu, ihm zu folgen, eine Einladung, die nicht
nur Provokation, sondern auch Erlaubnis, Gewährung („permission")
ist.[333] Allerdings hat das Leben Jesu als Kontext der Gleichnisse
keinerlei Kriterienfunktion. Das Gleichnis ist sich selbst Kriterium,
die durch es gewährte Gnade authentisiert sich selbst, indem sie als
Gleichnis Glauben findet.[334] Das von Jesus gesprochene Gleichnis
ist das volle Wort Gottes.[335]

D. O. Via

Das Hauptinteresse Vias im Blick auf die Gleichnis*auslegung* ist —
nach seinem eigenen Verständnis — das „*Ab*rücken von einer Methodik, die die Gleichnisse in strenger Verbindung mit Jesu historischer
Situation interpretiert"[336]. Via begründet dieses Abrücken mit der
„Erkenntnis, daß die Gleichnisse — ... — genuine Kunstwerke, reale
ästhetische Objekte sind", und daß sie „im strengen / Sinne ‚litera-
risch'" verstanden werden müssen.[337] Literarische Texte haben keinen

---

[329] Funk, Language 162.
[330] Funk, aaO 196 (am Beispiel Mt 22,2—10 gezeigt).
[331] Ebd.
[332] Funk, aaO 197: „In parable Jesus both witnesses to the dawn of the
kingdom and brings it near."
[333] Ebd.
[334] Funk, aaO 198.
[335] Zu fragen ist, wodurch dieses Bekenntnis Funks begründet ist. Das ist auch
die eigentliche Wahrheitsfrage im Blick auf die Verkündigung und das Verhalten
Jesu überhaupt.
[336] Via, Gleichnisse 9.
[337] Via, aaO 9f. Das Nachwort Güttgemanns bietet einen guten Überblick über
den „literaturwissenschaftliche(n) Kontext" von Vias Ansatz (aaO 202—209).

unmittelbaren Zusammenhang mit der historischen Situation ihres Schöpfers bzw mit derjenigen ihrer ursprünglichen Hörer.

Via *relativiert* zunächst die seit Jülicher herrschende **strenge *Unterscheidung von Allegorie und Gleichnis*,** indem er den Sachverhalt, daß der „Sinn von Jesu Gleichnissen . . . nicht auf einen einzigen zentralen Vergleichspunkt beschränkt werden kann", keineswegs schon als Indikator der Allegorie gelten läßt.[338] Überhaupt besteht zwischen Allegorie und Gleichnis nur ein Unterschied „des Grades, nicht der Gattung".[339] Die entscheidende Differenz zwischen beiden ist nicht „der Unterschied zwischen *einem* Bezugspunkt und vielen"; sie besteht vielmehr in den „unterschiedlichen Weisen, in denen die Elemente der Geschichte aufeinander und auf die Welt der Realität oder Gedanken außerhalb der Geschichte bezogen sind".[340] In der Allegorie beziehen sich die einzelnen Elemente auf eine „„alte Geschichte""[341], während im Gleichnis die Einzelzüge primär aufeinander bezogen sind und nur „untergeordnet" auf die Welt außerhalb der Geschichte selbst verweisen.[342] Sofern die „historische Situation" bei Via in der Kategorie „alte Geschichte" impliziert ist, stellt die historische Interpretation — etwas überspitzt gesagt — geradezu eine allegorische Auslegung des Gleichnisses dar.[343] Die historische Interpretation der Gleichnisse geht nämlich davon aus, daß bestimmte Einzelzüge *primär* auf die Situation im Leben Jesu verweisen (zB der ältere Sohn in Lk 15,11—32 oder die Murrenden in Mt 20,1—15 auf die Pharisäer). Insofern kann die historische Interpretation ihrem Wesen nach allegorisch genannt werden.

Im Anschluß an die Unterscheidung von Allegorie und Gleichnis skizziert Via seinen *hermeneutischen Ansatz*, wobei er die „Hermeneutik als das zentrale theologische Problem" betrachtet.[344] Der ästhetische Charakter der Gleichnisse bedeutet einerseits, daß sie

---

[338] Via, aaO 28. Der „zentrale Vergleichspunkt" meint hier Jülichers „tertium comparationis" (vgl aaO 15. 24).

[339] Via, aaO 24 (er liegt im Verweischarakter der Einzelzüge, vgl unten bei Anm 342).

[340] Via, aaO 33.

[341] Der Ausdruck ist in Anlehnung an E. Honig gebildet (Via, aaO 18). Eine „alte Geschichte" kann sowohl eine frühere Geschichte als auch eine vorliegende Gedankenwelt oder eine historische Situation sein.

[342] Via, aaO 33f. Dieser Sachverhalt ist allerdings schon von Jülicher(!) beachtet worden: bei ihm heißt der der „alten Geschichte" adäquate Terminus „Modell", vgl oben S. 13 mit Anm 22.

[343] Zur genaueren Bestimmung des historischen Bezugs vgl unten S. 52f.56f.

[344] Via, aaO 35ff im Anschluß an G. Ebeling.

„nicht so zeitbedingt sind wie andere biblische Texte", daß die Notwendigkeit ihrer Übersetzung also nicht so zwingend ist, und andererseits, daß es „unmöglich (ist), sie vollkommen in ganz andere
Termini zu übersetzen".[345] Der *übersetzbare* Inhalt bzw der *Gegenstand* der Gleichnisse ist „ein Existenzverständnis"[346]. „Ein Gleichnis als ganzes dramatisiert eine ontologische Möglichkeit ..., die grundsätzlich für den Menschen als Menschen vorhanden und möglich ist —,
und die beiden grundlegenden ontologischen (menschlichen) Möglichkeiten, die die Gleichnisse anbieten, sind / Gewinn oder Verlust
der Existenz, ...".[347] „Aber jedes Gleichnis bildet auch ab, wie die
Existenz ontisch — aktuell und konkret — gewonnen oder verloren
wird, und die ästhetische Form zwingt die beiden — das Ontologische und das Ontische — in eine Einheit."[348] Die Übersetzung in
unseren Verstehenszusammenhang geschieht erstens durch das Erfassen des Sinnes, der seinerseits in „erkennbaren Strukturen von
Wortverbindun-/gen (pattern of connections) und Bezügen" wohnt,[349]
und zweitens durch die Übersetzung selbst, dh durch die Übertragung des ursprünglichen Sinnes in „eine neue ,Gestalt'-Einheit von
Form-und-Inhalt", die jenen auf unsere Zeit bezieht.[350] Unabding-
bare Voraussetzung des Verstehensvorgangs ist das „Vorverständnis"[351]; ein wesentlicher Teil davon ergibt sich aus der *Sprache selbst*,
sofern die Sprache „die Art und Weise, in der uns die Wirklichkeit
begegnet", ausmacht.[352] Festzuhalten ist, daß dieses Vorverständnis
keineswegs etwa der Glaube an Jesus Christus ist.[353] Vias hermeneutischer Ansatz muß — wenigstens nach seinen eigenen Aussagen — zur
existentialen Hermeneutik gezählt werden, namentlich zu der im an-
gelsächsischen Bereich unter dem Begriff „Neue Hermeneutik" zu-
sammengefaßten Weiterführung des Bultmannschen Ansatzes durch
G. Ebeling und E. Fuchs.

---

[345] Via, aaO 40(!).
[346] Via, aaO 44. 51. 56 und viele andere Stellen. Diese Bestimmung impliziert, daß die Basileia, die offensichtlich der Gegenstand der Gleichnisse *Jesu*
ist, von vornherein existential interpretiert und ihre Bedeutung auf die existentiale
(die sie sicher auch hat) *eingeschränkt* wird.
[347] Via, aaO 46f. Bieten die Gleichnisse ein Entweder-Oder an?
[348] Via, aaO 47. Das ontische Element kann dabei etwas in Jesu Situation entsprechen, zB der Verlorene Sohn dem Handeln der Zöllner und Sünder (ebd).
[349] Via, aaO 48f. Der „Sinn" ist im Unterschied zur „Bedeutung" der Sprache
vollkommen immanent.
[350] Via, aaO 50.
[351] Via, aaO 51 (im Anschluß an R. Bultmann).
[352] Via, aaO 53 (mit P. Wheelwright).
[353] Via, aaO 51f.

Das „Ziel des hermeneutischen Bemühens" ist, daß der Text „zum lebendigen Wort oder zum ‚Sprachereignis'" wird.[354] Geht man davon aus, daß von den verschiedenen legitimen Funktionen der Sprache eine die „Leistungs-Funktion (performative function)"[355] ist, die Funktion nämlich, in welcher Sprache etwas bewirkt, etwas proklamiert oder einen Weg eröffnet,[356] so wird klar, inwiefern *Sprache zum Ereignis* werden kann. „Jesu Gleichnisse waren darin Sprachereignisse, daß sie eine neue Möglichkeit in die Situation seiner Hörer einbrachten", und daß sie ferner „von den Hörern ein Urteil erbaten".[357]

Im Blick auf den Sprachereignis-Charakter der Gleichnisse ist von besonderer Bedeutung, daß sie *ästhetische Objekte* sind. Dies ist deshalb so, weil der ästhetische Gebrauch der Sprache in besonderer Weise deren *performative Funktion* zum Zuge bringt. Versteht man die Gleichnisse Jesu als ästhetische Objekte, so gerät man nach Via in einen „Zweifrontenkrieg": „Gegenüber den Haupttendenzen der ntl. Forschung muß nachgewiesen werden, daß ein Gleichnis als ein ästhetisches Objekt nicht als Illustration einer Idee oder Einkleidung einer ‚Pointe' behandelt werden darf."[358] Wenn es zum Wesen eines literarischen Werkes gehört, daß es den Hörer zunächst in einer nicht-zeichenhaften (non-referential) Weise gefangennimmt,[359] daß es also die Aufmerksamkeit des Hörers streng auf das Erzählte selbst richtet, ohne ihn an die Welt außerhalb zu verweisen, *dann ist es „autonom"*, dh es ist unabhängig vom Autor und seiner Welt bzw vom Hörer und seiner Welt zu verstehen.[360] Das literarische Werk im ästhetischen Sinn weist eine Einheit von „Inhalt ... (und) Struktur der Verbindungen" auf, wie das in „feststellender (propositional) oder analytischer Rede" nicht der Fall ist.[361] Deshalb gilt „die einzig wichtige Überlegung ... dem inneren Sinn des Werkes selbst".[362] Darin besteht die Autonomie des ästhetischen Objektes. Diese wird bei der historischen Auslegungsmethode der Gleichnisse ungenügend berücksichtigt, denn hier wird die Welt Jesu und

---

354 Via, Gleichnisse 56.
355 Ebd.
356 Via, aaO 57. Eine andere Funktion der Sprache wäre die Abbildung des Wirklichen; die deskriptive Funktion.
357 Ebd.
358 Via, aaO 72.
359 Via, aaO 78. 79. 84 und passim.
360 Via, aaO 78. 80.
361 Via, aaO 78.
362 Via, aaO 79; vgl auch oben Anm 349.

seiner Hörer zur Interpretationshilfe erklärt, ohne die ein Gleichnis nicht sachgemäß verstanden werden kann. Ferner ist die Leugnung der „zentripetal organisierten Einheit von Form und Inhalt" still- schweigend das „leitende Prinzip der Betrachtung der Gleichniss vom tertium comparationis aus".[363] Gegenüber der Haupttendenz der neutestamentlichen Forschung muß also die Autonomie der Gleich- nisse festgehalten werden.

Die andere Front dieses „Zweifrontenkrieges" ist die *Literaturkritik*. Ihr gegenüber „muß nachgewiesen werden, daß die Gleichnisse trotz ihrer existential-theologischen Dimension nichtsdestoweniger wirk- liche ästhetische Objekte sind".[364] Dieser Nachweis kann nur gelin- gen, wenn es möglich ist, die von der Literaturkritik postulierte *ab- solute Autonomie* eines literarischen Werkes zu *relativieren*. Via tut dies einerseits mit dem Hinweis auf die *Verweisfunktion* der Sprache (through-meaning), die auch dann nicht verloren geht, wenn die Sprache ästhetisch gebraucht wird, und andererseits mit dem Hinweis darauf, daß die ästhetisch organisierte Form oder die Struktur der Verbindungen (in einer *zentripetal* organisierten Einheit von Form und Inhalt) selbst implizit eine Perspektive des Lebens oder ein Existenzverständnis enthält.[365] Aus dem letztgenannten Sachverhalt ergibt sich für das Gleichnis, daß es, obwohl es die Hauptaufmerk- samkeit des Hörers auf die Erzählung selbst richtet, diesen „unter- geordnet — auf tieferen Ebenen seines Bewußtseins — auch die ver- schiedenen Arten des Verweises nach außen auf die Welt außerhalb der Erzählung wahrnehmen" läßt.[366] Die absolute Autonomie ist demnach relativiert.

Gegenüber der neutestamentlichen Forschung *und* der Literaturkri- tik entscheidet sich Via für die „legitime Autonomie" der Gleich- nisse: „Wenn das Werk sachgerecht vorgeht, dann ist es auf die Welt nacheinander als Fenster, Spiegel und Fenster bezogen."[367] Das heißt: Die im literarischen Werk kombinierten Elemente sind zu- nächst Fenster, durch die wir die vertraute Welt sehen, da sie auf diese *verweisen* (aufgrund des Verweischarakters von Sprache). Dann werden diese Fenster zu Spiegeln, die gemäß der Struktur des Werkes aufeinander reflektieren und dadurch neue Bedeutungen erhalten.

---

[363] Via, Gleichnisse 89.
[364] Via, aaO 72.
[365] Via, aaO 83, vgl 84. 88. 93 usw.
[366] Via, aaO 87 und passim. Aus diesem Grunde sind „allegorische Züge" un- vermeidlich, *ohne daß* ihre Anwesenheit das Gleichnis zur Allegorie macht.
[367] Via, aaO 85 (im Anschluß an M. Krieger).

Schließlich werden die Spiegel wieder zu Fenstern, durch die hindurch wir die Welt *neu* sehen. In bezug auf die Gleichnisse Jesu könnten wir also sagen, daß die hauptsächliche Aufmerksamkeit auf der ganzen Erzählstruktur ruhen sollte, und eine weniger konzentrierte Aufmerksamkeit auf dem (dieser Struktur) implizierten Existenzverständnis. Der Bezug einzelner Punkte auf Jesu Leben sollte nur untergeordnete Aufmerksamkeit empfangen.[368] Hier wird nocheinmal deutlich, daß die historische Dimension der Gleichnisse nur mittelbar, dh vermittelt durch das in ihnen implizierte *Existenzverständnis* (Jesu), in das Blickfeld des Auslegers tritt. Als *ästhetische* Objekte sind die Gleichnisse „fähig, die Hauptaufmerksamkeit des *ganzen* Menschen nicht-verweisend (non-referentially) auf eine Konfiguration geschehender Existenz zu richten".[369] Die „Existenz" ist mithin das hermeneutische Kontinuum zwischen Erzähler und Hörer, und zwar in ontologischer wie in ontischer Hinsicht: es ist charakteristisch für die Gleichnisse, daß sie ein Existenzverständnis (ontologisches Element) als geschehende Existenz (ontisches Element) zur Sprache bringen.[370] Eben dies macht sie zu ästhetischen Objekten.

Aus der angesprochenen Dualität von Existenzverständnis und geschehender Existenz ergibt sich die *grundsätzliche Problematik* der Gleichnis*interpretation*. Während sich „in der ästhetischen Erfahrung die Hauptaufmerksamkeit" auf die sich ereignende Existenz richtet, wird bei der Interpretation das implizierte Existenzverständnis (das im Gleichnis selbst nur von untergeordneter Bedeutung ist) zum Mittelpunkt gemacht.[371] Die vorkonzeptionellen, dh nicht voll bewußten Implikate werden von der methodischen Auslegung in die konzeptionelle Klarheit erhoben. Die Interpretation spricht also eine grundsätzlich andere Sprache als die Gleichnisse, nämlich eine feststellende, verweisende, im Gegensatz zur nicht-verweisenden Sprache ästhetischer Objekte.[372] Sie kann das Gleichnis als Sprachereignis nicht wiederholen, kann aber „Licht auf die Zusammenhänge werfen und so das Sprachereignis steigern"[373]. Dies wird geleistet durch die *literaturkritische Betrachtung* der Gleichnisse. Da aber das in den Strukturen implizierte Existenzverständnis ein „Existenzver-

---

[368] Via, Gleichnisse 88.
[369] Via, aaO 93, vgl dort Anm 75!
[370] Dies ergibt sich in Analogie zur Verhältnisbestimmung von Existenzmöglichkeit und aktueller, konkreter Existenz, vgl oben S. 50 mit Anm 347f.
[371] Via, aaO 94.
[372] Via, Gleichnisse 95.
[373] Ebd. Man könnte dies Umschreibung der Gleichnisse nennen.

ständnis im Glauben oder im Unglauben" ist, und da „bestimmte
Figuren in den Gleichnissen *nebenbei,* aber unausweichlich auf Gott
verweisen", und da schließlich das „Element der Überraschung und
des Außerordentlichen die Dimension des Göttlichen anzeigt",[374]
muß die literaturkritische Betrachtungsweise *durch die theologische
ergänzt* werden: bei der Gleichnisinterpretation gehen „literarische
Kritik und theologisch-existentiale Exegese eine Verbindung ein"[375].

Via nennt im folgenden die *hauptsächlichen Züge, die die Gleichnisse als ästhetische Objekte* kennzeichnen:

1. „sie sind frei erfundene Geschichten".[376]
2. Von den Gleichnissen gilt ebenso wie von der gesamten „west-
   lichen Literatur", daß sie entweder ein komisches oder ein tra-
   gisches Erzählgerüst aufweisen.[377]
3. Ihre dramatische Qualität ist — wie bei der neueren Bühnen-
   literatur — in Begegnung (Konflikt) und Dialog sichtbar.[378]
4. Entsprechend der „Handlungskraft der Hauptfigur" gehören die
   Gleichnisse in die „niedrige mimetische" oder „realistische" Klasse.[379]

---

[374] Via, aaO 95f(!). Das letzte der drei genannten Elemente ist verantwortlich
für den *Un*-Realismus der Gleichnisse Jesu.

[375] Via, aaO 96.

[376] Via, aaO 96. Ein „Realismus" im historischen Sinne (wie ihn etwa Dodd
oder Jeremias fordern) ist nicht notwendig. Die Geschichte wirkt durch die
richtige Kombination der Erzählzüge. So gelingt es Via, die *Fiktionalität* der
Gleichnisse angemessen zu würdigen.

[377] Via, aaO 96f. Zu den Begriffen „komisch" und „tragisch" vgl unten.

[378] Via, aaO 97f. Dieser Aspekt des Szenischen, des Spiels wird vor allem durch
G. Eichholz hervorgehoben; vgl ders, Gleichnisse 26. 28 (mit der *Fiktionalität*
verbunden) und viele Stellen.

[379] Via, aaO 98. Die Klassifizierung geschieht im Blick auf die Hauptfigur und
ergibt die folgenden Klassen:

a) Mythos (Hauptfigur ist der Welt und den Menschen *der Art nach* überlegen,
   also ein Gott).

b) Romantische Fiktion (Legende, Volkserzählung, Märchen; Hauptfigur ist der
   Welt und den Menschen *graduell* überlegen).

c) hoch mimetische Klasse (Hauptfigur ist graduell den Menschen, nicht aber
   der Umwelt überlegen).

d) niedrige mimetische Klasse (Hauptfigur ist den Menschen und der Welt gleich).

e) ironische Klasse (Hauptfigur ist den Menschen und der Welt unterlegen).

Hier eine Anmerkung zur *Terminologie*: der Übersetzer von Vias Buch gebraucht
bei den zwei parallelen Klassen einmal das Adverb (c.) und einmal das Adjektiv
(d). Entweder muß es heißen „hoch mimetisch" und „niedrig mimetisch", wobei die Adverbien nicht dekliniert werden dürfen, oder es heißt „hohe mimetische" und „niedrige mimetische" Klasse, dann werden beide Adjektive dekliniert.

5. Die Bildhaftigkeit ist „beschreibender Art", dh von der normalen Erfahrung abgeleitet. Dieser Symbolismus gehört zur niedrigen mimetischen Art.[380]

Es gibt nach Via grundsätzlich *zwei Arten* von Gleichnissen: dies sind einerseits „*tragische*" *Gleichnisse*, deren Erzählgerüst zur Katastrophe und zur Isolierung der Hauptfigur abfällt.[381] Im Unterschied zur klassischen Tragödie, deren entscheidender Kern „die *Unausweichlichkeit* des Leidens"[382] ist, erscheint in den Gleichnissen Jesu das „Motiv der Freiheit wesentlich häufiger"[383]. Unausweichlich sind hier vielmehr die *Folgen* des je gewählten Existenzverständnisses.[384] Während ferner die Hauptfigur der literarischen Überlieferung einen Handlungsablauf verfolgt, „der einen bestimmten Ernst oder eine gewisse Größe besitzt", sind die Handlungen der Hauptfigur in den Gleichnissen von „ganz alltäglichem Charakter".[385] Die Taten der Gleichnisfiguren sind „falsch oder böse im Lichte der Normen, die von einer andern Person aufgestellt werden oder implizit in der Erzählung der Geschichte gefunden werden"; die Figuren, die Macht zur Vernichtung besitzen, verweisen untergeordnet auf Gott(!).[386] „Der Verlust der wahren Existenz und die Erfahrung des Gerichts Gottes sind die beiden Seiten der gleichen Realität"[387].

Die zweite Art sind die „*komischen*" *Gleichnisse*, deren Erzählgerüst sich zum Wohlbefinden und der Aufnahme der Hauptfigur in eine neue oder erneuerte Gesellschaft aufwärtsbewegt.[388] Die komische

---

Dieselbe Inkonsequenz findet sich auch in Güttgemanns Referat über Vias Ansatz, vgl Güttgemanns, Linguistisch-didaktische Methodik 163.

[380] Via, aaO 98f.

[381] Vgl oben Punkt 2. mit Anm 377 und auch Via, Gleichnisse 109 sowie passim. Zu dieser Art rechnet Via Mt 25,14—30; 25,1—13; 22,11—14; Mk 12,1—9; Mt 18,23—35.

[382] Via, aaO 109 im Anschluß an O. Mandel.

[383] Ebd.

[384] Via, aaO 110.

[385] Via, aaO 110f. Sie gehören eben deshalb zur „niedrigen mimetischen" Klasse.

[386] Via, aaO 111. Gott gerät hier in die Nähe dessen, was der *Tod*, existential ausgelegt, vollbringt.

[387] Ebd. Dabei gilt: die ontologische Möglichkeit des Existenzverlustes ist ästhetisch gesehen die tragische Bewegung und also Grundlage der tragischen Gleichnisse (Via, aaO 101). Hier wird vollends klar, daß mit Vias existentialer Interpretation bzw Hermeneutik die neutestamentliche Eschatologie *auf ein Existential reduziert wird*. Die Ontologie des Neuen Testamentes wird zur Existentialontologie, vgl auch S. 187(!), sowie S. 105: „Vielmehr wird dem in der Eschatologie implizit enthaltenen Existenzverständnis in den Gleichnissen eine neue und andersartige Konfiguration verliehen." Und: „Das Existenzverständnis der Gleichnisse ist, ... daß das Eschatologische sich im Alltag ereignet" (ebd).

[388] Vgl oben Punkt 2 mit Anm 377 und auch Via, aaO 138 und passim.

Bewegung ist konstituiert durch die *ontologische Möglichkeit des Existenzgewinnes*.[389] Im Unterschied zur Komödie, welche „eine Flucht von der Verzweiflung in das Vertrauen" darstellt und in welcher die Hauptfigur seine ganze menschliche Kraft bestätigt, kommt in den Gleichnissen Jesu der Hauptfigur „extra se eine neue Möglichkeit zu", die ihr nicht zur Verfügung steht.[390] Darin bildet sich die *Gnade Gottes* ab, die die Voraussetzung des „komischen" Verlaufs der Handlung vom Tod zum Leben ermöglicht.[391]

Den methodologischen Teil seines Buches abschließend, äußert sich Via zur „theologischen Bedeutung des realistischen Bildwerks in Jesu Gleichnissen".[392] Daß die Gleichnisse Jesu realistisch sind, „legt eine Art Analogie zwischen Gott und dem Menschen nahe".[393] Die Gleichnisse sagen uns allerdings nicht, *wie* Gott ist, sondern lediglich, *daß* er uns im Alltag begegnet und „daß, wenn wir ihm antworten, unsere Existenz wie die des Verlorenen Sohns und nicht wie die des Unbarmherzigen Knechts gestaltet ist".[394] Der Stellenwert dieses „*daß*" erinnert deutlich an das Bultmannsche Daß des historischen Jesus.[395] Von theologischer Bedeutung ist auch das formale Charakteristikum, daß in den Gleichnissen Jesu der Alltag *ernsthaft* behandelt wird; während dieser in der Literatur des Altertums nur „in einer leicht komischen Weise" zur Sprache kommt.[396] Im Anschluß an Auerbach interpretiert Via dieses Phänomen als Folge der Inkarnation, sofern diese zum Bruch mit der klassischen Stilregel (nämlich der Trennung in Ernst und Alltag) führte.[397]

Es bleibt die Frage zu klären, welche *Beziehung* die Gleichnisse zu *Jesu Selbstverständnis* haben. Via geht davon aus, daß „Jesu Selbstverständnis die Grenzen der verfügbaren jüdischen Kategorien durchbrach, und daß er von sich selbst in einem gewissen Sinne als eschatologische (sic!) Person sprach".[398] Die Gleichnisse nun „(verweisen)

---

[389] Via, aaO 101.

[390] Via, aaO 139.

[391] Via, aaO 139.

[392] Via, aaO 103.

[393] Ebd. Via distanziert sich jedoch von Dodds Begriff der „Affinität" bzw der analogia entis (vgl dazu oben S. 26f) zwischen natürlicher und übernatürlicher Ordnung, vgl auch Via, aaO 103, Anm. 107.

[394] Via, Gleichnisse 103. Hier treten nocheinmal die Konsequenzen der existentialen Hermeneutik Vias offen zutage.

[395] Die Struktur beider Bestimmungen ist völlig analog; vgl Bultmann, Christusbotschaft, passim.

[396] Via, aaO 104.

[397] Ebd mit Anm 110.

[398] Via, aaO 189 (die Frage der christologischen Titel läßt Via allerdings offen).

untergeordnet auf Jesus als denjenigen ..., der die Situation herauf-
führt", die in ihnen geschildert wird.[399] Jesus hat die Entscheidung,
zu der er in den Gleichnissen auffordert, für sich selbst schon vollzogen: zwischen „dem in den Gleichnissen implizierten Existenzverständnis und Jesu Selbstverständnis" besteht also „eine gewisse Kontinuität".[400] Jesus verwirklichte den Glauben, zu welchem er in den
Gleichnissen rief, *vollkommen*. Das ist für Via eine „metaphysische
Tatsache".[401]

Schließlich kann man die Frage stellen, was denn die *Wahrheit der
Gleichnisse* ausmache. Via vermeidet den Begriff der Wahrheit zugunsten desjenigen der „Kraft".[402] Die „Kraft der Gleichnisse Jesu"
ist jedenfalls weder die Sprache selbst[403] noch der Glaube[404], sondern die „fortdauernde Qualität der Existenz" Jesu, im Neuen Testament mit dem Begriff der „Auferstehung" zur Sprache gebracht.[405]
„Die Auferstehung als eine metaphysische oder ontologische Tatsache", dh die fortdauernde Qualität der Existenz Jesu, ergriff die
Jünger und brachte sie zum Glauben.[406] Visionsberichte, Auferste-
hungsbotschaft und Auferstehungsgeschichten sind das *Produkt jenes
Glaubens*.[407] Die Kraft (oder die Wahrheit) der Gleichnisse Jesu beruht also darauf, daß „sie Ausdruck seines Seins sind"[408]. Existentia
Jesu sigillum veri.

---

[399] Via, aaO 190.

[400] Via, aaO 191. Es bestehen mE keine zwingenden Gründe dafür, daß Via
hier nicht von einer *Identität* sprechen will.

[401] Via, aaO 193–195. Der zitierte Begriff (vgl S. 195) ist problematisch, insbesondere im Blick auf die von Via vorgenommene Abgrenzung der „meta-
physischen Tatsache" zu „Aussage des Glaubens" und „Ableitung aus historischen Texten" (aaO 194).

[402] Via, aaO 195.

[403] Via, aaO 196. 198.

[404] Via, aaO 196f.

[405] Via, aaO 199.

[406] Via, Gleichnisse 199.

[407] Ebd. In historischer Hinsicht ist diese These — so verständlich sie von
Vias hermeneutischem Ansatz her erscheinen mag — mE unhaltbar. Weder
die Geschichte vom leeren Grab (Mk 16,1—8) noch das vorpaulinische Auf-
erstehungskerygma in 1Kor 15,3—5 läßt eine solche Deutung zu: vernimmt
man diese Texte, so legt sich das *Gegenteil* von Vias These nahe. Die Erschei-
nungen des Auferstandenen *ermöglichten* den Glauben, und zwar Menschen,
die sich in der Situation des Nicht-Glaubens befanden. Damit ist die Frage
nach dem Wie der Auferweckung Jesu allerdings nicht entschieden.

[408] Dieses „Sein" ist jedoch weder eine theologische noch eine historische,
sondern eine metaphysische (ontologische) Kategorie, vgl. Via, aaO 200f.

1.2 Bemerkungen zur Theorie der Gleichnisauslegung

Die nun folgenden Bemerkungen zur Theorie der Gleichnisauslegung
verstehen sich als das Resultat der Beschäftigung mit den oben dar-
gestellten Ansätzen der Gleichnisauslegung und zugleich als deren
kritische Würdigung. Ferner sollen in diesem Abschnitt die Kategorien bereitgestellt und die Fragestellungen erarbeitet werden, mit
denen die in Teil 2 folgenden Einzelauslegungen der Gleichnisse Jesu
in Angriff genommen werden. Die hier festgehaltenen theoretischen
Einsichten haben im Blick auf die Einzelauslegung eine heuristische
Funktion.

1.2.0 Das Gleichnis als Metapher

Ausgangspunkt unserer Überlegungen ist der in der gegenwärtigen
Literatur immer stärker zum Zuge kommende Grundsatz, daß die
Gleichnisse als Metaphern zu verstehen sind. Vertreten wird dieser
Grundsatz besonders in den Gleichnisanalysen, die vom neueren ame-
rikanischen „literary criticism" inspiriert sind, also etwa in den Arbeiten von A. Wilder, R. Funk, D. O. Via und J. D. Crossan.[1] Eine
Hinwendung zum genannten Grundsatz läßt sich schon bei E. Fuchs,
auch wenn er hier nicht oft explizit erscheint, und bei E. Jüngel feststellen.[2] Wer sich auf diesen Grundsatz einläßt, stellt sich *gegen* die
von Jülicher begründete und für die neuere Gleichnisauslegung *fundamentale These,* das Gleichnis sei von der Vergleichung, die Allegorie dagegen von der Metapher her zu verstehen, wobei Vergleichung und Metapher als zwei *prinzipiell* unterschiedene Phänomene
gelten. Eine Entscheidung gegen Jülicher hat, obwohl die anstehende
Frage zunächst marginal zu sein scheint, außerordentlich weitreichen-
de Konsequenzen in allen die Gleichnisse Jesu tangierenden Ausle-
gungsfragen. Dies wird im folgenden zu zeigen sein. Die Legitimität
unseres Vorgehens, *die Gleichnisse Jesu vom Wesen der Metapher
her zu verstehen,* ergibt sich zunächst aus dem Verlauf der For-
schungsgeschichte sowohl im sprachphilosophischen wie auch im

---

[1] Hinweise auf die genannten Arbeiten finden sich oben unter 1.1.4; vgl auch
Perrin, Language 127—131 (Wilder). 132—141 (Funk). 141—155 (Via). 155—
168 (Crossan); vgl auch TeSelle, Speaking 72 in der zweiten Anmerkung.
[2] Für Fuchs ist hinzuweisen auf die oben 1.1.3 genannten Belege, für die positive Aufnahme dieser Gedanken bei Jüngel vgl oben 1.1.3. Perrins Verständnis
von Fuchs (Language 107—113) ist im obigen Sinne ergänzungsbedürftig. Dasselbe gilt von TeSelle (vgl oben Anm 1).

exegetisch-theologischen Bereich. Während einerseits im Blick auf die Gleichnisse Jesu die Forschung — zumindest theoretisch — sich von Jülichers Theoremen beträchtlich entfernt hat, zeigen andererseits neuere Entwicklungen in der Metapher-Theorie[3], daß die von Jülicher im Anschluß an die traditionelle Rhetorik vorgenommene Unterscheidung von Vergleichung und Metapher in vielerlei Hinsicht überholt ist. Im Zuge der genannten Entwicklungen sind Einsichten in das Wesen der Metapher gewonnen worden, die es ratsam erscheinen lassen, die biblische Bildsprache, insbesondere die Gleichnisse, in den Kontext des Metaphorischen zu stellen. Von da her können sie in einem andern Licht gesehen werden. Die gegenwärtige Situation in der Gleichnisauslegung veranlaßt *Ricoeur* zu der Bemerkung, „daß die biblischen Studien noch nicht den ganzen Nutzen aus der veränderten Lage von Semiologie, Literaturkritik und Epistemologie gezogen haben, den sie daraus eigentlich hätten erwarten können"[4]. Dies ist umso erstaunlicher, wenn man beachtet, daß „die neuere theologische Gleichnisforschung ... sich sachlich mit verschiedenen neueren sprachtheoretischen Bemühungen um ein besseres Verständnis der Metapher (berührt)"[5]. Es ist daher sinnvoll, die Gleichnisse Jesu vom Wesen der Metapher her, bzw Metapher und Gleichnis als zwei *analoge Sprachphänomene* zu verstehen.

1.2.1 Die Analogie zwischen Metapher und Gleichnis

Im herkömmlichen Sprachgebrauch bedeutet der Begriff „Metapher" normalerweise ein im übertragenen Sinne gebrauchtes *Wort* (zB „Eisberg" in der Bedeutung „ein kleiner Teil über, der größte Teil unter der [Meeres-] Oberfläche"). Demgegenüber ist festzuhalten: „Die Metapher gehört zur Semantik des Satzes, noch bevor sie die Semantik des Wortes betrifft; die Metapher stiftet Sinn nur innerhalb einer Aussage; sie ist selber ein Phänomen der Prädikation"[6]. Der herkömmliche Sprachgebrauch bezeichnet also mit „Metapher" *nur einen Teil*

---

[3] Für den deutschsprachigen Bereich vgl Jüngel, Metaphorische Wahrheit 76 mit Anm 6f. Für den französisch- und englischsprachigen Bereich siehe die mannigfaltige Literatur, die Ricoeur, Métaphore passim nennt und verarbeitet, wie auch besonders das genannte Werk Ricoeurs selbst.
[4] Ricoeur, Stellung 54.
[5] Jüngel, Metaphorische Wahrheit 76.
[6] Ricoeur, Stellung 47; vgl Métaphore 220; 110: „C'est un énoncé entier qui constitue la métaphore, mais l'attention se concentre sur un mot particulier dont la présence justifie qu'on tienne l'énoncé pour métaphorique." Vgl auch Ingendahl, Metaphorischer Prozeß 65.

dessen, was mit dem Begriff eigentlich anvisiert ist. In diesem Sprachgebrauch manifestiert sich das Mißverständnis, Metaphern seien lediglich *ausschmückende* Wörter, rhetorische Stilmittel, die zwar gefällig, aber keineswegs notwendig sind. Genauer betrachtet ist es jedoch „die Eigenart der Metapher, daß sie zwei Sinnhorizonte zueinander in Beziehung setzt, die innerhalb einer Aussage durch zwei Wörter vertreten sind. Metaphern sind deshalb streng genommen keine Wörter, sondern Aussagen."[7] Die *sprachliche Grundform* der Metapher ist also die eines *Satzes,* der mindestens die Teile Subjekt (S), Prädikat (P) und Kopula (K) hat; S — K — P. Die Metapher macht eine *Aussage,* indem sie einem S ein P prädiziert, zB „Achill ist ein Löwe".[8]

Geht man von dieser sprachlichen Grundform der Metapher aus, so ist ihre Analogie zu den Gleichnissen Jesu unverkennbar. Die Gleichnisse Jesu sind *Gottesreichsgleichnisse,* sie bilden das Gottesreich ab.[9] In den meisten Fällen ist der Bezug zum Gottesreich mit der *Einleitungsformel*[10] sichergestellt, in einigen andern beginnt die Erzählung ohne Einleitung oder das Gleichnis hat die Frageform. Aber auch in diesen Fällen ist die Gottesherrschaft (bzw Gott in Aktion) das, was das Gleichnis abbilden will. An der Stelle von *S* in der Metapher steht also im Gleichnis Jesu die *Gottesherrschaft,* an der Stelle von *P* in der Metapher steht im Gleichnis Jesu die *Erzählung* selbst (also das, was bisher Bildhälfte genannt wurde). Die Stelle der Kopula in der Metapher wird im Gleichnis Jesu von verschiedenen Ausdrücken eingenommen: in vielen Fällen ist K eine Form vom Stamm ὁμοι-[11]; in einigen andern steht ein einfaches ὡς (ὥσπερ), bei dem ein „ist" ergänzt werden muß;[12] in einigen Fällen kann die Kopula überhaupt fehlen.[13] Demnach ist die der Metapher analoge *Grund-*

---

[7] So Jüngel, Metaphorische Wahrheit 112 (mit Berufung auf Vonessen, Anm 103).

[8] Zu diesem Beispiel und seiner häufigen Verwendung in der rhetorischen Tradition vgl Jüngel, aaO 73 und passim. Ricoeur verwendet ein analoges Beispiel: „Die Natur ist ein Tempel . . ." (Stellung 53).

[9] „Daß sie (sc die Basileia) in Jesu Gleichnissen zur Sprache gekommen ist, setze ich jetzt ohne weitere Begründung voraus" (Jüngel, Paulus und Jesus 142).

[10] Zu den Einleitungsformeln vgl zB Jeremias, Gleichnisse 99—102.

[11] Siehe zB ὁμοιώσωμεν (Mk 4,30); ὁμοιώσω (Lk 13,20); ὡμοιώθη (Mt 13,24); ὁμοιωθήσεται (Mt 25,1); ὁμοία ἐστίν (Mt 13,44.45).

[12] Mk 13,34 ὡς; Mt 25,14 ὥσπερ; vgl das οὕτως ἐστίν vorangestellt in Mk 4,26.

[13] Das ist besonders bei den Gleichnissen der Fall, die in Frageform stehen (Lk 15,4.8), oder die ohne expliziten Bezug zur Basileia beginnen, zB Lk 14,16; 15,11; Mk 12,1 parr.

form der Gleichnisse Jesu: Basileia – K – Gleichniserzählung. Diese
Definition der Grundform der Gleichnisse Jesu impliziert, daß *nicht*
die Gleichnis*erzählung* als Metapher, die zur Alltäglichkeit bzw zur
Normalität des Weltverständnisses in Spannung steht,[14] verstanden
werden darf. Vielmehr ist festzuhalten, daß die für die Metapher
charakteristische semantische Spannung (die zwischen S und P besteht) bei den Gleichnissen Jesu *primär zwischen der Basileia (S)
und der Erzählung (P)* besteht. Erst aus dieser primären Spannung
resultiert (wie unten genauer zu zeigen sein wird) die Spannung zwischen der szenisch verstandenen Erzählung und der Wirklichkeit des
alltäglichen Lebens.

Schließlich bedarf die Semantik der *Kopula* („ist") einer Präzisierung. In der Metapher beschränkt sich die Funktion der Kopula
„ist" nicht darauf, eine wie immer geartete Verknüpfung zwischen
S und P herzustellen (Relationalität der Kopula), sondern sie schließt
„in sich, daß diese Relation gewissermaßen *das, was ist,* neu beschreibt; sie sagt, daß sich die Sache tatsächlich so verhält".[15] Achil-
les ist in Wirklichkeit ein Mensch (realer Gebrauch der Kopula), er
ist kein Löwe. In der Metapher wird er aber *als Löwe* neu beschrieben. Dies wird erreicht durch das „ist"; es darf also hier *nicht wörtlich* verstanden werden. Es gibt „auch einen metaphorischen Sinn des
Verbes *sein*", in dem sich die Spannung, die zwischen S und P besteht, wiederholt. „Das ‚ist' ist gleichzeitig ein wörtliches ‚ist nicht'
und ein metaphorisches ‚ist wie'".[16] Angewendet auf die Gleichnisse
Jesu bedeutet das: in der Kopula wird ein metaphorischer Bezug
zwischen Basileia und Erzählung hergestellt, dergestalt daß zugleich
klar ist, daß die Basileia wörtlich genommen *nicht ist,* was als P erzählt wird, daß sie aber wie das ist, was erzählt wird. Der metaphorische Charakter der Kopula („ist") wird in den Gleichnissen so zum
Ausdruck gebracht, daß die Basileia *verglichen* wird mit dem, was erzählt wird. Der im metaphorischen Gebrauch des Wortes „sein" mit-
schwingende Bedeutungsgehalt des „sein wie" wird in vielen Gleichnissen Jesu explizit ausgedrückt. Daraus kann jedoch *nicht* geschlossen werden, es handle sich um eine *Vergleichung* im Unterschied
zur metaphorischen Prädikation, da ja die Unterscheidung von Me-

---

[14] Dieses Verständnis scheint bei Funk und Via (vgl oben 1.1.4) vorzuliegen.
Ähnlich äußert sich auch Ricoeur, Stellung 65: „Man könnte gleichermaßen
sagen, daß das, was im Gleichnis metaphorisch wirkt, nichts anderes als die szenisch verstandene Erzählung ist; ... die Spannung besteht dann zwischen der
Szene und der Wirklichkeit des alltäglichen Lebens."
[15] Ricoeur, aaO 53f.
[16] Ricoeur, aaO 54.

tapher und Vergleich selbst nur innerhalb der traditionellen Rhetorik gilt. Wie die Metapher sagt, *als was* die Dinge sind, so sagt das Gleichnis, als was die Basileia ist.

Wird das Gleichnis vom Wesen der Metapher her verstanden, so gilt es — bei aller Analogie beider Phänomene —, auch die *Diskrepanzen*[17] zwischen ihnen zu beachten. Im Unterschied zur Metapher, deren semantische Spannung auf der Ebene des *Satzes* als Spannung zwischen *Wörtern* zustandekommt, wirkt die Gleichnisrede auf der Ebene der *Komposition*. Die Komposition *als ganze* (dh die Erzählung) tritt neben die Basileia, und diesem Zusammentreffen ist die semantische Spannung zu verdanken.[18] Daraus folgt ein zweiter Unterschied, der die Lebensdauer beider Sprachformen betrifft. Während Spannungsmetaphern eine „Augenblicksexistenz" haben, die nur so lange währt, „wie der semantische Widerstreit (clash) zwischen den Wörtern wahrgenommen wird", scheinen die bildhaften *Geschichten* „nicht in der gleichen Weise zu sterben oder zumindest nicht so bald, wie man auf der Grundlage dieser Theorie erwarten könnte".[19] Eine dritte Diskrepanz zwischen den Metaphern nach dem Muster „Achill ist ein Löwe" und den als Gottesreichsgleichnisse verstandenen Gleichnissen Jesu besteht darin, daß in den ersteren zwar *verschiedene Sinnhorizonte* zueinander in Beziehung treten, nicht aber — wie in den letzteren — zwei *prinzipiell unterschiedene* Sinnhorizonte wie *Gott und Welt*. Während die Metaphern Weltliches dem Weltlichen prädizieren, prädizieren die Gleichnisse Jesu Weltliches Gott. Dieser Sachverhalt nötigt dazu, schon auf der Ebene der Metapher zwischen „gewöhnlicher" Metapher, die innerhalb des Weltlichen verbleibt, und theologischer Metapher zu unterscheiden. Auf diesen Unterschied wird im Zusammenhang mit der Frage nach der Wahrheit von Metaphern zurückzukommen sein.[20] Zunächst aber gilt es, die formale Analogie zwischen Metapher und Gleichnis für die Gleichnistheorie fruchtbar zu machen.

---

[17] Zum Folgenden vgl Ricoeur, aaO 63—65.
[18] Ricoeur, aaO 63 stellt mit Recht fest, daß das Gleichnis als „literarische Gattung" auf der Ebene der Komposition wirkt. Zu ergänzen ist mE der von Ricoeur zu wenig beachtete Bezug der Gleichnisse auf die Gottesherrschaft.
[19] Ricoeur, aaO 63f. Im Blick auf die Gleichnisse Jesu ist die Lebendigkeit überdies wohl dadurch begründet, daß die im Gleichnis spielende Spannung zwischen der *Gottes*herrschaft und der *Welt*erfahrung nicht leicht zu absorbieren ist.
[20] Vgl unten S. 82—85.

1.2.2 Eigentliche und uneigentliche Rede

In der traditionellen Rhetorik wurde die Metapher als *uneigentliche Redeweise* verstanden.[21] Sie gehört zu den bildlichen Ausdrucksweisen (Tropus), die vornehmlich dann verwendet werden, wenn es die Kunst der Rede verlangt. Hauptaufgabe der Metapher im Ganzen der Rede ist, den Menschen *zu überzeugen*, indem sie ihm das „Wahrscheinliche in gefälliger Form" darbietet.[22] Die Metapher ist eine in der Rhetorik ausdrücklich erlaubte *Abweichung* von der Verwendung der Wörter in ihrem wörtlichen, dh eigentlichen, Sinne. Metaphorische Rede unterscheidet sich von der eigentlichen Rede dadurch, daß sie gewisse Wörter *mehrdeutig* verwendet, während es dieser um ihrer Klarheit willen stets um den *univoken* Gebrauch der Wörter gehen muß.[23] Die Zuordnung der Metapher zu den rhetorischen Ornamenten impliziert, daß auch in eigentlicher Rede gesagt werden könnte, was die Metapher „bildlich" sagt, ja daß dieses, wenn es um die Beschreibung der Wirklichkeit geht, besser in eigentlicher Rede gesagt würde. In der traditionellen Sprachtheorie *ist die Metapher also grundsätzlich übersetzbar.*[24]

Eben dies wird von der neueren Sprachtheorie bestritten, sofern diese nicht länger bereit ist, die Metapher der uneigentlichen Redeweise unterzuordnen. Versteht man nämlich die Metapher als Aussage, *deren semantischer Wert dadurch zustandekommt,* daß in ihr „eigentlich" Unvereinbares zueinander in Beziehung gesetzt wird, so kann die metaphorische Aussage nicht in eigentliche Rede übersetzt werden, ohne ihre Bedeutung zu verlieren. Die Metapher ist fähig, semantische Neuerungen mit sich zu bringen.[25] Dieses Vermögen nennt Ricoeur „ihre dichterische Funktion im Gegensatz zu ihrer bloß rhetorischen Funktion. Es geht also um ihr Vermögen, in der Rede *sinnstiftend* zu wirken, Erfahrungs- und Wirklichkeitsbereiche zur Sprache zu bringen, die danach verlangen, gesagt zu werden."[26] So verstanden ist

---

[21] Jüngel, Metaphorische Wahrheit 74; vgl Anm 1; Ricoeur, Stellung 46f. Zur Analyse der aristotelischen Metapher-Theorie, die für die gesamte abendländische Einschätzung dieses Phänomens grundlegend wurde, s Jüngel, aaO 86—100; ders, Paulus und Jesus 96 mit Anm 1. Zum Problem vgl Blumenberg, Beobachtungen 190; Söhngen, Analogie 74.
[22] Ricoeur, Stellung 46; vgl Jüngel, Metaphorische Wahrheit 75.
[23] Dazu Jüngel, aaO 75.
[24] Ricoeur, Stellung 46: „die substituierte Bedeutung enthält keine semantische Neuerung; so kann man eine Metapher auch übersetzen, dh. man kann den bildhaften Ausdruck mit dem eigentlichen Wort restituieren". Vgl Jüngel, aaO 75.
[25] Ricoeur, aaO 45.
[26] Ricoeur, aaO 46 (Hervorhebung von mir).

die Metapher von einem „sprachlichen Grenzphänomen zu einem Grundvorgang der Sprache" avanciert.[27] Die Auffassung der Metapher als sprachliches Grenzphänomen gründet in der „für die Antike charakteristischen These von der Korrespondenz des Seins und des Begriffs"[28]. Wo Kosmos und Logos als Korrelate gelten, kann die Metapher, die vom univoken Gebrauch der Nomina und damit von der begrifflichen Sprache abweicht, nichts über das *Was* des Kosmos aussagen. Wo der Metapher dagegen Sinnstiftung und Neubeschreibung der Welt zugemutet werden, ist die antike These von der Korrelation zwischen Kosmos und Logos aufgegeben und die Sprache als eine den Kosmos erschließende, über ihn hinausgreifende etabliert. Eben dies geschieht in der neueren Metapher-Theorie. Insofern gilt: „Metaphorische Rede ist weder uneigentliche noch vieldeutige Sprache, sondern eine besondere Weise eigentlicher Rede und eine in besonderer Weise präzisierende Sprache."[29]

Im Blick auf die *Gleichnisse Jesu* folgt daraus, daß die von Jülicher eingeführte (am Unterschied von Metapher und Vergleichung orientierte) *Unterscheidung von Bild- und Sachhälfte aufzugeben ist.* Denn wenn die Metapher nicht nur die bildliche Einkleidung einer an sich in eigentlicher Rede auszusagenden Sache ist, sondern *selbst eigentliche Rede ist,* dann ist auch das vom Wesen der Metapher her verstandene Gleichnis nicht nur Bild für eine auch ohne dieses aussagbare Sache. Das Gleichnis sagt eben nicht nur Altes neu bzw Wahres bildlich, sondern die in ihm zur Sprache kommende Wahrheit *kann nicht anders als bildlich* gesagt werden. Der in den Gleichnissen zur Sprache kommende *Inhalt* darf also *nicht* von der *Form,* in welcher er ausgesagt wird, getrennt werden. Damit ist jeder Theorie, die die Gleichnisrede Jesu von den *Wirkungen* dieser Rede her zu begründen versucht, der Boden entzogen. Dies gilt für Jülichers *didaktische* Begründung der Gleichnisse ebenso wie für Jeremias' Qualifizierung der

---

27 Jüngel, Metaphorische Wahrheit 77. Söhngen unterscheidet neben den *logischen* Funktionen der Sprache (Analogie 23ff) die ästhetischen und ethischen (aaO 45). Zu den ästhetischen Funktionen gehört neben der *phatisch-mimetischen* (Ausdruck der Sache selbst; „Sichzeigen der Dinge selbst in den Worten"; aaO 48), der *weltanschaulichen* (aaO 86) und der *emphatischen* (Selbstausdruck der Person, aaO 54) auch die *metaphorische* Funktion der Sprache als Aussage in Bild und Gleichnis (aaO 57). Auch diese ist ein *Grundvorgang* der Sprache, denn „Sprache lebt von Übersetzung, Übertragung, darin werkend und gründend" (ebd).
28 Jüngel, aaO 79.
29 Jüngel, aaO 119. Eine ähnliche These findet sich, im Blick auf die johanneischen Bildreden, bei Schweizer, EGO EIMI 129, wo er sich mit dem mythologischen Verständnis der Bilder (Hirt, Weinstock usw) auseinandersetzt.

Gleichnisse als Mittel im *Kampf gegen die Kritiker* der Freudenbotschaft. Die in den Gleichnissen zur Sprache kommende Wahrheit selbst verlangt diese Form. Deshalb sind sie nicht Rechtfertigung oder Verteidigung der Freudenbotschaft, sondern sie sind *selbst Evangelium.* Gewiß gehört es zum Wesen der Sprachform Gleichnis, daß sie auf Wirkung aus ist, sofern sie im Hörer eine *Einstellung* zu ihrem Inhalt schafft. Jesus von Nazareth hat aber nicht in Gleichnissen gesprochen, weil er eine Wirkung erzielen wollte, sondern weil das Gottesreich, das er verkündigte, eine Wahrheit ist, die gar nicht „an sich" besteht, sondern wesentlich auf das Einverständnis des Hörers abzielt.[30] Die Sprachform Gleichnis *entspricht* dieser Wahrheit, und nur deshalb ist sie auf Wirkung bedacht. Wahrheits*aussage* und Wahrheits*ansage* sind eine Einheit, so wie Inhalt und Form des Gleichnisses eine Einheit sind.

Der mit dieser Einheit zusammenhängende Abschied von der Unterscheidung in Bild und Sache ergibt weiter, daß die *Suche nach einem tertium comparationis* aufzugeben ist. Es gibt kein Drittes, das zwischen der Basileia und dem Gleichnis vermittelt. Vielmehr ist die Basileia nur *im* Gleichnis und nur *als* Gleichnis da.[31] Daraus ergibt sich wiederum die *Unübersetzbarkeit* der Gleichnisse; eine Regel, die streng gewahrt werden muß und weder durch die Ableitung allgemeiner Wahrheiten (Jülicher), noch durch die Herausdestillation eines „Existenzverständnisses" (Via) ungestraft übertreten wird. Die Unübersetzbarkeit der Gleichnisse stellt die *Interpretation* vor das Problem, wie diese – als begriffliche Sprache – die metaphorische Eigenart der Gleichnisse angemessen zum Zuge bringen kann. Dies geschieht wohl am besten dadurch, daß die Interpretation darauf verzichtet, die Gleichnisse selbst zu ersetzen (etwa indem sie aus ihnen theologische Fundamentalsätze ableitet), und statt dessen versucht, das Gleichnis selbst in den Vordergrund zu stellen, indem sie seine Strukturen erhellt und wo nötig historische Vermittlung vornimmt. Wahre Metaphern können nicht übersetzt, wohl aber umschrieben werden.[32]

---

[30] Darin erkennt man bereits im Blick auf Jesu Verkündigung einen Wesenszug der Rede von Gott, der in der späteren Trinitätslehre der Kirche zum Zuge kommt: Gott ist nicht anders zu denken, als daß er sich (in der Person Christi) dem Menschen immer schon zuwendet und ihn (in der Person des Heiligen Geistes) zum Einverständnis in jene Zuwendung bewegt.

[31] Dies ist mE der fundamentalste „Interpretationsleitsatz", der sich aus dem Verständnis der Gleichnisse vom Wesen der Metapher her ergibt (zum Satz vgl Jüngel, Paulus und Jesus 135).

[32] „Daß sie (sc die wahren Metaphern) unübersetzbar sind, heißt nicht, daß man sie nicht umschreiben kann; aber die Umschreibung ist unendlich und erschöpft die Neueinführung von Sinn nie" (Ricoeur, Stellung 49).

Die als eigentliche Rede verstandene Metapher geht in ihrer Grundform hervor aus der *Spannung zwischen Subjekt und Prädikat*. Die Spannung entsteht, wenn einem Subjekt (zB Achill) ein Prädikat (zB Löwe) zugeordnet wird, das aufgrund seiner „*proprie*-Bedeutung"[33] sich als Prädikat in dieser Aussage *verbieten* würde. Eine Folge jener Spannung ist, daß die vertraute Bedeutung (die „wörtliche" oder „proprie"-Bedeutung) des Prädikatsnomens *zerbricht*, und daß es in der metaphorischen Prädikation einen *neuen Sinn* bekommt. Der neue Zusammenhang, in dem ein Wort steht, führt dazu, daß es neu ausgelegt werden muß: „die metaphorische Auslegung setzt die wörtliche Auslegung, die sich selbst zerstört, voraus; die metaphorische Auslegung besteht darin, einen sinnwidrigen Widerspruch in einen sinnvollen Widerspruch zu verwandeln"[34]. Die Metapher weicht demnach vom herrschenden Sprachgebrauch ab (der sich in den proprie-Bedeutungen der Wörter manifestiert), um der Sprache neue Möglichkeiten abzugewinnen. Dabei erinnert sie gerade an die herrschende **Bedeutung eines Wortes, um diese** dann zu zerstören und einen neuen Sinn entstehen zu lassen. Wer nicht weiß, was „Löwe" eigentlich bedeutet, wird den Sinn der Metapher „Achill ist ein Löwe" nicht verstehen können. Die *alte* Bedeutung ist *Verständnisbedingung* des neuen Sinnes. Die Zerstörung der proprie-Bedeutung eines Prädikatsnomens, die schon in der gewöhnlichen Metapher vorliegt, wird besonders augenfällig und auf eine grundsätzlich neue Stufe gestellt, wenn man sich der *theologischen Metapher* zuwendet. „Für Luther galt es als notwendig und gewiß, *omnia vocabula in Christo novam significationem accipere in eadem re significata.*"[35] Wird das Weltliche in einem Aussagesatz in ein prädikatives Verhältnis zu Gott („in Christo") gebracht, so erhält es. in diesem Zusammenhang einen alle herkömmlichen Bedeutungen sprengenden Sinn, ohne aber den Bezug zu allen herkömmlichen (auch den metaphorischen!) Bedeutungen zu verlieren. „Man darf in dem Satz ‚Christus ist ein Weinstock' nicht den Weinstock im Weinberg meinen und muß doch an ihn denken."[36]

33 Zu diesem Ausdruck siehe Jüngel, Metaphorische Wahrheit 75.
34 Ricoeur, Stellung 47; vgl auch Lipps: „... die Bedeutung (sc eines Wortes) ‚*voll-zieht*' sich allererst in der Aufnahme eines konkreten Zusammenhangs" (Metaphern 67); vgl Jüngel, aaO 120.
35 Jüngel, aaO 77. Mit dem „in Christo" ist gegenüber allen Zusammenhängen, in denen Wörter sonst gebraucht werden, ein eschatologisch neuer Zusammenhang gegeben.
36 Jüngel, aaO 120. Die Prädikation „Jesus ist der *wahre* Weinstock" ist nicht mehr als Metapher, sondern als *eigentliche* Aussage zu qualifizieren, da das Adjektiv „wahr" dafür sorgt, daß das „ist" *real* verwendete Kopula ist. Ein „ist nicht" schwingt bei einer solchen Prädikation nicht mehr mit.

Wie in der theologischen Metapher (und auch in der gewöhnlichen)
die vertraute Bedeutung zerstört bzw die herrschende Sprachtradition aufgebrochen wird, so wird *auch im Gleichnis* die vertraute Welt
verwandelt. Dies äußert sich im konkreten Falle so, daß die im Gleichnis *erzählte* Welt nicht mit der *vorfindlichen* Welt übereinstimmt, daß
also die Erzählung *unrealistisch* ist. Der neue Sinn, den das an der
Stelle von P stehende Erzählte durch die metaphorische Prädikation
zur Gottesherrschaft bekommt, hinterläßt seine Spuren in der Erzählstruktur selbst: sei es daß die Erzählung *eine völlig unerwartete
Wendung* nimmt (wie etwa in der Parabel von den Arbeitern im
Weinberg, wo die Lohnauszahlung in unerwarteter Weise erfolgt),
sei es daß *das normalerweise zu Erwartende bei weitem übertroffen
wird* (wie etwa der Ertrag der auf guten Boden gefallenen Samenkörner in Mk 4,3—9, das Verhalten des Vaters in Lk 15,11ff, oder
die Ablehnung vonseiten aller Geladenen in der Parabel vom Großen Gastmahl Lk 14,15—24 par), sei es daß *vorhandene Kontraste
ins Übermäßige gesteigert* werden (wie etwa die Kleinheit des Senfkorns gegenüber dem großen Baum, zu welchem es wird, Mk 4,30—
32 parr). Ein Gleichnisverständnis, das den Realismus der Gleichnis-
erzählungen zu ihrem Wahrheitskriterium (Dodd) bzw zu ihrem
Echtheitszeichen (Jülicher, Jeremias) erhebt, verkennt die Elemente des *Fiktionalen,* die sich *notwendig* aus dem metaphorischen Bezug der erzählten *Welt* auf die *Gottes*herrschaft ergeben. Die hyperbolischen und paradoxen Züge eines Gleichnisses sind nicht *nur*
Interpretationshinweise, sondern sie legen Zeugnis ab davon, daß
jedes Wort im Zusammenhang mit Gott „zu einem ‚verneweten
Wort'" wird.[37] Allerdings gilt auch hier, daß die vorfindliche Welt,
das realistischerweise zu Erwartende (entspricht der proprie-Bedeutung des Wortes in der Metapher), *Verständnisbedingung* des
neuen Sinnes bleibt, der sich in der Gleichniserzählung ausdrückt.
Es gilt also bei der Gleichnisauslegung zunächst dem Element P
(dh der Erzählung selbst) die volle Aufmerksamkeit zu schenken,
indem die Erzählung *in sich* interpretiert wird und dabei besonders beachtet wird, wie sich erzählte Welt und vorfindliche Welt
zueinander verhalten.

1.2.3 Die Gottesherrschaft als Gleichnis

Nachdem im letzten Abschnitt die Analogie zwischen Metapher
und Gleichnis besonders im Blick auf das Prädikatsnomen bedacht
worden ist, gilt es nun, auch dem *Subjekt* Aufmerksamkeit zu schen-

---

[37] Ebd (Zitat aus Luther).

ken. Die Stelle des Subjekts in der Metapher (in unserem Beispiel
„Achill") nimmt in den Gleichnissen Jesu die *Gottesherrschaft* ein.
Wie die metaphorische Auslegung des Satzes „Achill ist ein Löwe"
ihre Tiefe dann erreicht, wenn der Bezug des Prädikats „Löwe"
auf das Subjekt und die aus diesem sich ergebenden Sinnschöpfun-
gen ausgelegt werden, so hat die *Gleichnisinterpretation* zunächst
vom Bezug der Erzählung zur Gottesherrschaft auszugehen. Sie
hat das Gleichnis als *Abbildung der Gottesherrschaft* zu interpretieren. Dies geschieht dadurch, daß die zunächst für sich **analysier**-
te erzählte Welt des Gleichnisses (vgl oben 1.2.2) in den Kontext
der Gottesherrschaft gestellt und sowohl von ihr her als auch auf
sie hin ausgelegt wird.

Wird dieser Bezug dagegen außer Acht gelassen, so kann der Eindruck
entstehen, ein Gleichnis als Ganzes dramatisiere „eine ontologische
Möglichkeit – eine Möglichkeit, die grundsätzlich für den Menschen
als Menschen vorhanden und möglich ist – ..."[38]. Gegenstand des
Gleichnisses wäre in diesem Falle ein „Existenzverständnis"[39], und
das im Gleichnis zur Sprache kommende Gottesverständnis wäre nur
(mythologische) Explikation des Existenzverständnisses. Daraus folgt,
daß Jesus in den Gleichnissen sein Existenzverständnis verkündigt.
Damit wird aber Gott in den Horizont menschlicher Existenz gerückt.
Dann sind die Gleichnisse tatsächlich nur eine „Neubeschreibung der
Existenz".[40] Und dann ist es folgerichtig zu sagen, daß der Verlust
der wahren Existenz (den verschiedene Figuren in den Gleichnissen
abbilden) und die Erfahrung des Gerichtes Gottes zwei Seiten der
gleichen Realität sind.[41] Wer jedoch die Gleichnisse vom Wesen der
Metapher her versteht, wird zuallererst zu beachten haben, daß in
unserem Beispiel nicht Achill in den Kontext des Löwen gestellt
wird, sondern umgekehrt der Löwe in den Kontext **Achills**. In diesem Kontext erscheint der Löwe in neuer Sicht. Im Blick auf die
Gleichnisse folgt daraus, daß die in der Erzählung implizierte Sicht
von Welt und Existenz eine *Folge* davon ist, daß der Mensch und
die Welt in den Kontext der Gottesherrschaft gerückt werden. Jesus
geht es darum, den Menschen und die Welt im Horizonte Gottes
zu verstehen,[42] nicht darum, Gott zu einer Funktion menschlicher

---

[38] Via, Gleichnisse 46 (vgl oben 1.1.4).
[39] Dies ist der Fall bei Vias Ansatz, vgl oben 1.1.4 bes Anm 347–349.
[40] Ricoeur, Stellung 45.   [41] Via, Gleichnisse 111, vgl oben Anm 387.
[42] Zum obigen Gedankengang ist zu vergleichen die analoge Auseinandersetzung
Jüngels mit Robinsons These, daß die Botschaft Jesu im Zursprachebringen seines
dialektischen Existenzverständnisses bestehe (Paulus und Jesus 186). Im Anschluß an eine Formulierung von Fuchs stellt Jüngel fest, daß die Frage nach
dem Existenzverständnis Jesu „die Frage nach dem Zeitverständnis Jesu nicht

Existenz zu machen. Der „Löwe" erhält einen neuen Sinn dadurch, daß er im Horizonte Achills erscheint; er wird genommen, um *Achill* zu beschreiben, nicht umgekehrt beschreibt Achill den Löwen. Ebenso legt der Bezug der Gleichnisse Jesu auf das Gottesreich Zeugnis davon ab, daß die Welt zum metaphorischen Prädikat Gottes, nicht Gott zum metaphorischen Prädikat der Welt wird. Die ausschließlich existentiale Interpretation der Gleichnisse *verkehrt* das genannte Verhältnis.

Daß die Welt zum metaphorischen Prädikat Gottes wird, hat zweifellos Folgen *für die Welt*. Diese Folgen sind *unter anderem* in existentialen Kategorien beschreibbar, sie erschöpfen sich jedoch nicht darin. In den Gleichnissen Jesu kommt die Gottesherrschaft als *nahe* zur Sprache.[43] So wie in der Metapher Achill dem Löwen so nahe tritt, daß dieser nicht mehr nur ein Tier in der Wüste bleiben kann, tritt Gott in den Gleichnissen Jesu dem Menschen und seiner Welt so nahe, daß sich ein neues Menschen- und Weltverständnis geradezu aufdrängt.[44] Im Blick auf das Selbstverständnis (bzw das Existenzverständnis) des Hörers gilt: im Gleichnis wird ihm die Basileia und damit Gott selbst so verständlich, daß er *zugleich sich selbst anders, dh angemessener verstehen lernt*. Dieser Wechsel im Existenzverständnis ist aber eine Folge der Verständlichkeit Gottes und ist als eine solche nicht mit dem Gottesverständnis zu verwechseln. Nur mit dieser Präzisierung ist es sinnvoll, die Gleichnisse Jesu *auch* existential zu interpretieren.

1.2.4 Gleichnis und Allegorie

Versteht man die Gleichnisse Jesu vom Wesen der Metapher her, so ist die von *Jülicher* eingeführte Unterscheidung von Gleichnis und

---

vorzeitig verdrängen (darf)", und „daß es in dem in der Ansage der Basileia implizierten Zeitverständnis Jesu um nichts anderes geht, als um die Nähe Gottes, daß in der Verkündigung Jesu nicht Gott *am* Horizont der menschlichen Existenz erscheint, sondern der Mensch *im* Horizont der Existenz Gottes" (aaO 187, Hervorhebungen von mir).

[43] „Die Nähe der Gottesherrschaft ist so nah, daß sie der Sprachform des / Gleichnisses bedarf, um überhaupt so zur Sprache zu kommen, daß der Mensch sich auf sie einzustellen vermag" (Jüngel, aaO 168f).

[44] Im Unterschied zur Metapher, wo das neue Verständnis des Löwen nicht *intendiert* ist, ist im Gleichnis Jesu das Gottesverständnis nicht ohne seine Folgen im menschlichen Selbst- und Weltverständnis zu denken. Im Blick auf jede Rede von Gott gilt: „Die mit dem Reden von Gott gesetzte Verstehenszumutung kommt nur dann klar heraus, wenn sie in den einen großen Zusammenhang von Gotteserkenntnis, / Selbsterkenntnis und Welterkenntnis hineinführt" (Ebeling, Sprachlehre 255f).

Allegorie hinfällig, weil jene Unterscheidung sich an den sprachlichen Vorstufen beider Formen, nämlich Vergleichung und Metapher, orientierte. Der Unterschied ist neu zu formulieren. Die *Grundform* der *Metapher* „S – K – P" wird im Blick auf das Gleichnis so ausgeweitet, daß P nicht mehr nur ein einzelnes Wort ist, sondern eine *Erzählung* bzw eine *Beschreibung,* je nachdem ob es sich um eine Parabel oder ein Gleichnis im engeren Sinne handelt. Die Erzählung oder Beschreibung setzt sich zusammen aus verschiedenen *Einzelzügen* (E_1, E_2, E_3, ... E_n), die ein bestimmtes Erzähl*gerüst* erkennen lassen. Wie in der Metapher P metaphorisch auszulegen ist, so im Gleichnis ebenfalls *P als Ganzes*: das Erzählgerüst als Ganzes, in welchem die Einzelzüge auf eine *Pointe* hin zusammengebracht sind, steht in semantischer Spannung zum Element S (dh zur Gottesherrschaft). Die Einzelzüge sind also *primär aufeinander bezogen;* ihr Bezug zueinander ist für das Verständnis des Gleichnisses konstitutiv. Das besagt allerdings *nicht,* daß alle Einzelzüge im Gleichnis ausschließlich *wörtlich* zu verstehen sind. Vielmehr können sie für das Verständnis des Ganzen wichtige *metaphorische* Bedeutungen mit sich tragen. Schon lange ist erkannt worden, daß Wörter wie „Vater", „König", „Hausherr" udgl auch in einem Gleichnis metaphorisch *auf Gott* verweisen, ohne daß das Gleichnis dadurch zur Allegorie würde. Dasselbe gilt auch für andere Erzählelemente, wie zB das Anstellen von Arbeitern in den Weinberg (Metapher für die Inanspruchnahme des Menschen durch Gott) oder die Auszahlung eines Taglohnes (Metapher für die Belohnung des Menschen durch Gott). Die metaphorischen Implikate solcher Einzelzüge sind für das Verständnis des Gleichnisses wichtig. Bei der Interpretation ist jeweils zu fragen, ob sie für die Hörer Jesu bzw des ersten Erzählers eines Gleichnisses vorauszusetzen sind (motivgeschichtlicher Aspekt). Sofern diese Metaphern zu der für den damaligen Hörer repräsentativen Sprachtradition gehören, sind sie Allgemeingut und haben aus diesem Grunde keinerlei verhüllende Funktion. Wichtig für die *Unterscheidung von Gleichnis und Allegorie ist,* daß die von den Einzelzügen mitgebrachten Bedeutungen *keine selbständige Funktion* erfüllen, sondern *nur im Ganzen* der Erzählung von Interesse sind. Die Einzelzüge verweisen nur untergeordnet auf die alte (Sprach-)Welt.[45] Graphisch dargestellt sieht ein Gleichnis so aus:

---

[45] Via stellt fest, „daß der Sinn von Jesu Gleichnissen zwar nicht auf einen einzigen zentralen Vergleichspunkt beschränkt werden kann, daß die Gleichnisse aber deswegen noch keine Allegorien sind" (Gleichnisse 28). Gleichnisse unterscheiden sich von den Allegorien dadurch, daß die verschiedenen Erzählzüge im Gleichnis *aufeinander* bezogen sind, während dies bei der Allegorie nicht der

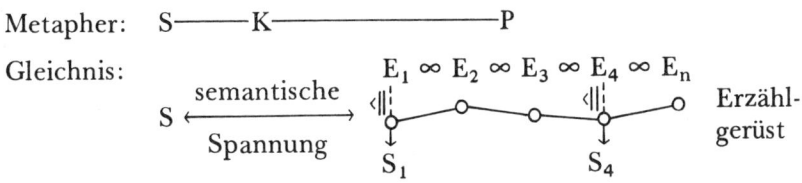

Metapher:	S——————K——————————P

Gleichnis:

<!-- diagram: semantische Spannung, Erzählgerüst with E_1 ∞ E_2 ∞ E_3 ∞ E_4 ∞ E_n and S, S_1, S_4 -->

Ganz anders dagegen verfährt die *Allegorie*. Bei ihr gibt es kein Element S, das durch K mit P verbunden wäre. Es gibt also kein übergeordnetes Subjekt, mit dem die Allegorie *als Ganze* in eine prädikative Beziehung treten würde. Vielmehr besteht die Allegorie aus verschiedenen *Einzelzügen*, von denen *jeder* die Grundform einer Metapher hat. Dabei ist der Bezug der Einzelzüge aufeinander nur dadurch gegeben, daß die von ihnen vertretenen Subjekte (S_1, S_2, ... S_n) untereinander in einem Zusammenhang stehen. Die Einzelzüge verweisen also *primär* nach außen auf die von ihnen gemeinten Subjekte, um dann sekundär zueinander in Bezug zu treten. Das Erzählgerüst der Allegorie muß deshalb *nicht* metaphorisch ausgelegt werden, es bildet vielmehr direkt die vom Erzähler gemeinten Zusammenhänge der Wirklichkeit ab. Die Allegorie kommt denn auch gut ohne Pointe aus.[46] Graphisch dargestellt ergibt sich das folgende Bild:

(Metapher	S——————————K——————————P)

Allegorie:	—		—	E_1	E_2	E_3	E_4	E_n
							↓	↓	↓	↓	↓
						S_1 ∞ S_2 ∞ S_3 ∞ S_4 ∞ S_n

Der *verhüllende Charakter* gehört *nicht wesentlich* zur Allegorie, er ist jedoch dann gegeben, wenn die Mehrzahl der aufgereihten Einzelmetaphern der herrschenden Sprachtradition fremd oder wenn die

---

Fall ist (aaO 33f). Eichholz spricht vom „Gefälle einer Geschichte", das für das Gleichnis typisch ist (Gleichnisse 19). Die Gleichnisgeschichte ist bewußt *geformt*, der Griff in den Alltag ist von einer intendierten Aussage gesteuert (aaO 28). Die Aussage beruht also wesentlich auf der *Kombination* der Erzählzüge. Dasselbe betont auch Jüngel: „Das Gleichnis bleibt klar von der Allegorie unterschieden, insofern alle Anschauungselemente bzw. Erzählungszüge (...) *streng* auf die (...) *Pointe bezogen bleiben*" (Paulus und Jesus 137).
46 „Die Allegorie — chiffriert die gängige Sprache in eine Art Chiffresprache und verlangt deshalb ein Dechiffrierverfahren" (Eichholz, Gleichnisse 14). Die Verbindungen werden bestimmt durch etwas *Außersprachliches*, nämlich vom Zusammenhang der *Bedeutungen*, die die Bildelemente für sich haben (Via, Gleichnisse 17). Die Allegorie ist der Sache (resp dem Zusammenhang s_1—s_n) nachgeformt (Linnemann, Gleichnisse 16).

Metaphern nicht analogisch gebildet sind. Die Allegorie eignet sich insofern als Sprachform der Verschlüsselung, als es dem Erzähler überlassen bleibt, eine Allegorie bestehend aus mehrheitlich unbekannten, von ihm selbst gebildeten Metaphern zu erstellen. Werden diese Metaphern einer geschlossenen Gruppe von Menschen bekannt gemacht, so hat die Allegorie in ihr die Funktion, die Eingeweihten als solche zu bestätigen, indem sie sie durch Verständnis belohnt, die Uneingeweihten dagegen als Unwissende zu demaskieren. Die Allegorie, so verstanden, scheidet zwischen drinnen und draußen. *Solche Allegorien finden sich in der synoptischen Tradition nicht,* auch wenn Mk 4,10–12 *möglicherweise* ein im obigen Sinne allegorisches Verständnis der Gleichnisse Jesu **widerspiegelt.**

Die in der *synoptischen Tradition* vorliegenden „*allegorischen*" *Auslegungen* von Gleichnissen sind *von den Allegorien* im strengen Sinne *klar zu unterscheiden.* Der Hauptunterschied besteht darin, daß es sich bei den ersteren *nicht um ursprüngliche* Allegorien handelt, sondern um spätere *Auslegungen von ursprünglichen Gleichnissen.* Dieser Unterschied läßt sich wiederum vom Wesen der Metapher her verdeutlichen. „Die Metapher hat ein Potential an Implikationen, an Konnotationen, die nicht beliebig ausgetauscht werden können, die sich zwar ständig anbieten, aber auch so lange unausgenutzt liegen können, bis sie jemand benötigt."[47] Metaphern zielen, gerade weil sie unübersetzbar sind, auf die Erfahrung, sie wollen in der Praxis des Lebens angewendet werden. Sie sind offen gegen den Hörer hin. Im Vollzug dieser Anwendung kann es geschehen, daß an derselben Metapher neue Konnotationen entdeckt und ihre Implikationen neu entdeckt werden. Daraus folgt, daß *Metaphern eine Geschichte haben,* mehr noch, daß sie geradezu zur Geschichte drängen, sofern sie auf immer neue Anwendungen hintendieren.[48] Dabei befinden

---

[47] Blumenberg, Beobachtungen 192.
[48] Instruktive Beispiele für Metaphern, die eine Geschichte haben, führt Blumenberg, Beobachtungen auf. Er zeigt an der philologisch-historischen Metapher „Quelle", wie im Laufe der Zeit neue Seiten an ihr entdeckt wurden und wie sie schließlich zu einem *Terminus* geworden war (S. 190–195). Überhaupt kann man nicht selten beobachten, daß Metaphern beim Wort genommen werden (aaO 209); offenbar wohnt in ihnen eine Tendenz zur Begriffsbildung im Zuge sprachlicher Äquivokation. Es wäre zu untersuchen, inwiefern die Bildung der altkirchlichen Christologie im Rahmen der griechisch-römischen Logik mit der Schwierigkeit belastet war, daß sie schon im Ansatz die Metapher „Jesus ist Christus" beim Wort nehmen mußte. Sehr illustrativ ist auch die Geschichte der Schiffbruchmetapher, die Blumenberg unter Berücksichtigung der ontologischen Implikationen von der Antike bis in die Neuzeit nachzeichnet (aaO 171–190).

sich die Metaphern in einem dialektischen Verhältnis zur Geschichte: einerseits *nehmen sie geschichtliche Erfahrungen* in sich auf, indem sie ihr Potential an Implikationen reaktivieren und neue Aspekte in ihren Konnotationsbereich einbeziehen; andererseits *stiften sie geschichtliche Erfahrungen,* indem sie imaginativ Zusammenhänge vorwegnehmen, die aufgrund der herkömmlichen Sprachtradition nicht als solche erkannt werden konnten. Dasselbe gilt auch von den Gleichnissen Jesu: „Auf die *Unübersetzbarkeit* in gewöhnliche Sprache antwortet nur die *applicatio* (Anwendung) durch die Praxis des Lebens.“[49] Diese applicatio darf nun nicht im Sinne einer moralischen Umsetzung des Gleichnisses mißverstanden werden. Vielmehr wendet sich das Gleichnis zuerst an unsere *Einbildungskraft* und erst dann an unseren Willen; „für *sie* eröffnet diese Sprache Möglichkeiten der Erneuerung und der Kreativität“.[50] Der Unübersetzbarkeit des Gleichnisses entspricht, daß in gewissen Schichten der synoptischen Tradition darauf verzichtet wird, die mit dem Gleichnis gemachten Erfahrungen in eine Deutung in begrifflicher Sprache zusammenzufassen. Aber auch hier ist das Gleichnis nicht unberührt geblieben von den mit ihm ermöglichten Erfahrungen. Diese Erfahrungen wurden als metaphorische Auslegung einzelner Erzählzüge oder als Anfügung neuer Einzelzüge *ins Gleichnis selbst eingebracht.* Für die Gleichnisinterpretation kann es nicht gleichgültig sein, welche Erfahrungen mit einem bestimmten Gleichnis gemacht worden sind. Sie hat vielmehr die Spuren, die jene Erfahrungen im Gleichnis hinterließen, zu lesen und ihre Bedeutung für das Verständnis des Gleichnisses zu erfassen. Aus diesem Postulat *ergibt sich für die Methodik der Gleichnisauslegung*: die Gleichnisse Jesu sind in einem *analytischen* Arbeitsgang mithilfe redaktionsgeschichtlicher und traditionsgeschichtlicher Methoden in ihrer ursprünglichen Form zu *rekonstruieren.* In einem *synthetischen* Arbeitsgang ist der Geschichte, die jene ursprünglichen Gleichnisse innerhalb der synoptischen Tradition und bis hin zum Thomasevangelium hatten, nachzudenken. Der synthetische Arbeitsgang führt die „Dimension der Wirkungsgeschichte“[51] in die exegetische Arbeit ein, sofern man unter Wirkungsgeschichte nicht nur die (nachkanonische) Geschichte der Wirkung neutestamentlicher Texte versteht, sondern überhaupt die

---

[49] Ricoeur, Stellung 70.
[50] Ebd. Schon Fuchs betont, daß die Gleichnisse die Veränderung unserer *Einstellung* zum Ziel haben und nicht primär ethisch zu verstehen sind (vgl oben 1.1.3).
[51] Zu diesem Begriff vgl Stuhlmacher, Neues Testament und Hermeneutik 35–38 (der Begriff steht S. 35).

Geschichte eines Sprachereignisses von seinem Ursprung bis zur Gegenwart des Auslegers.[52] Die wirkungsgeschichtliche Fragestellung wird in dieser Arbeit aus technischen Gründen auf den Bereich vom historischen Jesus bis zum Ende der synoptischen Tradition (bzw zum Thomasevangelium) beschränkt. Sie wäre grundsätzlich bis zur Gegenwart weiterzuführen. Wer die Wirkungsgeschichte in den exegetischen Interpretationsprozeß integriert, geht davon aus, daß die „wirklich lebensentscheidenden und existenzbestimmenden Kräfte in einer Überlieferung ... sich ... keineswegs nur im Rekurs auf ihre Ursprungsgestalt (...)" zeigen, sondern gerade auch darin, wie die Ursprungsgestalt im Laufe ihrer Geschichte gewirkt und die Welt mitgestaltet hat.[53] Dieses Vorgehen legt sich bei den Gleichnissen Jesu in besonderer Weise nahe, da sie (als Metaphern) *wesentlich* auf Geschichte ausgerichtet sind, indem sie — die alte Welt deutend — Erfahrung in sich aufnehmen und — eine neue Welt stiftend — Erfahrungen aus sich entlassen. *Die Gleichnisse Jesu haben eine Geschichte und machen Geschichte.*

Demnach gilt es Abschied zu nehmen von jenem weit verbreiteten Vorurteil, daß die im Laufe der synoptischen Tradition hinzugekommenen Interpretamente nur „allegorisches Beiwerk" wären, von denen die Gleichnisse befreit werden müssen. Der Rückgriff auf die Ursprungsgestalt der Gleichnisse (Jesu) ist methodisch legitim und insofern gefordert, als er zur Aufhellung der Wirkungsgeschichte notwendig ist. Es jedoch bei ihm bewenden lassen hieße, auf halbem Wege stehen bleiben. Die Analyse ist durch die Synthese zu ergänzen, innerhalb welcher in jedem Einzelfall nach dem aufhellenden Effekt eines Interpretamentes wie nach dessen sachlicher Berechtigung gefragt wird. Insbesondere ist darauf zu achten, welche Spuren die für die gesamte jesuanische Verkündigung fundamental entscheidende geschichtliche Wende, die als Wende vom verkündigenden Jesus zum verkündigten Christus umschrieben werden kann, in den Gleichnissen Jesu hinterließ. Dem mit dieser Wende gegebenen Interpretationsproblem wird unten noch genauer nachgedacht werden müssen.

Für den Moment genügt es, festzustellen, daß die Interpretamente der Gemeinde *nur in dem Sinne allegorisch* sind, daß sie mit der Metaphorik von Einzelzügen arbeiten. Darin unterscheiden sie sich nicht grundsätzlich vom ursprünglichen Gleichnis, sofern die Meta-

---

52 In der Unterscheidung zwischen *nach*neutestamentlicher und *neutestamentlicher* Wirkungsgeschichte verbirgt sich das theologische Problem des neutestamentlichen Kanons. Auf dieses kann hier nicht eingetreten werden.
53 Stuhlmacher, Neues Testament und Hermeneutik 36.

phorik der Einzelzüge auch bei diesem von Bedeutung ist. Eine „allegorische" Auslegung des Gleichnisses macht dieses deshalb *nicht zur Allegorie*, weil sie die Verweisfunktion der Einzelzüge durchaus ihrer Funktion im Ganzen des Erzählgerüsts *unterordnet*, während in der Allegorie die Verweisfunktion der Einzelzüge ihrem Zusammenhang untereinander *übergeordnet* ist. Die „allegorische" Auslegung integriert Erfahrung ins Gleichnis,[54] die Allegorie dagegen chiffriert Erfahrung oder Vision in Bildern, sie integriert das Bild in die „Sache".

1.2.5 Sprache und Wirklichkeit

Die Metapher spricht dem Wirklichen mehr zu, als dieses in Wirklichkeit ist. Achill ist in Wirklichkeit kein Löwe, sondern ein tapferer Krieger. Und der Löwe ist in Wirklichkeit kein Prädikat eines Menschen, sondern ein Tier in der Wüste. „Übertragene Redeweise scheint die Wirklichkeit der res zu verfehlen."[55] Dieser Schein entsteht, wenn die „wörtliche" Bedeutung der Wörter als eine das Wirkliche abschließend und hinreichend zur Sprache bringende definiert wird. Das dieser Definition zugrundeliegende Sprachverständnis hält die Sprache für ein Sekundärphänomen der Wirklichkeit, für ein bloßes Verständigungsmittel über das Wirkliche. Von diesem Sprachverständnis her ist es konsequent, wenn die metaphorische Rede als ornamentales Beiwerk der Rhetorik zugewiesen und, wenn es um die Beschreibung des Wirklichen geht, möglichst gemieden wird.[56] Die

---

[54] Es ist deshalb sehr fraglich, ob man mit Perrin „the process of interpretation of the parables in the early Christian communities" den „process of their domestication" nennen kann (Language 199).

[55] Jüngel, Metaphorische Wahrheit 78. Benn spricht von der „Aufschneiderei" des Metaphorischen (Blumenberg, Beobachtungen 169).

[56] In der Philosophie sind Metaphern auf ein unschädliches Maß zu reduzieren. Dieses Postulat von Kainz (Sprachverführung 104) zeigt deutlich die methodischen Vorbehalte, die der Verwendung der Metapher in einer Sprache entgegengebracht werden, der es um die Wahrheit bzw Wirklichkeit geht. „Bilder besagen meist zuviel, in jeder Metapher steckt ein hyperbolisches Moment. In diesem übertreibenden Plus aber ist die Möglichkeit einer spezifischen Sprachverführung beschlossen: die Sache wird dann für so gut oder so schlecht gehalten, wie sie die hyperbolische Metapher darstellt" (aaO 114). Diese Ambivalenz gilt für die Sprache überhaupt. „Durch Sprache öffnet sich überhaupt erst das Reich der Wahrheit, zugleich aber auch das der Lüge" (Ebeling, Sprachlehre 109). Damit ist allerdings impliziert, daß der Sprache keine bloße Zeichenfunktion zukommt. Sie ist nicht nur ein Sekundärphänomen des Wirklichen. Die „Auffassung von der Zeichenfunktion der Sprache hat ein gewisses Recht, aber doch nur ein sehr begrenztes" (aaO 113). „Die spezifische Funktion von Spra-

neuere Metapher-Theorie geht demgegenüber davon aus, daß die Metapher als eigentliche Rede nicht bloß „emotionalen Charakter" hat, sondern „eine *neue Information* mit sich" bringt.[57] Durch den „geplanten Irrtum"[58], mit welchem die Metapher Seiendes einander nahebringt, werden neue semantische Felder erschlossen. Es entsteht ein neuer *Sinn*. Aber nicht nur das, es entsteht auch eine neue *Bedeutung*. Versteht man unter „Sinn" den idealen Satzgehalt, das interne Arrangement der Aussage, und unter „Bedeutung" den Anspruch auf Wahrheit, das außer-linguistisch Wirkliche, das „Gesagtsein von Welt",[59] so implizieren die eben gemachten Behauptungen über die Metapher ein vom oben erwähnten unterschiedenes *Sprachverständnis*: Die Funktion der Sprache ist, unsere Welterfahrung zu artikulieren. Sprache ist sich selber nicht genug, sie verweist nach außen, auf die Welt, auf die Wirklichkeit. Aber die Sprache ist nicht bloße Reproduktion des Wirklichen. Gerade der metaphorische Prozeß zeigt, daß die Sprache über das Wirkliche hinausgreift, indem sie Zusammenhänge herstellt, die in Wirklichkeit nicht bestehen.[60] Begreift man das Metaphorische als einen Grundvorgang der Sprache, so ist die Funktion der Sprache neben der Artikulation von Welterfahrung auch die *Formgebung* jener Erfahrung. Indem die Sprache der Wirklichkeit Form gibt, *beschreibt sie diese neu*, dh sie schafft neue Wirklichkeit. Dies ist die **poetische oder performative Funktion** der Sprache. *Sache der Sprache ist nicht nur die Mimesis des Seienden, sondern auch dessen Poiesis.* „In der metaphorischen Redeweise stimmen die schöpferische Möglichkeit der Sprache und die strenge

---

che ... wird erst dann deutlich, wenn die Sache, um die es geht nicht oder jedenfalls nicht ohne weiteres in der zur Rede stehenden Hinsicht erkennbar und anwesend ist, vielmehr erst durch die sprachliche Äußerung zur Anwesenheit gelangt" (aaO 115).

[57] Ricoeur, Stellung 49. „Gegen das ‚bloß rhetorische' Verständnis der Metapher spricht ja schon die Beobachtung, daß auch die als *verba propria* geltenden Wörter häufig so etwas wie selbständig gewordene Metaphern sind" (Jüngel, Metaphorische Wahrheit 77).

[58] Ricoeur spricht in diesem Zusammenhang von einem „category mistake" (Stellung 48. 49), einem „miss assignment" (dh falsche Zuweisung; aaO 53) oder einem „einkalkulierten Irrtum" (aaO 48).

[59] Zur Unterscheidung von Sinn und Bedeutung vgl Ricoeur, aaO 49 (ebd auch der zitierte Ausdruck).

[60] Vgl Ricoeur, aaO 51: „Ich sagte, daß der metaphorische Sinn eine ‚Nähe' zwischen Bedeutungen schafft, die vordem einander fremd waren." Auch dies gilt für die Sprache überhaupt. „Darum ist Erfahrung als solche immer schon sprachlicher Art" (Ebeling, Sprachlehre 116). Die von der Sprache vorgegebene „Aufgeschlossenheit für Sinn" ist die Möglichkeit, Zusammenhänge und Verhältnisse zwischen Sachen zu sehen, die der Wahrnehmung als solcher nicht zugänglich sind" (ebd).

Notwendigkeit des Begriffs, die sprachliche Überraschung durch das Neue und die Verläßlichkeit der Sprache aufgrund der Vertrautheit mit dem immer schon Bekannten auf das genaueste zusammen. Insofern ereignet sich durch die Metapher auf jeden Fall ein *Gewinn*. Der *Seinshorizont wird sprachlich erweitert.*"[61] Konkret äußert sich dies darin, daß der Verweisungsbezug, der den in der Metapher zusammengebrachten Wörtern in der Alltagssprache zukommt, aufgehoben wird, um einem „Verweisungsbezug auf zweiter höherer Ebene" Raum zu gewähren.[62]

Wendet man die skizzierte *Verhältnisbestimmung von Metapher* (bzw Sprache) *und Wirklichkeit* auf die Gleichnisse Jesu an, so ergeben sich folgende aufschlußreiche Beobachtungen. Das Gleichnis spricht zunächst der Basileia mehr zu, als diese „in Wirklichkeit" ist. Was die Basileia „in Wirklichkeit" ist, ergibt sich aus dem zeitgenössischen *Verständnis* der Gottesherrschaft, bzw aus der für die damalige Sprachsituation typischen wörtlichen Bedeutung des Wortes „Gottesherrschaft".[63] Im Frühjudentum ist die Gottesherrschaft ein streng jenseitiger, ein rein eschatologischer Begriff.[64] Er bezeichnet das die Welt aufhebende und eine neue Zeit bringende Königsein Gottes, das man zwar im Bekenntnis zur Tora und zum Einen Gott schon jetzt auf sich nehmen kann,[65] dessen Verwirklichung aber allein Sache Gottes ist.[66] Die Jenseitigkeit der Basileia kommt in den apokalyptischen Texten als *Zukünftigkeit* zur Sprache.[67] Hier tritt die schroffe Scheidung zwischen der gegenwärtigen Welt und der diese aufhebenden zukünftigen Welt Gottes in den Vordergrund.[68] Wird die Basileia nun in den Gleichnissen Jesu mit der erzählten *Welt* metaphorisch in Zusammenhang gebracht, so hebt sich dadurch das wörtliche Verständnis dieses Wortes auf, indem die

---

61 Jüngel, Metaphorische Wahrheit 93 (Hervorhebungen von mir).

62 Vgl dazu Ricoeur, Stellung 50f.

63 Die Anwendung des Ausdruckes „in Wirklichkeit" auf die Gottesherrschaft ist problematisch, weil es die Gottesherrschaft im Grunde nur „in Wahrheit" gibt. In Analogie zum „wörtlichen" Verständnis der Wörter in der Metapher, die als solche das Wirkliche bedeuten, wende ich hier den Ausdruck „in Wirklichkeit" auf die Basileia an, wobei die Unterscheidung Wirklichkeit — Wahrheit vorausgesetzt werden muß.

64 Vgl Kuhn, ThWNT I 572, 3—8; 573, 14f.

65 Kuhn, aaO 571, 11—28.

66 Um das Offenbarwerden der Königsherrschaft kann nur gebetet werden; sie wird am Ende der Zeit offenbar (Kuhn, aaO 572, 3—6; vgl. Schmidt, ThW I 575, 35—37).

67 Vgl vRad, ThWNT I 569, 23—35.

68 Ebd.

strenge Jenseitigkeit des Gottesreiches in seine *Nähe zur Welt,* und zwar zur weltlich verstandenen Welt,[69] verwandelt wird.[70] Die Basileia wird jetzt *kosmomorph* verstanden.[71] Die weltlich verstandene Welt wird damit zur *Verständnisbedingung des Reiches Gottes.* Während beispielsweise in der Apokalyptik die dem Untergang geweihte Welt immer stärker von der kommenden Welt Gottes distanziert wird (was sich auch darin zeigt, daß in der apokalyptischen Allegorie die „wörtliche" Bedeutung der Einzelzüge und ihr Zusammenhang untereinander völlig unerheblich sind), bleibt in den Gleichnissen Jesu die gegenwärtige (alte) Welt Verständnisbedingung der künftigen. Die neue Welt würdigt die alte durch ihre Gegenwart.

Beachtet man den Sachverhalt, daß in der metaphorischen Aussage zwischen S und P ein Verhältnis der Nähe hergestellt wird, *ohne daß mit der Kopula „ist" eine Identifikation von S und P behauptet wird,* so erweist sich die Sprachform des Gleichnisses als die der Basileia *und* der Welt angemessene Ausdrucksweise, sofern in dieser *sowohl die Nähe der Basileia zur Welt* als *auch ihre Differenz* zur Welt gewahrt wird.

Die Metapher spricht nicht nur dem Subjekt mehr zu, als dieses in Wirklichkeit ist, sondern auch dem *Prädikat.* Dementsprechend sagt das Basileia-Gleichnis auch über die *Welt* mehr, als diese in Wirklichkeit ist. In Wirklichkeit ist die Welt kein Prädikat der Gottesherrschaft, sondern nur Prädikat ihrer selbst. Indem aber im Gleichnis das Weltliche auf die Gottesherrschaft „übertragen" wird, wird die Welt *theomorph* verstanden. Dieses neue Verständnis äußert sich darin, daß die Natur *als Schöpfung* und der Mensch als *Gottes Ebenbild angesprochen wird.* Darum bringt zum Beispiel die Erde „von selbst" Frucht hervor, ohne daß der Mensch im Schweiße seines Angesichts für das Gedeihen der Frucht arbeiten müßte (Mk 4,26—29). Und darum verhält sich der Vater gemäß dem, was ihm die Liebe eingibt, und der Hausherr gemäß dem, was die Güte ihm als selbstverständlich erscheinen läßt (Lk 15,11—32; Mt 20,1—15). Im Gleich-

---

[69] Die Säkularität des von der Erzählung verwendeten Bildmaterials wird schon von *Funk* so gedeutet, daß das Gleichnis eine die „incursion of the divine" wiederholende Sprachform sei (Language 154).

[70] Aufgabe der Metapher ist es ja, Nähe zu schaffen zwischen Dingen, die einander ferne waren. Die Metapher macht deutlich, wie zunächst different Erscheinendes zusammenhängt (Blumenberg, Beobachtungen 191).

[71] Die Metapher „Der Mensch ist ein Fels" (für einen mutig Ausharrenden) bedingt einerseits, daß der Fels anthropomorph verstanden, und andererseits, daß der Mensch petromorph gesehen wird (Jüngel, Metaphorische Wahrheit 102 im Anschluß an Snell).

nis wird die Welt in die Nähe Gottes gerückt und insofern wird an
ihren Ursprung in der Schöpfung Gottes erinnert. Weil im Gleichnis
die Natur als Schöpfung und der Mensch als Ebenbild Gottes angesprochen wird, wird der diese Sprache vernehmende Mensch von der
Vorfindlichkeit seiner Welt (dh ihrer Wirklichkeit) *abgelenkt* und
auf eine tiefere Bedeutungsdimension des Weltlichen aufmerksam
gemacht. In diesem Sinne gilt auch vom Gleichnis, daß es einem
Modell vergleichbar ist, das *heuristische Fiktionen* aus sich entläßt.[72]
Die *Fiktionalität* ist besonders zu betonen, da zwischen Welt und
Gott keinesfalls ein Verhältnis der analogia entis bestehen kann, zumindest dann nicht, wenn der qualitative Unterschied zwischen Schöpfer und Geschöpf ernst genommen wird. Die Analogie zwischen Gottesherrschaft und erzählter Welt im Gleichnis ist eine *analogia fidei*,
sofern die Welt um ihrer selbst *und* um Gottes willen als Schöpfung
geglaubt werden will. Unter diesem Vorbehalt gilt, daß den Gleichnissen Jesu *auch im Blick auf die Welt* eine heuristische Funktion
zukommt. Denn wenn das Wort „Vater" zum metaphorischen Prädikat Gottes wird, so kann davon auch das Verhalten der Väter
dieser Welt nicht unbehelligt bleiben.

Das Gleichnis lehrt also beides: es lehrt die Gottesherrschaft mit
den Augen der Welt sehen, bzw mit den Mitteln weltlicher Sprache begreifen, und es lehrt andererseits die Welt mit den Augen
Gottes sehen. Indem durch das Gleichnis Gott verständlich wird,
lernt der Mensch, auch sich selbst und die Welt besser verstehen.

Schließlich ist eine *weitere Besonderheit des metaphorischen Hin-*
ausgreifens über die Wirklichkeit für das Verständnis der Gleichnisse
Jesu fruchtbar zu machen. „Es gehört zu den Eigentümlichkeiten
der Sprache, daß sie das Seiende gern vielfältig benennt."[73] Deshalb liegt „die Vermutung nahe, daß es der Sprache an letzter Eindeutigkeit fehlt"[74]. Allerdings ist die Umgangssprache nicht mit
dem „Makel eines grundsätzlichen Unvermögens zur Eindeutigkeit
behaftet"[75]. „Sie ist eindeutig, indem sie Eindeutigkeit *herstellt*."[76]

---

[72] Ricoeur zieht das „Modell" als heuristisches Instrument zum Vergleich mit
der Metapher heran (Stellung 51f). Aus der festgestellten Verwandtschaft schließt
Ricoeur, daß die Metapher in ihrer heuristischen Funktion zur Neubeschreibung
der Wirklichkeit führt (aaO 52).
[73] Diese Eigentümlichkeit zeigt sich im Phänomen der Homonymie (Redundanz
der Sprache) wie auch der Polysemie (Armut der Sprache); Jüngel, Metaphorische Wahrheit 73.
[74] Ebd.
[75] Jüngel, aaO 74.
[76] Ebd (Hervorhebung von mir).

Insbesondere in der metaphorischen Aussage ist die Eindeutigkeit *als Ereignis* zu verstehen. Die Wahrheit, die eine Metapher zur Sprache bringt, kommt in ihr also als Ereignis zur Sprache.[77] Daß also die Nähe der Basileia nicht in begrifflicher Sprache, sondern in der Sprachform des Gleichnisses ausgesagt wird, legt Zeugnis davon ab, daß es sich dabei um eine Wahrheit handelt, die nur als *Ereignis* sachgemäß ausgesagt werden kann. Die Gleichnisse Jesu stellen die Nähe der Gottesherrschaft allererst her. Ihre Wahrheit ist nicht „allgemein", sie muß vielmehr konsequent geschichtlich, nämlich als Ereignis verstanden werden. Dieser Sachverhalt wird im Blick auf **das Verhältnis von Gleichnis und historischem Jesus** von beträchtlicher Bedeutung sein.

Sofern es die vornehmste Aufgabe der Sprache ist, die *Wahrheit* auszusagen, kann man von den Gleichnissen als *Sprachereignissen* sprechen. Weil die Gleichnisse die Wahrheit als Ereignis sagen, ereignet sich mit ihnen die Sprache selbst. Die Frage, die jetzt gestellt werden muß, ist: Ereignet sich in ihnen wirklich die Wahrheit?

1.2.6 Wahrheit

„Daß die metaphorische Aussage einen Anspruch auf Wahrheit erheben könne, begegnet beträchtlichen Einwänden."[78] Diese Einwände erklären sich aus dem in der abendländischen Tradition herrschenden Wahrheitsverständnis. Wahrheit gilt als „adaequatio intellectus et rei im Sinne der adaequatio intellectus (humani) ad rem"[79]. Versteht man die begriffliche Sprache als korrespondierend zum Sein (bzw zur Wirklichkeit), so muß jede die Begriffe nicht äquivok verwendende Aussage unter den Verdacht fallen, eine Lüge zu sein. **Die rhetorische Auffassung** der Metapher, die in der Identifikation von Wirklichkeit und Wahrheit gründet, verlangt für jede metapho-

---

[77] Jüngels Analyse von Nietzsches Zurückführen der Wahrheit auf ein metaphorisches Geschehen (Metaphorische Wahrheit 82—86) macht deutlich, daß schon der *Übergang vom Sein in die Sprache* ein eigenes *Ereignis* ist (aaO 107f). „Es ist das Ereignis der Wahrheit, indem sich Seiendes *entdecken läßt* und *als Entdecktes* mit *schon Entdecktem* in einen *Zusammenhang*, zu dem *Entdeckenden* (...) in ein *Gegenüber* und mit der *Entdeckung* (...) in *Übereinstimmung* gelangt" (aaO 108). Daraus ergibt sich die „metaphorische Struktur von Sprache und Wahrheit", an die explizite Metaphern und Gleichnisse lediglich erinnern (aaO 109).

[78] Ricoeur, Stellung 50. Der Metapher wird weithin eine verführerische Macht zugeschrieben (zB Kainz, Sprachverführung passim).

[79] Jüngel, Metaphorische Wahrheit 72.

rische Aussage, daß diese durch Übersetzung in begriffliche Sprache
auf ihren Wahrheitsgehalt überprüft werde. Die neuere Metapher-
Theorie widerspricht dieser Auffassung, indem sie die Metapher für
unübersetzbar (und also der „logischen" Kontrolle entzogen) hält.
Sie beansprucht dennoch auch für die Metapher Wahrheit. „Wer von
einem Wirklichen etwas aussagt, was dieses wirklich nicht ist, lügt
gleichwohl nicht, wenn er *metaphorisch* redet."[80] Dieser Anspruch
kann nur erhoben werden, wenn zwischen Wirklichkeit und Wahrheit
unterschieden wird. Dies heißt allerdings nicht, daß die Wahrheit der
Metapher an der Wirklichkeit des Seins vorbeigeht. Vielmehr kann
man „mit der nötigen Vorsicht von ‚metaphorischer Wahrheit' sprechen, um jenen Anspruch, *die Wirklichkeit zu erreichen,* die dem
Vermögen dichterischer Sprache zur Neubeschreibung eignet, zu bezeichnen"[81]. Die Wahrheit einer Metapher besteht also zunächst
darin, daß sie die Wirklichkeit trifft. Sie geht zwar über das Wirkliche hinaus, aber nicht an diesem vorbei. Wann trifft eine Metapher
die Wirklichkeit? Schon Aristoteles hält fest, daß die metaphorische
Prädikation nicht der Willkür überlassen werden darf[82], sondern (für
unseren Fall von Metaphern) daß sie gemäß dem *Entsprechenden*
vorgenommen werden muß.[83] Damit Metaphern glücken, ist es erforderlich, das Ähnliche zu entdecken.[84] Auch wenn diese These nach
neuerem Verständnis insofern zu modifizieren ist, als gute Metaphern
„mehr eine Ähnlichkeit *stiften,* als daß sie sie nachzeichnen"[85],
so bedeutet das dennoch keine Abweichung vom Grundsatz der analogischen Bildung der Metapher. „Jede glückende Metapher müßte
eigentlich etwas aufblitzen lassen von der Entsprechung, die die
Welt im Innersten zusammenhält."[86] Eine solche Metapher wird
als wahr erkannt, wenn der von ihr hergestellte Zusammenhang
wahr-genommen wird.[87] Voraussetzung für die Wahr-nehmung einer

---

[80] Jüngel, aaO 73.
[81] Ricoeur, Stellung 53 (Hervorhebung von mir). Dabei ist immer im Auge
zu behalten, daß die Sprache „sich verselbständigen (kann), so daß sie den
Boden der Tatsachen unter den Füßen verliert und den Bezug zur Erfahrung
einbüßt" (Ebeling, Sprachlehre 117).
[82] Jüngel, Metaphorische Wahrheit 89.
[83] Jüngel, aaO 90; vgl Ricoeur, Stellung 46. Zu den Konstanten der traditionellen Auffassung gehört, daß „in der Metapher der Grund für die Abweichung die Ähnlichkeit ist". Siehe auch Blumenberg, Beobachtungen 191.
[84] Jüngel, aaO 92.
[85] Ricoeur, Stellung 48.
[86] Jüngel, Metaphorische Wahrheit 93.
[87] Das gilt schon für den Schöpfer einer Metapher, der die Ähnlichkeit entdeckt. „Entdecken heißt: etwas als etwas wahr-nehmen" (Jüngel, aaO 120).
Die metaphorische Grundstruktur der Sprache „verdankt sich der Wahrheit

Metapher ist, *daß Vertrautheit* mit der „wörtlichen" Bedeutung
von S und P besteht. Der metaphorische Sprachvorgang kann „nur
dann mitvollzogen werden, wenn man weiß, was ein Löwe ist und
wer Achill war".[88] Ist die Vertrautheit da, dann kann die Entsprechung zwischen beiden Phänomenen nachvollzogen und die „Ver-
drehung" der wörtlichen Bedeutungen als Sinnschöpfung empfunden werden. Die Metapher trifft also dann die Wirklichkeit, wenn
sie *vom Wirklichen ausgehend* zu dem fortschreitet, was „die Welt
im Innersten zusammenhält". Dann ist sie wahr, auch wenn sie über
das Wirkliche hinausgeht. Metaphorische Sprache verhilft dem Wirklichen zur Wahrheit.[89]

Beantwortet man die Wahrheitsfrage der Metapher im genannten Sinne, so drängt sich die *Unterscheidung zwischen gewöhnlicher und
theologischer Metapher* gebieterisch auf. Denn das, was die Welt im
Innersten zusammenhält, kann für die theologische Metapher nicht
Wahrheitskriterium sein, da diese ja nicht Welt mit Welt, sondern
Gott mit Welt zusammenbringt. Damit die eine Entsprechung zwischen Gott und Welt herstellende theologische Metapher nachvollzogen und also wahr-genommen werden kann, muß die Vertrautheit
mit Gott erst hergestellt werden. „Gott muß erst bekannt gemacht
werden, um sinnvolles Subjekt der für ihn einzig angemessenen metaphorischen Prädikation werden zu können."[90] Die Vertrautheit
mit Gott kann aber ihrerseits wieder nur in metaphorischer Sprache
hergestellt werden, wenn in der Bekanntmachung Gottes die Differenz zwischen Gott und Welt immer mitgesagt werden muß.[91] Dieser Zirkel kann nur vermieden werden, wenn vorausgesetzt wird,
daß Gott sich selbst der Welt bekannt macht. Gott hat sich der
Welt bekannt gemacht, indem er zur Welt gekommen ist. Gott ist
zur Welt gekommen, indem er den Gekreuzigten von den Toten auferweckt hat.[92] Dieses Ereignis ermöglichte der Sprache die Bildung

---

als Ereignis, in dem Welt schon immer in Sprache übertragen ist und deshalb
Seiendes sich entdecken läßt" (ebd).

[88] Jüngel, aaO 113. Was ein Löwe ist, weiß man in der Regel, und wer Achill
war, kann *erzählend* vermittelt werden.

[89] Fuchs stellt dies für die Sprache überhaupt fest: „In der Sprache wird der
Wirklichkeit zu ihrer *Wahrheit* verholfen: erst in der Sprache erscheint die Wahrheit der Wirklichkeit" (Hermeneutik 132, vgl oben 1.1.3).

[90] Jüngel, Metaphorische Wahrheit 114.

[91] Vgl ebd.

[92] Vgl Jüngel, aaO 116, der das Ereignis, „in dem Gott ein für allemal zur
Welt gekommen und als den Menschen Ansprechender zur Sprache gekommen
ist", als das „Leben, Sterben und Auferstehen Jesu Christi als Ereignis der Rechtfertigung des Sünders" bestimmt.

der theologischen Grundmetapher „Jesus ist Christus".[93] Diese
Grundmetapher legt Zeugnis davon ab, daß im Zusammenhang mit
Gott „auch der weltliche Akt des Entdeckens selber *neu entdeckt*"
wird,[94] sofern in ihr eine Entsprechung des vernünftigerweise Gott
nicht Entsprechenden, nämlich des Kreuzestodes, zu Gott entdeckt
wird. In dieser Grundmetapher wird also auf das Weltliche eingegangen, aber so, daß dessen Wirklichkeit zugleich „hintergangen"
wird.[95] In ihr „wird so auf das Wirkliche eingegangen, daß diesem
nicht nur ein anderer Sinnhorizont als der eigene, nicht nur eine
andere ‚Welt' ... begegnet", sondern so, „daß es dabei vor die *Möglichkeit seines Nichtseins* kommt, aus dem allein eschatologisch neues
Sein entsteht."[96] Eine theologische Metapher erhebt den Anspruch,
das Wirkliche anzugehen, indem sie es hintergeht und ins neue Sein
wendet. „Die theologische Metapher schafft mit der Welt in der
Welt Raum für Gott."[97] *Wahr* ist eine theologische Metapher, wenn
sie die Grundmetapher „Jesus ist Christus" wiederholt, und also in
dieser Entsprechung wiederholt, daß sie sich dem Ereignis des zur
Welt Kommens Gottes verdankt.

---

[93] Zum Begriff der „theologischen Grundmetapher" vgl Jüngel, aaO 117 Anm
114, sowie 118.
[94] Jüngel, aaO 115.
[95] Dazu vgl Jüngel, aaO 118.
[96] Jüngel, aaO 118. Zum wichtigsten Unterschied der theologischen Metapher
von der religiösen siehe ebd: „Die *biblische* Sprache ... unterscheidet sich von
der religiösen Sprache in dieser Hinsicht nur insofern, ... als sie die Möglichkeit
des Nichtseins nicht nur als a!lein von Gott *überwindbare*, sondern als von Gott
überwundene Möglichkeit erzählt, indem sie das Sein einer *neuen Kreatur* verkündigt."
[97] Jüngel, aaO 119 (nach meinem Verständnis ist dies die genaue Analogie zum
„Interpretationsleitsatz" Jüngels im Blick auf die Gleichnisse: „Die Basileia
kommt *im* Gleichnis *als* Gleichnis zur Sprache"; Paulus und Jesus 135). Dieser
Vorgang des Raumschaffens für Gott ist *in der Welt* notwendig ein *sprachlicher*
Vorgang: „Die *Sache* der Theologie selbst *ist* Wort, nicht nur weil Evangelium
faktisch als Wort ergeht ..., sondern weil das, *was* das Evangelium enthält, gar
nicht anders begegnen kann denn als sprachliche Mitteilung" (Ebeling, Sprachlehre 247). Nur so kann es, als Evangelium, auf die (sprachlich vermittelte)
*Welt*erfahrung bezogen sein, indem es als Wort der Welt nahetritt, ohne die
Distanz zu ihr zu verlieren. Vgl dazu die an der Unterscheidung von Gesetz
und Evangelium vorgenommene Abgrenzung Ebelings: „Theologische Sprachlehre ... verwehrt beides: auf der einen Seite das Evangelium als eine von der
Welterfahrung isolierte zeitlose Größe zu konservieren — dadurch würde es in
ein Pseudogesetz verkehrt; auf der andern Seite das christliche Wort unmittelbar als Gesetz in die gegenwärtige Welterfahrung einzupassen und in ein politi-
sches Aktionsprogramm aufgehen zu lassen — so würde aus dem Gesetz ein
Pseudoevangelium" (aaO 249).

Was im Blick auf die Wahrheitsfrage für die theologische Metapher
zu sagen war, hat auch *für die Gleichnisse Jesu* zu gelten. Soll der
Hörer die Wahrheit eines Gleichnisses wahr-nehmen können, so muß
er sowohl mit S als auch mit P bekannt sein. Er muß also mit der
Gottesherrschaft und mit der Welt vertraut gemacht werden. Mit
der Welt ist der Hörer bekannt, sofern er mit ihr bereits *Erfahrun-*
gen gemacht hat. Das Gleichnis verweist den Hörer an seine Erfahrungen, indem es die Welt erzählend vor ihm ausbreitet. Das Gleichnis erzählt die Welt so, daß die Erfahrungen des Hörers gebündelt
werden und er aus den gebündelten Erfahrungen erkennen kann, was
das *Wesen der Welt* ist. Der Hörer lernt die Welt kennen als eine, in
welcher das Prinzip der ausgleichenden Gerechtigkeit und der Leistung (zB Mt 20,1—15) herrscht, als eine, die über Ereignisse der
Güte verstimmt und verärgert ist (vgl zB der ältere Sohn in Lk 15,11—
32). Das Gleichnis erinnert den Hörer also an seine Vertrautheit mit
der Welt, indem es *erzählt*. Wie aber kann der Hörer mit der *Gottes-*
herrschaft vertraut gemacht werden, und zwar mit der Gottesherrschaft, wie sie *in Wahrheit* ist? Der Hörer lernt zunächst die Gottesherrschaft so kennen, daß das Gleichnis sie *in die Nähe* zu seiner
Welt rückt. Er lernt zunächst die Folgen jener Nähe kennen aus der
Art, wie das Gleichnis über die Welt erzählt. Das Gleichnis läßt die
Welt der Lieblosigkeit und Leistung, die es ausbreitet, vor den Augen
des Hörers zerbrechen, indem es sie ins Neue wendet und sie als
Schöpfung Gottes, als Raum, wo die Liebe eine gewisse Zukunft
hat, neu zur Sprache bringt. Zu dieser indirekten Bekanntschaft
des Hörers mit der Gottesherrschaft kommt als deren notwendige
Ergänzung die Vertrautheit, die sich dann einstellt, wenn der Hörer
des Gleichnisses Jesu seine Aufmerksamkeit dem *Verhalten Jesu*
zuwendet. Denn in seinem Verhalten ist die Gottesherrschaft in die
Nähe zur Welt gekommen.[98] *Das Verhalten Jesu ist insofern der*
Rahmen der Gleichnisse Jesu, als es jene Bekanntschaft mit der
Basileia herstellt, die für den Hörer seiner Gleichnisse zum Nachvoll-
zug der in ihnen vollzogenen metaphorischen Prädikation notwen-
dig ist. Wenn Vertrautheit mit der Gottesherrschaft entstehen soll,
so muß also erzählt werden von Jesu Ruf in die Nachfolge, der die
Gerufenen von jener Vergangenheit befreit, auf die zurückzublicken
der Nähe der Basileia widerspricht (Lk 9,62). Oder es muß von
Jesu Tischgemeinschaft mit Zöllnern und Sündern oder Pharisäern
erzählt werden, die in der Welt der Sünde Zeichen der bedingungs-

---

[98] Dies zeigen Worte wie Lk 11,31f oder Lk 11,20f mit genügender Deutlichkeit.

losen Liebe Gottes darstellen. Oder es muß von Jesu Wundern erzählt werden, in denen dem Kranken Heilung und Heil zugleich zuteil wurde (Mk 2,1ff) und also die das Wohl und das Heil betreffende Nähe der Gottesherrschaft zum Zuge kam. Aus diesem Sachverhalt ergibt sich der methodische Grundsatz, daß die Gleichnisse Jesu
im Kontext des Lebens Jesu auszulegen sind. Die Gleichnisse als au-
tonome ästhetische Objekte (Via) verstehen bedeutet, sie von ihrer
Verbundenheit mit der Person Jesu abzulösen, auf die sie um ihrer
Verstehbarkeit willen angewiesen sind.

Daß die von den Gleichnissen Jesu **hergestellte** und von seinem Verhalten kommentierte Nähe der Gottesherrschaft *in Wahrheit* besteht,
läßt sich nur darin begründen, daß Gott in Wahrheit zur Welt gekommen ist.[99] Daß Gott in Jesu Wort und Tat in Wahrheit zur Welt
gekommen ist, **erwies sich** in der Auferweckung des Gekreuzigten
durch Gott. Die aus jenem Geschehen ermöglichte Grundmetapher
„Jesus ist Christus" ist also das Wahrheitskriterium auch der Gleichnisse Jesu. Daraus ergibt sich eine kritische Einstellung zu verschiedenen Beantwortungen der Wahrheitsfrage, die in der neueren For-
schungsgeschichte vorgenommen wurden.

Die Identifikation von *Einfachheit* und Wahrheit (Jülichers „simplex
sigillum veri") läßt die Tatsache, daß *Jesus* das Gleichnis spricht, zu
einem bloßen Akzidens werden, sofern das einfache Gleichnis nur
akzidentiell mit dem historisch echten zusammenfällt. Dies führt
mit Notwendigkeit dazu, daß das Gleichnis eine allgemeine Wahrheit illustriert, die als Lehre Jesu von der Person Jesu ablösbar ist.
Da eine solche Wahrheit den Hörer nur im Blick auf seine Ethik einbezieht und nur in der ethischen Anwendung zu einem Ereignis werden kann, ist einer solchen Gleichnisauslegung eine Tendenz zum
Moralischen inhärent.

Erhebt man den *Realismus* zum Wahrheitskriterium (Dodd), was auf
einer Verhältnisbestimmung von Welt (Natur und Geschichte) und
Gott (Eschaton) im Sinne der analogia entis beruht, so wird die Welt
als solche zum Abbild Gottes gemacht. Es wird also das, was die Welt
im Innersten zusammenhält, mit Gott selbst identifiziert. Damit ist

---

[99] Im Blick auf den historischen Jesus gilt, daß die Basileia sowohl die seine
Gleichnisse wie auch sein Verhalten autorisierende Macht ist (vgl dazu Jüngel,
Paulus und Jesus 185: die Gottesherrschaft bestimmt Jesu Verhalten so sehr,
daß wir an seinem Verhalten erkennen können, wodurch seine Verkündigung
autorisiert ist). Die Autorität der Basileia aber ist die Autorität Gottes selbst.
Deshalb erfolgt die für jede sprachliche Äußerung erforderliche Verifikation
(vgl dazu Ebeling, Sprachlehre 117f) als Überprüfung der Entsprechung einer
theologischen Metapher zur Grundmetapher „Jesus ist Christus".

das Gleichnis nicht als *theologische* Metapher verstanden. Das führt notwendig zur Verkennung der Fiktionalität der Gleichniserzählung und zum Zwang, daß bei jedem Gleichnis historisch bewiesen werden muß, daß es „aus dem Leben gegriffen" ist. Damit ist indessen gerade der die Welt vor ihr Nichtsein stellende und sie ins neue Sein wendende Charakter der Gleichnisse Jesu verkannt.

Macht man dagegen die *historische Echtheit* zum Wahrheitskriterium des Gleichnisses, so identifiziert man *begrifflich* das Wort des historischen Jesus mit dem Wort Gottes selbst (Jeremias). Der Satz „Jesus ist Christus" wird also nicht mehr metaphorisch, sondern begrifflich verstanden. Daraus folgt wiederum, daß die *historische Arbeit* als solche zur Erkenntnis der Wahrheit Gottes führt. Dies bedeutet, den weltlichen Mitteln menschlicher Erkenntnis ein Vermögen zuschreiben, das ihnen in Wahrheit nicht zukommt.

Läßt man die Wahrheit der Gleichnisse davon abhängen, ob sie der *Sprache selbst entsprechen,* und zwar der Sprache Gottes, deren Grundzug die Liebe und deren Hauptwort das Ja ist (Fuchs), so ist damit zuwenig deutlich gemacht, daß die Fähigkeit zur wahren theologischen Metapher der Sprache als solcher nicht gegeben ist. Die Fähigkeit zur theologischen Metapher ist eine potentia aliena der Sprache. Diese potentia aliena ist der Sprache *zugekommen,* als Gott Jesus von den Toten auferweckte. Die sachgemäße theologische Metapher ist demnach als Sprach*gewinn* zu verstehen, der sich dem zur Welt Gekommensein Gottes verdankt.

Bestimmt man schließlich das *Existenzverständnis* der Gleichnisse als ihr Wahrheitskriterium, und stellt man weiter fest, daß dieses Existenzverständnis zum Existenzverständnis Jesu bloß in einer bestimmten Kontinuität steht (Via), so wird einerseits dieses Existenzverständnis zu einer *axiomatischen* Größe, die der Befragung auf Wahrheit hin und der Argumentation entzogen ist. Das Existenzverständnis kann nur angenommen oder abgelehnt werden. Es wird andererseits nicht berücksichtigt, daß es den Gleichnissen Jesu in erster Linie um ein *Gottes*verständnis geht, dessen *Folge* ein Existenzverständnis des Menschen ist. Die Gleichnisse sagen in erster Linie, *wie* Gott ist, und nicht bloß, *daß* er ist und *daß* er uns im Alltag begegnet (so Via, vgl oben S. 56). Die vom Gleichnis hergestellt Nähe der Basileia zur Welt betrifft zwar das Selbstverständnis des Menschen, aber nicht nur dieses, sie geht die *ganze Welt* an.

Gegenüber allen genannten Beantwortungen der Wahrheitsfrage ist festzuhalten, daß die *Entsprechung des Gleichnisses zur Grundmetapher „Jesus ist Christus" das sachgemäße Wahrheitskriterium dar-*

stellt. Dann stellt sich aber schon hier die Frage, ob nicht die *christologische Interpretation* der Gleichnisse, wie sie von der christlichen Gemeinde vorgenommen wurde, die einzige Auslegung ist, die den Gleichnissen angemessen ist, sofern sie Zeugnis davon ablegt, daß das Gleichnis eine Entsprechung zur theologischen Grundmetapher ist und daß es seine Wahrheit jenem Geschehen verdankt, das zur Bildung der Metapher „Jesus ist Christus" geführt hat. Dieser Frage wird im Abschnitt über das Verhältnis von Gleichnis und historischem Jesus genauer nachgedacht werden.

1.2.7 Ansprechende Sprache

Schon die traditionelle Einordnung der Metapher in die Rhetorik deutet darauf hin, daß es dieser Sprachform in besonderer Weise um das Ansprechen des Menschen geht. „Was wir heute als ‚bloß rhetorisch' abzuwerten geneigt sind, gehörte einst immerhin zur sachgemäßen Vollstreckung der Wahrheit."[100] Die Metapher wird nach der traditionellen Auffassung dem Angesprochenen zuliebe gebildet.[101] Läßt man mit der neueren Metapher-Theorie die Metapher von einem Grenzphänomen zu dem Grundvorgang der Sprache avancieren, so erscheint die Sprache als eine, die *ihrem Wesen nach ansprechende Sprache ist.* Metaphorische Sprachformen wie Metapher und Gleichnis sind dann Phänomene, an denen besonders deutlich wird, was die Sprache ihrem Wesen nach ist. Mit dem Weltbezug der Metapher kommt also „zugleich der den Menschen als Menschen anredende Grundzug der Sprache zur Geltung"[102]. Durch die Sprache *ist* der Mensch als Angesprochener und läßt sich aufgrund seines immer schon Angesprochenseins von Seiendem als Welt ansprechen, „um sich mit der ihn ansprechenden Welt in die Sprache zu übertragen und in dieser das eine auf das andere zu übertragen"[103]. Die Sprache weist dem Menschen seinen ontologischen Ort zu, indem sie ihn als ein *angesprochenes Wesen* offenbart.[104]

Wird also die Basileia Gottes im *Gleichnis* ausgesagt, so wird mit der Wahl dieser Sprachform *besonders* herausgestellt, daß die Wahr-

---

100 Jüngel, Metaphorische Wahrheit 79.
101 Eine Ausnahme bildet die „inopia-Metapher", die ihr Entstehen der Tatsache verdankt, daß das, was zu sagen ist, nicht begrifflich gesagt werden kann, weil der adäquate Begriff fehlt (vgl Kainz, Sprachverführung 115; Jüngel, aaO 90).
102 Jüngel, aaO 101.
103 Jüngel, aaO 120.
104 Vgl Jüngel, aaO 105.

heit der Basileia *eine ansprechende Wahrheit* ist. Die Nähe der Basileia ist ansprechend. Wird diese Nähe im Gleichnis hergestellt, so wird der Mensch als ein Angesprochener, und zwar ein von Gott Angesprochener offenbar.[105] Indem der Mensch von der Gottesherrschaft angesprochen wird, kommt ans Licht, daß er gerade als Angesprochener *zu ihr gehört*. Darum ist ein Gleichnis ohne den Hörer unvollständig. Es zieht ihn an, indem es ihn zunächst dort anspricht, wo er anzutreffen ist, nämlich bei sich selbst, bei seinen Denkweisen und Verhaltensmustern. In diesem Ansprechen des Menschen bei sich selbst hat das Phänomen der Verschränkung (Linnemann) seinen legitimen Ort. Das Gleichnis begnügt sich jedoch nicht damit, den Menschen als das anzusprechen, was er in Wirklichkeit ist. Vielmehr spricht es ihn als das an, was er in Wahrheit ist; als einen von Gott geliebten und insofern nach dem Maß der Liebe handlungsfähigen Menschen. Indem es ihn so anspricht, *beläßt es ihn nicht bei sich selbst, sondern nimmt ihn in Anspruch.* Der auf das, was er in Wahrheit ist, angesprochene Mensch wird von dem, was er in Wirklichkeit ist, abgelenkt. Dieser Ablenkungsvorgang betrifft *auch das Verhalten* des Menschen, mit welchem dieser dem Anspruch des Gleichnisses entspricht. Es ist deshalb zu fragen, ob die sekundäre paränetische Auslegung der Gleichnisse Jesu (die „paränetische Allegorese") nicht gerade darin ihr Recht hat, daß sie den das Verhalten des Menschen betreffenden Anspruch des Gleichnisses zum Ausdruck bringt. Wenn die Frage zu bejahen ist, müßten die paränetischen Auslegungen als Spuren, die das Gleichnis bei seinen Hörern hinterlassen hat, verstanden werden, deren Bedeutung für die Gleichnisauslegung *nicht unerheblich* ist. Die vielfältigen Deutungen, die an den Gleichnissen vorgenommen worden sind, wären dann überhaupt nicht als Destruktion ihres hermeneutischen Potentials (Funk), sondern als hilfreiche Verstehensmodelle anzusehen, die davon Zeugnis geben, daß in den Gleichnissen eine ansprechende Sprache gesprochen wird. Die Deutungen wären dann als Verstehenshilfen für den heutigen Ausleger zu begreifen, sofern sie *Modelle* für eine angemessene Rezeption der Gleichnisse Jesu darstellten.

---

[105] „*Gott* ist, selbst als Wort des Schreis, das die metaphorische connexio verborum nur verschwiegen mitruft, ein ansprechendes Wort" (Jüngel, aaO 115). „Theologisch definiert ist der Mensch der immer schon von Gott angesprochene und deshalb auf dieses sein Angesprochensein stets neu anzusprechende Mensch" (aaO 116).

1.2.8 Spielendes Lernen

Wenn Metaphern das Seiende wirklich zur Sprache bringen, „obwohl sie dabei über das jeweils Wirkliche mehr sagen, als es in Wirklichkeit ist", dann wiederholen „sie für den, der sie *vernimmt,* den als Erweiterung des Seinshorizontes beschriebenen Gewinn, der sich beim Entstehen von Metaphern einstellt."[106] Die Metapher führt bei dem, der sie vernimmt, zu einem Wissensgewinn. Metaphorische Sprache „ist deshalb für die durch sie *Angesprochenen* ein vorzüglicher Lernprozeß, dessen Vorzug gegenüber vielen anderen Lernprozessen darin besteht, daß er sozusagen spielend vor sich geht".[107] Aristoteles stellt fest, daß „*leichtes Lernen* allen Menschen von Natur angenehm, ein Vergnügen ist"[108]. Eben dieser Natur kommt die Metapher entgegen, indem sie den Lernprozeß im Spiel mit Worten vor sich gehen läßt.[109]

Die Gleichnisse Jesu — als Metaphern verstanden — spielen dem Hörer die Gottesherrschaft zu und ermöglichen so *spielende Einstellung* zu ihr. Jedes Spiel wird, wenn es recht gespielt ist, mit Ernst gespielt. Aber es ist ihm jede Gesetzlichkeit fremd, weil seine Regeln nur dazu dienen, das Vergnügen am Spiel zu ermöglichen. Der Spieler erfährt die Spielregeln nicht als ihm auferlegte Beschränkung seiner Möglichkeiten, sondern als Ermöglichung seiner Selbstentfaltung im Spiel. Dasselbe gilt „übertragen" auch für das Gleichnis Jesu. Es führt dem Hörer seine Wirklichkeit vor Augen, nicht um ihn an seine Welt der Sünde zu binden, sondern indem es ihm zuspricht, was er in Wahrheit ist, ruft es in Erinnerung, was er in Wirklichkeit war.[110]

---

106 Jüngel, aaO 94 (in Auslegung des aristotelischen Metapher-Verständnisses). Der von der Metapher geschaffenen Nähe entströmt „eine neue Vision der Wirklichkeit" (Ricoeur, Stellung 51). „Die Metapher ist jene Strategie der Rede, durch die sich die Sprache ihrer gewöhnlichen Funktion entledigt, um der außerordentlichen Funktion der Neu-Beschreibung zu dienen" (aaO 53). Beachtet man die metaphorische Grundstruktur der Sprache, so wäre zu fragen, ob, was von Ricoeur als außerordentliche Funktion beschrieben wird, nicht gerade die eigentliche Aufgabe der Sprache ist.
107 Jüngel, Metaphorische Wahrheit 94 (in Auslegung des aristotelischen Verständnisses).
108 Jüngel, aaO 94 mit nachfolgendem Aristoteles-Zitat.
109 Die gegenwärtige Abneigung gegen Metaphern könnte ihren tiefsten Grund darin haben, daß der heutige Mensch nicht spielen kann und also das im Spiel Gelernte als „bloßes Spiel" im Gegensatz zum Eigentlichen abtut (vgl dazu Kamper, Spiel 821—831, bes 831).
110 Mit diesem Grundzug der Gleichnisse hängt zusammen, daß Gott „als Wende der Welt ... weltlich nicht als notwendig begriffen werden (kann). Gott ist gerade als der die Welt wendende Heiland mehr als notwendig" (Jüngel, Meta-

Der Mensch und seine Welt wird im Gleichnis nur so vor die Möglichkeit des Nichtseins gestellt, daß ihm diese Möglichkeit als eine *bereits überwundene* vor Augen geführt wird. Indem das Gleichnis mit Spannung erzählt, lenkt es den Hörer von sich selbst ab und zieht ihn hinein in das Spiel, das es vor seinen Augen inszeniert und in welchem er mitspielend die Nähe der Basileia zur Welt kennen und sich an ihr freuen lernt. Daraus folgt, daß das Gleichnis schon als *Sprachform* ein Ereignis der Gnade Gottes ist, die den Menschen nicht unter eine nova lex stellen will, sondern in die Freiheit vom Gesetz der Sünde und des Todes (Röm 8,2).[111] Das Gleichnis ermöglicht spielendes Lernen, und in dieser Hinsicht ist es eine Sprachform, *die das ermöglicht, was sie fordert.* Beachtet man diese Aussage, die schon mit der Sprachform gemacht ist und die vom Inhalt der Gleichnisse auf vielerlei Weise wiederholt wird, so fällt es schwer, die Gleichnisse Jesu als Mittel im Kampf mit den **Gegnern der Freudenbotschaft** (Jeremias) zu bestimmen. Im Kampf werden die Feinde vernichtet; sie werden verurteilt und gerade so auf ihre Feindschaft fixiert. Im Gleichnis Jesu aber wird dem Menschen seine Feindschaft gegen Gott als eine von Gott überholte vor Augen geführt.[112] Damit hängt zusammen, daß die Gleichnisse Jesu nicht als *Rechtfertigung* der Freudenbotschaft (Jeremias), sondern als *Evangelium selbst* auszulegen sind, sofern sie jeden Menschen zu dem Punkt führen, wo eine Rechtfertigung des Evangeliums *sich erübrigt.* Es fällt ferner schwer, in den Gleichnissen Jesu eine *Forderung zur Entscheidung* zu sehen, die den Hörer vor die Wahl stellt, entweder seine Existenz zu verlieren oder sie durch die Annahme der ihm dargebotenen Möglichkeit zu gewinnen. Wer die Gleichnisse in diesem Sinne als Forderungen versteht, berücksichtigt zuwenig das Element des *Spiels*, das dem von den Gleichnissen Jesu induzierten Lernprozeß eigen ist. Das Gleichnis fordert nur insofern Entscheidungen, als es diese *ermöglicht.* Es zieht den Hörer von sich selbst weg. Es setzt alles daran, die neue Möglichkeit dem Hörer so zuzuspielen, daß es diesem selbstverständlich er-

---

phorische Wahrheit 117, vgl ausführlich ders, Gott als Geheimnis der Welt, 16–44), weil die Notwendigkeit der Wende erst vom *Ereignis* der Wende her einsichtig wird.

[111] Diese Freiheit ist „übernatürliche, auf der Heilstat (sc in Christus) gegründete und stets darauf ausrichtende Macht der Gnade. *Gott allein realisiert, was er fordert*" (Käsemann, Röm 208, Hervorhebung von mir).

[112] Vgl dazu Harnisch, StTh 28, der den Streit ebenfalls nicht als ausgezeichnetes Element der Gleichnissprache Jesu gelten läßt (aaO 8), und der den von Haus aus zur Parabel gehörenden *affirmativen Grundzug* herausstellt, in welchem sich die „Einheit stiftende Macht der Sprache" zeigt (aaO 20; in Anlehnung an Fuchs).

scheint, sie zu ergreifen. Gewiß antwortet auf die Unübersetzbarkeit des Gleichnisses „nur die *applicatio* (Anwendung) durch die Praxis des Lebens"[113]. Dies bedarf indessen der Präzisierung: es soll nicht (gesetzlich) bedeuten, daß der Hörer das Gehörte ethisch in die Praxis *umzusetzen* hat; vielmehr erzeugt das Gleichnis „zuallererst eine Umkehr der Einbildungskraft"[114], die dann allerdings auch ethisch faßbare Folgen hat. Aber die auf das Gleichnis antwortende Praxis des Lebens erfolgt nicht kraft der moralischen Statur des Hörers; sie ist vielmehr *auch* ein Werk des Gleichnisses selbst. Darin erweist sich nocheinmal, daß Gott den Menschen anspricht, wo er anzutreffen ist, nämlich in seiner Schwachheit und Unfähigkeit zum Tun des Guten.

Versteht man die Gleichnisse Jesu im genannten Sinne, so können sie *keinesfalls als Gerichtsansagen* ausgelegt werden. Auch wenn in vielen Gleichnissen Züge erscheinen, die untergeordnet auf das Gericht verweisen, so gilt es dabei zu beachten, daß dieser Verweis im *Gleichnis* erfolgt. Ein Gerichts*gleichnis* darf nicht mit einem Gerichts*wort* verwechselt werden. Denn das Gleichnis überholt ja gerade das Gericht, an das es den Hörer erinnert, indem es ihn auf die Seite des Heils zieht. Daß das *Gericht* im Gleichnis vorkommt, stellt den Menschen vor die Möglichkeit des Nichtseins; daß es aber im *Gleichnis* vorkommt, erweist jene Möglichkeit als eine von Gott selbst bereits überwundene.

1.2.9 *Vermutung des Geistes*

Die Metapher ist eine Sprachform, in welcher der Geist ihres Schöpfers sich selbst in seinen Bildern voraus ist.[115] „Es ist in der Funktion der Metapher begründet, daß sie etwas Vorgreifendes, über den Bereich des theoretisch Gesicherten Hinausgehendes hat und diesen orientierenden, aufspürenden, schweifenden Vorgriff verbindet mit

---

113 Ricoeur, Stellung 70.
114 Ricoeur, aaO 70. Deshalb ist die Ethik der Poietik unterzuordnen. Im Gegensatz dazu legt nach Ricoeur die „existentiale Interpretation den Akzent vorwiegend auf die Entscheidung für die neue Existenz" (ebd). Diese Kritik trifft insbesondere für Vias Hermeneutik zu.
115 Vgl dazu Jüngels Referat über Blumenberg: „Eine die anthropologische Fundamentalfunktion der Metapher berücksichtigende Hermeneutik hätte demgegenüber die Aufgabe, ‚an die Substruktur des Denkens heranzukommen' und aufzudecken, ‚mit welchem ⟨Mut⟩ sich der Geist in seinen Bildern selbst voraus ist und wie / sich im Mut zur Vermutung seine Geschichte entwirft'" (Metaphorische Wahrheit 80f).

einer Suggestion von Sicherungen, die sie nicht gewinnen kann."[116]
Die Metapher stellt Zusammenhänge her, die durch das Wirkliche
nicht zu begründen sind, weil sie über das Wirkliche hinausgehen.
Sie bringt die Kraft des Möglichen gegen das Wirkliche, aber nicht
ohne dieses zum Zuge.[117] Die Metapher ist also eine *Vermutung
des Geistes,* in welcher er mit dem Mut zur Möglichkeit der Wirklichkeit voraus ist, und in welcher er durch Vorgriffe seine Geschichte bestimmt. Insofern hat die in der Metapher vorgenommene „Neubeschreibung von Wirklichkeit"[118] eine aufschließende Wirkung[119]. Sie stiftet neue Erfahrung und übernimmt so eine geschichts-
bildende Funktion.

In diesem Kontext betrachtet erscheint das *Gleichnis* als eine Vermutung des Geistes Jesu. Jesus ist in seinen Gleichnissen der Welt
in Richtung der Gottesherrschaft voraus. Die von den Gleichnissen
hergestellte Nähe der Basileia zur Welt ist ein *Vorgriff im Rahmen
des Möglichen,* das erst mit der Auferweckung Jesu von den Toten
„wirklich" wurde. Auch von hier aus wird deutlich, daß die Auferweckung des Gekreuzigten nicht ohne Folgen für die Gleichnisse
Jesu bleiben konnte. Jedenfalls ist bei der Gleichnisinterpretation
einerseits auf diese Folgen zu achten, andererseits ist die Frage zu
stellen, inwiefern den Gleichnissen Jesu eine das Ereignis der Nähe
Gottes selbst *aufschließende* Wirkung zukommt. Wenn die Basileia
im Gleichnis als eine Vermutung Jesu gegenwärtig ist, und wenn
solche Vermutungen des Geistes aufschließende Wirkung haben,
dann ist die genannte Fragestellung berechtigt.

Wenn von der Metapher gilt, daß in ihr der Geist sich selber voraus
ist, so impliziert der metaphorische Sprachgebrauch im Gegensatz
zum „eigentlichen" einen *Sprachvorsprung des Sprechers gegenüber
dem Hörer.*[120] Dieser Sprachvorsprung wird aufgehoben, wenn der

---

116 Blumenberg, Beobachtungen 212.
117 Jüngel, Metaphorische Wahrheit 101. Vgl auch Blumenberg, der am Beispiel der geschichtsphilosophischen Metapher „Quelle" zeigt, daß in der Ima-
gination vorweggenommen wird, wie Ereignisse miteinander im Zusammenhang stehen können; Beobachtungen 192.
118 Ricoeur, Stellung 70.
119 Vgl Kainz, Sprachverführung 104, der zugesteht, daß Metaphern „gelegentlich als aufschließende Symbole zu wirken vermögen".
120 Während der angeblich eigentliche Sprachgebrauch „den Sprecher und den
Hörer immer schon darin übereinstimmen läßt (consuetudo), daß dieses Wort
mit diesem Sinn diese Bedeutung hat und deshalb diesen Sachverhalt zur Sprache bringt, führt der metaphorische Sprachgebrauch zu einem Sprachvorsprung
des Sprechers (semantische voluntas) gegenüber dem Hörer" (Jüngel, Metaphorische Wahrheit 99).

Hörer die Metapher *versteht*. Im Akt des Verstehens kommt es zu einem (gegenüber dem dem eigentlichen Sprachgebrauch zugrundeliegenden) *neuen Einverständnis* zwischen Hörer und Sprecher. „Und dieses Ereignis sich einstellenden Einverständnisses ist es, was die metaphorische Redeweise in besondere(r) Weise *ansprechend* macht."[121]

Wenn das Gleichnis Jesu vom Wesen der Metapher her verstanden werden soll, so gilt das für die Metapher Gesagte auch für das Gleichnis: sein Sprecher hat einen Sprachvorsprung vor dem Hörer. An den Gleichnissen Jesu läßt sich beobachten, daß sie mit außerordentlicher Sorgfalt die Denkwelt des Hörers aufnehmen (Verschränkung) und große Mühe darauf verwenden, den Hörer zum neuen Einverständnis zu geleiten. Daraus ergibt sich, daß die Gleichnisse schon in ihrer formalen Gestalt darauf aus sind, den Sprachvorsprung des Sprechers auszugleichen und den Hörer auf die Sprachebene des Erzählers zu ziehen. Schon in ihrer sprachlichen Gestalt sind die Gleichnisse also Taten der Liebe *Jesu* zum Menschen, und darin *entsprechen* sie formal der Näherung der Gottesherrschaft zur Welt, die als Tat der Liebe Gottes interpretiert werden kann.

1.2.10 Gleichnis und historischer Jesus

Es gilt jetzt zu bedenken, was es bedeutet, daß *Jesus* die Gleichnisse von der Gottesherrschaft gesprochen hat. Dies geschieht einerseits im Blick auf die Frage, was jener Sachverhalt für unser Verständnis des historischen Jesus bedeutet, und andererseits im Blick auf die Frage, was das Gesprochensein der Gleichnisse durch Jesus für das Verständnis der Gleichnisse austrägt.

In seinen Gleichnissen stellt Jesus von Nazareth einen Zusammenhang zwischen Gottesherrschaft und Welt her, wie er in Wirklichkeit nicht besteht. Nimmt man die Gleichnisse als Vermutungen des Geistes Jesu ernst, so ist der Schluß unvermeidlich, daß die Gleichnisse sprachlich über die Welt und damit auch über die Person des historischen Jesus *hinausgreifen*. Sie sind ein Vorgriff auf das Ereignis der Nähe Gottes zur Welt. Sie sind in dem Sinne Evangelium, als sie dem Hörer die Nähe der Gottesherrschaft schon jetzt zusprechen und ihn so für das Ereignis der Ankunft Gottes (das ist die Auferweckung des Gekreuzigten) *aufgeschlossen* machen. Sie weisen über den histo-

---

[121] Ebd.

rischen Jesus hinaus auf Jesus Christus. In diesem Sinne gilt, daß die Gleichnisse Jesu Person vollenden.[122]

Daß in den Gleichnissen die Nähe der Gottesherrschaft verkündigt wird, stellt sie in engen Zusammenhang mit dem Ganzen der Verkündigung Jesu, deren Hauptsache die Ansage eben dieser Nähe ist. Die Frage, an deren Beantwortung sich die Geister der neueren Ausleger scheiden, ist, wie diese Nähe zu verstehen sei. Kennzeichnend für die Verkündigung der nahen Gottesherrschaft durch Jesus ist, daß er — im Gegensatz zum apokalyptischen Judentum — die Nähe der Basileia für *jeder Berechenbarkeit entzogen* hielt (Lk 17,20f)[123]. Es ist also unangemessen, die Nähe der Basileia zur Gegenwart in der Kategorie eines Zeitraums auszudrücken.[124] Für den Bezug der Basileia zur Gegenwart wählt Jesus Verben, die nichts anderes als ihre Nähe aussprechen.[125] „Wenn Jesus also die *Nähe* der Gottesherrschaft verkündigte, dann brachte er das *Wesen* der Gottesherrschaft zum Zuge."[126] Unter dieser Voraussetzung kann die Kategorie der *Naherwartung nicht* auf Jesus angewandt werden; indessen ist sie wohl angemessen für die spätere *apokalyptische* Sicht Jesu innerhalb des Urchristentums. Dies ergibt die mE einleuchtendste Erklärung für den etwas sonderbaren Sachverhalt, daß das Ausbleiben der Parusie zu keiner grundsätzlichen Krise des christlichen Glaubens geführt hat.

Über die Nähe der Basileia läßt sich allerdings noch mehr sagen. Nach dem Selbstverständnis Jesu ist die Basileia *in seinem eigenen Verhalten* in die Nähe zur Welt gekommen. „Wenn ich jedoch mit dem Finger Gottes die Teufel austreibe, dann ist damit das Reich

---

[122] Vgl Fuchs, Jesus 88. Die Auferweckung Jesu von den Toten ist deshalb das Ereignis der Ankunft Gottes in der Welt, weil Gott sich mit dem Gekreuzigten so identifiziert, daß er als Gekreuzigter zum „ewigen" Leben kommt. Damit wird die Möglichkeit des Nichtseins der Welt als eine von Gott überwundene offenbar.

[123] Vgl Schmidt, ThWNT I 586, 45—587, 3. Fraglich ist, ob man diesen Sachverhalt als Zurückbleiben Jesu (so Schmidt, aaO 587, 1) hinter seinen Zeitgenossen interpretieren soll. Es könnte sich dabei vielmehr um ein *Überholen* des traditionellen Verständnisses handeln.

[124] Der Ausdruck der Nähe in der Kategorie des Zeit-Raums impliziert grundsätzlich die *Berechenbarkeit* dieser Nähe. Demgegenüber gilt: „Die Zukunft ist als die nahe Zukunft *direkt* zur Gegenwart; sie kennt keine Zeit-Zwischen-Räume" (Jüngel, Paulus und Jesus 180).

[125] Vgl ἤγγικεν Mk 1,15; ἐγγύς ἐστιν Lk 21,31; ἔρχεται Lk 17,20; ἔφθασεν Lk 11,20 par. Zum Ganzen siehe Schmidt, ThWNT I 585, 25—32.

[126] Jüngel, Paulus und Jesus 180. Das Wesen ist *verbal* zu denken (aaO 181)!

Gottes schon zu euch gelangt" (Lk 11,20).[127] Die Nähe der Gottesherrschaft ist demnach als ein *Ereignis* zu denken, und zwar als
ein an die Person Jesu gebundenes Ereignis. Daraus folgt, daß die
Verkündigung von der nahen Basileia und das Verhalten Jesu eng
aufeinander bezogen sind. Das Verhalten Jesu ist in dem Sinne der
Rahmen seiner Verkündigung[128], als es die in der Verkündigung
hergestellte Nähe der Basileia kommentiert. Während das Verhalten
Jesu also *Kommentar* seiner Gleichnisverkündigung ist, ist diese *Explikation* seines Verhaltens. In den Gleichnissen expliziert Jesus
sein eigenes Verhalten mit dem Verhalten *Gottes*. Dies zeigt sich
darin, daß viele Figuren, die im Gleichnis untergeordnet auf Gott
verweisen, so verwendet werden, daß an ihnen das Verhalten Jesu
transparent wird. Jesus expliziert sein Verhalten also *theologisch*.
In der theologischen Explikation, die die Gleichnisse vollziehen,
steckt der „christologische" Anspruch, den Jesus als Sprecher der
Gleichnisse erhebt und der auf der Ebene des historischen Jesus als
impliziter zum Ausdruck kommt. Aus dem eben skizzierten Zusammenhang ergibt sich für die Gleichnisauslegung: *die Gleichnisse sind
über ihr Subjekt, nämlich die Gottesherrschaft, mit der Person des
historischen Jesus unlösbar verbunden.* Es kommt ihnen also *keine
Autonomie* (Via) im Blick auf den Erzähler zu.[129]

Wenn die Gleichnisse über die Person des historischen Jesus hinausgreifen und darin dem Ereignis der Nähe Gottes in der Auferweckung
des Gekreuzigten vorgreifen, dann sind sie von der durch „Ostern"
notwendig gewordenen Interpretation nicht zu scheiden. Diese muß
vielmehr zur Erhellung des Verständnisses der Gleichnisse beigezogen
werden. Als Vorgriff haben die Gleichnisse eine jenes Ereignis der
Nähe Gottes aufschließende Funktion. Die durch Ostern notwendig
gewordene Interpretation läßt ihrerseits Rückschlüsse auf das Verständnis des Gleichnisses zu, sofern sie den Zusammenhang der in
den Gleichnissen in die Nähe gebrachten Gottesherrschaft mit dem
Erzähler der Gleichnisse wahren. So betrachtet ist es kein Zufall, daß
die hauptsächlichen Interpretamente der Gemeinde der christologi-

---

127 Vgl Mt 12,28, dessen Version gegenüber Lk sekundär ist. Der besondere
Anspruch, den Jesus mit diesem Wort stellt, kommt beispielsweise auch in
Lk 11,31f par Mt 12,41f(Q) oder in den Antithesen der Bergpredigt zum Zuge.
128 Fuchs, Frage 220. Zur Präzisierung dieser Aussage ist ders, Nachwort 19
zu vergleichen.
129 Wer diese Verbindung mißachtet, kann die Nähe der Basileia nicht mehr
im strengen Sinne als *Ereignis* verstehen. Er wird sie als allgemeine Wahrheit
oder als ontologische Möglichkeit (vgl das Existenzverständnis bei Via) ausle-
gen müssen.

schen Interpretation der Gleichnisse dienen. *Die Gleichnisse der Gottesherrschaft werden nachösterlich zu Gleichnissen über Jesus, weil dieser die Nähe der Basileia so ansagte, daß nach der Auferweckung des Gekreuzigten die Nähe Gottes zur Welt nicht mehr unter Absehung von jener Ansage ausgesagt werden konnte.*[130] Daraus ergibt sich die *These*, daß die christologische Interpretation als die notwendige Folge der geschichtlichen Wende vom Kreuz zur Auferweckung die den Gleichnissen Jesu *angemessene Interpretation* darstellt. Die Gleichnisse sind also weder theologisch (als Aussagen über Gott) noch anthropologisch (als Aussagen über das rechte Selbst- oder Existenzverständnis), sondern christologisch (als Bilder Jesu Christi bzw der in ihm nahen Gottesherrschaft) auszulegen.

Im Blick auf die *Methodik der Gleichnisauslegung* folgt daraus, daß bei jedem Gleichnis (traditionsgeschichtlich) die vorösterliche Form und die nachösterliche Interpretation voneinander zu unterscheiden sind, damit die mit Ostern notwendig gewordene Interpretation vom heutigen Ausleger nachvollzogen werden kann. Dieser Nachvollzug wird gewiß nicht unkritisch vorzunehmen sein. Vielmehr muß in jedem Einzelfall gefragt werden, ob die Interpretamente geeignet sind, beim Gleichnis die Entsprechung zur Grundmetapher „Jesus ist Christus" zu wiederholen.[131]

Ist der genannte methodische Ansatz und dessen Begründung richtig, so haben wir in der Geschichte der Gleichnisse vom historischen Jesus als ihrem ursprünglichen Erzähler bis zur nachösterlichen Interpretation durch die Gemeinde ein *Modell* vor uns, das uns erlaubt, den *Stellenwert* zu erheben, *den der historische Jesus im Blick auf den Glauben an Christus im urchristlichen Traditionsprozeß einnahm.* Am Beispiel der Interpretation der ursprünglichen Gleichnisse kann gezeigt werden, in welchem Sinne der historische Jesus den Glauben an Christus prägte. Es kann umgekehrt festgestellt werden, welchen Beitrag der Glaube an Christus als Folge der Auferweckung des Gekreuzigten zum Verständnis der Person des historischen Jesus leistete. Die Ergebnisse beider Fragestellungen sind Hinweise darauf, wie das Problem des historischen Jesus für die heutige Theologie einer Lösung nähergebracht werden kann.

---

[130] Im urchristlichen Sprachgebrauch äußert sich dies so, daß beispielsweise die Person Christi an die Stelle des Gottesreiches tritt (vgl Schmidt, ThWNT I 590, 39–591, 16). So wird in der nachösterlichen Christuserfahrung der Glaube an das Gottesreich festgehalten (aaO 591, 37f).

[131] Diese Fragestellung ist der Ort der Sachkritik. Ein solches Vorgehen bewahrt die Sachkritik davor, ihre Urteile aufgrund außerbiblischer Axiome zu fällen.

1.2.11 *Methodologische Konsequenzen (Zusammenfassung)*

Aus dem Verständnis der Gleichnisse Jesu nach dem Wesen der Metapher ergeben sich für die Auslegung die folgenden Grundsätze:

1. Die Unterscheidung von Bild- und Sachhälfte sowie die damit zusammenhängende Suche nach dem tertium comparationis sind aufzugeben.

    Aufgabe der Gleichnisauslegung ist nicht die Übersetzung in begriffliche Sprache, sondern die Umschreibung der in ihnen vorliegenden metaphorischen Prädikation.

2. Die an der Unterscheidung von Metapher und Vergleichung orientierte Unterscheidung von Allegorie und Gleichnis ist unangemessen, da auch für die Metapher gilt, daß sie eigentliche Rede und also auf eine besondere Weise präzisierende Sprache ist.

    a) Das Gleichnis unterscheidet sich von der Allegorie darin, daß in ihm das *Ganze* der Erzählung (dh das Erzählgerüst oder die Struktur) metaphorisch zu verstehen ist. Dies schließt nicht aus, daß Einzelzüge metaphorische Bedeutungen mit sich tragen. Sie sind *nur* im Ganzen der Erzählung von Bedeutung; dort aber *sind* sie bedeutsam. Die metaphorischen Bedeutungen der Einzelzüge sind motivgeschichtlich zu erheben.

    b) Die Allegorie besteht aus Einzelzügen, von denen *jeder* die Grundform einer Metapher hat, und deren Zusammenhang nur durch ihre Bedeutung konstituiert ist.

    c) Die in der synoptischen Tradition vorliegenden „allegorischen" Auslegungen sind von den Allegorien unterschieden, sofern sie das Resultat der Anwendung eines Gleichnisses auf die Erfahrung sind. Diese Anwendung wird vom Gleichnis geradezu gefordert (Offenheit zum Hörer). Die Erfahrungen werden als metaphorische Auslegungen von Einzelzügen oder als Zufügung von (metaphorisch verstandenen) Einzelzügen *ins Gleichnis eingebracht.*

3. Die Gleichnisse Jesu sind konsequent traditionsgeschichtlich auszulegen. Ein *analytischer* Arbeitsgang rekonstruiert die ursprüngliche Form; ein *synthetischer* Arbeitsgang denkt der Geschichte nach, die das Gleichnis in der Anwendung auf die Erfahrungswelt des Hörers hatte (wirkungsgeschichtliche Dimension).

    a) Die ursprüngliche Form ist von der Grundstruktur Basileia — K — Erzählung. Die Erzählung ist *zuerst* zu betrachten, wobei besonders auf das Verhältnis von *erzählter* (als Folge der metaphorischen Prädikation fiktionaler) und *vorfindlicher* (als Verständigungsbedingung für die erzählte notwendiger) *Welt* zu achten ist.[132]

Die Erzählung ist dann als Abbildung der *Gottesherrschaft* auszulegen.[133]

b) Die ursprüngliche Form ist (sofern sie auf Jesus zurückgeht) im *Kontext des Lebens Jesu* zu interpretieren. Das Gleichnis ist nicht von seinem Erzähler ablösbar, sofern Jesu Verhalten Kommentar der Gleichnisse, und die Gleichnisse (theologische) Explikation seines Verhaltens sind.

c) Die im Laufe der Traditionsgeschichte angefügten Interpretamente sind auf ihre Konzinnität zum Gleichnis selbst zu befragen. Sachkritische Urteile werden geleitet vom Kriterium, inwiefern die Interpretamente der theologischen Grundmetapher „Jesus (der Gekreuzigte) ist Christus (von den Toten auferweckt)" entsprechen.

4. Da die ursprünglichen Jesusgleichnisse Vorgriffe auf das Ereignis der Nähe Gottes zur Welt (die Auferweckung des Gekreuzigten) sind, war eine christologische Interpretation der Gleichnisse unvermeidlich, damit sie als Gleichnisse *Jesu* überliefert werden konnten. Die christologische Auslegung ist demnach Ausgangspunkt für den im Rahmen christlicher Verkündigung vorzunehmenden Gegenwartsbezug.

---

132 Hier haben literaranalytische oder strukturale Erkenntnismethoden ihren legitimen Wirkungskreis, sofern die Erzählung in einer Form vorliegt, die *synchronisch* bearbeitbar ist. Jene Erkenntnismethoden sind dann falsch verwendet, wenn aus ihnen *historische* Schlüsse (zB Ausscheidung eines bestimmten Erzählzuges aus strukturellen Gründen) gezogen werden. Wohl aber sind sie geeignete Instrumente zur Erhebung des *Sinnes* (nicht der Bedeutung) einer Gleichniserzählung.

133 Die der existentialen Interpretation zugängliche und diese fordernde neue Sicht der Welt, die in der Erzählung impliziert ist, soll als *Folge* der vorliegenden metaphorischen Prädikation gewürdigt werden.

2 TRADITIONS- UND REDAKTIONSGESCHICHTLICHE UNTERSUCHUNG DER GLEICHNISSE JESU

Entsprechend der im methodologischen Teil aufgestellten These, wonach die für unsere Verkündigung gültige Form der Gleichnisse erst durch einen Nachvollzug der Geschichte gefunden werden kann, die ein Gleichnis von der Jesusstufe bis zu seiner endgültigen Niederschrift in den Evangelien durchlaufen hat, wenden wir uns nun der Einzeluntersuchung der Gleichnisse unter eben diesem Aspekt zu. Um der Gefahr einer vorschnellen thematischen Klassifizierung der Gleichnisse entgegenzutreten, wähle ich als Reihenfolge die, welche in der synoptischen Tradition vorgegeben ist (Mk parr; Q; Mt-Sondergut; Lk-Sondergut). Die Beispielgeschichten, deren Auslegung ein Problem sui generis darstellt, werden hier ausgeklammert.

2.1 Die Gleichnisse in Mk 4,1--34; Mt 13,1–52; Lk 8,4–18; 13,18–21.

2.1.0 Analyse des Gleichniskapitels Mk 4,1–34

Daß dieses Kapitel eine längere Traditionsgeschichte aufweisen muß, ergibt sich schon aus den auffälligen Unebenheiten im heute vorliegenden Text.[1] Dieser Sachverhalt ist weithin anerkannt, wenngleich

---

[1] Besonders deutlich erkennbar ist die Spannung zwischen V. 1f, wo Jesus zur Menge predigt, und V. 10, wo der Ort seines Lehrens mit κατὰ μόνας umschrieben wird. Dagegen ist in V. 33 wiederum die Menge als Zuhörerschaft vorausgesetzt (vgl Kuhn, Sammlungen 135), vgl auch V. 35f, wo das Schiff erneut erscheint (Schweizer, Mk 46). Deutlich ist ferner der sekundäre Charakter von V. 14–20 (vgl zB Jeremias, Gleichnisse 75f). Inhaltlich besteht im weiteren ein Widerspruch zwischen V. 11f und V. 33, ebenso zwischen V. 33 und V. 34 (vgl Kuhn, Sammlungen, 132. 134). Stoßend ist auch der Plural von παραβολή in V. 10, der ja nur auf *ein* Gleichnis (V. 3–9) Bezug nimmt. Auffällig ist die Zusammenstellung der verschiedenen (Q-)Logien in V. 21–25; ebenso die Zerdehnung der Gleichnisse in V. 5–7.8cd vgl V. 16f. 19c. 20; in V. 28; in V. 31. Eine leichte Spannung besteht schließlich zwischen V. 10–12 und V. 13 (hier versteht *niemand*); sowie zwischen V. 9 (wo es um das *Hören* geht) und V. 20 (wo vom „hören *und annehmen*" die Rede ist). Schließlich weist Mk 4,1–34

die einzelnen Rekonstruktionshypothesen stark voneinander abweichen.[2]

V. 1f Deutlich *markinische Züge* tragen die *Verse 1 und 2*: markinische Rahmenwörter sind namentlich πάλιν[3], διδάσκειν[4], παρὰ τὴν θάλασσαν[5], ὄχλος[6], πολλά[7]. Eher traditionell ist die Angabe des Schiffes (vgl 4,36; 3,9)[8], καθῆσθαι[9], ferner der Ausdruck ἐπὶ τῆς γῆς[10]. Unsicher ist καὶ ἔλεγεν αὐτοῖς[11]. Die Verknüpfung von „und

---

verschiedene Überleitungsformeln auf: καὶ ἔλεγεν αὐτοῖς (V. 2.11.21.24) gegenüber καὶ λέγει αὐτοῖς (V. 13) und καὶ ἔλεγεν (V. 9.26.30).

[2] Bultmann, Synoptische Tradition 351; Jeremias, Gleichnisse 9f. 91; Linnemann, Gleichnisse 179 (Anm 1), vgl 120; Schweizer, Mk 47f; Cave, NTS 11, 374–387; Lambrecht, Redaction 269–307; Boobyer, NTS 8, 59–70; Burkill, NT 1, 246–262; Crossan, JBL 92, 244–266; Drury, JThS 24, 367–379; Gerhardsson, NTS 14, 165–193 bes 179; Haacker, NT 14, 219–225; Brown, JBL 92, 60–74; Pryor, ET 38, 244f; Kuhn, Sammlungen 99–146; Schmid, Mk 87f. Zur Auseinandersetzung mit den verschiedenen Hypothesen vgl unten jeweils zur Stelle.

[3] Schweizer, Leistung 26 Anm 14, der diese Stelle ebenfalls zu den redaktionellen zählt.

[4] Ebd 25 (mit Anm 7), fast ausschließlich von Jesus ausgesagt; ebenso διδαχή.

[5] Häufig redaktionell gebrauchte Ortsbezeichnung; vgl 1,16; 2,13; 3,7; 5,1 (εἰς τὸ πέραν τῆς θαλάσσης); 5,21; 6,47 (?); 7,31 (εἰς τὴν θάλασσαν τῆς Γαλιλαίας).

[6] Allerdings nicht in Verbindung mit πλεῖστος (nur hier und Mt 21,8); vgl jedoch 2,13; 3,9.20.32(?); 4,36(?), 5,21.24; 6,34.45; 7,14.17; 8,1.2(?).34; 9, 14.15.17(?); 10,1.46; 11,18; 12,12(?).38(?), also 22 von insgesamt 36 Stellen, wo das Wort vorkommt (ohne 4,1). Der ὄχλος gehört zu der für Mk typischen Szenerie für Worte und Taten Jesu.

[7] In Verbindung mit κηρύσσειν (Mk 1,45), mit διδάσκειν (Mk 6,34); bei Mt und Lk nie. Mk hat total 10mal πολλά absolut.

[8] Schweizer, Mk 45.

[9] Vgl Mk 2,6.14; 3,34; 5,15; 10,46(?); 12,36 (Zitat); 14,62; 16,5.

[10] Alle andern bei Mk vorkommenden Stellen sind traditionell: 2,10; 4,26(!). 31(!); 6,47; 8,6; 9,3.20; 14,35.

[11] Kuhn, der diese Wendung als „typische Anreihungsformel" für Mk ansieht (Sammlungen 130f), beruft sich auf Jeremias, Gleichnisse 10. Die dort genannten Stellen sind jedoch *nicht eindeutig markinisch*: 2,27 ist eher traditionell (vgl Schweizer, Mk 35), dasselbe gilt von 6,10 (vgl aaO 67f), dasselbe von 7,9 (vgl aaO 77f); 4,11 ist zumindest unsicher (vgl unten S. 103 mit Anm 26f). Mit einiger Wahrscheinlichkeit redaktionell sind 4,21.24; 8,21; 9,1. Die von Kuhn zusätzlich genannten Stellen 6,4 (traditionell, vgl Schweizer, Mk 64); 9,31 (redaktionell); 11,17 (vormarkinisch, vgl Schweizer, Mk 127) zeigen ebenfalls keinen eindeutigen Befund. Der Sachverhalt, daß die Formel in den beiden andern Synoptikern nur noch *1mal* vorkommt (Kuhn, aaO 74 Anm 130), kann auch damit erklärt werden, daß es sich hier um eine *sowohl für Mk als auch für die vormarkinische Gemeinde* typische Anreihungsformel handelt. Dieser Schluß wird ebenfalls durch die gleichmäßige Verteilung der Stellen auf Redaktion und Tradition nahegelegt.

er lehrte sie" mit „und er sagte (zu) ihnen" kommt im Mk nocheinmal redaktionell (9,31; hier allerdings mit „seine Jünger")[12] und einmal traditionell (11,17; hier ohne Objekt)[13] vor.[14] In V. 1f liegt wahrscheinlich eine *vorwiegend markinische* Einleitung zum Gleichniskapitel vor. Sie dürfte eine *Überarbeitung der traditionellen Einleitung* zur vormarkinischen Gleichnissammlung sein, die etwa so begann: „Jesus stieg ins Schiff und saß auf dem See draußen, und die Leute saßen am Ufer. Und er sagte zu ihnen: ..."

V. 3—9 Das Gleichnis vom vielerlei Acker weist *keine markinischen Züge* auf. Allerdings zeigt sich, daß seine ausgesprochen konsequente Formalstruktur durch verschiedene Erläuterungen und Verdoppelungen gestört wird. Das ὅπου οὐκ εἶχεν γῆν πολλήν in V. 5 ist erklärender Zusatz; das εὐθύς spielt in der Deutung (V. 14—20) eine erhebliche Rolle;[15] das διὰ τὸ μὴ ἔχειν βάθος γῆς ist ebenfalls erklärender Zusatz;[16] dasselbe gilt für V. 6b, der eine Wiederholung von V. 6a mit anderem Gesichtspunkt darstellt.[17] V. 7c ist überschüssig und zudem eine Vorwegnahme der Pointe (V. 8!).[18] Eine Zerdehnung des Handlungsablaufs liegt in V. 8 (ἀναβαίνοντα καὶ αὐξανόμενα) vor.[19] Merk-

---

[12] Kuhn, Sammlungen 138.

[13] Gegen Kuhn, Sammlungen 138; mit Schweizer, Mk 127.

[14] Dazu kommt noch, daß Mk — wo er selbst konstruiert — eher das eine der beiden Verben *partizipal* verwendet, vgl 12,35 (ἔλεγεν διδάσκων); 1,7 (ἐκήρυσσεν λέγων); 3,33 (ἀποκριθεὶς αὐτοῖς λέγει), sowie viele Beispiele mit ἀποκριθείς + λέγειν.

[15] Vgl V. 15.16.17.

[16] Er bezieht sich auf das εὐθύς im gleichen Vers. Sprachlich fällt auf, daß διά mit Infinitiv in Lk/Apg besonders häufig ist (Mt 3mal, davon 2mal abhängig von Mk; Mk 4,5.6; 5,4 [alle traditionell]; Lk 8mal/Apg 8mal; übriges NT: 1mal Joh 2,24; 1mal Paulus, Phil 1,7; 3mal Hebr; 1mal Jak). Βάθος dagegen Mt/Mk nur hier; Lk 5,4; *4mal* bei Pls (Röm 8,39; 11,33; 1Kor 2,10; 2Kor 8,2); deuteropaulinisch nur noch Eph 3,18; sonst nicht im NT.

[17] Vgl Crossan, JBL 92, 246. Zum Sprachlichen vgl oben Anm 16 und ῥίζα Mt 3,10 par Lk 3,9 (Q); Mk 4,6 par Mt 13,6; Mk 4,17 par Mt 13,21 par Lk 8,13; sonst Mk 11,20 traditionell; 4mal im Röm (11,16.17.18; 15,12); 4mal übriges NT. Ferner ξηραίνειν Mt 3mal (abhängig von Mk); Mk 6mal (alle traditionell); Lk 1mal (abhängig von Mk); übriges NT 5mal; dieser Befund deutet auf eine von der vormarkinischen Tradition verwendete Vokabel.

[18] Das καρπὸν δίδωμι ist eher semitisierend, gebildet hier in Analogie zu V. 8. Die Wendung kommt selten vor: Mk 4,7 par Mt 13,8; Mk 4,8.29 (! mit παρα-); Mt 21,41; Apk 22,2 (beide mit ἀπο-).

[19] Vgl Crossan, JBL 92, 248. Ἀναβαίνειν von Pflanzen nur Mk 4,7f (par Mt 13,7).32(!); vgl Bauer, Wb s.v.1b.; αὐξάνεσθαι von Pflanzen nur Mk 4,8; Mt 13,32 (par Lk 13,19; hier aktiv); häufig vom Wort Gottes in Apg (6,7; 12,24; 19,20); vom Evangelium (Kol 1,6), vom Glauben (2Kor 10,15), von der Erkennt-

würdig ist auch die Aufzählung des Ertrags in V. 8: nach εἰς τριά-
κοντα („bis zu dreißig[-fach]") [20] würde man eigentlich nicht noch
zwei weitere Zahlenangaben erwarten. Daß diese Kombination
schwierig ist, zeigt schon die textkritische Situation. Es ist hier
εἰς – ἕν – ἕν zu lesen.[21] Dann legt sich die Vermutung nahe, daß
die beiden letzten Glieder sekundär, nämlich von der Deutung her,
hier angefügt worden sind.

V. 9 gehört zum ursprünglichen Gleichnis.[22] Er gehört zusammen mit
der ebenfalls ursprünglichen Einleitung „Hört!" (V. 3). Der Weckruf
ist jedenfalls nicht markinisch, denn Mk hätte eher mit „εἴ τις"
konstruiert.[23] V. 9 kann auch nicht zu der selben Schicht wie V. 14–
20 gehören, da 14–20 ja V. 9 *ersetzt* (mit der Differenz, daß es der
Deutung nicht mehr nur um das ἀκούειν geht, sondern um ἀκούειν . . .
καὶ παραδέχεσθαι)[24].

V. 10ff Schon lange ist erkannt, daß *Mk 4,11f* eine vormarkinische,
ursprünglich selbständige Tradition ist.[25] Wurden diese Verse von

---

nis (Kol 1,10). Das Wort dürfte schon hier eine metaphorische Bedeutung gehabt haben.
[20] Diese Übersetzung basiert auf der Analogie zu den von Bauer, Wb s.v. 6c
angegebenen Arrianstellen, wie auch in Analogie zu εἰς mit Bezug auf „Maß
und Grad" (ebd 3), wo es eindeutig das *Ziel* angibt.
[21] Gegen Jeremias, Gleichnisse 149 Anm 2 ist das dreimalige εἰς abzulehnen,
da ein Wegfall der beiden letzten εἰς viel schlechter erklärbar ist als die Ersetzung
des zweiten und dritten ἕν durch εἰς (ℵCal.). Dreimaliges ἕν ist schon wegen V. 20
lectio facilior (gegen Klosterman, Mk 40). Der Annahme, daß εἰς – ἕν – ἕν sich im
ursprünglichen Text fand, stehen entgegen einerseits die grammatikalische Unmöglichkeit und andererseits die schlechtere Verständlichkeit der Korrektur, die *Mt*
vorgenommen hatte. Zudem ist unsere Lesart gut bezeugt: L und ? B = L.
Konsequenterweise muß dann in V. 20 dreimal ἕν gelesen werden (mit Jeremias, ebd): ? D, λ, φ, latt, sah. Zum sekundären Charakter der dreifachen
Bezeichnung des Ertrags in V. 8 vgl Grundmann, Mk 89 (der allerdings das
„hundertfach" für ursprünglich hält).
[22] Gegen Jeremias, Gleichnisse 109, der allerdings die Frage bei Mk 4,9 offen
läßt, aber den Weckruf als „in den meisten Fällen sekundär" bezeichnet. Vormarkinisch ist V. 9 nach Kuhn, Sammlungen 131.
[23] Vgl V. 23 (markinisch); 7,16 (? nachmarkinisch, sicher aber nicht traditionell; Schweizer, Mk 79). Die Konstruktion „εἴ τις" bei Mk 8mal gegen 3mal
ἐάν τις; Mt: 2 (1mal abhängig von Mk): 4; Lk: 2 (1 mal abhängig von Mk): 4.
Die Wendung ὅς (ἔχει) scheint demgegenüber alt zu sein.
[24] Daß sie „hörten", wird ja auch der ersten (V. 15), zweiten (V. 16) und
dritten (V. 18) Menschengruppe zugestanden, während die vierte (V. 20) hört
und annimmt.
[25] Vgl zB Jeremias, Gleichnisse 11; Jüngel, Paulus und Jesus 132; Haufe, EvTh
32, 414f; Haacker, NT 14, 224; Burkill, NT 1, 247. 255; Schweizer, Mk 46;
Kuhn, Sammlungen 134f; siehe auch Branscomb, Mk 78f; Schelkle, Zweck 74.

Mk hierhergestellt? V. 10 erweckt den Eindruck einer traditionellen Überleitung zwischen Gleichnis und Deutung (V. 3–9 und 14–20). V. 10 weist zudem keine markinischen Züge auf.[26] Die Einleitungsformel zu V. 11 ist ebenfalls nicht unbedingt markinisch.[27] Dies legt den Schluß nahe, daß die sogenannte Parabeltheorie V. 11f *schon vor Mk* zwischen Gleichnis und Deutung geschoben worden war.

In V. 13 ist der vokabelstatistische Befund nicht eindeutig.[28] Allerdings können V. 13a und V. 13b nicht derselben Traditionsschicht angehören, da „dieses Gleichnis" sich deutlich auf V. 3ff bezieht, während der Plural in V. 13b schon die Verallgemeinerung von V. 10–12 voraussetzt. Man wird daraus schließen müssen, daß V. 13a zur alten Überleitung zwischen Gleichnis und Deutung gehört, während V. 13b später, wohl von Markus selbst,[29] eingetragen wurde. Die Verallgemeinerung hier unterscheidet sich deutlich von derjenigen in V. 11f.

V. 14–20 Die Deutung in V. 14–20 gehört sicher nicht zum ursprünglichen Gleichnis selbst.[30] Der harte Übergang zwischen V. 14 und V. 15 erklärt sich leicht, wenn man annimmt, daß die Deutung immer zusammen mit dem Gleichnis verwendet wurde. Die Struktur von V. 14–20 entspricht genau derjenigen von V. 3–9, oft sogar so, daß eine Überarbeitung des ursprünglichen Gleichnisses im Sinne der Deutung angenommen werden muß.[31]

V. 21–25 Die *Logiensammlung in V. 21–25* enthält verschiedene, auch in Q vorkommende, traditionelle Worte. Sie unterbricht die

---

[26] Als markinisch käme höchstens die etwas seltsam anmutende Einfügung von σὺν τοῖς δώδεκα infrage. Es kommt tatsächlich häufig redaktionell vor, ist aber durchaus auch in alten Traditionen zu finden, vgl 14,10.20.43; 1Kor 15,5 (siehe auch Schweizer, Mk 46.66f). Daneben ist κατὰ μόνας singulär im Mk, οἱ περὶ αὐτόν nur 3,34 (traditionell) und hier im Sinne von Anhänger Jesu.

[27] Vgl oben S. 100 mit Anm 11.

[28] Nachgestelltes ταύτην liegt an 4 Stellen vor: 4,13; 10,5 (traditionell, vgl Schweizer, Mk 108f); 11,28 (vgl aaO 130); 12,10 (traditionell). Die Formulierung πᾶς ὁ kommt sowohl redaktionell (1,32; 6,33; 7,3; 13,10) als auch traditionell (3,28; 4,31.32) vor. Die Einleitung mit καὶ λέγει αὐτοῖς dürfte hier traditionell sein (so auch Kuhn, Sammlungen 131).

[29] Mk setzte damit einen Akzent auf das Unwissen *aller*, vgl Schweizer, Mk 48 (der allerdings den ganzen V. 13 für markinisch hält).

[30] Vgl zB Bultmann, Synoptische Tradition 202f; mit ausführlicher Wortanalyse Jeremias, Gleichnisse 75–77; Kuhn, Sammlungen 113. 116f; Schweizer, Mk 48f; Lohmeyer, Mk 85; Branscomb, Mk 80f. Dagegen möchte Bowker neuerdings in V. 1–20 wieder eine Einheit sehen (JThS 25, 316f).

[31] Vgl oben S. 101f mit Anm 15–21.

Gleichnisrede, die erst in V. 26–32 wieder fortgesetzt wird. Von Markus stammen wohl V. 21a.23.24a.[32] Zu beachten ist, daß der Skopus dieser Worte sich mit V. 11ff nicht verträgt. Am wahrscheinlichsten ist die Annahme, daß *Mk* selbst diese Worte hierher gestellt hat.

V. 26–29 Das *Gleichnis von der selbstwachsenden Saat* weist eine Zerdehnung in V. 27f auf. In inhaltlicher und sprachlicher Hinsicht dürfte V. 28 nicht zum ursprünglichen Gleichnis gehört haben.[33] Dasselbe gilt vom Joelzitat in V. 29b.[34] Daß dieses Gleichnis nur bei Mk vorliegt, hat redaktionsgeschichtliche Gründe; Mt bringt an dessen Stelle das Gleichnis vom Unkraut unter dem Weizen,[35] Lk läßt es aus, weil es schlecht in den Kontext paßt.[36]

V. 30–32 Das *Gleichnis vom Senfkorn,* das sowohl bei Mk als auch in Q vorliegt,[37] weist eine (in der Q-Version fehlende) Verdeutlichung

---

[32] Die Einleitungsformel καὶ ἔλεγεν αὐτοῖς dürfte hier markinisch sein wie auch der Weckruf in V. 23. Vgl oben S. 102, Anm 23 und Schweizer, Mk 50; Kuhn, Sammlungen 129 Anm 28 (im Anschluß an Jeremias).

[33] Der die Untätigkeit des Landmanns betonende V. 27 wird hier durch den Aspekt der *Zeit* erweitert (vgl Crossan, JBL 92, 252). Καρποφορεῖν vgl Mk 4,20(!); πλήρης ist sehr häufig in Apg (8mal); εἶτεν ist hap.leg., eine ion.-hell. Form (Bauer, Wb s.v.).

[34] Anspielungen auf das AT sind generell ein Werk der Urgemeinde, insbesondere wenn die LXX-Vorlage angenommen werden muß (dazu vgl Dupont, Semence 103, der allerdings das Gleichnis für einheitlich ansieht; aaO 106). Εὐθύς spielt in Mk 4,14–20 eine hervorragende Rolle (vgl auch oben S. 101 mit Anm 15). Zum Zitat vgl Apk 14,15.18 (τὸ δρέπανον). Apokalyptische Termini sind auch in der Deutung V. 14–20 reichlich vorhanden.

[35] Sprachlich ist eine gewisse Verwandtschaft zwischen Mk 4,26–29 und Mt 13,24–30 festzustellen (Kuhn, Sammlungen 127f). Dazu kommt, daß Mt eine Kurzform dieses Gleichnisses möglicherweise in einer vormatthäischen Sammlung (zusammen mit Mt 13,44–48) vorfand (dazu Schweizer, Gemeinde 99). Dieses Gleichnis paßt auch besser zur matthäischen Sicht von der Deutung des Gleichnisses vom vielerlei Acker (er betont das Hervorbringen der Frucht, vgl Schweizer, Mt 196f); ähnlich auch Haenchen, Weg 172.

[36] Lk verknüpft die Pointe der Deutung mit der Geschichte von den Verwandten Jesu (Pointe V. 21: hören *und tun,* vgl Klostermann, Lk 99 und Kuhn, Sammlungen 128f). Er bringt aus diesem Grunde das Gleichnis von der selbstwachsenden Saat nicht, dasjenige vom Senfkorn zusammen mit dem vom Sauerteig an anderer Stelle (Lk 13,18–21). Für Lk war es wohl beinahe „innerlich unmöglich" (Haenchen, Weg 172), das Gleichnis hier zu bringen.

[37] Vgl zB Bultmann, Synoptische Tradition 186; Schweizer, Gemeinde 98; ders, Mt 198; ders, Mk 52; Kuhn, Sammlungen 99; McArthur, CBQ 33, 198; Crossan, JBL 92, 254.

V. 31b.32a auf.[38] Die Anspielung an Dan 4,18; Ez 31,6 (Mk) bzw Dan 4,21/4,18/Ps (LXX) 103,12 (Q) ist ein Werk der (die Septuaginta benutzenden) christlichen Gemeinde(n). Das von den beiden Seitenreferenten angefügte Gleichnis vom Sauerteig war schon in Q mit dem eben genannten verbunden.[39]

V. 33f Zwischen dem καθὼς ἠδύναντο ἀκούειν (V. 33) und V. 34 besteht ein offensichtlicher Widerspruch.[40] V. 33 setzt voraus, daß Jesus zur Menge redete, während V. 34 an V. 10—12 anknüpft. V. 33 trägt deutlich markinische Züge,[41] während V. 34 eher traditionelles Vokabular enthält.[42] Dies legt den Schluß nahe, daß V. 34 der alte Schluß der vormarkinischen Sammlung war, V. 33 dagegen von Mk eingefügt worden ist.

Aus den oben genannten Beobachtungen ergibt sich die folgende *traditions- bzw redaktionsgeschichtliche Theorie*: Die *ältesste greifbare Überlieferungsstufe*, die zugleich die *Jesusstufe* darstellt, umfaßt die drei Gleichnisse *V. 3—9* (ohne V. 5b.6b.7d.8c.8dβγ), *V. 26— 29* (ohne V. 28.29 Schriftanklang), *V. 30—32* (ohne 31b.32a.c Schriftanklang). Möglicherweise wurden diese drei Gleichnisse schon sehr früh als Sammlung überliefert.[43] Auf einer *zweiten Stufe* wurde eine *Samm-*

---

[38] Sie ist sehr wahrscheinlich *vormarkinisch*, vgl die Wendung ἐπὶ τῆς γῆς (siehe oben S. 100 mit Anm 10), sowie μικρότερος Mt 11,11; 13,32 par Mk 4,31; Lk 7,28; 9,48, sonst nicht im NT; σπέρμα im Mk nur hier und 4mal in 12,19—22 (traditionell); auffällig in Mt 13,24—38 *5mal*; λάχανον Mt 13,32 par Mk 4,32; Lk 11,42; Röm 14,2, ein im Hellenismus gebrauchtes Wort (vgl Bauer, Wb s.v.; Josephus; Neupythagoreer bei Diog L.; Philostrat), und μείζων — μικρότερος Mt 11,11 par Lk 7,28(Q), sowie mit ἐλάσσων Röm 9,12 (von Menschen).

[39] So zB Schweizer, Mt 179.

[40] Zumindest wenn man die Wendung mit „so wie sie es hören (dh verstehen) konnten" übersetzt (Kuhn, Sammlungen 134).

[41] Insbesondere das ἐλάλει αὐτοῖς τὸν λόγον ist redaktionell (vgl Mk 2,2; 8, 32[!] ohne αὐτοῖς; 12,1 [ohne τὸν λόγον]); τοιοῦτος Mt 3mal; Mk 6mal; Lk 2mal; πολύς nachgestellt ist bei Mk etwas häufiger als vorangestellt (13: 9); überhaupt ist dieses Wort bei Mk relativ häufiger als bei Mt/Lk.

[42] Χωρίς bei Mk nur hier (sehr häufig in den Briefen des NT); παραβολῆς ist merkwürdig, man würde eher den *Plural* erwarten, wenn V. 34 zusammen mit V. 33 gebildet worden wäre; τοῖς ἰδίοις μαθηταῖς ist ebenfalls singulär im Mk; ἐπιλύειν in diesem Sinne nur hier im NT (noch 1mal passivisch in Apg 19,39), ἐπίλυσις im gleichen Sinne 2Petr 1,20. Κατ' ἰδίαν scheint allerdings markinische Formulierung zu sein (möglicherweise eine Situationsangleichung an V. 10 κατὰ μόνας).

[43] Bei dieser „Sammlung" handelt es sich noch nicht um eine bewußt gestaltende, sondern um eine die Jesusworte möglichst getreu überliefernde. Man kann mE *nicht* von der Annahme ausgehen, Jesus habe die drei Gleichnisse

lung im eigentlichen Sinne hergestellt. Sie wurde *eingeleitet* durch *kleine Teile der Vv. 1f* (etwa: „Jesus stieg in ein Schiff und saß auf dem Wasser, und die Leute waren am Ufer. Und er sagte zu ihnen: ...“). Dies kann auch als ursprüngliche Ortsangabe zu einem der drei Gleichnisse gehört haben. Sie umfaßt ferner die Vv. 3–9 (so wie sie im Mk vorliegen) und die Deutung V. 14–20. Die *Überleitung* zwischen Gleichnis und Deutung lautete wahrscheinlich: „und als er allein war[44], fragten ihn die um ihn waren nach dem Gleichnis[45], und er sagt(e) zu ihnen: ‚Dies Gleichnis versteht ihr nicht?[46] Der Sämann ...‘“. Zu dieser Traditionsstufe gehören im weiteren V. 26–29.30–32. Daß die Sammlung die eben genannten Elemente umfaßt, zu denen auch die Deutung gehört, ergibt sich aus dem weitgehenden Konsistenzgrad von Erweiterungen und Deutung: a) εὐθύς V. 5b./15.16.17./29b; b) der Faktor *Zeit* kommt ins Spiel, V. 8c/Praesentia von Hören, Akzeptieren, Fruchtbringen, V. 20/Aufzählung der Stadien in V. 28a; c) das *Motiv des Trostes* erscheint in V. 8/ im Partizip Aorist zeigt sich, daß nur die Hörenden angesprochen sind, V. 20/das „von selbst bringt die Erde Frucht“, V. 28/das kleinste wird zum größten, V. 31b.32a; schließlich erscheint d) überall die *nachösterliche Bedeutung Jesu und seines Wortes*: der überreiche Ertrag des Samens in V. 8d impliziert bereits die Identifikation Same = Wort und ist von V. 20 her eingetragen/das Schriftzitat V. 29 impliziert urchristliche Eschatologie/das Schriftzitat V. 32 setzt die Identifikation Senfkorn ≙ Jesus voraus. Damit ergibt sich eine (für die Sammlung wahrscheinliche) *konsistente Überarbeitung der Jesusstufe*. Der Schluß der Sammlung ist nicht mehr zu erheben. V. 33 und V. 34 kommen jedenfalls nicht dafür infrage.[47] Auf einer *dritten*

---

zusammen gesprochen, wohl aber davon, daß drei solche Gleichnisse zunächst zusammen tradiert wurden (vgl das dreifache „und er sagte“ V.9.26.30).

[44] Übersetzung mit Bauer, Wb s.v. 3 (bemerkenswert sind auch die dort genannten Belege!).

[45] Der Plural τὰς παραβολάς im Mk-Text geht auf die spätere Stufe (vgl unten S. 107) zurück. Die Frage, die zur Deutung überleitete, kann sich nur auf V. 3–9 bezogen haben, vgl V. 13a!

[46] Die Zuordnung dieser Vershälfte zur Sammlung ist nicht sicher. Vielmehr könnte man annehmen, daß Mk, der V. 13b einfügte (vgl Schweizer, ETR 43, 258; ders, Mk 48f) auch für V. 13a verantwortlich ist; zum vokabelstatistischen Befund vgl oben S. 103 mit Anm 28. Zum Zusammenhang von V. 10 und 13 vgl Jeremias, Gleichnisse 14 Anm 6, vgl S. 10; Kuhn, Sammlungen 131. 137, der freilich V. 13a nicht mehr zur Überleitung zählt.

[47] Gegen Kuhn, Sammlungen 132, der V. 33 als Abschluß bezeichnet, was aber aufgrund des *markinischen* Charakters von V. 33 schlecht möglich ist; siehe auch oben S. 105 Anm 41. Meines Erachtens müßte vielmehr erwogen

(vormarkinischen) *Stufe* wurde die Überleitung zwischen Gleichnis
(V. 3—9) und Deutung im Sinne einer Verallgemeinerung umgestaltet. Der Plural von τὴν παραβολήν in V. 10 ist durch die Einfügung
von V. 11f verursacht. Das grundlegend andere Verständnis der
Gleichnisse als Rätselrede, die geradezu verstocken *will* (μήποτε!),
und die Trennung zwischen dem Kreis der Verstehenden und demjenigen der Ausgeschlossenen („ihr" — „die draußen") passen gut
zum V. 34,[48] der auf dieser Stufe an den Schluß der Sammlung gestellt wurde.[49]

Mk selbst überarbeitete dann nocheinmal die ihm überlieferte dritte
Stufe, indem er die Vorlage mit einer seiner Theologie entsprechenden *Einleitung* (V. 1f) versah.[50] Korrigierend griff er auch in *V. 13b*
ein, der nun das Unverständnis *aller* akzentuiert.[51] Mk fügt dann in
V. 21—25 einige traditionelle Logien an, mit denen die Trennung
in Verstehende und Unverstehende von V. 11f bzw deren Endgültigkeit nocheinmal zurückgenommen wird: Gottes Wort wird sein
Ziel erreichen (V. 21f), es wird verstanden werden von denen, die
Ohren haben zu hören (V. 23.24f).[52] Schließlich kommt das marki-

---

werden, ob nicht die Fortsetzung V. 35ff (Schiffsmotiv!) schon traditionell
ist.

[48] Zum inneren Zusammenhang von V. 11f und 34 vgl Kuhn, Sammlungen
134f. 127 mit Anm 16. Insbesondere das πάντα V. 11.34 ist zu beachten.

[49] Die Zuteilung dieser Verse zur vormarkinischen Tradition geschieht gegen
Kuhn, Sammlungen 132; Schmid, Mk 93; vgl Linnemann, Gleichnisse 179
(Anm 1); Jeremias, Gleichnisse 10f uam. Mk kann V. 11f schon deshalb nicht
eingefügt haben, weil es ihm gerade um das Unverständnis *der Jünger* geht
(gegen Schelkle, Zweck 71; mit Schweizer, Mk 47; Burkill, NT 1, 255). Zudem zeigt sich das Gleichnisverständnis des *Mk* viel deutlicher in den Versen
21—25 (Skopus: das *Offenbar*werden des Verborgenen), die wohl er hier einfügte. Der vokabelstatistische Befund schließlich spricht ebenfalls gegen markinische Verfasserschaft von V. 11f.34 (gegen Lambrecht, Redaction 277, der
erstens V. 33f als Einheit und zweitens V. 11—12 als redaktionell ansieht,
s bes 284f).

[50] Typisch markinische *Motive* sind hier vor allem die große Volksmenge, das
Lehren am See und die „Lehre" Jesu. Dazu vgl auch Lambrecht, Redaction
272f.

[51] V. 13b nimmt die Unterscheidung in Verstehende und Nichtverstehende in
V. 11f zurück (vgl Schweizer, Mk 49). Daß V. 13b impliziere, die Deutung V.
14—20 stelle einen Schlüssel für *alle* Gleichnisse dar (Boobyer, NTS 8, 66),
ist aus dem Text nicht zu erheben (V. 13a bezieht sich ja auf V. 3—9, *nicht*
auf V. 14—20), vgl Brown, JBL 92, 67.

[52] Vgl Schweizer, Mk 50. Zum traditionsgeschichtlichen Problem dieser Verse
vgl Lambrecht, Redaction 285—290. Die ursprünglich in einem andern Zusammenhang stehenden Logien (vgl ebd) sind jetzt auf die Gleichnisse bezogen.
Anders zB Haenchen, Weg 170; Jeremias, Gleichnisse 90; Lohmeyer, Mk 85.

nische Verständnis der Parabelrede Jesu noch einmal in V. 33 zum Zuge: das in *Gleichnissen verkündigte Wort vermögen die Menschen zu verstehen.*[53]

2.1.1 Das Gleichnis vom vielerlei Acker (Mk 4,3–9; ThEv 9)

Auf der *Jesusstufe* dürfte das Gleichnis die folgende Gestalt gehabt haben:

> „Hört! Siehe, der Sämann ging aus zu säen.
> Und es begab sich beim Säen, (daß) einiges auf den Weg fiel,
> und es kamen die Vögel und fraßen es.
> Und anderes fiel auf den Felsboden,[54]
> und als die Sonne aufging, wurde es versengt.
> Und anderes fiel unter die Dornen,
> und die Dornen wuchsen auf und erstickten es.
> Und der ganze Rest[55] fiel auf den guten Boden
> und brachte Frucht und trug bis zu dreißig(fach).
> Und er sagte: ‚Wer Ohren hat zu hören, der höre!‘ "

Auffallend ist zunächst die schön durchgeführte *formale Struktur* des Gleichnisses: auf eine kurze Exposition (Mk 4,3) folgen drei bis in die Einzelheiten parallele Sätze, die vom Geschick (und zwar vom negativen) dreier kleiner Teile (Singular!) des Saatgutes erzählen. Auf ein einleitendes „und" folgt ein Pronomen im Singular (ὅ, ἄλλο, ἄλλο), dann folgt „fiel" und die Ortsbezeichnung („auf den Weg", „auf den Felsboden", „unter die Dornen"). Der zweite Satzteil beginnt jeweils mit „und", und es folgt ein Verb, das die Ankunft des Feindes bezeichnet („kamen", „ging auf", „wuchsen auf"), sowie die Bezeichnung des Feindes selbst („die Vögel", „die Sonne", „die Dornen") und schließlich die vernichtende Wirkung des Feindes („fraßen es", „es wurde versengt", „erstickten es"). Der vierte Satz (Mk 4,8) erzählt vom Geschick (und zwar vom positiven) des Groß-

---

53 Damit *korrigiert* Mk die V. 11f.34 vorliegende Tendenz. Anders entscheiden sich Bultmann, Synoptische Tradition 357. 366 (V. 33f markinisch); Haenchen, Weg 171 (V. 33 Abschluß der Vorlage); Jeremias, Gleichnisse 10f (V. 33 zur zweiten Traditionsschicht), ähnlich auch Linnemann, Gleichnisse 179 (Anm 1); Kuhn, Sammlungen 132 (V. 33 ist Abschluß der Sammlung). Mein Entscheid geschieht in Übereinstimmung mit Schweizer, Mk 53 (allerdings auch V. 34a markinisch); vgl ders, ETR 43, 258 (ohne V. 34a).

54 Mit Bauer, Wb s.v.

55 Mit dieser Paraphrase von Mk 4,8a soll versucht werden, den *Plural* (ἄλλα) im Unterschied zum dreimaligen *Singular* V. 4(ὅ).5.7(ἄλλο) zum Ausdruck zu bringen; vgl Lohmeyer, Mk 83.

teils (Plural!) des Saatgutes. Er ist den drei vorhergehenden Sätzen genau parallel, mit dem Unterschied, *daß die Stelle, wo vom Feind die Rede ist* (und wo man aus formalen Gründen einen *Freund* erwarten müßte), *leer ist.*

Die skizzierte Formalstruktur des Gleichnisses läßt Schlüße auf dessen Bedeutung zu. Deutlich ist, daß es dem Gleichnis *nicht um den Sämann* gehen kann, dieser ist lediglich *Teil der Exposition.*[56] Von seinem Erfolg bzw von der Erfolglosigkeit seiner Arbeit ist nicht die Rede. Der Handlungsträger des Gleichnisses ist vielmehr der *Same selbst*: von seinem Geschick wird erzählt.[57] Im ersten Teil erfahren wir, wie der Same auf verschiedene Weise vernichtet wird (V. 4–7). Diese breite Schilderung des Mißerfolgs[58] geschieht im Interesse der *Spannungserzeugung* und verstärkt den Eindruck des zweiten Teils (V. 8), wo vom Erfolg des Saatgutes erzählt wird.[59] Die Geschichte kommt also am Schluß zum entscheidenden Punkt: wo immer Samen ausgesät werden, da ist gewiß, daß sie Frucht bringen. Denn der größte Teil fällt ja auf gute Erde und hat Erfolg; daß einiges Wenige dabei erfolglos ist, ändert nichts am guten Ausgang.[60]

Ist der Sinn dieses Gleichnisses im Munde Jesu tatsächlich unerkennbar geworden?[61] Einen ersten Hinweis auf den ursprünglichen

---

[56] Gegen Bultmann, Synoptische Tradition 189; Jeremias, Gleichnisse 149f; Fuchs, Zeitverständnis GA II 348; Frankemölle, BiLe 13, 194; implizit auch Perrin, Jesus 172f. Richtig Linnemann, Gleichnisse 120.

[57] In dieser Hinsicht ist auch der Titel „Gleichnis vom vielerlei Acker" (Linnemann, Gleichnisse 120) nicht ganz angemessen.

[58] Registriert zB von Schweizer, Mk 45.

[59] Schon aus *formalen* Gründen muß das Gleichnis als ein *zweiteiliges* aufgefaßt werden (richtig Linnemann, Gleichnisse 122; Crossan, JBL 92, 250). Der Eindruck der *Vierteiligkeit* entsteht durch ein gewisses (allegorisches) *Verständnis* der *Deutung.*

[60] Die Schilderung der Erfolglosigkeit in V. 4–7 steht im Dienste von V. 8. Es trifft nicht zu, daß der größte Teil des Samens verloren geht (gegen Schniewind, Mk 71). Weil es dem Erzähler um *diese* Pointe (V. 8) geht, erzählt er vom Mißerfolg und stimmt den Hörer ein in seine Absicht. Die Frage, ob V. 4–7 den Anbaupraktiken in Palästina entsprechen (zB ob normalerweise vor oder nach dem Säen gepflügt wurde; vgl Jeremias, Gleichnisse 7f und Linnemann, Gleichnisse 121 *vor*; dagegen White, JThS 15, 300–307; wiederum dagegen Jeremias, NTS 13,48–53), ist *unerheblich*, da es *nicht auf den Realismus* des Erzählten ankommt, sondern darauf, daß die im Interesse der Pointe *kombinierten Erzählzüge* dem Zuhörer *wahrscheinlich vorkommen* (vgl auch Frankemölle, BiLe 13, 193; zum Grundsätzlichen auch die Bemerkungen zur *Fiktionalität* der Gleichnisse bei Via, Gleichnisse, passim). Das Interesse des Erzählers ist der *Erfolg*, und gerade *deshalb* schildert er den *Mißerfolg.*

[61] So schon Bultmann, Synoptische Tradition 216; neuerdings wieder Kuhn, Sammlungen 112.

Sinn enthält die Rahmung V. 3a.9: das Gleichnis steht mit dem *Hören* im Zusammenhang. Ein zweiter Hinweis ergibt sich aus der metaphorischen Bedeutung von „säen": man kann „Gerechtigkeit" säen (Prov 11,21; vgl Hos 10,12 LXX), wer „das Eigene sät", ist ein Freigebiger, der seine Güter austeilt (Prov 11,24 LXX); das Saat-motiv hat die *metaphorische Bedeutung von etwas Wirkendem, etwas Geschehendem.*[62] Auch das Wort Gottes wirkt, es macht die Erde fruchtbar, es gibt dem Sämann Samen, es kehrt nicht leer zu Gott zurück (Jes 55,10). In diesem Sinne kann dann später von Gott ge-sagt werden, er säe sein Gesetz in der Menschen Herz (4Esr 9,31).[63]

Aus diesen beiden Hinweisen ergibt sich, daß das „Säen" im Gleich-nis als Metapher für die *Verkündigung Jesu* verstanden werden konn-te. Sein Wort von der Basileia (vgl Mk 1,14f) und das Geschick, das es unter den Zuhörern erfährt, sind der Schlüssel zum Verständ-nis dieses Gleichnisses. Mit dem Wort von der Basileia verhält es sich wie mit dem Saatgut im Gleichnis: es mag vielleicht nicht ganz und von allen gehört werden, wo es aber gehört wird, da *verfehlt es seine Wirkung nicht,* denn es bringt gute Frucht hervor. Das Gleich-nis widerspiegelt einerseits das Vertrauen Jesu in die *Macht* seines Wortes von der Basileia (das meiste bringt ja Frucht!), und anderer-seits ermutigt es die Hörer zum *Hören,* denn wo das Wort gehört wird, ist alles getan, was der Mensch tun kann.[64] Das Fruchtbrin-gen ist ja dann Sache des Wortes selbst. Das Wort selbst schafft, wenn es gehört wird, sich die ihm gemäße *Einstellung* im Hörer. Jesus versteht sein Wort von der Basileia demnach in Analogie zum Wort Gottes[65] selbst, das gewiß Wirkung zeitigt („es kehrt nicht leer zu mir zurück", Jes 55,10!); er versteht sich als einen, der an der Stelle Gottes *spricht.* Das Hören, zu dem die Zuhörer ermutigt werden (V. 9!), wird vom Gleichnis geradezu *ermöglicht,* indem es

---

[62] Quell, ThWNT VII 541, 27.

[63] Jeremias, Gleichnisse 77.

[64] Von hier aus sind *verschiedene Deutungen abzulehnen.* Es geht nicht um das *Wirken Jesu* (Frankemölle, BiLe 13, 194f), sondern um die *Selbstwirk-samkeit* des Wortes. Es geht nicht um die Teilung des Volkes angesichts des Wortes (Gerhardsson, NTS 14, 188), sondern um die Ermutigung *aller.* Es geht nicht um Ermutigung zum Säen des Wortes (Branscomb, Mk 80), son-dern um das (aktive und passive) Vertrauen in die Kraft des Wortes. Es ist ferner nicht vom Kontrast Aussaat — Erntezeit im eschatologischen Sinne aus-zugehen (Jeremias, Gleichnisse 149; ähnlich Eichholz, Gleichnisse 75—78; Schmid, Mk 93), sondern vom Geschick der Saat in V. 8! Es geht schließ-lich auch nicht um den mit Mißerfolg rechnenden Sämann (Michaelis, Gleich-nisse 25), sondern um sein Vertrauen in die *Macht* seines Wortes.

[65] Schniewind, Mk 71 versteht das ganze Gleichnis als ein Gleichnis vom Wort Gottes.

eine *spannende* Geschichte erzählt. Indem eine spannende Geschichte den Hörer in seiner Ganzheit gefangen nimmt, lenkt sie ihn von sich selbst ab und bringt ihn dorthin, wo sie ihn ansprechen will. Dieses Gleichnis spricht dem Hörer die Macht des Wortes in einer Form zu, die ihm eben jene Macht vor Augen führt. Das Gleichnis ist somit die der Ermutigung zum Hören *angemessene* Sprachform, sofern es kraft seiner Form das *ermöglicht*, wozu sein Inhalt ermutigt. Hier liegt eine Einheit von Form und Inhalt vor.

Die erste Gemeindestufe

sieht das Gleichnis Jesu im Licht des nachösterlichen Christus. Jetzt geht es nicht mehr um das Wort von der Basileia, sondern um das *Wort des Evangeliums.*[66] Der jenes Wort Sprechende ist jetzt selbst zum Wort geworden. Dieser Wechsel in der Situation hat die Gemeinde dazu veranlaßt, eine ausführliche Deutung des Jesusgleichnisses vorzunehmen. Nach dem Selbstverständnis dieser Gemeinde befindet sich ihre Deutung (Mk 4,14—20) in totaler Kontinuität zum ursprünglichen Gleichnis: sie wurde Jesus in den Mund gelegt (Mk 4,10*). In der Tat hat die Deutung viel mit dem Gleichnis gemeinsam: die *Zweiteilung* ist beibehalten (vgl 3 × Präsensform von „säen", V. 15.16.18, gegenüber Aorist V. 20; 3 × Aoristform von „hören", V. 15.16.18 gegenüber Präsens V. 20), es geht auch hier um das *Wort* (nicht um den Sämann, er bleibt ungedeutet V. 14), auch hier dienen die Vv. 15—19 zur Erzeugung eines *Spannungsbogens* (die Feinde des Wortes erscheinen in aufsteigender Linie: Vögel [V. 4] ≙ Satan [V. 15]; Sonne [V. 6] ≙ Drangsal + Verfolgung [V. 17]; Dornen [V. 7] ≙ Sorgen dieser Weltzeit + trügerische Verlockung des Reichtums + übrige Begierden [V. 19]; also eine kunstvoll anmutende Gliederung).[67]

Allerdings hat die Deutung *auch andere Akzente* gesetzt: die *Haltung der Menschen* gegenüber dem Wort kommt stärker in den Blick: In V. 15 scheinen die Menschen noch dem Weg zu gleichen, in V. 16.18.20 dagegen sind sie die „Gesäten". Der Mißerfolg des Wortes bei der zweiten Gruppe wird jetzt nicht mehr allein mit der Einwirkung des Feindes erklärt, sondern damit, daß die Menschen keine

---

[66] Das absolut gebrauchte „ὁ λόγος" in der Deutung meint das Christusgeschehen, bzw die Botschaft davon, und ist gleich dem Evangelium (Kittel, ThWNT IV 100ff, bes 124, 8—20; 127, 4—7).

[67] Daß in der Deutung der Mißerfolg an Gewicht gewonnen hat (Kuhn, Sammlungen 114), berechtigt nicht zum Schluß, das Gleichnis sei im Sinne des Trostes für die Gemeinde in der erfolglosen Missionssituation gedeutet (aaO 116). Die Zerdehnung des Mißerfolges steht ja gerade im Interesse des *Erfolgs* (auch Kuhn, aaO 119 stellt Ähnliches fest).

Wurzel in sich haben[68], Augenblicksmenschen sind[69] (V. 17 vgl
den Eintrag V. 6b!). Gegenüber dem ursprünglichen Gleichnis kommt
in der Deutung ein *Zeitfaktor ins Spiel,* der sich vor allem in der
Tempuswahl von V. 20 (Praesentia durativa von „hören", „annehmen" und „Frucht bringen"[70]) und im Eintrag von V. 8 („aufwachsend und größer werdend") zeigt. Dies entspricht der neuen Situation der Gemeinde, die bereits ihre eigene Geschichte ins Blickfeld
zu bekommen beginnt.[71] Die nach Ostern erkenntliche *Macht* des
Wortes hat wohl dazu geführt, daß der *Ertrag* der Saat (V. 8d) bzw
das überreiche *Fruchtbringen* (V. 20) besonders herausgestellt und
ins *Wunderbare* gesteigert wurde.[72] Damit hängt zusammen, daß die
Ertraglosigkeit der ersten Gleichnishälfte (V. 7d, vgl V. 19 Ende)
explizit ausgedrückt wird, so daß der Kontrast beider Hälften noch
besser hervortritt.[73] Schließlich ist darauf hinzuweisen, daß in der
Deutung *das Hören nicht mehr im Vollsinn gebraucht wird* (das
Hören wird ja allen vier Gruppen gleichermaßen zugestanden) und
deshalb *durch „annehmen, gelten lassen" ergänzt* wird (V. 20).

Die weithin üblich gewordene Etikettierung dieser Deutung als *allegorischer*[74] beruht mE auf einem *Vorurteil.* Auf dem Vorurteil
nämlich, daß ein Gleichnis *einen und nur einen* Vergleichspunkt
habe und nur von diesem aus gedeutet werden dürfte.[75] Geht man
dagegen davon aus, daß ein Gleichnis seine Wirkung durch eine
bestimmte Kombination von Einzelzügen (dh durch ein „Erzählgerüst") erreicht, so muß eingeräumt werden, daß es unter der Bedingung, das Erzählgerüst bleibe erhalten, auf eine andere Ebene

---

68 Das Wort ῥίζα hat metaphorisch den Sinn von Halt und Beständigkeit (Maurer, ThWNT VI 985, 33). Bemerkenswert ist die bei Lk 18,13 vorliegende Weglassung von ἐν ἑαυτοῖς, die den Bezug zum *Boden* zu betonen scheint (ebd 988, 30–33).

69 Übersetzung mit Wilckens, NT zu Mk 4,17; vgl Bauer, Wb s.v. Außerbiblisch kann das Wort einen moralischen Sinn haben (Delling, ThWNT III 465, 18f). Es ist ein Gräzismus (Jeremias, Gleichnisse 76 mit Anm 12).

70 Die Wortwahl (καρποφορεῖν) läßt eine metaphorische Bedeutung vermuten, die darin besteht, daß die *Menschen* Subjekt des Geschehens sind (vgl Kuhn, Sammlungen 120f und die dort angegebenen Stellen aus dem urchristlichen Schrifttum).

71 Das Problem der Naherwartung respektive Parusieverzögerung kommt weder im Gleichnis selbst (Grässer, Parusieverzögerung 63) noch in der Deutung zum Vorschein.

72 Schon ein dreißigfacher Ertrag ist als sehr gut zu taxieren (Schweizer, Mk 44f).

73 Darin zeigt sich nocheinmal klar die *Zweiteilung* der Deutung.

74 Stellvertretend für viele: Jeremias, Gleichnisse 77.

75 Dieses Vorurteil wurde von Jülicher eingeführt, vgl oben S. 12.

transformiert werden kann, ohne seinen Gleichnischarakter zu verlieren. Eben dies ist in der vorliegenden Deutung geschehen: sie ist eine *Transformation des ursprünglichen Jesusgleichnisses in den Erfahrungsbereich der nachösterlichen Gemeinde.*[76] Dies ist ein durch die nachösterliche Situation *notwendig* gewordener Vorgang. Damit ist allerdings *nicht* gesagt, daß die vorliegende Übertragung die einzig mögliche ist. Sie ist jedoch insofern wichtig, als sie *Hilfe zu weiteren Transformationen* bieten kann. Unter diesem Gesichtspunkt betrachtet kann die Deutung *weder* als *Enteschatologisierung noch* als *Ethisierung* bezeichnet werden.[77] Vielmehr wird die ursprüngliche Pointe, die Ermutigung zum Hören ist, wiederholt: wer das Wort hört und annimmt, der kann gewiß sein, daß er Frucht bringt, und zwar überreiche Frucht, dh der wird in seinem ganzen Dasein verändert.[78] Daß dazu auch die Werke des Menschen gehören, soll nicht bestritten werden. Diese sind hier aber noch klar als creatura verbi verstanden. Insofern *kann* man die Deutung als Paränese bezeichnen. Wichtig ist jedoch, daß hier der unbedingte Vorrang des Indikativs vor dem Imperativ in keiner Weise aufgegeben ist.[79] Wo so indikativisch von der Gewißheit des Fruchtbringens geredet wird, da wird eben der Hörer eingeladen, das Wort zu hören und anzunehmen, damit es auch an ihm seine Wirkung zu tun vermag.

Die zweite Gemeindestufe,

die den ursprünglichen V. 10* im Sinne einer Verallgemeinerung verändert und die Vv. 11f eingefügt hat, versteht das ursprüngliche Gleichnis V. 3—9 nicht mehr als ein hörbares (dh verstehbares) Wort, das den Menschen in Bewegung setzt, sondern als das einer bestimmten Menschengruppe übergebene Geheimnis, das „die draußen" gar nicht verstehen *können.* Die Deutung V. 14—20 ergibt sich nach diesem

---

[76] Die bei Jeremias, Gleichnisse 76 aufgeführten Begriffe und ihre Verbundenheit mit der „apostolischen Zeit" zeigen sehr eindrücklich die *Erfahrungsbezogenheit* der Deutung.

[77] Beides bei Jeremias, Gleichnisse 77. Von Ent-Eschatologisierung kann nur dann gesprochen werden, wenn man dem Gleichnis eine eschatologische Spitze im Sinne Jeremias' unterschiebt. Von *Paränese* ist in der Deutung nichts zu spüren, *es sei denn* man betrachte sie *ihrerseits* als eine *Allegorie,* deren Einzelzüge *als einzelne* eine Bedeutung haben. Dann könnte man allerdings in V. 16—19 *Warnungen* sehen. Gegen Eichholz, Gleichnisse 83; Schmid, Mk 97. 100.

[78] Die Deutung beschäftigt sich also *nicht* nur mit der *erfolglosen Mission* (so Kuhn, Sammlungen 119), sondern mit dem *fehlenden Vertrauen* in die *Macht* des Wortes (was möglicherweise *auch* durch die Erfolglosigkeit der Mission bedingt war, aber nicht nur dadurch).

[79] Gegen Eichholz, Gleichnisse 83: „Der Indikativ wird paränetisch zugespitzt", dh er wird zum Imperativ.

Verständnis nicht mehr aus der Anwendung auf eine bestimmte Situation, sondern sie ist selbst geoffenbartes Geheimnis. Es genügt demnach nicht mehr, die Gleichnisse zu *hören*; vielmehr muß der, der sie verstehen will, zum (geschlossenen) Kreis derer gehören, denen „das Geheimnis des Gottesreiches gegeben ist" (V. 11a).[80] Der ursprüngliche Sitz im Leben von V. 11f war die *theologische Erklärung des faktischen Unglaubens* der Umwelt der nachösterlichen Gemeinde.[81] Die Verkündigung der Gemeinde erfährt der Draußenstehende durchwegs als *Rätselrede*; die *Verstockung* der Umwelt ist das *Werk Gottes selbst*.[82] Das Schriftzitat wurde in den Dienst der Verstockungstheorie gestellt und erheblich *verschärft*.[83] Die Anwendung von V. 11f auf die Gleichnisse impliziert, daß die Verstocktheit der Draußenstehenden als *ein Defizit an Wissen* erscheint (dh als fehlende Kenntnis der Deutung). Damit ist der Unglaube zu *Unwissenheit* verharmlost worden. Die Gleichnisrede Jesu ist zu einer unverständlichen Rätselrede geworden, die grundsätzlich der „Auflösung" bedarf. Dieses in V. 10—12 manifeste Gleichnisverständnis spricht sich dann nocheinmal in V. 34 im gleichen Sinne aus: die Gleichnisse sind Elemente einer Geheimsprache, die ohne Entschlüsselung (ἐπέλυεν!)[84] unverständlich ist.

Der Evangelist Markus

teilt das Gleichnisverständnis seiner Vorlage nicht. Für ihn richten sich die Gleichnisse Jesu an die Volksmenge (V. 1f), ja sie sind ge-

---

[80] Das von Haacker, NT 14, 219—225 vorgeschlagene Verständnis von V. 11 als einer *Auslegung* des Gleichnisses V. 3—9 vermag nicht zu erklären, weshalb der V. 12 dann beigefügt wurde. Immerhin ist die Übersetzung von μυστήριον τῆς βασιλείας mit „(noch) verborgenes Gottesreich" (in Analogie zu 2Thess 2,7; Jos Bell I 470) bedenkenswert (ebd 220), ändert jedoch am Sinn nichts. Nicht überzeugend ist auch der neuerliche Versuch, Mk 4,11f als *markinische* Deutung des Sämannsgleichnisses zu erweisen (gegen Lampe, ZNW 65, 140. 146), weil in diesem Falle angenommen werden muß, daß V. 12 von *Mk* an vormarkinisches Material in V. 10a.11 angefügt sei (aaO 147). Vor allem: wieso hätte Mk eine so schwer zu enträtselnde Gleichnisdeutung aus Gründen der Paränese (aaO 149) anfügen sollen, die zudem V. 33 (markinisch!) widerspricht, wenn doch in V. 13—20 eine Deutung vorlag, die genau dasselbe besagt, was Lampe für Mk 4,10—12 nachweisen will?
[81] So Haufe, EvTh 32, 416; vgl Schelkle, Zweck 74 (der allerdings V. 10f — ohne das Zitat — für ein mögliches Jesuswort hält).
[82] Haufe, aaO 417—419.
[83] Vgl Schweizer, Mk 46, der diese Verschärfung von Jes 6,9f (in der Version des Targum zu dieser Stelle) auf die Übersetzung ins Griechische zurückführt. Jes 6,9f ist im NT locus classicus zur Begründung des Unglaubens der Juden (Haufe, EvTh 32, 418). Die Schärfe darf nicht exegetisch gemildert werden (so Schelkle, Zweck 75 zu Recht gegen Jeremias).
[84] Vgl Büchsel, ThWNT IV 338, 27—339, 3 mit den S. 339 Anm 1f genannten Belegen.

radezu eine diesem Volk entgegenkommende Weise der Lehre (V. 33!). In gewisser Hinsicht sind sie allerdings ein Geheimnis,[85] aber ein Geheimnis *für alle* (V. 13). Das Geheimnismotiv hat bei Mk den Stellenwert der *Unterscheidung* zwischen Jesus und Christus,[86] sofern das Geheimnis des Gottesreiches eines ist, das nicht verborgen bleibt, sondern das offenbar werden wird (bzw werden *muß* V. 21— 25) in nachösterlicher Zeit. Damit befindet sich Mk in der Nähe zur ersten Gemeindestufe, welche die Unterscheidung von Jesus und Christus durch Zusammenstellung von V. 3—9 mit (der nachösterlichen Transformation) V. 14—20 vollzogen hatte.[87]

Matthäus und Lukas[88]

setzen nocheinmal andere Akzente: *Mt* betont im Gleichnis weniger stark die Zweiteilung (er hat überall den Plural für die Samenkörner, vgl V. 4.5.7.8)[89], er betont etwas mehr die Vierteilung und individualisiert dementsprechend die Erträge in V. 8.[90] Dazu paßt, daß Mt in der Deutung (V. 19—23) durchweg den Singular zur Bezeichnung der verschiedenen Menschen wählt. Mt hat das Gleichnis von Anfang an von der Deutung her verstanden. Signifikant ist auch die Einfügung von „verstehen" in den Vv. 11 (γνῶναι).19.23, vgl 13,51; 13,14f: Ziel ist nicht mehr das Hören, sondern das Verstehen des Wortes, und eben *dieses ist den Jüngern* gegeben.[91] Dieselbe Unterscheidung zwischen verstehenden Jüngern und verstocktem Volk zeigt sich in der matthäischen Erweiterung der Verse 4,10—13 bei Markus (Mt 13, 10—17)[92].[93] Mt befindet sich damit näher bei der „zweiten Gemein-

---

[85] Richtig Brown, JBL 92, 61, der auch zu Recht die Unterscheidung dieses Geheimnisses vom Messiasgeheimnis betont.

[86] Mit Brown, aaO 72 (Diskontinuität).

[87] Daß das Gottesreich nur für den Nachfolger offenbar werden wird, ändert nichts am vorösterlichen Geheimnischarakter der Basileia.

[88] Dieser Interpretationsgang setzt die Zwei-Quellen-Theorie als gültig voraus (gegen Wenham, NTS 20, 305—307, der eine *vor*markinische Fassung als Grundlage der Großevangelien annimmt).

[89] Die v.l. für ἐξηράνθη (V. 6) in Dit ist lectio posterior.

[90] Lohmeyer, Mk 83.

[91] Zum matthäischen Jüngerverstehen, das sich von Mk (4,13) grundlegend unterscheidet, vgl Schweizer Mt 195.

[92] Die Jünger fragen Jesus, warum er „*zu ihnen*" (dh zum Volk) in Gleichnissen spreche (V. 10). Den *Jüngern* ist das Verständnis des Himmelreiches gegeben, „jenen" aber nicht (V. 11). Die Jünger werden schließlich seliggepriesen, weil sie verstehen (V. 16f). Zu vergleichen ist auch die Tilgung von Mk 4,33b. 34b, die durch das eben genannte Jüngerverständnis motiviert ist.

[93] Zur ekklesiologischen Bedeutung des Jüngerverstehens bei Mt vgl Barth, Gesetzesverständnis 99—104.

destufe" als bei Mk.[94] Schließlich sind bei Mt Anzeichen zu entdek-
ken dafür, daß der Sämann etwas deutlicher in den Mittelpunkt gerückt ist (vgl das αὐτόν in V. 4 und die Bezeichnung des Gleichnisses
in V. 18). Ist dies der Fall, so wäre damit eine christologische Interpretation des Gleichnisses impliziert.[95]

Lk scheint zunächst etwas deutlicher den Bezug des Samens zum
Sämann zu betonen (V. 5). Auch er ersetzt das alleinige Hören durch
weitere, in der frühen Christengemeinde geläufige Begriffe wie „glauben", „gerettet werden" (V. 12), „glauben" (V. 13), „festhalten" (V.
15)[96]; die *Betonung der menschlichen Qualitäten* ist vor allem in
der Deutung unverkennbar (V. 13 vgl V. 6, wo der vernichtende Feind
getilgt ist! V. 15 „rechtes und gutes Herz", „Geduld"). Wurde die
Deutung bei Mk noch weitgehend im Bildhaften gelassen, so hat Lk
demgegenüber die Anwendung auf die Situation der Gemeinde viel
direkter zum Ausdruck gebracht. Ihm geht es nicht mehr um das
Hören allein, sondern um das „Wie" des Hörens (V. 18) bzw um
die Folgen des Hörens (vgl das „hören *und tun*", V. 21). Damit ist
das indikativische Gleichnis doch sehr in die Nähe imperativer Paränese geraten.

Das Thomasevangelium

betont noch stärker den Sämann (ThEv 9 Anfang). Daß die Erde
Frucht bringt und nicht der Same[97], zeigt einerseits, daß das in der
synoptischen Deutung vorliegende metaphorische Verständnis der
verschiedenen Bodenarten schon vorausgesetzt ist, und andererseits,
daß die Beschaffenheit der Menschen eine größere Rolle spielt.[98]
Daß das ThEv das Gleichnis ohne Deutung wiedergibt, heißt nicht,
daß es deshalb weniger „geheimnisvoll" zu verstehen ist, sondern

---

[94] Der von Gerhardsson, NTS 14, 165–193 vorgelegte Versuch, *Mt* von der
schriftgelehrten Interpretation des Š[e]ma' her zu verstehen, ist schon deshalb
nicht überzeugend, weil er annehmen muß, daß a) Gleichnis und Deutung auf
jeden Fall von derselben Hand stammen müssen (190f), und daß b) Mt die vorsynoptische Tradition besser repräsentiert als Mk (191). Zudem sind die Anspielungen auf das Š[e]ma' kaum wahrnehmbar. Zu bedenken wäre höchstens
Gerhardssons Frage, ob nicht *Mt* selbst die an das Š[e]ma' anlehnende Gestaltung der Deutung vollzogen habe (192).
[95] Dazu vgl Lohmeyer, Mt 195.
[96] Bauer, Wb s.v. 1bβ.
[97] Perrin, Jesus 171, Crossan, JBL 92, 248.
[98] Eichholz, Gleichnisse 68 spricht in diesem Zusammenhang von einer Psy-
chologisierung. Schrage, Thomasevangelium, 47 denkt an die Metaphorik Sämann ≙ Vater; gute Erde ≙ Gnostiker; vgl PhilEv 8: „Entsprechend (ὡς) [sei-
ner Größe] wird [etwas] Frucht (καρπός) bringen", aaO 48.

im Gegenteil. Die Deutung der Synoptiker hebt ja das **Geheimnis auf**, während sich das ThEv viel besser für esoterische Auslegung eignet. Traditionsgeschichtlich ist diese Version jünger als die synoptische.[99]

2.1.2 *Die selbstwachsende Saat (Mk 4,26—29; ThEv 21c)*

Die auffällige Verschiedenheit der Interpretationen, die dieses Gleichnis in der neueren Literatur erfahren hat,[100] geht zu einem großen Teil zurück auf die nicht-traditionsgeschichtliche Betrachtungsweise der Exegeten. Gemäß unserer Hypothese[101] lassen sich *zwei Stufen* deutlich unterscheiden:

Die Jesusstufe

dürfte etwa die folgende Gestalt gehabt haben:

> „(Mit dem) Reich Gottes ist (es) so, wie (mit einem) Menschen, der (einmal) den Samen auf das Land wirft und (nun) schläft und aufsteht, Nacht und Tag, und der Same sproßt und wird groß, ohne daß er selbst davon weiß. Wenn aber die Frucht es (dann) erlaubt, (schreitet er zur Ernte)[102]."

In dieser Gestalt ist der Bauer Handlungsträger der Geschichte. Um sein Tun und Lassen geht es also. Besonders betont ist, daß die Saat, wenn sie einmal gesät ist,[103] sich selbst überlassen werden darf und gewiß reif werden wird.[104] Dieses Wachsen und Reifwerden ist im Gleichnis als wunderbarer und erstaunlicher Vorgang geschildert: der Bauer weiß nichts davon (V.27 Ende). Von seiner Geduld etwa oder von der Pracht der Ernte ist hingegen nicht die Rede.[105] Die

---

[99] Vgl vor allem „*auf* den Fels" und „*auf* die Dornen", sowie den Zusatz „der Wurm fraß sie" und die Höhe des Ertrags (zur Beurteilung des Logions als sekundär gegenüber den Synopt vgl Crossan, JBL 92, 250). Der mE eindeutige Nachweis wird erbracht von Schrage, Thomasevangelium 44—47, der auch Zusammenhänge mit sah aufweist; ähnlich auch Montefiore, NTS 7, 225. 229. 231.

[100] Referiert zB bei Kümmel, Saat 226—229.

[101] Vgl oben S. 105f.

[102] Der ursprüngliche Wortlaut des V.29b ist nicht mehr auszumachen. Höchstwahrscheinlich ist jedoch der Anklang an Joel 4,13 sekundär (gegen Stuhlmann, NTS 19, 162).

[103] Vgl den Konjunktiv Aorist von βάλλειν und Schweizer, Mk 51. Dupont, Semence 99 interpretiert die Aoriste als Ausdruck der Einmaligkeit.

[104] Dieser Akzent ist sehr stark, denn kein Bauer kann in Wirklichkeit so handeln (Schweizer, Mk 51f; vgl Lohmeyer, Mk 86f).

[105] Gegen Jeremias, Gleichnisse 151f mit Dupont, Semence 100; Stuhlmann, NTS 19, 161.

Pointe liegt vielmehr auf der *Gewißheit und dem Wunder,* daß der Aussaat eine Ernte folgt.[106] So ist es also mit der Basileia. *Im Kontext der Verkündigung und der Taten Jesu* erhält dieses Gleichnis scharfe Konturen: Wie der Bauer nach der Aussaat zur Reifung des Samens nichts mehr tut und doch die Ernte gewiß kommen wird, so tut auch Jesus nichts mehr als daß er die Gottesherrschaft (in Wort und Werk) nahebringt. Die *Vollendung* der Basileia ist nicht seine Sache, sie wird vielmehr Gottes wunderbare Tat sein. So interpretiert paßt das Gleichnis gut zu andern Aussagen Jesu über die Gottesherrschaft: in seinen Wundern ist sie „schon zu euch gelangt" (Lk 11,20), sie ist in seinem Erscheinen „unter euch" (Lk 17,21 vgl Mt 24,23f), sie ist „nahe herbeigekommen" (Mk 1,15). Jesu Dasein und Wirken ist demnach so notwendig verknüpft mit der Vollendung der Basileia, wie das Säen des Bauern mit dem Eintreffen der Ernte verknüpft ist.[107] Und weil die Vollendung der Basileia Gottes wunderbare und dem Zugriff des menschlichen Wissens entzogene Tat ist, kann von ihr *nur metaphorisch* geredet werden. Eben dies tut unser Gleichnis, und es gehört gerade als metaphorische Rede von der Basileia zum notwendigen Anfang, dem gewiß Gottes vollendendes Wirken zum guten Ausgang verhelfen wird.

Die Gemeindestufe

hat Änderungen am ursprünglichen Gleichnis vorgenommen, die *ihr* Verständnis deutlich zum Ausdruck bringen: Sie hat zunächst durch das „von Gott gewirkt bringt die Erde Frucht"[108] den Akzent des Unbegreiflichen (V. 27 Ende) verstärkt und zugleich deutlicher gemacht, daß die Vollendung dessen, was mit Jesus begonnen hatte, *Gottes* eigene Sache sei. Die Verwendung von καρποφορεῖν verweist vielleicht schon auf die überreiche Frucht, die das Wort des Evangeliums in der Welt bringt (V. 20.8).[109] In V. 28b erscheint mit der Aufzählung der Wachstumsphasen ein neues Moment: *die Zeit* des Wachs-

---

[106] So auch Stuhlmann, aaO 157; Kümmel, Saat 233; ähnlich Crossan, JBL 92, 252f; Kuhn, Sammlungen 109; Schmid, Mk 103.

[107] Ähnlich Kümmel, Saat 234; vgl die interessante Deutung von Lohmeyer, Mk 87f.

[108] Das Verständnis des αὐτομάτη mit Stuhlmann, NTS 19, 154—156, dessen Analyse der vorkommenden Stellen überzeugend ist und nachweist, daß die Nuance des „Wunderbaren, von Gott Gewirkten" für αὐτόματος durchaus typisch ist; anders Bauer, Wb s.v.

[109] Dies gilt umso mehr, wenn V. 20 und dieser Einschub hier von derselben Hand stammen, vgl oben S. 106.

tums.[110] Fest steht auch für diese Stufe, daß zur Vollendung nichts
getan werden muß. Nach V. 28b gilt dies auch dann, wenn die Vollendung auf sich warten läßt. Die Gemeinde blickt also zurück auf
die Zeit der Aussaat, wo Jesus handelte, sie selbst befindet sich in
der Zeit des unbegreiflichen Wachstums, und sie schaut voraus auf
die Zeit der Ernte, in der Gott handeln wird (V. 29). So verstanden
ermöglicht das Gleichnis der Gemeinde, sich selbst in die Geschichte
Gottes einzuordnen: sie ist in einer Zeit, wo Gottes Vollendung
wunderbar und unbegreiflich ihrem Ziel zustrebt.[111] Die *Gewißheit*
künftigen Handelns Gottes befreit zur Hingabe an die Gegenwart.
Das bisher umrissene Verständnis des ursprünglichen Gleichnisses
durch die Gemeinde erhält seine Relevanz durch die Gestaltung des
V. 29: die hier anklingende Vorstellung vom „eschatologischen
Maß"[112] weist nocheinmal auf das oben beschriebene Zeitverständnis hin. Es ist Gottes Sache, das Ende der Zeit zu bestimmen.[113]
Mit dem Zitat aus Joel 4,13 (das auf das Jüngste Gericht bezug-
nimmt)[114] deutet die Gemeinde die Zeit der Ernte als endzeitliche
Vollendung.[115] Damit wird nocheinmal klar, daß die Gemeinde das
ursprüngliche Gleichnis als Sprachmittel dazu benutzt hat, die in
Jesus Christus begonnene und mit dem Jüngsten Tag endende Geschichte Gottes mit der Welt zu beschreiben. Sie hat damit das Gleichnis Jesu zu einem Gleichnis *über* Jesus Christus gemacht, indem sie
den mit Jesus gemachten Anfang der Nähe der Gottesherrschaft mit

---

[110] Jüngel, Paulus und Jesus 151 stellt diesen Aspekt schon für αὐτομάτη
fest; vgl noch Crossan, JBL 92, 252; anders dagegen Kuhn, Sammlungen
109; Grundmann, Mk 99; Rawlinson, Mk 56.
[111] Mit „Wachstum" im Sinne eines Prozesses hat das schon deshalb nichts
zu tun, weil Prozesse sichtbar sind (dazu Grässer, Parusieverzögerung 60f). Von einem Prozeß des „Reiches Gottes hier auf Erden in der
Gestalt der christlichen Gemeinde" (Schreiber, Vertrauen 209) ist hier nichts
zu sehen. Mit dem Begriff der „Parusieverzögerung" wird ein unsachgemäßes
Moment eingetragen, denn dem ursprünglichen Gleichnis geht es ja gar nicht
um die *zeitliche* Nähe der Gottesherrschaft, sondern um die *Gewißheit ihrer
Ankunft* (ähnlich Masson, Paraboles 44; Klostermann, Mk 44).
[112] Vgl dazu Jeremias, Gleichnisse 151 Anm 5; Stuhlmann, NTS 19, 159.
[113] Stuhlmann, aaO 159—161 möchte hier die Vorstellung vom eschatologischen Maß *nur* in den Kontext der Frage „Kommt Gott *überhaupt?*" (und
nicht: „*Wann* kommt Gott?") stellen. In Wahrheit sind aber beide Fragen
nicht voneinander zu unterscheiden.
[114] So Schweizer, Mk 51; vgl Klostermann, Mk 44, der allerdings nur von
einer besonderen Ausmalung spricht; siehe auch Rawlinson, Mk 56f.
[115] Das Zitat ist näher bei den LXX als beim MT (gegen Stuhlmann, NTS
19, 161f mit Dupont, Semence 103); insbesondere das παρέστηκεν ist beweiskräftig. Zur Verwendung des gleichen Zitates im Urchristentum vgl Apk
14,15f (im selben Sinne wie hier!).

der künftigen Vollendung derselben durch Gott unlösbar verknüpfte. Damit trägt sie der mit „Ostern" zu umschreibenden Wende von Jesus zu Christus Rechnung. Sie bewahrt das Gleichnis gerade dadurch als Gleichnis Jesu auf, daß sie es christologisch (als Bild Jesu Christi) versteht.

2.1.3   Vom Unkraut unter dem Weizen
(Mt 13,24—30.36—43; ThEv 57)

Analyse

Das Gleichnis vom Unkraut unter dem Weizen steht bei Mt an der Stelle, wo Mk 4,26—29 zu erwarten wäre.[116] Die Einleitung V. 24a weist matthäische Spracheigentümlichkeiten auf.[117] Mt überliefert — allerdings erst nach einem Einschub V. 31—35, der dem Mk-Aufriß folgt (V. 31f.34f) und ein Gleichnis aus Q zusätzlich enthält (V. 33 par Lk 13,20f) — eine Deutung des Gleichnisses vom Unkraut (V. [36].37—43).

Sowohl *Gleichnis* wie *Deutung* weisen in sich Spannungen auf. Die Einleitungsformel (V. 24b) ist in formaler Hinsicht analog zu einigen Einleitungsformeln des matthäischen Sondergutes.[118] Die Charakterisierung des Samens als καλόν nimmt die Pointe einer bestimmten Überlieferungsstufe vorweg. Sie ist hier unnötig und spielt erst in V. 27.28a eine sinnvolle Rolle. Das Schlafen der Menschen (wieso werden diese eingeführt?) und das Auftauchen des Feindes, der Lolch sät, sind merkwürdig; der Feind und seine Saat werden in der Deutung (V. 38c.39a) aufgenommen, das Schlafen dagegen nicht.[119]

---

[116] Vgl oben S. 104 mit Anm 35. Dodd, Parables 183; Jeremias, Gleichnisse 98; Jüngel, Paulus und Jesus 149 mit Anm 1 (im Anschluß an Fuchs); Schweizer, Mt 197; Hill, Mt 230; schon Jülicher, Gleichnisreden II 546. Anders dagegen Lohmeyer, Mt 212f (führt die Einordnung auf vormatthäische Tradition zurück).

[117] Ἄλλην παραβολὴν παρέθηκεν Mt 13,24; 13,31 (redaktionell); λέγων (vgl Jeremias, Gleichnisse 98 mit Anm 1; für das zweite aaO 81 mit Anm 8).

[118] Ὡμοιώθη ἡ βασιλεία τῶν οὐρανῶν ἀνθρώπῳ σπείραντι, eine „deutlich unterscheidbare Sonderform des ,Dativanfangs'", vgl Schweizer, Gemeinde 99. Analog ist Mt 18,23; 22,2; nahe verwandt Mt 25,1; ähnlich 7,24.26 (aaO 99f). Schweizer vermutet hinter diesen Gleichnissen eine „Sondertradition" (aaO 103), allerdings nicht schriftlich (Q oder M), sondern mündlich (aaO 104). Eine Überarbeitung des ursprünglichen Gleichnisses postuliert auch Robinson, Mt 121.

[119] Mit Schweizer, Mt 197, der im Auftreten des Feindes einen merkwürdigen Zug sieht; gegen Jeremias, Gleichnisse 222 (konkretes Ereignis, vgl ebd

V. 26 führt den Erzählfaden weiter bis zum Fruchtbringen[120] des Weizens. V. 27.28a führt unvermittelt Knechte ein, die den Herrn (jetzt οἰκοδεσπότης statt ἄνθρωπος) nach der Herkunft des Lolchs fragen. Ihre Frage knüpft deutlich an V. 24b (καλὸν σπέρμα) an, die Antwort des Herrn nimmt auf V. 25 Bezug (aus dem ὁ ἐχθρός ist jetzt ἐχθρὸς ἄνθρωπος geworden).[121] V. 28b.29.30a setzt, im Gegensatz zur Reifesituation von V. 26, wiederum die Wachstumssituation voraus und beschäftigt sich (im Tempus des Präsens![122]) mit der Frage, ob der Lolch *vor* der Ernte eingesammelt werden soll.[123]

Anm 2) und Dodd, Parables 184f, der diesen Zug ebenfalls nicht ungewöhnlich findet. Die Umschreibung „zu der Zeit, wo *man* schläft" (Jülicher, Gleichnisreden II 547) ist für Mt ungewöhnlich. *Zum Sprachlichen:* καθεύδειν hat im NT oft metaphorische Bedeutung für die Handlungsweise des Menschen angesichts der (sich verzögernden) Parusie, vgl Mt 25,5 (alle!); Mk 13,36; 1Thess 5,6.7. Der ἐχθρός (mit Artikel!), nach Jeremias, Gleichnisse 222.7 Anm 2 Semitismus (vgl aber V. 28 ohne Artikel; dagegen ist von der Deutung, V. 39a, her der Artikel motiviert!), bezeichnet in den Pseudepigraphen (TestD 6,3f; Apk Mos 2.7.25.28; Vit Ad 17; gr Bar 13,2) oft den *Teufel* (dazu Foerster, ThWNT II 813,14f mit Anm 13); im NT nur noch Lk 10,19 (vgl ebd 814, 27–29). Interessant ist Apg 13,10: ... υἱὲ διαβόλου, ἐχθρὲ πάσης δικαιοσύνης ...

120 Die Wendung καρπόν (bzw – ους) ποιεῖν heißt *nirgends* im NT „Frucht *ansetzen*" (gegen die Übersetzung von Jülicher, Gleichnisreden II 548), sondern „Frucht *bringen*", visiert also die *Reifezeit* an. Sie kommt gehäuft vor in Q (Mt 3,8 par Lk 3,8; Mt 3,10 par Lk 3,9; Mt 12,33 par Lk 6,43[?]) und hat hier die metaphorische Bedeutung von menschlichem Fruchtbringen. Als *matthäischer* Zusatz steht sie Mt 21,43 (≠ Mk-Par). Nach Lohmeyer, Mt 214 ist mit V. 26 der erste Teil der Parabel geschlossen.

121 Die Knechte staunen über die *Anwesenheit* des Lolchs, nicht über die Menge (mit de Goedt, RB 66, 51 gegen Jeremias, Gleichnisse 222), was auffällig ist. Die Frage der Knechte ist nur um der Antwort des Herrn willen gestellt; vgl Lohmeyer, Mt 215; Klostermann, Mt 120. *Zum Sprachlichen:* οἰκοδεσπότης wird oft von Mt redaktionell eingeführt (Mt 10,25; 13,52; 20,1[?]; 21,33 [≠ Mk]); προσέρχεσθαι ist matthäische Vorzugsvokabel (Jeremias, Gleichnisse 81 Anm 6); zu πόθεν οὖν ἔχει ζιζάνια vgl das formal analoge πόθεν οὖν τούτῳ ταῦτα πάντα Mt 13,56 (redaktionell) (Jülicher, Gleichnisreden II 548).

122 Das Praesens historicum (Jeremias, Gleichnisse 223), wenn hier überhaupt ein solches vorliegt (zu bedenken wäre: hat das Präsens nicht vielmehr den *Gegenwartsbezug* zu leisten?), ist unmatthäisch. Er vermeidet es sonst (Jeremias, Gleichnisse 198 Anm 2).

123 Merkwürdig ist nicht so sehr die *Frage* der Knechte (obwohl sie ja im Grunde keine ist, denn der Lolch wurde auf jeden Fall geerntet; Jeremias, Gleichnisse 222f mit Anm 7 und 1), als vielmehr der terminus συλλέγειν für ζιζάνια (Jülicher, Gleichnisreden II 549; Bauer, Wb s.v.), der sonst meistens für καρπόν, nicht für Unkraut verwendet wird: Mt 13,48 (die *guten* Fische); Mt 7,16 par Lk 6,44 (σταφυλάς bzw σῦκα). Ἐκριζοῦν wird angewendet in Bildern, die von der Vernichtung des Menschen durch Gott sprechen: Mt 15,13 (Pharisäer, vgl Schweizer, Mt 213); Jud 12 (Irrlehrer). Der

V. 30b schließlich schildert, was zur Zeit der Ernte mit dem Lolch *und* dem Getreide geschehen soll.[124] Im Gleichnis lassen sich demnach *drei* verschiedene, nur lose aufeinander bezogene Aussagenkomplexe unterscheiden: 1. die Grundhandlung von der Aussaat (V. 24b) über die Zeit der Reife (V. 26) zur Zeit der Ernte (V. 30b); 2. die Saat des Feindes (V. 25) und das Gespräch darüber (V. 27. 28a); 3. die Frage des Ausreißens mit der verneinenden Antwort des Herrn (V. 28b.29.30a).

36–43 Die Deutung V. 36 (37–43) ist schon formal keine Einheit. V. 36 weist typisch matthäische Sprachmerkmale auf.[125] Die Vv. 37–39 stellen einen Katalog von metaphorischen Bedeutungen der im Gleichnis vorkommenden Stichworte dar, während V. 40–43 als „kleine Apokalypse" bezeichnet werden kann.[126] Auffallend ist, daß sich der Katalog nur auf die Verse 24–28a.30b bezieht und die Vv. 28b.29.30a (Gespräch über das Ausreißen vor der Ernte) ungedeutet läßt.[127] Allerdings ist der Katalog auch nicht einmal mit den genannten Versen konzinn, dh er dürfte ihnen gegenüber sekundär sein.[128] Die Vv 40–43 knüpfen mit einem οὖν an V. 37–

LXX-Hintergrund ist deutlich: Sap 4,4 (vom Gottlosen); Dan 4,14 (G) (von einen Baum, der den König allegorisch darstellt; die Entwurzelung zeigt die Krise an, die über den König kommt, vgl 4,23–26 G); Sir 3,9 (übertragen: vernichten, vgl Zeph 2,4); s auch Maurer, ThWNT VI 991, 16–20.

[124] Der Lolch wird offenbar zur Feuerung verwendet (Jeremias, Gleichnisse 223; anders aber Jülicher, Gleichnisreden II 550, der diesen Gedanken „seltsam" findet), das Korn in die Scheune gefahren (συναγάγετε [Bal] ist lectio difficilior, gegen Jülicher, ebd).

[125] Von den bei Jeremias, Gleichnisse 81 aufgezählten Vokabeln wäre höchstens bei φράσον zu bemerken, daß *anders zu lesen* ist: διασάφησον (mit de Goedt, RB 66, 35). Dies schon aufgrund der äußeren Textsituation (B, ℵ*, θ usw). Das gleiche Verb kommt nur noch Mt 18,31 (s dort) vor, wäre also nicht als Matthäismus zu bezeichnen (mit de Goedt, ebd) und könnte zur alten Überleitung zwischen Gleichnis und Deutung gehören.

[126] V. 40–43 sind nicht „explication allégorique stricte" (aaO 42), sondern „un bref discours de révélation apocalyptique" (aaO 43, aufgenommen bei Jeremias, Gleichnisse 79 Anm 4, von wo auch der Ausdruck „kleine Apokalypse" stammt). Zum Unterschied von V. 40–43 zu V. 37–39 vgl Lohmeyer, Mt 223–225.

[127] Inkonzinnität mit dem Gleichnis stellen ua fest: Bultmann, Synoptische Tradition 203 mit Anm 1 (Deutung verfehlt die „eigentliche Pointe", welche „Mahnung zur Geduld" ist); Dodd, Parables 184; Jeremias, Gleichnisse 79 (inhaltliche und sprachliche Gründe); Schweizer, Mt 201, Crossan, JBL 92, 260f; Jüngel, Paulus und Jesus 148. Anders urteilt de Goedt, RB 66, 50f, sofern er V. 37–39 auf den historischen Jesus zurückführen will.

[128] V. 26 wird im Katalog übergangen; ebenso das Schlafen der Menschen (vielleicht weil es zu deutlich war?); ungedeutet bleiben auch die Knechte; die Scheune spielt ebenfalls keine Rolle (vgl dazu de Goedt, RB 66, 40).

39 an, bringen jedoch nur eine Deutung des V. 30b. Die Apokalypse
setzt zwar V. 37–39 voraus[129], scheint aber nicht weiter am Katalog interessiert zu sein. Das läßt den Schluß zu, daß V. 40–43 nicht
von derselben Hand stammen wie V. 37–39.[130] Auffällig ist im weiteren, daß V. 40–43 *nur einige Züge* von V. 30b auslegt, andere
aber ungedeutet läßt.[131]

Versucht man, alle in der obigen Analyse gewonnenen Fakten in
einen logischen Zusammenhang zu bringen, so ergibt sich die folgende *traditionsgeschichtliche Theorie*:

1. Die *älteste Form* des Gleichnisses umfaßt die Vv. *24b* (ohne
καλόν bei σπέρμα, das zusammen mit V. 27.28a entstanden ist).
26.30b. Diese Verse bilden eine in sich geschlossene Erzählung, die
dem Gleichnis vom Fischnetz beinahe vollkommen analog ist: der
Mensch sät Samen ≙ das Netz wird ausgeworfen; Weizen und Unkraut wachsen beieinander (V. 26) ≙ das Netz fängt Fische jeder
Art; die Erntezeit (V. 30b) ≙ das volle Netz wird an Land gezogen;
der Lolch wird gesammelt und verbrannt, der Weizen in die Scheu-

---

[129] Dem Matthäismus συντέλεια τοῦ αἰῶνος steht gegenüber συντέλεια αἰῶνος.
Aus den υἱοὶ τῆς βασιλείας sind die δίκαιοι geworden. Der Acker ist jetzt nicht
mehr der κόσμος, sondern die βασιλεία τοῦ υἱοῦ τοῦ ἀνθρώπου. Aus dem υἱοὶ
τοῦ πονηροῦ ist πάντα τὰ σκάνδαλα καὶ τοὺς ποιοῦντας τὴν ἀνομίαν geworden.
Die *Anknüpfung* an V. 37–39 wird jedoch gerade in diesen *Unterschieden*
deutlich.

[130] Dieses Urteil wird auch durch die sprachliche Analyse gestützt: den wenigen Matthäismen in V. 37–39 (die meisten von Jeremias, Gleichnisse 81f genannten Ausdrücke halten einer näheren Überprüfung nicht stand, s de Goedt, RB
66, 35–39, der nur ὁ κόσμος und συντέλεια αἰῶνος gelten läßt) stehen relativ
viele in V. 40–43 gegenüber (Jeremias, Gleichnisse 82f kritisch betrachtet von
de Goedt, aaO 35–39, der hier immerhin sieben Ausdrücke gelten läßt und V.
40–43 auch für matthäisch hält, aaO 41). Insbesondere ist zu κόσμος zu beachten, daß es auch bei Mt an einigen Stellen traditionell vorkommt: Mt 4,8 (Q,
Schweizer, Mt 30f); 5,14(?); 13,35 (Zitat) (in ‭א‬*C‭א‬D𝜃pl); 16,26 (traditionell);
18,7 (traditionell, Schweizer, Mt 237); 25,34(?); 26,13 (traditionell). Fazit:
außer zwei fraglichen Stellen alle traditionell, also *keine einzige sicher redaktionelle Stelle.* Ferner ist anzumerken, daß die matthäische Fassung συντέλεια
τοῦ αἰῶνος lautet, es könnte also συντέλεια αἰῶνος durchaus traditionell sein,
zumal wenn man bedenkt, daß der Ausdruck ein apokalyptischer terminus technicus ist (in Dan, TestPatr, vgl Delling, ThWNT VIII 66,29–44). Das Fehlen
des Artikels bezeichnet Jeremias, Gleichnisse 82 Anm 8 als typisch matthäischen
Semitismus.

[131] Dem futurischen ἐρῶ (V. 30b) entsprechen die Futura ἀποστελεῖ, συλλέξου-
σιν, βαλοῦσιν, ἔσται, ἐκλάμψουσιν (V. 41–43), dem κατακαῦσαι das ἐν πυρί(!)
κατακαίεται, der σῖτος wird mit δίκαιοι gedeutet. Ungedeutet bleibt das Binden
des Lolchs, das συναγάγετε (es findet ein Subjektwechsel in V. 43 statt!), die
ἀποθήκη.

ne gefahren ≙ die guten Fische werden in Kisten gesammelt, die schlechten weggeworfen (Umstellung![132]). Diese Form dürfte auf Jesus selbst zurückgehen.[133]

2. Auf einer *ersten Gemeindestufe* wurden die Vv. 25.27.28a eingetragen, die die Herkunft des Lolchs auf den Feind zurückführen. Da der Katalog V. 37—39 sich auf diese Stufe bezieht (vgl das καλὸν σπέρμα V. 38; die Aufnahme des Feindes V. 39), dürfte er gleichzeitig mit ihr entstanden sein und eine Vorform von V. 36[134] als Überleitung gehabt haben.

3. Auf einer *zweiten Gemeindestufe* wurden V. 28b.29.30a eingefügt, die sich mit der Frage nach dem vorzeitigen Ausreißen beschäftigen.[135]

4. Auf *Mt selbst* geht zurück die Deutung V. 40—43, die Umstellung in V. 30b sowie die futurische Umgestaltung von V. 30b (ἐρῶ, vgl die Tempora in V. 40—43[136]). Zudem hat er mit der Einleitung V. 24a das Gleichnis vom Unkraut an die Stelle dessen von der selbstwachsenden Saat gesetzt, ist dann dem Mk-Aufriß gefolgt (V. 31—35, Einfügung: V. 33) und hat mit V. 36 zur Deutung übergeleitet.

5. Das *Thomasevangelium* (57) überliefert keine Deutung, weist aber auch im Gleichnis selbst Änderungen auf, die sich einerseits als Glät-

---

[132] Die Umstellung dürfte auf matthäische Redaktion zurückzuführen sein, da sowohl in der Deutung vom Fischnetz (Mt 13,49f) wie auch in den matthäischen Versen 41—43 die Bösen zuerst genannt sind. Hier fällt das verstärkende πρῶτον zusätzlich auf.

[133] Das zeigt schon die auffällige Kongruenz dieser Form mit dem Gleichnis vom Fischnetz (Kriterium der Konsistenz). Daß die Scheidung von Gut und Böse zugunsten der gegenwärtigen *Sammlung* aller der Zukunft der Basileia vorbehalten bleibt, paßt gut zur Verkündigung Jesu (Jüngel, Paulus und Jesus 146f; ausführliche Argumentation bei Jeremias, Gleichnisse 224). Dazu kommt, daß die Tendenz zur gegenwärtigen (bzw vorzeitigen) Scheidung in Gerechte und Ungerechte dem Frühjudentum und der Gemeinde nicht fremd war, vgl V. 28b—30a, s unten S. 137 (Kriterium der Diskontinuität). Hill, Mt 232 führt das ganze Gleichnis auf Jesus zurück.

[134] Sie ist nicht mehr rekonstruierbar. Jedenfalls dürfte διασάφησον dazugehört haben. Die Benennung des Gleichnisses ist jedoch matthäisch (vgl oben S. 122 Anm 125).

[135] Vgl oben S. 121 Anm 123. Die „Motivierung des Abwartens bis zur Ernte mit dem Hinweis auf den andernfalls entstehenden Schaden entspricht ... einer der kirchlichen Situation gerecht werdenden Reflexion" (Jüngel, Paulus und Jesus 148 im Anschluß an Fuchs).

[136] Mt blickt ja auf die Parusie als Zeit der Scheidung *voraus*, befindet sich also in der Zeit von V. 28b—30a (Präsens!), während für das Gleichnis selbst dieses Futur einen ausgesprochenen Stilbruch darstellt (vgl insbesondere das συνέλεξαν im Gleichnis vom Fischnetz).

tungen[137], andererseits als die Mt-Fassung voraussetzende Kürzungen[138] erklären lassen. Erwähnenswert ist, daß in ThEv 57 sowohl das in Mt 13,26 Erzählte, wie das Gespräch über den Feind, wie auch das Schicksal des Weizens fehlen.

Interpretation:

Auf der *Jesusstufe* hatte das Gleichnis ungefähr den folgenden Wortlaut:

> „Mit dem Gottesreich verhält es sich wie mit einem Menschen, der Samen in seinen Acker säte. Als aber die grünen Halme aufsproßten und Frucht brachten, da kam auch Lolch zum Vorschein. Zur Erntezeit kamen die Schnitter und fuhren den Weizen in die Scheune, den Lolch sammelten sie und banden ihn in Garben zum Verbrennen."

In diesem Gleichnis werden *drei Zeiten* aufeinander bezogen: die Zeit der Aussaat, wo die Grundlage gelegt wird für die folgenden Zeiten; die Zeit des Fruchttragens, wo das Unkraut als solches offenbar wird; die Zeit der Ernte, die sowohl Weizen wie Unkraut ihrer Bestimmung zuführt. Mit der Aussaat ist die Möglichkeit gegeben, daß ein Acker entsteht, auf dem Weizen und Unkraut nebeneinander wachsen. Mit ihr ist aber auch die *Gewißheit* gegeben, daß dieses von jenem geschieden wird, denn auf die Aussaat folgt gewiß eine Erntezeit. Jetzt wird das Gottesreich verkündigt, schon trägt es da und dort seine Früchte. Unter den fruchtbringenden Halmen wird da und dort Lolch, unfruchtbares Unkraut, sichtbar. Beides bleibt zusammen bis zur Ernte, zur Ankunft des Gottesreiches, die eine Zeit der Scheidung bringen wird.

Das Vertrauen auf die Gewißheit der kommenden Scheidung bewahrt vor der Sorge um das Schicksal der Saat. Es befreit zum Hereinholen der Menschen ins Gottesreich ohne den Zwang zur Herstellung einer „reinen" Gemeinschaft von Gerechten. Der Kommentar zu diesem Gleichnis ist die bedingungslose Einladung der Menschen durch Jesus,

---

[137] „Des Nachts"; Auslassung von V. 26; der Lolch wird *ausgerissen*; herausreißen und verbrennen. Schrage, Thomasevangelium beweist auch aus textgeschichtlichen Gründen die Abhängigkeit von Mt (124f) und streicht die Antithese „des Nachts" — „am Tage (!) des Gerichts" besonders heraus. Gleiches Urteil Montefiore, NTS 7, 228.

[138] Er *hatte* Samen (vom Säen wird nicht erzählt); „er ließ *sie* nicht ausreißen" ist unklar, wenn nicht die Mt-Fassung vorausgesetzt ist. Am Tag des Erntens wird der Lolch offenbar werden, dies erinnert an Mt 13,26! Zum Gesamturteil vgl oben Anm 137 und Crossan, JBL 92, 261.

sein Verzicht auf die Bildung eines geschlossenen Kreises, eines heiligen Restes. Und das Gleichnis seinerseits macht den Menschen die Haltung Jesu begreiflich.[139] So wird es zur *Einladung,* indem es daran erinnert, daß jetzt die Zeit der Aussaat ist; zur Einladung, sich ohne Sorge darum, ob man dem Gottesreich gerecht zu werden vermag, hereinbitten zu lassen. Und es wird zugleich zum Hinweis darauf, daß der Mensch *ernst genommen* wird, indem es an die gewisse Scheidung von Frucht und Unkraut erinnert. Sache Gottes ist es, seine Saat in unsere Herzen zu säen, sie wachsen zu lassen und schließlich Wert vom Unwert zu scheiden. Des Menschen Sache ist es, unbekümmert dem Wort vom Gottesreich Raum zu geben.

Die *erste Gemeindestufe* stellt sich im Blick auf ihre eigene Situation die Frage, woher die „Söhne des Bösen"[140] kommen; wie es kommt, daß in der Welt, die ja als ganze Herrschaftsbereich des Menschensohnes ist, auch Menschen sind, die seine Herrschaft nicht anerkennen.[141] Diese Gemeinde beantwortet ihre Frage, indem sie das Unkraut des Gleichnisses von einem Gegenspieler des Hausherrn, seinem Feind, gesät sein läßt (V. 25) und in einem Gespräch den Hausherrn ausdrücklich bestätigen läßt, daß das Unkraut seinen Ursprung in der Tat des Feindes (in der Deutung: des Teufels) habe (V. 27.28a). Wenn die Menschen schlafen (zu beachten ist die metaphorische Bedeutung dieses Verbs, vgl insbesondere Mk 13,36; 1Thess 5,6.7 im Unterschied zu 10!), hat der Feind freie Hand. Wie die von derselben Gemeinde angefügte Zusammenstellung der metaphorischen Bedeutung der wichtigsten Züge des Gleichnisses zeigt, hat diese Gemeinde ein *apokalyptisches Selbst- und Weltverständnis:* der Menschensohn war gekommen und hatte in der Welt „Söhne des Reiches" erstehen lassen. Auch der Teufel war nicht untätig, er sorgte für „Söhne des Bösen". Am Ende des Äons aber werden die Engel kommen, um die Söhne des Reiches hereinzuholen in das kommende Reich des Menschensohnes (vgl Mk 13,26f!), während die „Söh-

---

[139] So auch de Goedt, RB 66, 53. Eine Mahnung zur Geduld (Jeremias, Gleichnisse 224) oder Jesu Bekräftigung, daß das Reich gekommen sei, obwohl noch Sünder in Israel seien (Dodd, Parables 185), oder daß das jesuanische Verständnis des Gleichnisses nicht mehr erkennbar sei (Jülicher, Gleichnisreden II 563), kann ich nicht sehen. Zur Ablehnung der Mahnung zur Geduld vgl Jüngel, Paulus und Jesus 148 im Anschluß an Gräßer (Anm 5).
[140] Der Ausdruck τοῦ πονηροῦ muß maskulinisch aufgelöst werden (Jeremias, Gleichnisse 82 Anm 6).
[141] Die Welt als Herrschaftsbereich des Menschensohnes und der Gedanke des Menschensohn-Weltrichters hängen zusammen. Zu beidem vgl Schweizer, Jesus 57—60. 75—82.

ne des Bösen" dem vernichtenden Gericht anheimgegeben werden.[142] Hier läßt sich sehr schön beobachten, wie ein Gleichnis Jesu der Gemeinde gleichsam als Sprachraum diente, in welchem sie sich selbst und ihre Situation in der Welt aussprechen konnte. Dabei wurde das Gleichnis christologisch (der Mensch, der sät, ist jetzt der erhöhte Menschensohn) interpretiert. Die Frage nach dem *Wann* der Ernte und nach dem Verhalten bis dahin stellt sich hier noch nicht.

Sie stellt sich hingegen ganz deutlich für die *zweite Gemeindestufe.* Hier besteht das entscheidende Problem darin, ob die Gemeinde gegenüber dem in ihr selbst wuchernden Unkraut Maßnahmen ergreifen soll. Mit der sich dehnenden Zeit und dem Verzug der Scheidung stellt sich die Frage, ob die Knechte *schon jetzt* die Aufgabe der Schnitter übernehmen sollen oder nicht (V. 28b). Die Antwort des Herrn ist eindeutig: eine jetzige Reinigung der Gemeinde ist *unmöglich*, weil auch die Söhne des Reiches zusammen mit denen des Bösen vernichtet würden, und sie ist *unzeitig*, weil das Ende noch nicht gekommen ist (V. 29.30a). Die rechte Unterscheidung von Gott und Mensch (sie widerspiegelt sich in der Unterscheidung von Schnitter und Knecht) und die rechte Unterscheidung der Zeiten befreit die Gemeinde zum *getrosten Miteinandersein* ohne den ständigen Zwang zur Scheidung von Gut und Böse (V. 30a).[143]

An eben diese Sicht kann auch *Matthäus* anknüpfen. Allerdings geht es ihm weniger um das Problem von Guten und Bösen in der Gemeinde,[144] als vielmehr um das Schicksal der Bösen am Ende der Tage, das er in alttestamentlicher Sprache beschreibt.[145] Dasselbe

---

[142] Damit gab die Gemeinde eine völlig andere Antwort auf die Frage nach dem Grund für die Existenz von Nichtglaubenden als etwa Mk 4,10—12 und Vorstufen. Wurde dort von der letztlich von Gott bestimmten Verstockung Israels und dann auch der Heiden ausgegangen, so wird hier Gottes Gegenspieler (vgl Foerster, ThWNT II 78, 40—42) zum Ursprung des Unglaubens gemacht. Eine ähnliche Funktion hat der Teufel in Mk 4,15 und Parallelen.

[143] Damit ist ein dem ursprünglichen Jesusgleichnis und der ganzen Existenz Jesu impliziter Zug deutlich ausgesprochen. Bemerkenswert ist der Unterschied zur schroffen Scheidung in „die drinnen" und „die draußen" in Mk 4,11f.

[144] Mit Schweizer, Gemeinde 24, der diesen Gedanken der Tradition zuweist, gegen Barth, Gesetzesverständnis 55.

[145] V. 40—43. Der hebräische Text von Zeph 1,3 ist in V. 41, Dan 12,3 wohl in V. 43 im Spiel (vgl Schweizer, Mt 201f). Zum Interesse am Gericht vgl aaO 202. Bornkamm, Enderwartung 40 denkt an die Unterscheidung zwischen Kirche und der Schar derer, die in die Gottesherrschaft eingehen, bzw den Unterschied zwischen der schon erfolgten Berufung der Vielen und der künftigen Auswahl der Gerechten (aaO 41).

Interesse wird schon in der Überschrift „Gleichnis vom Unkraut"
(V. 36) wie auch darin sichtbar, daß Mt die Reihenfolge in V. 30b
(ursprünglich: Getreide — Lolch, vgl V. 48!) umkehrt. Dabei ist
nicht zu übersehen, daß die Schilderung des bösen Endes der Übeltäter einen paränetischen Zweck verfolgt;[146] diese Interpretation
wird noch unterstrichen, wenn man beachtet, daß Mt das Gleichnis
vom Unkraut bewußt an die Stelle von Mk 4,26—29 (das sich für
paränetische Abzweckung denkbar schlecht eignete) gesetzt hat. Neben dem Paränetischen wird aber auch das Ermutigende seinen Platz
haben: die Gewißheit eines über alle Welt ergehenden Gerichtes und
des Leuchtens der Gerechten wie die Sonne (V. 43) ermutigt die Gemeinde, unbekümmert den Willen des Vaters zu tun.

Das *Thomasevangelium* (Logion 57) geht davon aus, daß vor der Ernte der Lolch gar nicht vom Weizen zu unterscheiden ist, da er erst
„am Tag des Erntens ... offenbar werden" wird. Dieses Offenbarwerden des Unkrauts, dessen Herausreißen und dessen Verbrennung
sind die Pointe dieser Stufe. Vom Schicksal des Weizens ist gar keine
Rede mehr. Gegenüber der matthäischen Fassung ist neu, daß die
Existenz der Bösen zwar vorausgesetzt und auf den „Feind" zurückgeführt wird, daß aber die *Erkenntnismöglichkeit* der Bösen bestritten und so der Verzicht auf ihre vorzeitige Vernichtung legitimiert
wird.[147]

2.1.4 Das Gleichnis vom Senfkorn (Mk 4,30—32 parr; ThEv 20) und vom Sauerteig (Lk 13,18f par; ThEv 96)

Analyse

Die oben hypothetisch erarbeitete ursprüngliche Form des *Senfkorngleichnisses* wurde sowohl in der vormarkinischen[148] wie auch
in der Q-Gemeinde überliefert. Beide Versionen wurden (vielleicht

---

146 Schweizer, Gemeinde 25.
147 Beachtet man die Betonung des Offenbarwerdens am Ende, so ist weniger
vom *Zusammenleben* von Gnostikern und Nichtgnostikern (so Montefiore,
NTS 7, 231, aufgenommen im Sinne einer Möglichkeit von Schrage, Thomasevangelium 126) die Rede. Näher läge der Gedanke, daß vor dem Ende wahre
und falsche Gnostiker nicht mit Sicherheit voneinander zu unterscheiden sind.
Ob die Metaphorik „guter Same" $\cong$ τὸ σπέρμα τὸ πνευματικὸν εἰς τὴν ψυχήν
und „Unkraut" $\cong$ τὸ σπέρμα τοῦ διαβόλου, welches ὁμοούσιον mit dem Diabolos
ist (so Schrage, ebd mit Verweis auf Exc ex Theod 53) vorliegt, ist nicht zu entscheiden, ist aber eher unwahrscheinlich, da das σπέρμα πνευματικόν ja nicht erst
am „Tage der Ernte" als solches offenbar wird.
148 Zur Bearbeitung durch diese Gemeinde vgl auch oben S. 106.

unabhängig voneinander?)[149] von einem an die LXX anklingenden Mischzitat abgeschlossen. Die Mk-Version läßt deutlich Ez 31,6 (Vögel des Himmels; Zweige; Schatten verbunden mit dem Wohnen der Völker) und Dan 4,21 (Theodotion), bzw 4,18 MT (die Vögel [allerdings nicht πετεινά sondern ὄρνεα] des Himmels; wohnen; die Zweige) anklingen,[150] während in der Q-Fassung Dan 4,21 (Theodotion) am meisten im Vordergrund steht[151] (in seinen Zweigen; wohnen bzw nisten; die Vögel [ὄρνεα s oben] des Himmels), ohne daß der in Ez 31,6 stehende Zug von der Fülle der Heiden, die „in seinem Schatten" wohnen, aufgenommen wäre.[152] Die Veränderungen gegenüber der ursprünglichen Form, die von der vormarkinischen Gemeinde vorgenommen wurden, sind neben dem schon genannten AT-Zitat insbesondere in der Ergänzung V. 31b.32a (mit Ausnahme von ἀναβαίνει) zu sehen. Dadurch wird das Gleichnis[153] zu einem *Kontrastgleichnis* umgestaltet.[154] Mit Ausnahme der möglicherweise lukanischen Einleitung (Lk 13,18a) hat Lk die *Q-Fassung* unversehrt bewahrt[155]: die Q-Fassung spricht von einem *Menschen*,

---

[149] Ob der LXX-Anklang schon *vor Mk* und Q geschaffen wurde, ob er also beiden Versionen zugrundeliegt (so Crossan, JBL 92, 259), läßt sich nicht mit Sicherheit sagen. Jedenfalls ist die AT-Anspielung *sekundär* (mit Gräßer, Parusieverzögerung 142 und Kuhn, Sammlungen 100 gegen Dodd, Parables 191 und McArthur, CBQ 33, 206, die die Anspielung zur ursprünglichsten Version zählen; und gegen Schulz, Q 301, der das Gleichnis allerdings nicht auf den historischen Jesus zurückführt).

[150] Anders Dupont, Couple 343, der an Ez 17,23 (LXX) und Ps 104 (103), 12 denkt.

[151] Schulz, Q 301 Anm 291; Dupont, Couple 343. Vielleicht ist die Vorstellung von der Zeder Israels, welche der Ort eschatologischer Ruhe für alle Völker ist (vgl Ez 17,22–24; Dan 4) (so Funk, Interp. 27, 4), im Hintergrund. Zum Vorstellungshintergrund vgl auch McArthur, CBQ 33, 202f.

[152] Schweizer, Mt 199.

[153] Schon vom Stoff her legt sich die Vermutung nahe, daß ursprünglich ein Gleichnis im eigentlichen Sinne vorlag (anders Schulz, Q 301), das in der vormarkinischen (nicht aber in der Q-!) Gemeinde bewahrt wurde, vgl unten und Kuhn, Sammlungen 103.

[154] Die Ergänzung geht nicht auf Mk zurück, da hier markinische Spracheigentümlichkeiten fehlen (vgl oben S. 105 Anm 38) siehe auch Kuhn, Sammlungen 103 gegen Crossan, JBL 92, 257 (markinisch). Sie ist aber auch nicht ursprünglich (gegen McArthur, CBQ 33, 206; Jeremias, Gleichnisse 147; Schmid, Mk 103f); die Zerdehnung fällt schon rein grammatikalisch auf (Jülicher, Gleichnisreden II 571, allerdings mit dem Argument, daß die Lk-Fassung ursprünglicher sei).

[155] Die matthäische Einleitung (V. 31a) ist redaktionell (vgl Mt 13,24 mit S. 120 Anm 117 oben und Dupont, Couple 333), die lukanische unsicher. Die Doppelfrage bei Lk ist der Mk-Fassung ähnlich, während Mt 13,31b eine für die vormatthäische Tradition typische Formulierung hat (Schweizer, Gemeinde

der das Senfkorn in seinen Garten wirft; sie betont ausdrücklich das *Wachstum* zu einem *Baum*, in dessen Zweigen die Vögel nisten können; sie hat schließlich das ursprüngliche Gleichnis in eine *Parabel* umgestaltet, sofern sie den Vorgang als Geschichte erzählt. Der Gedanke des Kontrasts ist nicht ausgeprägt, vielmehr ist der des Wachstums betont, wodurch die Senfkornparabel in die Nähe des ebenfalls parabelhaft erzählten Gleichnisses vom Sauerteig kommt, das in Q mit dem ersteren zusammengestellt wurde.[156] In Mk 4,30–32 sind keine redaktionellen Züge des *Mk* zu erkennen. *Lk* stellt die beiden Gleichnisse in den Kontext des Bußrufs an die Juden (13, 1–9, gefolgt von einem Streitgespräch mit einem Synagogenvorsteher; 13,10–17) und der Berufung der Völker in die Herrschaft Gottes (13,22–30). *Mt* schreibt „in seinen Acker" (13,31), was an 13,24 erinnert. Er kombiniert im übrigen Mk und Q, übernimmt aber die Anspielung auf die Fülle der Heiden in Mk nicht. Die Einordnung in den Kontext geht auf die Mk-Vorlage zurück.

Das *ThEv* (20) bringt das Gleichnis vom Senfkorn nicht verbunden mit demjenigen vom Sauerteig (ThEv 96). Es setzt hier die Kenntnis des Mt (Reich der Himmel!) und der sahidischen Übersetzung des Mk voraus.[157] Es weist gegenüber den synoptischen Versionen sekundäre Züge auf: Jüngerfrage als Einleitung; Land, das man bebaut; ein großer Sproß; heraussenden; Schutz für die Vögel; Tilgung der AT-Anklänge.[158] Beachtet man diesen Sachverhalt, so ist jedenfalls klar, daß das Gleichnis aus dem Thomasevangelium nicht in die traditionsgeschichtliche Analyse der Synoptiker-Versionen einbezogen werden darf.[159]

98f), hier also nicht den Q-Wortlaut darstellen dürfte (ähnlich Schulz, Q 299 mit Anm 273, wo gleich urteilende Literatur genannt ist). In Mt 13,31c.32 erklären sich sämtliche von Lk abweichenden Züge daraus, daß Mt die Q-Fassung mit der markinischen kombiniert (Analyse bei Schulz, Q 299f); zum Gesamturteil vgl Jüngel, Paulus und Jesus 152.

[156] So auch Bultmann, Synoptische Tradition 186 (die Zusammenstellung kann nicht ursprünglich sein); Dodd, Parables 192 (gegen Ursprünglichkeit; erwähnt aber nichts von Q); Schulz, Q 307 (schon die Überleitung καὶ πάλιν εἶπεν stand in Q); vgl Funk, Interp. 25, 167. Für ursprüngliche Kombination votiert Dupont, Couple, 336.

[157] Schrage, Thomasevangelium 62f.

[158] Vgl Schrage, Thomasevangelium 64f; Montefiore, NTS 7, 227–229; Gärtner, Theology 212, 232; für sekundären Charakter auch Perrin, Jesus 173; anders dagegen Crossan, JBL 92, 258f, der die ThEv-Version unabhängig von der synoptischen Tradition vom ursprünglichen Gleichnis *Jesu* herleitet.

[159] Gegen Crossan, JBL 92, 259; Jeremias, Gleichnisse 146. Der Hinweis auf die im ThEv fehlenden „allegorischen" Züge (warum fehlen sie? s unten S. 137 mit Anm 194–196) ist im Blick auf seinen argumentativen Wert völlig unklar.

Das *Gleichnis vom Sauerteig* (Lk 13,20f par) war schon in Q mit dem vom Senfkorn verbunden und durch καὶ πάλιν εἶπεν eingeleitet.[160] Die Frageform Lk 13,20b ist ursprünglicher, zumal die matthäische Einleitung teils redaktionell (13,33a)[161], teils vormatthäisch (33b)[162] ist. Im übrigen stimmen die beiden Versionen fast völlig überein.[163] Das Gleichnis dem historischen Jesus abzusprechen, ist ohne historische Begründung.[164] Der Kontext im Rahmen der *Evangelien* ist der gleiche wie beim Gleichnis vom Senfkorn. Das *Thomasevangelium* (96) spricht vom Reich des *Vaters,* vergleicht dieses mit einer *Frau* (nicht mit dem Sauerteig), führt den Gegensatz „wenig Sauerteig — große Brote" ein, läßt die Mengenbezeichnung beim Mehl fallen und fügt einen Weckruf an; dies alles sind deutlich sekundäre Züge.[165]

Interpretation

Das *Gleichnis vom Senfkorn* hatte *bei Jesus* etwa den folgenden Wortlaut:

> „Wie sollen wir das Reich Gottes abbilden, in welchem Gleichnis sollen wir es darstellen? Wie mit einem Senfkorn (ist es), das, wenn es einmal ausgesät ist auf die Erde, aufwächst und große Zweige treibt, so daß die Vögel in ihrem Schatten nisten können."[166]

---

160 Bultmann, Synoptische Tradition 186; Schulz, Q 307 mit Anm 327f.

161 Vgl oben S. 129 Anm 155 am Anfang.

162 Vgl oben S. 129f Anm 155 in der Mitte mit der dort angegebenen Literatur.

163 Die Entscheidung zwischen Mt (ἐνέκρυψεν, hap.leg.) und Lk (ἔκρυψεν, etwas häufiger) ist unsicher. Möglich ist, daß Mt hier die ursprüngliche Version bewahrt hat (Schulz, Q 307); sachlich ist es jedoch ohne Belang.

164 Die Q-Version stimmt in manchem überein mit der auf Jesus zurückgehenden Version des Senfkorngleichnisses (die unaufhaltsame, wunderbare Wirkung eines Kleinen, das hyperbolische Größe erzeugt). Auch die Aufnahme des anstößigen Sauerteig-Vergleichs (Jeremias, Gleichnisse 148f, Schulz, Q 308f; uam) ist für den historischen Jesus typisch (Jeremias, Gleichnisse 149; vgl insbesondere auch das Gleichnis vom ungerechten Haushalter, Lk 16,1—8). Nicht historisch ist das Gleichnis für Schulz, Q 309, und zwar aufgrund des hellenistisch-judenchristlichen Ursprungs (Belege für diesen werden allerdings keine angegeben).

165 Gleiches Urteil auch bei Montefiore, NTS 7, 227; Schrage, Thomasevangelium 183—185, Gärtner, Theology 230—232; Haenchen, Botschaft 46.

166 Die genaue Form dieses letzten Satzteils ist nicht mehr zu rekonstruieren. Der Hinweis auf die Vögel kann aber als Element der anschaulichen Schilderung der erstaunlichen Größe dieser Senfkornstaude verstanden werden (AT-Anklang muß nicht angenommen werden).

Liest man dieses Gleichnis unbefangen, so erscheint die Alternative „Kontrast" – „Wachstum"[167] unberechtigt. Beachtet man nämlich den ὅταν-Satzteil, so ist deutlich, daß es *einerseits* um das Verhältnis des sprichwörtlich kleinen Senfkorns zur großen Senfstaude, und *andererseits* um den in der Aussaat gemachten (notwendigen!) Anfang in seinem Verhältnis zum herrlichen Ende geht. Ist das Senfkorn einmal gesät, so wird aus ihm mit der Gewißheit des naturhaften Geschehens eine große Staude[168], in deren Zweigen selbst die Vögel Unterschlupf finden. Mit dem Geschehenszusammenhang zwischen Senfkorn und Staude bildet Jesus die *Gottesherrschaft* ab, sofern dadurch der Geschehenszusammenhang zwischen der jetzt in Kleinheit anwesenden Gottesherrschaft und deren herrlichem Ende für den Hörer einsichtig wird. „Das wunderbare Ende ist gewiß. Deshalb darf man dem unscheinbaren Anfang trauen."[169] Der unscheinbare ·Anfang ist die in zeichenhaften Wundern und Gleichnissen Jesu anwesende Gottesherrschaft, ihre Gegenwart im Wort und in der Tat Jesu. Dieser unscheinbare Anfang ist die *notwendige Voraussetzung*[170] für die künftige, am Ende der Zeit von Gott herbeigeführte Gegenwart der Basileia in Herrlichkeit. Jesus versteht demnach seine eigene Gegenwart als notwendige Voraussetzung der Zukunft Gottes, und er versteht zugleich die Unscheinbarkeit seines Wortes und seiner Tat im Lichte der Herrlichkeit von Gottes Vollendung. Mit dem Gleichnis vom Senfkorn werden die Hörer in diesen Zusammenhang einbezogen: sie werden eingeladen, in Wort und Tat *Jesu* die herrliche Zukunft *Gottes* zu erkennen und aufgrund der Gewißheit der herrlichen Zukunft sich auf den unscheinbaren Anfang einzulassen.[171] Das Gleichnis „schenkt diesen Menschen einen

---

[167] Für „Kontrast" als Pointe plädieren: Jeremias, Gleichnisse 147; implicite Haenchen, Weg 181f, Perrin, Jesus 174; Crossan, JBL 92, 258f; McArthur, CBQ 33, 207, Schmid, Mk 104; Rawlinson, Mk 58; Schniewind, Mk 78; für „Wachstum" dagegen Jülicher, Gleichnisreden II 576; Dodd, Parables 190f. Lohmeyer, Mk 88 führt „Kontrast" und „Wachstum" auf verschiedene Fassungen zurück.

[168] Die Senfstaude wird am See Genezareth tatsächlich $2^1/_2$–3m hoch (Jeremias, Gleichnisse 147 mit Berufung auf Dalman und Wilken, Anm 2); zum Kontrast Senfkorn – Senfstaude Str-B I 669. Die unserem Gleichnis am nächsten kommende Parallele Taᵍ an 4a spricht allerdings nicht von einem *Senfkorn*.

[169] Jüngel, Paulus und Jesus 153; vgl Fuchs, Zeitverständnis GA II 347; ders, Exegese GA II 289. 291.

[170] Dies macht vor allem der ὅταν-Satzteil deutlich; zum ὅταν mit Konjunktiv Aorist vgl Bauer, Wb s.v. 1b.

[171] Das „sich Einlassen" kann wohl mit „Glaube" näher bestimmt werden. Allerdings scheint es mir *unzulässig*, das *Senfkorn auf den Glauben zu deuten* (Fuchs, Jesus 83. in der eschatologischen Zeit ist der kleinste Glaube groß,

Zusammenhang, auf den sie *nicht* hoffen und mit dem sie *nicht* rechnen durften".[172]

Ganz ähnlich ist die Aussage des *Gleichnisses vom Sauerteig*:

„Womit soll ich die Gottesherrschaft vergleichen? Es ist gleich einem Sauerteig, den eine Frau nahm und in drei Scheffel Weizenmehl verbarg, bis daß es ganz durchsäuert war."

Auch hier geht es einerseits um das Verhältnis einer kleinen Menge Sauerteig zu der übergroßen[173] Menge Mehl, die jener zu durchsäuern vermag. Und andererseits um die Gewißheit, daß — ist einmal der Sauerteig unter das Mehl gemischt — der ganze Teig durchsäuert werden wird. Auch hier geht es um einen unscheinbaren Anfang in Verborgenheit[174], dem gewiß das herrliche, nicht mehr zu übersehende Ende folgen wird. Dabei ist — wie schon beim Senfkorngleichnis — nicht ein Entwicklungsprozeß anvisiert, sondern Anfangs- und Endpunkt werden aufeinander bezogen.[175] Für die Jesusstufe erge-

---

vgl aaO 84: „Gegenüber dem, was die Basileia ist, muß der Glaube immer klein sein — ... — und ist doch in sich selber wunderbar."). Es geht ja nicht um die Gegenüberstellung von Basileia und *Glaube*, sondern um diejenige von Gottesgegenwart *am Ende* und Gottesgegenwart *in Jesus*. Wer der Gewißheit des Zusammenhangs zwischen Jesu Gegenwart und Zukunft vertraut, der mag wohl „glauben", aber deshalb ist nicht *sein Glaube* schon „in sich selber wunderbar".

[172] Fuchs, Exegese GA II 291. Der methodische Ansatz von Jeremias, wonach der historische Ort der Gleichnisse im Leben Jesu der Kampf und die Verteidigung sei, wirkt sich hier sehr verengend aus: der historische Ort dieses Gleichnisses (und desjenigen vom Sauerteig) ist nach Jeremias „die Äußerung von Zweifeln an Jesu Sendung" (Gleichnisse 148). Zur Kritik vgl Jüngel, Paulus und Jesus 154.

[173] Zur Menge Mehl vgl Jeremias, Gleichnisse 146 mit Anm 4. Sie wird von Jeremias (ebd) und Funk, Interp. 25, 167 als Hinweis auf die „Realitäten Gottes" verstanden. Jedenfalls handelt es sich um einen deutlich hyperbolischen Zug.

[174] Man kann ἔκρυψεν als Erinnerung an die „verhüllte Gegenwart" der Gottesherrschaft verstehen (als Möglichkeit erwogen bei Schweizer, Mt 199; als zum ursprünglichen Gleichnis gehörend behauptet von Funk, Interp. 25, 158f); dies ist jedoch nicht notwendig, vgl Bauer, Wb s.v. 1d: „ohne die Absicht, jedoch mit dem Ergebnis, daß man das Betreffende dem Anblick entzieht" (vgl den dort angegebenen Beleg Hipponax [VI, V] 25D).

[175] Dennoch ist auch hier weder von einem Kontrastgleichnis (so Jeremias, Gleichnisse 147, abgelehnt von Funk, Interp. 25, 167) noch von einem Wachstumsgleichnis (so Dodd, Parables 193: „There was in it [sc the ministry of Jesus] no element of external coercion, but in it the power of God's Kingdom worked from within, mightily permeating the dead lump of religious Judaism in His time.") zu sprechen, beide Aspekte sind (wie schon beim Senfkorngleichnis) ineinander verschränkt.

ben sich somit die gleichen Aussagen wie beim Senfkorngleichnis. Hier kommt allerdings noch die Schockwirkung dazu, die vom Vergleich des Gottesreiches mit dem die ätzende Kraft des Bösen symbolisierenden Sauerteig ausgegangen sein mag.[176] Daß ausgerechnet der sonst häufig als Symbol des Bösen verwendete Sauerteig im Munde Jesu zur Metapher des Gottesreiches wird, ist der sprachliche Reflex dessen, daß die Neuheit des Gottesreiches alles bisher Dagewesene (auch das sprachlich Dagewesene) zum Alten macht.[177]

Die *vormarkinische Gemeinde* verstand das *Gleichnis Jesu vom Senfkorn* im Lichte der nachösterlichen Christusbotschaft. Die Zukunft des Gottesreiches, die in Jesus von Nazareth angebrochen ist, wird nun in alttestamentlicher Sprache als „Wohnort" aller Völker der Erde geschildert (Mk 4,32b).[178] Damit klingt die in der frühen Gemeinde (und vielleicht schon bei Jesus) lebendige Erwartung vom Hereinkommen der Völker am Ende der Zeit an.[179] Für diese Gemeinde umspannt das Gleichnis die Geschichte vom Erdenwirken Jesu bis zur Parusie des Menschensohnes. Indem das Gleichnis Jesu so zum Sprachreservoir für die Beschreibung der Geschichte wurde, gab es auch Raum für die Situation der Gemeinde selbst in dieser Geschichte. Das Gleichnis stellt also eine Art „Sprachraum" dar, innerhalb dessen es der Gemeinde möglich war, ihre eigene Situation als eine mit dem Kommen Jesu verbundene zur Sprache zu bringen. Und indem die Gemeinde den *Kontrast* zwischen Senfkorn und Staude einführte (Mk 4,31b.32a), wurde das neu erzählte Gleich-

---

[176] Vgl dazu Jeremias, Gleichnisse 149; Schulz, Q 309; und Funk, Interp. 25, 161f, der daraus den mE gewagten Schluß zieht, daß das Königreich kommt „as a negation of the established temple and cult and replaces them with a sacrament of its own — a new and leavened bread" (162).

[177] Dazu Funk, Interp. 25, 163: die Konvention der Sprache wird „refracted". Nach Funk ist die „Welt" der „referential nexus", in welchem Dinge erkannt werden (aaO 165). Eben diese Welt bringt das Gottesreich *sprachlich* zu Ende, indem es die etablierten Bedeutungen der Wörter traumatisiert (aaO 166); „world-gain is concomitant with ... language-gain" (aaO 168). In diesem Vorgang widerspiegelt sich das Wesen der Metaphern Jesu, die die Welt vor ihr Nichtsein führen und sie ins neue Sein wenden.

[178] Das in Mk 4,32 anklingende Ez-Zitat (31,6) spricht vom Wohnen ($\kappa\alpha\tau o\iota\kappa\epsilon\tilde{\iota}\nu$) der Fülle der Heiden ($\pi\tilde{\alpha}\nu\ \pi\lambda\tilde{\eta}\theta o\varsigma\ \check{\epsilon}\theta\nu\omega\nu$) im Schatten ($\sigma\kappa\iota\acute{\alpha}$) des Baumes ($\hat{=}$ Ägypten, vgl Ez 31,2f). Die „Vögel" sind frühjüdisch das Symbol für die Heiden (Jeremias, Gleichnisse 146 Anm 2 mit Verweis auf T. W. Manson), $\kappa\alpha\tau o\iota\kappa\epsilon\tilde{\iota}\nu$ ist ein eschatologischer terminus technicus (Jüngel, Paulus und Jesus 153 mit Verweis auf Jeremias). Zum AT-Hintergrund im Ganzen vgl Schweizer, Mt 199; ders, Mk 53.

[179] Die Heidenvölker werden bei den Parusie des Menschensohnes herzukommen, vgl Mt 8,11f (Schulz, Q 324f; Schweizer, Jesus 80).

nis zum Trost für jene, die an der Unscheinbarkeit des erst im Wort anwesenden Gottesreiches Anstoß nahmen.[180] Und es wurde zur Ermutigung derer, die an der Gewißheit des herrlichen Endes zweifelten und sich deshalb gar nicht erst auf die kümmerlichen Anfänge einlassen wollten. Mit der Autorität des allgemein Bekannten wurden Zweifel und Kleinglaube bekämpft; das Senfkorngleichnis wurde in der Form eines *Gleichnisses im eigentlichen Sinne* überliefert. Der *Evangelist Markus* konnte dieses Verständnis ganz übernehmen.[181]

Einen anderen Akzent setzte die *Q-Gemeinde*. Ihr Verständnis des Gleichnisses zeigt sich zunächst darin, daß sie den Kontrast nicht besonders herausstreicht,[182] und — was damit zusammenhängt — daß sie das *Senfkorngleichnis* mit demjenigen *vom Sauerteig kombiniert*. Statt des Kontrastes betont sie die Herrlichkeit der Zukunft („Baum"[183]) und die an der Gewißheit des Wachstums[184] ablesbare Gewißheit, daß auf den unscheinbaren Anfang ein herrliches Ende folgen wird. Die *alttestamentlichen Anklänge* lassen erkennen, daß das „Nisten" aller Völker in der Basileia am Ende der Tage erwartet wird.[185] Deutlicher als die vormarkinische Gemeinde bezieht diese Gemeinde die Aussaat des Senfkorns auf die

---

[180] Der Kontrast ist geradezu die Pointe dieser Überlieferungsstufe; vgl Kuhn, Sammlungen 100. Hier paßt auch die Deutung von Jeremias, Gleichnisse 147 (dort für den historischen Jesus). Zur Einfügung des Kontrasts vgl oben S. 129 Anm 154.

[181] Mk verstand die AT-Anspielung wohl im Sinne von Dan 4,18(21) als Hinweis auf die (für ihn wichtige!) Eingliederung der Völker in die Gemeinde Jesu; s Schweizer, Mk 53, 148 (zu 13,10). Für Mk ist also die weltweite Verkündigung der *Christus*botschaft gleichsam „*Sprachraum*" für alle Völker der Erde.

[182] Die Aussage von Mk 4,31b.32a fehlt bekanntlich in Q, vgl zB Crossan, JBL 92, 254; Schulz, Q 300; Kuhn, Sammlungen 100f.

[183] Jeremias, Gleichnisse 146 und viele andere notieren diesen hyperbolischen Zug, der allerdings auch von den AT-Zitaten her eingedrungen sein kann. Kuhn schließt daraus, daß hier das „Schlußstadium" eindeutig akzentuiert sei (Sammlungen 100).

[184] Das Verbum αὐξάνειν hatte schon früh eine *metaphorische* Bedeutung (vgl oben S. 101f Anm 19). Das Wachstum impliziert *hier* allerdings nicht Entwicklung (so zu Recht Schulz, Q 303–305).

[185] Ob hier die Vorstellung von der Heidenmission als einem eschatologischen Geschehen schon vorliegt (so Jeremias, Gleichnisse 146; deutlicher Gräßer, Parusieverzögerung 142), oder ob es den AT-Anklängen lediglich um die eschatologische Vollendung der Basileia (das Herzukommen der Heiden) geht (so vehement vertreten von Schulz, Q 305 mit Anm 316, der jeden Hinweis auf die Heidenmission ausschließt und den oft in der Literatur vorkommenden Verweis auf Jos und As 61,10–13 disqualifiziert), ist nicht mit Sicherheit zu entscheiden.

Zeit des irdischen Jesus („das ein Mensch nimmt und in seinen Garten sät"[186]) und verbindet diese durch „und wuchs auf" mit der eschatologischen Zeit. Zur Interpretation des Senfkorngleichnisses als einer kurzen Zusammenfassung der Geschichte von Jesus bis zur Parusie paßt auch, daß Q das Gleichnis *in eine Parabel* umformte.[187] Die Gemeinde weiß sich selbst in der Zeit des „und wuchs auf", einer Zeit des unbegreiflichen, wunderbaren Wachstums dessen, was beim irdischen Jesus seinen Anfang genommen hatte. Der Anfang ist gemacht, die große Zukunft ist gewiß, also ist auch die Gegenwart in Bewegung. Diesen Aspekt betont die Q-Gemeinde überdies dadurch, daß sie *das Gleichnis vom Sauerteig* mit demjenigen vom Senfkorn *kombiniert*: die Hefe ist im Teig verborgen, sie verändert eine riesige Menge, der Prozeß des Durchsäuerns ist gegenwärtig im Gange. Die Q-Gemeinde versteht beide Gleichnisse als *Qualifikation der Gegenwart,* von Naherwartung[188] oder Parusieverzögerung[189] ist hier nichts zu verspüren.

Lukas macht durch die Einordnung der beiden Gleichnisse in den Kontext von Bußruf an die Juden und Berufung der Völker deutlich, daß er im Sinne der weltweiten Heidenmission versteht, in welcher die Bewegung der Gegenwart sich vollzieht. *Matthäus* versteht die beiden Gleichnisse als Kontrast zum Unkrautgleichnis[190]: die Welt[191] ist in Bewegung, das Reich der Himmel wird sich, wenn auch im Verborgenen, unaufhaltsam durchsetzen bis hin zur herrlichen

---

[186] Die Aussaat im „Garten" (und die LXX-Anklänge) weisen auf hellenistischen Hintergrund, vgl Schulz, Q 299 im Anschluß an Jeremias, Gleichnisse 22 mit Anm 3.

[187] Vgl Kuhn, Sammlungen 103. Jüngel, Paulus und Jesus 152 führt die „Tendenz der Gleichnisrede zur Parabel und zur Beispielerzählung" auf das „Wesen der Gleichnisse" zurück, „die Natur als Geschichte zur Sprache bringen". Das letztere hängt aber wohl damit zusammen, daß der der *Natur* entnommene Gleichnisstoff im Laufe der Traditionsgeschichte als *Sprachmittel der Geschichtsdarstellung* verwendet wird.

[188] Schulz, Q 303: „Das vorliegende Q-Gleichnis kann nur sachgemäß von der apokalyptischen Naherwartung her interpretiert werden." Wieso das?

[189] Gräßer, Parusieverzögerung 142 stellt für Lk *und* Q fest, daß hier „im Sinne der ausgebliebenen Parusie" variiert worden sei (ebenso auch Schulz, Q 303).

[190] Die Einleitung V. 31a entspricht derjenigen von V. 24, woraus ersichtlich ist, daß Mt die Gleichnisse V. 24—30.31—33 als „eine Art Einheit" betrachtet (Kretzer, Herrschaft 123). Es besteht eine gewisse Diskrepanz zwischen V. 24—30 und V. 31—33 (vgl aaO 108. 127).

[191] Der Acker ist die Welt (vgl 13,38.24). Acker ist hier von Mt (vielleicht schon von seiner Gemeinde) eingetragen (vgl oben S. 130).

Vollendung.[192] Matthäus ist sowohl am Kontrast der Mk-Vorlage wie auch am seit Jesus ins Werk gesetzten wunderbaren Wachstum (welches in der Q-Version akzentuiert ist) interessiert.

Das *Thomasevangelium* versteht beide Gleichnisse grundsätzlich anders als die synoptische Tradition.[193] Der Rahmen des *Senfkorngleichnisses* (ThEv 20) stellt dieses in den Kontext der *Jünger*belehrung. Die AT-Anklänge, welche die *Geschichte* in den Deutungshorizont einbringen, werden hier im Interesse einer auf die Existenz des Gnostikers bezogenen Interpretation getilgt. Der Empfänger (die Erde) des Senfkorns muß vorbereitet sein („die Erde, die man bebaut"), damit *er*[194] daraus etwas Großes mache („sendet einen großen Sproß heraus"). Es liegt nahe, die „Erde" als Metapher für den wahren Gnostiker, das „Senfkorn" als göttlichen Lichtfunken (oder als dessen Gnosis[195]) und den „großen Sproß" als die Herrlichkeit, die dem göttlichen Funken bei seiner Rückkehr in die Urwirklichkeit zuteil wird[196], zu verstehen. Der Kontrast „kleiner als alle Samen – großer Sproß" dient dazu, den Menschen im Glauben an seinen göttlichen Wesenskern zu stärken; das Gleichnis ist in dieser Form also ein Ausdruck der gnostischen Anthropologie und zugleich deren Propagierung. Das *Sauerteiggleichnis* (ThEv 96) ist so geändert, daß *nicht mehr die Hefe, sondern die Frau Handlungsträger* ist. Daraus ist ersichtlich, daß es, ähnlich wie beim eben besprochenen Gleichnis, nicht um die Wirksamkeit der Basileia geht, sondern um die Aktivität des Gnostikers, der von seinem Wesenskern her seine ganze Existenz bestimmen läßt.[197] Die besondere Betonung des Kontrastes („ein wenig Sauerteig" – „große Brote") deutet auf den Kontrast „Pneumaelement im Menschen – das Große, das den Gnostiker vollenden wird" hin und steht wiederum im Interesse der Glaubenserweckung.[198] Auch dieses Gleichnis spricht demnach die gno-

---

192 Dazu Kretzer, Herrschaft 108; Schweizer, Mt 199. Ob der Gegensatz Jüngerschar – Israel vorliegt (Wilkens, ThZ 20, 319), ist zu bezweifeln.

193 Hier werden sie auch nicht als Doppelgleichnis überliefert.

194 Schrage, Thomasevangelium 65 weist darauf hin, daß das *Land* (*nicht das Senfkorn*, wie in einigen Übersetzungen fälschlicherweise steht) einen großen Sproß hervorgehen läßt.

195 Auf „Wesenskern" deutet Schrage, Thomasevangelium 65, 66; Haenchen, Botschaft 46; auf „Gnosis" deutet Montefiore, NTS 7, 229. Beides wird kaum scharf zu trennen sein, da der *Inhalt* der Gnosis ja der göttliche Wesenskern ist.

196 Schrage, Thomasevangelium 66; vgl Haenchen, Botschaft 46.

197 So Schrage, Thomasevangelium 185 mit Hinweis auf Hipp Ref V 8,8; Haenchen, Botschaft 46; Gärtner, Theology 231.

198 Zum Kontrast vgl Schrage, Thomasevangelium 185.

stische Anthropologie aus und sieht von geschichtlichen Dimensionen ab.

2.1.5 Das Gleichnis vom Schatz im Acker und von der Perle (Mt 13,44–46; ThEv 109; 76)

Analyse

Die beiden formal völlig gleichartigen Einleitungen V. 44a und 45a dürften vom Mt bereits übernommen worden sein.[199] Ist dem so, so wurden die beiden Gleichnisse wohl schon vormatthäisch zu einem Doppelgleichnis verbunden[200]. Dafür spricht die sehr ähnliche Struktur beider Gleichnisse.[201] Redaktionelle Eingriffe lassen sich keine entdecken, auch die Bezeichnung des Kaufmanns[202] als Perlenhändler ist weder vormatthäische noch matthäische Ausschmückung, sondern ursprünglich.[203] Höchstens könnte der Tempuswechsel in V. 46 (Tilgung der praesentia historica) auf Mt zurückgehen; sachlich ändert sich damit nichts. Sowohl der „verborgene Schatz" wie die „überaus kostbare Perle"[204] bezeichnen eine sehr seltene Gelegenheit. Beide Motive sind in der Umwelt Jesu beliebte Erzählsujets.[205] Die Hand des Mt wird nur durch die Einordnung in den

---

[199] Vgl oben S. 129f Anm 155 Mitte, gegen Jüngel, Paulus und Jesus 142 (im Anschluß an Jeremias).

[200] Die Frage, ob *ursprünglich* ein Doppelgleichnis vorlag (dazu Jeremias, Gleichnisse 89f. 197, Linnemann, Gleichnisse 103 mit Anm 1; Hill, Mt 237), ist nicht zu entscheiden. Für das Verständnis der beiden Gleichnisse ist ihre Beantwortung ohne Belang (mit Jüngel, Paulus und Jesus 142).

[201] Vgl Lohmeyer, Mt 227. Der wichtigste Unterschied besteht *formal* darin, daß einmal der *Fund* (verborgener Schatz), das andere Mal der *Finder* (Perlenkaufmann) mit dem Himmelreich verglichen wird. Daraus kann schon deshalb nichts geschlossen werden, weil ja der Vergleich nicht auf Fund oder Finder abzielt, sondern auf die zwischen Fund und Finder sich abspielende *Geschichte*. Dazu die Übersetzung bei Jüngel (Paulus und Jesus 142): „Der Gottesherrschaft entspricht die Geschichte, die sich zutrug mit ...".

[202] Zu ἔμπορος vgl Jeremias, Gleichnisse 198 („Großkaufmann").

[203] Gegen Jeremias, Gleichnisse 198 (der mit der Version des ThEv argumentiert!); siehe schon Schrage, Thomasevangelium 157, der auch für Ursprünglichkeit der Mt-Version eintritt. Daß der Kaufmann ein *Perlen*kaufmann ist, ist ein notwendiger Erzählzug, denn er muß ja den *Wert* der Perle einschätzen können (Jüngel, Paulus und Jesus 144). Ein Schatz, im Acker vergraben, darf ohne weiteres als für irgend einen Finder in seinem Wert erkenntlich gelten. Die von Kretzer, Herrschaft 146f genannten Züge sind keineswegs zwingend redaktionell.

[204] Zur Übersetzung siehe Jeremias, Gleichnisse 198 mit Anm. 6.

[205] Dazu Jeremias, Gleichnisse 199 und Str-B I 674f. Interessant ist insbesondere die Parallele TestHiob XVIII 6–8 (Berger, NT 15, 2–9).

Kontext sichtbar: die Gleichnisse bilden einen Kontrast zum drohenden Ton in V. 41f.49f.[206]

Das *Thomasevangelium* bringt beide Gleichnisse unverbunden (ThEv 109. 76). Das Gleichnis vom Schatz im Acker weicht ganz erheblich vom Mt-Gleichnis ab[207]: Der Finder des Schatzes ist hier Besitzer des Ackers, welchen er vom Sohn des ursprünglichen Besitzers gekauft hat, ohne daß Vater, Sohn und Käufer etwas vom Schatz gewußt hätten. Beim Pflügen findet der Käufer den Schatz und beginnt, mit dem gefundenen Geld zu arbeiten, indem er verzinsliche Anleihen ausgibt. Diese Form des Gleichnisses ist deutlich sekundär. Das *Gleichnis von der Perle* erzählt von einem klugen Händler, der eine Warenladung hatte und eine Perle fand. Es handelt sich hier im Unterschied zu Mt nicht um einen Perlenhändler; zudem verkauft dieser nicht alles, was er hat, sondern lediglich die Warenladung, um sich die Perle (nicht eine besonders kostbare!) zu erwerben. Sämtliche Züge sind sekundär gegenüber Mt[208]; dazu kommt, daß das ThEv die sahidische Übersetzung des Mt voraussetzt.[209]

Interpretation

Das Gleichnis vom *Schatz im Acker* lautete bei Jesus:[210]

„Gleich ist (es mit) der Gottesherrschaft wie (mit der Geschichte von) einem im Acker verborgenen Schatz, den ein Mensch fand und (wieder) verbarg und in seiner Freude[211] hingeht und verkauft, was er (nur) hat, und kauft jenen Acker."

Das *Gleichnis von der Perle*:

„Gleich ist (es mit) der Gottesherrschaft wie (mit der Geschichte von) einem Kaufmann, der schöne Perlen suchte; als er aber eine

---

206 Dupont, NTS 14, 416—418. Ähnlich Kretzer, Herrschaft 145—148 (der allerdings mit erheblichen redaktionellen Eingriffen rechnet).
207 Jeremias, Gleichnisse 197 spricht von einer „völlig verwilderte(n) Fassung"; vgl Schrage, Thomasevangelium 196—199; Haenchen, Botschaft 47.
208 Dies gilt besonders vom Verhalten des Händlers, das ohne Kenntnis des Mt unverständlich bliebe (Schrage, Thomasevangelium 156). Der Zug des Suchens fehlt zwar im Gleichnis, kommt aber in der *Anwendung* (die nach Gärtner, Theology 37 allerdings nichts mit dem Gleichnis zu tun haben soll) vor, ist also auch im Gleichnis vorausgesetzt. „Sucht auch ihr ..." (gegen Montefiore, NTS 7, 227). Zum Gesamturteil siehe auch Dupont, NTS 14, 409.
209 Schrage, Thomasevangelium 157.
210 „Es besteht keine Veranlassung, die beiden Gleichnisse der Verkündigung Jesu abzusprechen" (Jüngel, Paulus und Jesus 142).
211 Das αὐτοῦ bei χαρά wird mit Jüngel, Paulus und Jesus 143 Anm 4 als genitivus subiectivus verstanden.

(besonders) kostbare Perle fand, ging er hin, verkaufte alles, was er hatte, und kaufte sie.“

Beide Gleichnisse thematisieren das *Verhältnis des Fundes zu seinem Finder*. Der Fund erscheint in beiden als ein ausgesprochener Glücksfall, auf den der Mensch *selbstverständlich*[212] reagiert. Im Falle des Schatzes im Acker löst der Fund eine so große Freude aus, daß der Finder — wohl ein Taglöhner[213] — unverzüglich daran geht, in den Besitz des Ackers zu kommen. Im Falle der Perle erweist sich das unvermittelt gefundene Exemplar als dermaßen kostbar, daß der Perlenkaufmann seine gesamte Habe einsetzt, um jenes zu erwerben. Das letztere ist beiden Gleichnissen gemeinsam: die Finder entschließen sich zu einem totalen Einsatz, sie geben alles hin, um das Eine zu besitzen. Zu beachten ist, daß die Entscheidung nicht vom Finder gefällt wird, der sich einer besonderen Gelegenheit gegenübersieht und diese nun nutzen oder vorbeigehen lassen kann. Vielmehr ist im Moment des Findens die Entscheidung *bereits gefallen*. „Der *Fund* hat sie dem Finder abgenommen.“[214] Obwohl formal gesehen Personen als Handlungsträger erscheinen,[215] ist der eigentliche Aktant in beiden Fällen der Fund: ein verborgener Schatz, eine besonders kostbare Perle.[216]

In gleicher Weise wird die *Basileia* Handlungsträger, wenn der Mensch auf sie stößt. Wer die Gottesherrschaft findet, findet sich selbst als

---

212 Dies ist zu betonen gegenüber allen Versuchen, den Einsatz des Finders im Sinne eines *Opfers* zu verstehen; vgl zB Jeremias, Gleichnisse 199 (betont die *Freude*); Linnemann, Gleichnisse 107 (spricht von einem „entschlossenen und ganzen Einsatz“, der „erforderlich“ sei, wenn eine solche Gelegenheit gegeben sei. Linnemann gerät damit in die Gefahr, die Aktivität des Finders zu pointieren [angemerkt von Jüngel, Paulus und Jesus 145] und auf den Opfergedanken hinauszulaufen. Sie selbst hält allerdings die Konstatierung der genannten Gefahr für ein Mißverständnis [ebd 171 Anm 13]). Derselben Gefahr unterliegt auch Dupont, NTS 14, 415f; Hill Mt 238. Vgl dagegen Lohmeyer, Mt 227: „Wer das Gottesreich besitzt, ist der freiwillig Arme und darin der über alle Maßen Reiche“.

213 Die Annahme des Taglöhners paßt am besten zur formalrechtlichen Lage, siehe Derrett, ZNW 54, 31—42; Jeremias, Gleichnisse 197f; Lohmeyer, Mt 226.

214 Jüngel, Paulus und Jesus 143. Zu vergleichen ist Fuchs, Zeitverständnis GA II 332f.

215 Dupont, NTS 14, 413 leitet daraus ab, daß die *Entscheidung*, alles hinzugeben, besonders akzentuiert werde (aaO 414). Aber: einem so glücklichen Fund gegenüber muß sich *kein Mensch entscheiden, er muß ihn nur finden*. Die Frage, wie er sich entscheiden soll, stellt sich überhaupt nicht. Zum Problem siehe Lohmeyer, Mt 226.

216 Fuchs, Zeitverständnis GA II 334f: die Paradoxie besteht darin, daß das Gleichnis vom *handelnden* Finder gerade das *Nichthandeln* des Menschen intendiert. Finden ist zunächst und vor allem Nichthandeln.

einen, der mit dem ganzen Dasein auf jenen Fund reagiert. Wo findet sich die Basileia? Gewiß nicht überall und jederzeit, sondern für die Zuhörer Jesu zunächst *in Jesus selbst*.[217] In seinen Worten und Taten ist die Gottesherrschaft gegenwärtig, sozusagen als ein im Acker verborgener Schatz oder eine kostbare Perle. Jesus selbst steht dabei *auf der Seite des Fundes*: gerade auch in den Gleichnissen will er den Hörer zum Finden bringen, indem er ihm den Fund in ansprechenden Metaphern nahebringt. Der Rest ist nicht seine Sache, vielmehr ist er die Sache der Gottesherrschaft selbst. Die Gleichnisse Jesu erweisen sich unter diesem Gesichtspunkt als Sprachereignisse, die der Aktivität der Gottesherrschaft Raum gewähren, obwohl in ihnen sehr oft von der Aktivität der Menschen die Rede ist. Dasselbe wiederholt sich in den Nachfolgegeschichten, wo es ja *Jesus selbst* ist, der die Jünger ruft, wo also er selbst der eigentliche Handlungsträger ist, obwohl die Gerufenen durchaus — vielleicht sogar radikal[218] — handeln. Die beiden zur Frage stehenden Gleichnisse eröffnen dem Hörer Jesu den Zusammenhang zwischen Gottesherrschaft als *agens* und dem Hörer als *re-agens*. Und gerade so laden sie zum *Finden* ein, ohne die radikale Reaktion zu *fordern*.[219]

Matthäus erzählt die beiden Gleichnisse in diesem Kontext, um zwischen den drohenden Versen 41f und 49f den positiven Aspekt herauszustreichen, der schon in V. 43 angeklungen war.[220] Er versteht sie als Einladung zu einer *ganzen Antwort*, die angesichts des Himmelreiches, bzw des Wortes vom Himmelreich[221], die einzig angemessene ist.[222] Möglicherweise hat Mt die praesentia historica in der Bedeutungsnuance der Hervorhebung einzelner wichtiger Momente für die *Folgezeit* verstanden[223]. Dann wäre die „Ausrichtung der Gemeinde im Jetzt auf das Ende hin" akzentuiert.[224] Dies würde jedenfalls gut zum Gleichnis vom Unkraut und demjenigen vom Fischnetz im matthäischen Verständnis passen. Dann allerdings wäre etwas

---

[217] Hier liegt das implizit christologische Moment dieser beiden Gleichnisse (vgl besonders Dupont, NTS 14, 415).

[218] Mk 10,21f, Lk 9,57—62; Mk 1,16—20; 2,13—17.

[219] Zum Ganzen Schweizer, Mt 203, der darauf hinweist, daß „aus dem Handeln des Himmelreiches heraus ... das Handeln der Menschen" fließt.

[220] Vgl Dupont, NTS 14, 417.

[221] Dafür plädiert Kretzer, Herrschaft 147. 148.

[222] Dupont, NTS 14, 418.

[223] So Kretzer, Herrschaft 146.

[224] Ebd. Magass, LingBibl 3, der allerdings keinerlei traditionsgeschichtliche Fragen stellt, plaziert das Gleichnis vom Schatz im Acker in der Katechese („Exempelstelle mit Appell-Struktur", aaO 11), wo es im Dienste der kirchlichen Legitimierung des Übergangs stehe (aaO 12).

vom Reaktionen *gewährenden* (nicht sie fordernden!) Charakter der Basileia verloren gegangen.

Das *Thomasevangelium* hat bei beiden Gleichnissen erhebliche Korrekturen vorgenommen. Das Gleichnis vom Schatz im Acker stellt besonders die *Verborgenheit* des Schatzes heraus. Es geht nicht mehr um den Zusammenhang von Fund und Reaktion des Finders, sondern um *das Finden selbst* und um das, was der Finder *mit dem Fund* anzufangen weiß. Daraus ergibt sich, daß hier der Schatz im Acker das im Menschen verborgene Geistelement darstellt, von dem die meisten Menschen nichts ahnen, und das, wenn es erkannt und genutzt wird, zu pneumatischem Reichtum[225] führen wird.[226]

Das Gleichnis von der Perle ist — gesehen auf dem Hintergrund der gnostischen Perlensymbolik[227] — Ausdruck der gnostischen Anthropologie, wonach der göttliche Wesenskern durch die Perle symbolisiert wird, für die der *kluge* Mensch anderes (die Ladung) hingibt; der Kluge entscheidet sich also ohne Zögern für sein wahres Selbst.[228] Das „Reich des Vaters" ist in beiden Fällen zu einem im einzelnen Menschen anwesenden, anthropologischen Faktor umgedeutet worden.

2.1.6 Das Gleichnis vom Fischnetz (Mt 13,47—50; ThEv 8)

Analyse

Das Gleichnis vom Fischnetz (Mt 13,47f) steht ebenfalls im Mt-Sondergut und ist mit der bekannten Einleitungsformel[229] mit den Gleichnissen vom Schatz und von der Perle verbunden. Das Gleichnis selbst ist einheitlich und weist keine sekundären Züge oder mat-

---

225 Das schließt Schrage, Thomasevangelium 198 aus dem Hinweis auf die Zinsen; ein Zug, der nach Haenchen, Botschaft 47 nicht von Thomas stammen soll, da das ThEv das Zinsnehmen ablehne (wo?).
226 So übereinstimmend Schrage, Thomasevangelium 199; Haenchen, Botschaft 47; Gärtner, Theology 237 (weist auf die *Arbeit* des Finders hin: „*purposeful labour is rewarded*"); Montefiore, NTS 7, 232.
227 Diesen Gesichtswinkel stellt Schrage, Thomasevangelium 158 heraus. Insbesondere vermutet er einen Zusammenhang zwischen dem Perlenlied der Thomasakten (oder einer Vorform davon) und der Umgestaltung des Gleichnisses im ThEv ($\varphi \acute{o} \rho \tau o \varsigma$ [!]; $\tau \grave{o} \nu$ $\acute{e} \nu a$ $\mu a \rho \gamma a \rho \acute{\iota} \tau \eta \nu$; $\pi o \rho \epsilon \acute{\iota} a$).
228 Schrage, Thomasevangelium 158f; Haenchen, Botschaft 48.
229 Vgl oben S. 129f Anm 155 und den Vers Mt 13,45, der bis $o \grave{v} \rho a \nu \tilde{\omega} \nu$ völlig gleich ist.

thäische Spracheigentümlichkeiten auf.[230] Ganz anders verhält es
sich mit der anschließenden Deutung (V. 49f): sie lehnt sich stark
an die (matthäischen) Verse 40–42 der Deutung des Gleichnisses
vom Unkraut unter dem Weizen an, und sie weist zudem matthäische Spracheigentümlichkeiten auf.[231] Offenbar hat Mt die Ähnlichkeit beider Gleichnisse registriert und sie deshalb in derselben Weise
gedeutet.[232]

Das *ThEv* bietet in Logion 8 eine stark abweichende Fassung des
Fischnetzgleichnisses[233]: der Mensch (nicht das Himmelreich) gleicht
einem klugen[234] Fischer (nicht einem Fischnetz), der sein Netz aus-
wirft und es voll von kleinen Fischen (nicht von Fischen aus jeder
Art) heraufzieht. Weil der kluge Fischer unter ihnen einen großen,
guten Fisch findet, wirft er alle kleinen weg und wählt den einen
großen Fisch ohne Zaudern (nicht die guten Fische). Da die Erzählstruktur dem matthäischen Gleichnis vom Fischnetz ähnlich ist, und
da andererseits eine gewisse Nähe zu den Gleichnissen vom Schatz
und von der Perle nicht zu übersehen ist, legt sich die Annahme nahe,
daß das matthäische Gleichnis vom Fischnetz unter Einwirkung der

---

[230] Man kann sich fragen, ob das ἐκ παντὸς γένους συναγαγούσῃ sekundär sei,
weil es für den Gang der Erzählung nicht notwendig ist (es wird ja nicht zwischen verschiedenen γένη geschieden, sondern zwischen den καλά und den
σαπρά). Συνάγειν ist matthäische Vorzugsvokabel (Mt: 24X; Mk: 5X; Lk: 6X),
es kommt aber auch traditionell vor (zB Mt 3,12 Q; Mt 13,2 aus Mk 4,1).
Wahrscheinlicher ist freilich, daß mit diesem Satz einfach auf die Funktion
des Netzes hingewiesen werden soll, das ohne Unterschied alle Fische sammelt
und insofern der scheidenden Funktion der Fischer gegenübersteht. Im übrigen
hat das Gleichnis viele traditionelle Vokabeln (γένος; πληροῦν; ἀναβιβάζειν;
καλός – σαπρός, ἔξω βάλλειν).

[231] Gegen Klostermann, Mt 125. Redaktionell ist sicher V.49a (wörtlich gleich
wie V. 40b, auch hier συντέλεια τοῦ αἰῶνος! vgl oben S. 123 Anm 129); ferner
V. 50 (wörtlich gleich wie V. 42). In V. 49b ist redaktionell: ἐξέρχεσθαι; οἱ
ἄγγελοι (= V. 41); ἀφορίζειν (hier und Mt 25,32 redaktionell, vgl Schweizer,
Mt 311); πονηρός (Mt: 24X; Mk: 2X; Lk: 12X); δίκαιος (Mt: 16X; Mk: 2X;
Lk: 11X). Zum Ganzen vgl Jeremias, Gleichnisse 83f, der auch darauf hinweist,
daß „herauskommen" und „Feuerofen" zwar zum Unkrautgleichnis, nicht aber
zum Gleichnis vom Fischnetz paßt. Bultmann, Synoptische Tradition 187 rechnet
dagegen die Deutung zum ursprünglichen Gleichnis; anders Lohmeyer, Mt 227f.

[232] Daraus kann jedoch nicht geschlossen werden, es handle sich um ein Doppelgleichnis (mit Jeremias, Gleichnisse 222).

[233] Jeremias, Gleichnisse 199f sieht offenbar keinen Zusammenhang von ThEv
8 und Mt 13,47f, da er das Logion 8 in den Kontext von Mt 13,44–46 stellt
und als dessen Pointe die „Freude über den καλλιχθύς" bezeichnet, durch die
der Mensch, „aller Überlegungen enthoben", die richtige Wahl trifft (aaO 200).

[234] Die Charakterisierung des Handlungsträgers durch ein solches Adjektiv ist
im ThEv üblich, vgl zB ThEv 76 und Schrage, Thomasevangelium 39.

beiden letzteren im ThEv einer gnostischen Uminterpretation unterzogen worden und zum Gleichnis vom klugen Fischer umgestaltet worden ist.[235]

Interpretation

Es spricht nichts dagegen, das Gleichnis vom Fischnetz auf den historischen Jesus zurückzuführen.[236] Auf dieser Stufe lautete es etwa so:

> „Gleich verhält es sich mit dem Gottesreich wie (mit der Geschichte von) einem Fischnetz, das ausgeworfen wurde in den See und (Fische) aller Art zusammenbrachte[237]; und als es voll war, zogen sie es auf den Strand, setzten sich hin und lasen die guten in Gefäße, die unbrauchbaren aber warfen sie hinaus."

Betrachtet man das Gleichnis unabhängig von der matthäischen Deutung, so besteht kein Anlaß, in diesem ein Gerichtsgleichnis zu sehen.[238] Behält man ferner die strenge Analogie zum Unkrautgleichnis im Auge, so wird klar, daß es hier um die Gegenüberstellung der beiden Größen „Sammlung" und „Scheidung" geht.[239] „Während das Netz allerlei Arten Fische *sammelt* (...), *sortieren* die Fischer die Menge der gesammelten Fische."[240] Dabei sind Sammlung und Scheidung so aufeinander bezogen, daß das eine ohne das andere *nicht möglich* ist. Das gewählte Bildmaterial ist hervorragend dazu geeignet, die *Bedingungslosigkeit* der Sammlung (das Netz „bringt (Fische) aller Art zusammen") einerseits, andererseits die *Selbstverständlichkeit* der Scheidung (die ungenießbaren Fische kommen nicht auf den Markt[241]) zu betonen. Der so präzisierte Bezug von Sammlung und Scheidung wird nun seinerseits zur *Gottesherrschaft* in Beziehung

---

235 So Schrage, Thomasevangelium 37–40: Die Abhängigkeit sei allerdings schwer zu beweisen.

236 Wenn das Gleichnis vom Unkraut unter dem Weizen in seiner ursprünglichsten Form den Kriterien der Diskontinuität und der Konsistenz standhält (vgl oben S. 124 Anm 133), so ist aus Gründen der Konsistenz auch dieses Gleichnis vom Fischnetz der Verkündigung Jesu zuzusprechen.

237 Übersetzung mit Bauer, Wb s.v. 1.

238 Gegen Jeremias: „Beide Gleichnisse sind eschatologische Gleichnisse, denn beide handeln vom Endgericht, das die Königsherrschaft Gottes ein-/leitet; ..." (Gleichnisse 223f). Demgegenüber ließe sich mit dem gleichen Recht sagen, daß beide Gleichnisse von der *Gegenwart* Jesu handeln, die die Königsherrschaft Gottes *einleitet*.

239 Vgl oben S. 125 (dort als die Unterscheidung *dreier Zeiten* zur Sprache gebracht). Die Zeit *zwischen* Anfang und Ende tritt hier freilich zurück. Zum Bezug „Sammlung/Scheidung" vgl Jüngel, Paulus und Jesus 146f.

240 AaO 146.

241 Ebd.

gesetzt: In der Gottesherrschaft ist die gewisse *Zukunft* der Scheidung notwendig mit der *Gegenwart* der bedingungslosen Sammlung verschränkt. Eben diese Verschränkung muß durchgehalten werden, und sie darf nicht aufgegeben werden, sei es durch die Betonung der Gegenwart zuungunsten der Zukunft (nämlich als ein von der Gegenwart ausgehender Entwicklungsprozeß von der Sammlung zur Scheidung[242], in welchem die Zukunft als Perfektion der Gegenwart zur Sprache kommt), sei es durch die Betonung der Zukunft zuungunsten der Gegenwart (nämlich als ein von der Sammlung unabhängiges apokalyptisches Gericht der Zukunft[243]).

Bezieht man das so verstandene Gleichnis auf den *irdischen Jesus,* so werden interessante Bedeutungsfacetten sichtbar. Im Blick auf das *Selbstverständnis Jesu* erscheint bedeutsam, daß die gegenwärtige *Sammlung,* die sich in Jesu Gleichnisrede ereignet und in Jesu bedingungsloser Sammlung von Pharisäern, Zöllnern und Sündern wiederholt wird, *notwendige Voraussetzung* für die Zukunft der Gottesherrschaft ist. Ohne sein sammelndes Wort und Werk gäbe es keine künftige Scheidung. So manifestiert sich der Bezug der Gegenwart zur Zukunft. Der Bezug der Zukunft zur Gegenwart dagegen ist darin gewahrt, daß die gewisse (eschatologische) Scheidung es Jesus ermöglicht, sich *selbst ausschließlich als Sammelnden,* und zwar als *bedingungslos* Sammelnden zu verstehen. Im Blick auf *den Hörer dieses Gleichnisses Jesu* ist zu sagen, daß er vom Gleichnis an die *Gewißheit* der Scheidung erinnert wird, damit er sich die Gelegenheit zur Hinwendung zu Jesus nicht entgehen lasse.[244] Die Gelegenheit zur Sammlung ins Gottesreich besteht nicht immer und

---

[242] So zB Jülicher, Gleichnisreden II 567: Was Jesus „erhofft und was seine Anhänger erhoffen sollen, ist nicht das *Kommen* des Gottesreichs, ... sondern das *Fertigwerden* des in der Welt bereits vorhandenen Reichs, sein Hervortreten in ungetrübtem Glanze." Der eschatologische Charakter der Scheidung ist hier völlig außer acht gelassen. Dasselbe gilt für Dodd: Nachdem er betont hat, daß „the mission of Jesus and His disciples involves an undiscriminating appeal to men of every class and type" (Parables 188), spricht er von der „selection", die sich im Sieben der möglichen Nachfolger Jesu ereignet: „the worthy are separated from the unworthy by their reaction (sic!) to the demands which the appeal (sc of Jesus) involves" (aaO 189).

[243] So zB das matthäische Verständnis (s unten S. 146) und ähnlich auch dasjenige von Jeremias (obwohl er, Gleichnisse 84, das matthäische als „allegorisierende Gleichnisdeutung" disqualifiziert), aaO 223f (die Einschränkung auf die Gerichtsaussage).

[244] Ähnlich formuliert Jüngel, Paulus und Jesus 147: „Durch die eschatologische Differenz der Gottesherrschaft ... wird der Mensch (von der Scheidung her) zur Entscheidung *gezwungen* (Hervorhebung von mir), indem Jesus dem Menschen (von der Sammlung her) den Raum zur Entscheidung *gewährt*."

überall, sondern sie ist *jetzt* und in *Jesus von Nazareth* da.[245] Überdies wahrt das Gleichnis die „eschatologische Differenz"[246] zwischen Scheidung und Sammlung so, daß der Hörer von dem mit seiner Existenz als Mensch gegebenen *Zwang* zur Unterscheidung von Gut und Unbrauchbar sowohl im Blick auf sich selbst wie auch im Blick auf die mit ihm zur Gottesherrschaft Versammelten *befreit* wird. Indem das Gleichnis dem Hörer jene Differenz bewußt macht, ermöglicht es ihm den Eingang in die Gottesherrschaft (sofern sie *Gegenwart* ist), so daß es ihn die Einladung Jesu unbekümmert annehmen läßt.

Matthäus hat sein Verständnis des Gleichnisses in der angefügten Deutung (V. 49f) zum Ausdruck gebracht: er akzentuiert besonders das Element der Scheidung und läßt dasjenige der Sammlung unbeachtet.[247] Das Gericht über die Bösen steht beherrschend im Vordergrund.[248] Dies wird umso deutlicher, wenn man beachtet, daß Mt hier — im Unterschied zu der sehr ähnlich verstandenen matthäischen Deutung vom Unkrautgleichnis — über das Schicksal der Gerechten *nichts* aussagt.[249] So bekommt das Gleichnis einen *warnenden* Ton, der den Hörer (oder Leser) auf den Ernst seiner Entscheidung dem Himmelreich gegenüber aufmerksam machen will. Wer den Ernst der Stunde kennt, hat das Himmelreich „verstanden".[250]

Das *Thomasevangelium* ist weder an den eschatologischen Bezügen (die wohl im matthäischen Verständnis impliziert sind) noch an der eschatologischen Differenz zwischen Zukunft und Gegenwart der Basileia interessiert. Der Ersatz der Basileia durch den *Menschen* ist im Kontext der gnostischen Anthropologie verständlich, wonach „im Gnostiker, dem Menschen κατ᾽ ἐξοχήν, das ‚Reich' zur Verwirklichung kommt (...)"[251]. Daß der Mensch mit einem klugen Fischer verglichen wird, der den guten, großen Fisch ohne Zögern

---

[245] Von hier aus gesehen ist es eben *kein Zufall*, daß das Gleichnis *parabelhaft* entworfen (Jülicher, Gleichnisreden II 565 denkt sogar an einen konkreten Fischfang) und überliefert wurde. Es bezieht ja im Grunde seine Wahrheit nicht von der Autorität des *Allgemeinen*, sondern vom Einzelfall der *Existenz Jesu*.

[246] Dazu Jüngel, Paulus und Jesus 146f.

[247] Er legt die Tätigkeit der *Fischer* aus und stellt das Gleichnis inhaltlich wie formal in Zusammenhang mit Mt 13,24—30. 37—43.

[248] Schweizer, Mt 204.

[249] Kretzer, Herrschaft 149.

[250] Das für das Kp 13 außerordentlich wichtige Verb „verstehen" (vgl oben S. 115 Anm 91—93) kommt in den abschließenden Versen 51—53 bezeichnenderweise nocheinmal vor (vgl Schweizer, Mt 205).

[251] Schrage, Thomasevangelium 37.

„wählt"[252], läßt auf das folgende Gleichnisverständnis schließen: der Gnostiker (oder sein Erlöser?[253]) trifft die einzig richtige Wahl, wenn er alle kleinen Fische wegwirft und den einen großen (das von Gott kommende Teil in ihm; oder: den Gnostiker?) behält.[254] So ist das Himmelreich verinnerlicht, das Gleichnis individual interpretiert[255] und zu einer Ermutigung des Menschen geworden, das wahre Selbst zu erkennen und seine ganze Existenz allein davon bestimmen zu lassen.

2.2 Die übrigen Gleichnisse im Markusevangelium

2.2.1 Die Parabel von den Weinbergpächtern
(Mk 12,1—12 parr; ThEv 65f)

Analyse

Die Einleitung zum Gleichnis (V. 1a) trägt markinische Züge und dürfte redaktionell sein.[1] Das Gleichnis selbst beginnt dann unvermittelt und ohne Bezug auf das Reich Gottes. In der *Exposition* (Mk 12,1b) fällt sofort der deutliche Anklang an Jes 5,2 LXX[2] auf, der einige für die Erzählung unerhebliche Elemente ins Spiel bringt

---

252 Dazu aaO 41.

253 Oft ist nicht zu entscheiden, ob der Erlöser oder der Erlöste Vergleichspunkt ist (Schrage, aaO 41 bezeichnet die Vermengung beider als typisch gnostisch und weist auf die Symbolik Erlöser ≙ Fischer in der mandäischen und manichäischen Gnosis hin).

254 Die Bezeichnung des Fisches als „groß" (vgl den Sproß ThEv 20; die Brote ThEv 96; das Schaf ThEv 107) deutet doch darauf hin, daß der Fisch das Pneumaelement symbolisiert. Vgl Clem Al Strom I 16,3, wo die Gegensätze „viele kleine Perlen — die eine" und „reicher Fang der Fische — $\kappa\alpha\lambda\lambda\iota\chi\theta\upsilon\varsigma$" unmittelbar nebeneinander stehen. So deuten auch Haenchen, Botschaft 48; Gärtner, Theology 233; anders dagegen Montefiore, NTS 7, 231.

255 Es ist nur von *einem* Fischer die Rede (im Gegensatz zum Plural der Mt-Version); Haenchen, Botschaft 48.

1 Vgl $\mathring{\alpha}\rho\chi\epsilon\sigma\theta\alpha\iota$, das bei Mk sehr häufig redaktionell steht (Mt: 13×; Mk: 27×; Lk: 31×). Zu $\alpha\mathring{\upsilon}\tauo\widehat{\iota}\varsigma\,\mathring{\epsilon}\nu\,\pi\alpha\rho\alpha\beta o\lambda\alpha\widehat{\iota}\varsigma\,\lambda\alpha\lambda\epsilon\widehat{\iota}\nu$ vgl Mk 4,33 (redaktionell, s oben S. 105 Anm 41; S. 108 Anm 53).

2 Daß es sich um die LXX (nicht den MT) handelt, zeigt vor allem das $\pi\epsilon\rho\iota\acute{\epsilon}\theta\eta\kappa\epsilon\nu\,\varphi\rho\alpha\gamma\mu\acute{o}\nu$ (≠ MT). So Jeremias, Gleichnisse 68 Anm 1. Gleiches Urteil ua bei Klauck, BiLe 11, 122; Frankemölle, BiLe 13, 197; Léon-Dufour, Vignerons 317; Hengel, ZNW 59, 19 (der den LXX-Gebrauch auf den Übersetzer zurückführt).

(den Zaun, die Kelter, den Turm); hier liegt eine nicht zum ursprünglichen Gleichnis gehörende Erweiterung vor.[3] Notwendig für die Erzählstruktur ist die Vermietung des Weinbergs und das außer Landes Gehen des Besitzers. Die nächste Erzähleinheit, die *Sendung der Knechte*, weist eine schöne Formalstruktur auf: dreimal sendet der Besitzer seinen Knecht, der den jenem zustehenden Ertragsanteil[4] einholen soll; dreimal widersetzen sich die Winzer der Forderung des Besitzers. Die Reaktion der Winzer wird *sprachlich* gesehen in *absteigender Linie* erzählt (1. Sendung: sie packten ihn, verprügelten ihn, schickten ihn „leer" zurück, also *drei* Verben; 2. Sendung: sie schlugen ihm den Kopf blutig[5], sie schmähten ihn, also *zwei* Verben; 3. Sendung: sie töteten ihn, also *ein* Verb), *inhaltlich* dagegen in *aufsteigender Linie* (Verprügelung, Mißhandlung, Tötung). Vom Gang der Erzählung her ist diese dreifache Sendung der Knechte berechtigt: sie.dient zur Vorbereitung der Sendung des Sohnes, indem sie die Entschlossenheit der Pächter dokumentiert und so Spannung herstellt.[6] Überschießend ist dagegen V. 5b.c: „und viele andere (sandte er), (von denen) sie die einen prügelten, die andern töteten".[7]

---

[3] Die *Anspielung* auf das Weinberglied ist allerdings schon in der ursprünglichen Version vorauszusetzen (mit Hengel, ZNW 59, 16). Mit der *Geradlinigkeit* der Gleichniserzählung sind die in Mk 12,1b aufgeführten Motive dennoch nicht vereinbar. S auch Jeremias, Gleichnisse 68 (argumentiert freilich fälschlicherweise mit dem ThEv, vgl unten S. 152 Anm 30 und S. 153 Anm 33); Via, Gleichnisse 129; Léon-Dufour, Vignerons 318; Blank, Sendung 14; Robinson, NTS 21, 445f. Anders Grundmann, Mk 239.

[4] Es handelt sich dabei um den (völlig legalen) Pachtzins, der in Naturalien ausbezahlt wird, s Hengel, ZNW 59, 15f; vgl Grundmann, Mk 239.

[5] Zur Übersetzung dieses Hapaxlegomenon im NT vgl Bauer, Wb s.v. und Wilckens, NT z.St.

[6] In der Literatur wird oft die Sendung des dritten Knechts als „volkstümliche Erweiterung" (so Jeremias, Gleichnisse 69) bezeichnet (s zB Via, Gleichnisse 129; Frankemölle, BiLe 13, 198; Pedersen, StTh 19, 173f; Dodd, Parables 129; Robinson, NTS 21, 446). Dem ist entgegenzuhalten, daß die dritte Sendung des Knechts weder die Klimax vorwegnimmt, noch aus den Interessen der Gemeinde zu erklären ist (warum hätte dann V. 5b hinzugefügt werden müssen?). Wenn man schon mit der regel-de-tri argumentieren will (was im Blick auf *historische* Fragen sehr problematisch ist), würde dies eher für Ursprünglichkeit sprechen. Alttestamentlichen Hintergrund (Jer 7,27f) konstatiert Blank, Sendung 16f.

[7] Schon grammatikalisch fügt sich dieser Vers schlecht ein (vgl Jeremias, Gleichnisse 69 Anm 3); auch formal wirkt er störend, und zudem ist er von der Anwendung durch die Gemeinde (Knechte ≅ tatsächliche Propheten) evoziert. Er wird allgemein als sekundär angesehen (neben Jeremias zB Haenchen, Weg 399; Crossan, JBL 90, 453; Via, Gleichnisse 129; Hengel, ZNW 59, 7; Frankemölle, BiLe 13, 198; Pedersen, StTh 19, 174; Klauck, BiLe 11, 123; Léon-Dufour, Vignerons 320); er ist nicht markinisch (Klauck, ebd).

Damit hängt V. 6a zusammen („Da hatte er nur noch einen ..."); V. 6a begründet nämlich die *Sendung des Sohnes* damit, daß der Besitzer *keine Knechte mehr hat*, weil er ja alle schon eingesetzt hatte. Dies steht im Gegensatz zur Begründung, die V. 6b enthält: „Vor meinem Sohn werden sie sich scheuen." Der Besitzer selbst motiviert die Sendung des Sohnes mit dem Respekt, dem man im Blick auf den Repräsentanten des Besitzers[8] erwarten kann. Daß der Sohn ein „geliebter" ist, ist für die Erzählung ohne Belang; vom Redaktor Mk aus gesehen ist das Adjektiv allerdings sinnvoll (vgl Mk 1,11; 9,7!).[9] Die Erzählung fährt fort mit dem Tötungsbeschluß und dessen Begründung (V. 7)[10], und sie schließt mit der Ermordung des Sohnes und der Schändung seiner Leiche.[11] Es folgt in V. 9a die Frage, die die Verbindung zwischen Hörer und erzählter Geschichte herstellt und den Hörer auf sein Urteil hin anspricht.[12] Bemerkenswert ist der *Tempuswechsel zum Futur,* der zwar für die Frage selbst noch verständlich ist (auch wenn diese durchaus in Vergangenheitsform stehen könnte), für die Antwort (V. 9b) jedoch nur berechtigt ist, wenn die Bestrafung der Pächter *noch aussteht.*[13] Kann man die Frage noch als *Anwendung* der Parabel verstehen, so muß man dagegen die Antwort bereits der *Deutung* zuordnen. Die letztere wird nicht ursprünglich sein.[14] Einen andern Zug der Erzählung greift das LXX-Zitat von Ps 117(118),22f[15] in V. 10f auf: mit dem Wort

---

[8] Hengel, ZNW 59, 38.

[9] Das Adjektiv erinnert zu deutlich an die urchristliche Terminologie, als daß es einfach mit „einzig" übersetzt werden könnte (gegen Jeremias, Gleichnisse 73 Anm 2); vgl Robinson, NTS 21, 447.

[10] Die Begründung ist von frühjüdischen Rechtsvorstellungen her denkbar (Jeremias, Gleichnisse 73f).

[11] Der Hinauswurf hat hier (im Gegensatz zu Mt und Lk, vgl unten S. 151f) keinerlei metaphorischen Bezug zur Kreuzigung. Er schildert lediglich die Vermessenheit der Pächter; vgl Robinson, NTS 21, 449.

[12] Bultmann, Synoptische Tradition 197f. Der Hinweis auf das Weinberglied, das auch mit einer Frage endet, genügt nicht als Grund, V. 9a als sekundär zu erweisen (so zB Jeremias, Gleichnisse 72 unter dem Einfluß des Fehlens dieser Frage im ThEv!), insbesondere dann nicht, wenn man schon für Jesus den angesprochenen AT-Hintergrund voraussetzen will.

[13] Das Futurum der *Frage* kann sich auf die Erzählung selbst beziehen, indem der Erzähler an einem bestimmten *Punkt* abbricht und den Hörer zur Weiterführung der Geschichte veranlaßt (die für ihn dann noch Futurum ist). Dies gilt aber nicht mehr von der Antwort.

[14] Die *Frage* setzt ja voraus, daß der *Hörer* die Antwort *selbst* gibt (vgl auch Bultmann, Synoptische Tradition 197). Dem widerspricht aber eine vom *Erzähler gegebene* Antwort, sofern *damit* der Einbezug des Hörers wieder zurückgenommen ist.

[15] Die Übereinstimmung mit den LXX ist wörtlich; also ist LXX-Benutzung hier vorauszusetzen.

vom Eckstein, das schon früh dazu gedient hatte, Tod und Auferweckung Jesu zu begreifen,[16] wird der Sohn in der Parabel als der von den Juden verworfene und von Gott auferweckte Christus identifiziert. Der Epilog in V. 12 bestimmt die Zuhörerschaft (das „sie" muß nach Mk 11,27 auf „Hohepriester, Schriftgelehrte und Älteste" bezogen werden), unterscheidet in typisch markinischer Weise zwischen Führern und Volk[17], berichtet vom Verständnis der Angesprochenen[18] und beendet schließlich die Perikope. Der Epilog dürfte, auch wenn er historisch Zutreffendes enthalten mag[19], von Mk formuliert worden sein.[20]

Die oben beschriebenen Sachverhalte führen zu folgender *redaktions- und traditionsgeschichtlicher Theorie*: Das ursprüngliche Gleichnis umfaßt die Verse 1b (ohne LXX-Anklang). 2–5a.6b–9 und geht auf Jesus selbst zurück.[21] Die *Gemeinde* fügt in V. 1b den LXX-Anklang hinzu, ferner 5b.c.6a (ohne ἀγαπητός), V. 9b und schließlich das LXX-Zitat in V. 10f (vielleicht auch eine Vorstufe von V. 12). Alle diese Elemente passen zusammmen, sofern sie von einer Anwendung der Parabel auf die Geschichte Gottes mit den Menschen, angefangen bei den Propheten des AT und ihr Ende findend mit der Auferweckung Jesu, her entworfen sind. *Mk* selbst ist verantwortlich für die Einleitung (V. 1a), für das ἀγαπητός in V. 6a, sowie für den Epilog in V. 12 und die Einordnung des Gleichnisses in den Kontext.

Matthäus bringt nach der Vollmachtsfrage (21,23–27 par Mk 11,27–33) das Gleichnis von den beiden Söhnen (Sondergut), und im Anschluß an dasjenige von den Weinbergpächtern schiebt er die Parabel vom großen Abendmahl ein, um dann wieder zum Mk-Aufriß zurückzukehren. Im Gleichnis selbst nimmt er einige wichtige Ände-

---

[16] So zB Jeremias, Gleichnisse 71; Schweizer, Mk 131; Schmid, Mk 221. Lohmeyer, Mk 247 führt das Psalmwort auf Jesus zurück (Gottesknechtsgedanke). Zur Verwendung von Ps 118,22f vgl Lindars, NT-Apologetic, 169–174.

[17] Schweizer, Mk 132 zu V. 12.

[18] Das spricht *nur dann* gegen markinische Redaktion, wenn man voraussetzt, daß Mk 4,10–12 *redaktionell* sind (so Klauck, BiLe 11, 142, der Inkonsequenz feststellt). Diese Voraussetzung ist aber schwach begründet, vgl oben S. 102f.

[19] Von der Pointe der Parabel her wäre die in V. 12 angegebene Zuhörerschaft gut denkbar (Léon-Dufour, Vignerons 327).

[20] Allerdings ist die vokabelstatistische Situation nicht eindeutig: ζητεῖν kommt redaktionell (1,37 [? Schweizer, Mk 25]; 3,32; 11,18 [?]; 14,1.11 [?]) *und* traditionell (8,11; 8,12; 14,55 [?]; 16,6) vor. Κρατεῖν steht (unter Abzug der Paralleltexte bei den Großevangelien) viel häufiger bei Mk (Mt: 5 ×; Mk: 15 ×; Lk: 2 ×), hier aber oft auch traditionell: 1,31; 3,21 (?); 5,41, 6,17 (?); 7,8 (?); 9,27, 14,1 (Schweizer, Mk 156); 14,44.46. Ὄχλος dagegen ist eindeutig markinische Vorzugsvokabel. Die andern Vokabeln lassen keine Schlüsse zu.

[21] Zur Echtheitsfrage vgl unten S. 153 Anm 34.

rungen vor: aus dem Menschen wird ein „Hausherr" (V. 33b)[22]; im LXX-Anklang wird durch Umstellungen eine bessere Übereinstimmung mit den LXX hergestellt; aus dem τῷ καιρῷ bei Mk wird die den καιρός viel stärker betonende Formulierung ὅτε δὲ ἤγγισεν ὁ καιρὸς τῶν καρπῶν; der Hausherr sendet nur zweimal Knechte; beide Gruppen werden geschunden, getötet und gesteinigt[23]; sie fordern nicht nur einen Teil, sondern den *ganzen* Ertrag (V. 34 Ende ≠ Mk); Mk 12,5 wird konsequenterweise gestrichen; die Sendung des Sohnes lehnt sich an Mk an (mit Ausnahme des ἀγαπητός, das bei Mt fehlt); der Sohn wird zuerst hinausgeworfen, dann erst getötet; die Antwort auf die Frage V. 40b wird von den Zuhörern gegeben, die „andern" werden näher bestimmt als solche, die den Ertrag ἐν τοῖς καιροῖς αὐτῶν abliefern; nach dem Psalmzitat (= Mk) schiebt Mt den V. 43 (der sich auf V. 41 zurückbezieht) ein; V. 44 dürfte sekundär aus Lk eingedrungen sein[24]; im Epilog V. 45f wird das Verständnis der Hohenpriester und Pharisäer *vor* dem Tötungsbeschluß erzählt und die Furcht vor dem Volk damit begründet, daß es Jesus für einen Propheten hält.

Lukas folgt im Kontext dem Mk-Aufriß, bestimmt jedoch die Zuhörerschaft ausdrücklich mit „Volk" (≠ Mk). Er streicht den LXX-Anklang an Jes 5,2 und läßt den Besitzer „geraume Zeit"[25] im Ausland weilen. Der Knecht fordert „von der Frucht" (Singular!) des Weinbergs, die dreifache Sendung wird beibehalten und stilistisch gut durchkonstruiert. Auffallend sind die beiden Verben προστιθέναι und πέμπειν.[26] Lk tilgt die Tötung des dritten Knechtes, die Sendung des Sohnes und dessen Behandlung wird mit einigen stilistischen Verbesserungen aus Mk übernommen, wobei das Verbum πέμπειν auch

---

22 Vgl Robinson, NTS 21, 445.
23 Die Erwähnung der Steinigung dürfte ein Anklang an die Steinigung der Propheten sein (vgl Mt 23,37, Schweizer, Mt 270) und ist nicht bloß „species atrox des Tötens" (gegen Michaelis, ThWNT IV 271, 21f mit Anm 9).
24 Die kleinen Unterschiede zu Lk erklären sich aus eben diesem Vorgang. Zu den Argumenten für die Streichung von V. 44 vgl Schweizer, Mt 270f. Ursprünglichkeit behauptet Léon-Dufour, Vignerons 340.
25 Ἱκανός ist schon rein statistisch eine lukanische Vorzugsvokabel (Mt: 3×; Mk: 3×; Lk: 10×; Apg: 18×, übriges NT: 7×). Zur Bezeichnung einer Zeitdauer kommt es (mit Ausnahme von Röm 15,23) überhaupt *nur im lukanischen Schrifttum* vor. Lk erzielt mit dieser Präzisierung einen größeren Realismus im Handlungsablauf.
26 Προστιθέναι ist eine ausgesprochen lukanische Vokabel (Mt: 2×; Mk: 1×; Lk: 7×; Apg: 6×; übriges NT: 2×). Πέμπειν ist innerhalb der Synoptiker ebenfalls am häufigsten bei Lk (Mt: 4×; Mk: 1×; Lk: 10×; Apg: 11×). Auffallend ist der spezifische Gebrauch im Joh (vgl Rengstorf, ThWNT I · 402, 10–405, 32).

hier erscheint (V. 13) und die Reihenfolge Tötung — Hinauswurf auch hier umgekehrt wird (= Mt)[27]. Frage und Antwort lehnen sich an Mk an. Die Zuhörer verwahren sich gegen das Eintreffen der Strafe (V. 16). Vom Psalmzitat bringt Lk nur den V. 22 (V. 17), dafür aber ein anderes Wort zum Stichwort „Stein" (V. 18). Der Epilog folgt im wesentlichen dem Mk.

Das *Thomasevangelium* (Log 65) bietet eine Mischform aus allen Synoptikern.[28] Der Wegfall der metaphorischen Züge[29] ist zwar bemerkenswert, spricht aber keineswegs für eine vorsynoptische Traditionsstufe im ThEv, zumal das ThEv auch sonst *sekundär* Züge streicht, die auf Heilsgeschichte oder Christologie verweisen.[30] So fehlt hier namentlich der in Mt/Lk vorhandene Bezug auf die Kreuzigung Jesu. Deutlich sekundäre Details sind ferner: die zweimalige Erwähnung „*der Frucht*" (Singular; ≠ Mt, der Plural hat; aber auch ≠ Lk, der „von der Frucht" sagt); die Rückmeldung des Knechts an seinen Herrn und dessen Vermutung („vielleicht haben sie ihn nicht erkannt"[31]), die besonders unpassend ist, da die Voraussetzung für die schlechte Behandlung des Knechts ja gerade ist, *daß* sie ihn *kennen*; die Verdeutlichung, daß die Bauern *wußten,* daß der Sohn der Erbe ist. Schließlich zeigt das gleich anschließende Logion 66, daß das ThEv einerseits die mit dem Psalmzitat versehene synoptische Fassung gekannt hat, und daß es andererseits das Wort vom Eckstein bewußt seines christologischen Bezugs beraubt: hier ist nicht mehr Christus der Eckstein, sondern der *spricht über* „diesen Stein", der „der Eckstein" ist.[32] Alle diese Beobachtungen zei-

---

[27] Schlatter, Mk 221 postuliert eine Umstellung der Reihenfolge bei Mt *durch* Mk. Die Übereinstimmung zwischen Mt und Lk gibt indessen keinen Anlaß zur Revision der Zwei-Quellen-Theorie. Sie ist vielmehr auf die metaphorische Bedeutung dieses Zuges im Blick auf die Kreuzigung Jesu zurückzuführen.

[28] Schrage, Thomasevangelium 139 führt die Details auf, die diese Annahme wahrscheinlich machen. Die Parabel ist jedenfalls nicht eine „schlichte Erzählung" (gegen Jeremias, Gleichnisse 70).

[29] So Schrage, Thomasevangelium 139. Dasselbe registriert auch Jeremias, Gleichnisse 67—70. Dehandschutter stellt fest, daß ThEv 65 „se révèle être une adaptation de la version de Luc" (Vignerons 218).

[30] Vgl zB die Streichung der AT-Anklänge im Senfkorngleichnis (ThEv 20); die individual-anthropologische Interpretation der Gleichnisse vom Sauerteig (ThEv 96), Schatz im Acker (ThEv 109), von der Perle (ThEv 76). Die grundsätzliche Tendenz zur Entallegorisierung als einem *sekundären* Vorgang notiert Hengel, ZNW 59, 6 mit Verweis auf das ThEv und Lk; vgl dazu Frankemölle, BiLe 13, 199; Klauck, BiLe 11, 136.

[31] Eine besonders typische gnostische Erweiterung, vgl Schrage, Thomasevangelium 144; gegen Montefiore, NTS 7, 226, der diesen Zug ohne nähere Begründung für ursprünglich hält.

[32] So auch Montefiore, NTS 7, 230.

gen, daß das ThEv eine gegenüber den Synoptikern *sekundäre* Fassung des Gleichnisses hat und also nicht als Argument für eine ursprüngliche (womöglich auf Jesus zurückgehende) Fassung verwendet werden darf.[33]

Interpretation

Die ursprüngliche, auf Jesus selbst zurückgehende Fassung lautete wahrscheinlich wie folgt:[34]

„Ein Mensch pflanzte einen Weinberg und übergab ihn Winzern[35] und ging ins Ausland[36]. Zur angemessenen Zeit[37] sandte er einen

---

[33] Das ThEv wird — völlig zu Unrecht — insbesondere von Jeremias sehr häufig als Argument für allfällige vorsynoptische Stadien in Anspruch genommen. Für unser Gleichnis vgl zB: „Schon in den früheren Auflagen hatte der Vergleich zu dem Ergebnis geführt, daß die allegorischen Züge, die sich bereits bei Markus, besonders aber bei Matthäus finden, sekundär sind. Dieses Ergebnis ist jetzt durch das ThEv voll bestätigt (sic!) worden" (Gleichnisse 68). Die Anknüpfung an Jes 5,2 wird mit dem Hinweis auf ThEv als sekundär erwiesen (ebd). Die zweifache Sendung des Knechts wird ebenfalls mit Hinweis auf ThEv für ursprünglich erklärt (aaO 69). „Von der schlichten Erzählung, wie wir sie im ThEv sowie bei Lukas lesen (sic!), ... ist nichts mehr geblieben" (aaO 70). Den gleichen Fehler machen Newell, NT 14, 229; Crossan, JBL 90, 456—461; Robinson, NTS 21, 451. Zur Auseinandersetzung mit derartigen Versuchen vgl Dehandschutter, Vignerons 203—216, bes. 216. „Nous pensons pouvoir comprendre les indications en faveur d'une telle tradition ancienne (introduction brève, triple mission, finale sur la mort du fils) comme le résultat d'une rédaction postérieure aux synoptiques" (aaO 219). Einen ähnlichen Schluß zieht Snodgrass, NTS 21, 144.

[34] Es gibt keine schlüssigen Hinweise darauf, daß die Parabel ein Werk der Urgemeinde ist. Vor allem geht es nicht an, die allegorischen (bzw metaphorischen!) Elemente als Unechtheitsbeweis heranzuziehen (gegen Klostermann, Mk 120f). Denn das diesem zugrundeliegende Axiom (Jesus hat realistische, unmetaphorische Gleichnisse erzählt) stellt eine reine Annahme dar. Für Echtheit spricht die Tatsache, daß die Gemeinde das Gleichnis unerheblich erweitern mußte, um es für ihren Gebrauch zu adaptieren (Kriterium der Diskontinuität). Dazu kommt, daß Jesus durchaus ein Sohneswissen zugetraut werden muß (so nämlich, wie es auch in der Parabel erscheint), ohne daß er damit eine christologische Titulatur geschaffen hätte (vgl Vincent, Self-Revelation 86; implizit auch Jeremias, Gleichnisse 74; Weiser, Knechtsgleichnisse 51f; Hengel, ZNW 59, 37f; Frankemölle, BiLe 13, 203; Léon-Dufour, Vignerons 322 mit Hinweis auf Mt 11,27; Mk 13,32; Robinson, NTS 21, 444f; Grundmann, Mk 240f); (Kriterium der Konsistenz).

[35] Übersetzung mit Bauer, Wb s.v.

[36] Daß der Besitzer ein Ausländer war (Jeremias, Gleichnisse 73), bleibt Vermutung. Die beschriebene Konstellation war in Galiläa denkbar (Hengel, ZNW 59, 15f).

[37] Damit muß die Zeit gemeint sein, die es braucht, bis ein neu gepflanzter Weinberg Frucht zu tragen beginnt. Καιρός darf — wenigstens in der Mk-Fas-

Knecht zu den Winzern, um von ihnen (seinen Anteil) von den Früchten des Weinbergs zu erhalten. Doch die packten ihn, schanden ihn und sandten ihn (mit) leer(en) (Händen) zurück. Und nocheinmal sandte er einen andern Knecht zu ihnen; diesem schlugen sie den Kopf blutig und schmähten (ihn). Und er sandte einen andern; diesen töteten sie. Zuletzt sandte er (seinen) Sohn zu ihnen, indem er (sich) sagte: ‚Vor meinem Sohn werden sie sich scheuen!' Doch jene Winzer sagten zueinander: ‚Dieser ist der Erbe; kommt, wir wollen ihn töten, und dann wird das Erbe unser sein!' Und sie packten ihn und töteten ihn und warfen ihn hinaus aus dem Weinberg.

Was wird der Herr des Weinbergs tun?"[38]

Betrachtet man zunächst das *Erzählgerüst* dieser Parabel,[39] so stellt man fest, daß es einerseits durch das Verhalten eines Menschen, der einen Weinberg anlegt und diesen verpachtet, und andererseits durch das Verhalten der Pächter konstituiert wird. Zentrum der Erzählung ist das *Verhältnis von Weinbergbesitzer und Pächtern*[40], das mit dem Begriffspaar Aktion und Reaktion umschrieben werden kann. Während in der Exposition der „Mensch" Subjekt ist, wechselt dieses in der Durchführung konsequent zwischen „Herr" und „Pächter". Besonders schön ist der chiastische Aufbau der letzten (entscheidenden) Phase: der Mensch sendet — er sagt sich — die Pächter sagen sich — sie töten. In der Schlußfrage (V. 9a) ist wiederum der Herr Subjekt. In dieser die Erzählung konstituierenden Auseinandersetzung hat er das *erste* Wort, sofern er den Weinberg ins Dasein bringt und den Pächter damit eine Lebensgrundlage gibt, und er wird auch das *letzte* Wort haben, sofern er die Pächter ihrer gerechten Strafe zu-

---

sung — nicht metaphorisch gedeutet werden (gegen Montefiore, NTS 7, 236, der aus dem Fehlen dieses Zuges im ThEv auf entallegorisierende Reduktion schließt).

[38] Die Rekonstruktion unterscheidet sich in wesentlichen Punkten von derjenigen, die Léon-Dufour, Vignerons 327 bietet. Namentlich streicht Léon-Dufour die Tötung des dritten Knechts (warum?) und hält dafür die Ankündigung des Gerichts für ursprünglich (s oben S. 148 Anm 6; S. 149 Anm 13f).

[39] Formgeschichtlich ist diese ursprüngliche Fassung als *Parabel* anzusprechen, da sie nicht mit der Autorität des Allgemeinen argumentiert und deutlich fiktionale Züge aufweist (vgl Crossan, JBL 90, 462; Frankemölle, BiLe 13, 198). Metaphorische Züge stehen *nicht* im Widerspruch zur Form der Parabel (im Anschluß an Bultmann, Synoptische Tradition 214f).

[40] Das geht aus dem Erzählgerüst deutlich hervor und schließt demzufolge aus, die *Pächter* (zB bei Via, Gleichnisse 130 aufgrund seines existentialen Interpretationsrahmens postuliert, wonach es dieser Parabel um das *Existenzverständnis* der Pächter gehen muß) *oder den Sohn* (Frankemölle, BiLe 13, 201) zur Zentralfigur zu machen.

führen wird. Die Aktion des Besitzers besteht in seinem wiederholten Zugehen auf die Pächter, das — beginnend mit der Sendung von
Knechten — in der Sendung seines Sohnes die Klimax hat. Die Reaktion der Pächter dagegen besteht in ihrer wiederholten Ablehnung,
die — beginnend mit der Mißhandlung und Tötung der Knechte —
ihre Klimax in der Ermordung des Sohnes findet. Die Erzählung
thematisiert demnach das Nein der Pächter zur berechtigten Forderung des Besitzers; ein Nein, das offensichtlich seine Konsequenzen
haben muß. Die Frage, ob diese Parabel „realistisch" sei,[41] trägt
zu deren Verständnis wenig bei: entscheidend ist vielmehr, daß die
Kombination der Erzählzüge dem Hörer *wahrscheinlich* erscheint
und ihn zum entscheidenden Punkt zu führen vermag. Mit der *Fiktionalität* der Parabeln muß gerade im vorliegenden Fall gerechnet
werden. Die Erzählung ist nicht „aus dem Leben gegriffen", sondern sie verdankt sich der Aussageabsicht des Erzählers.[42] Die Pointe
ist in dem Moment erreicht, wo die Hörer zur eigenen Entscheidung
herausgefordert werden: „Was wird der Herr des Weinbergs tun?"
Die Schlußfrage verwehrt es dem Hörer, in Distanz zur Geschichte
zu verbleiben (wie es eine auch noch so krasse Schilderung der Bestrafung erlaubt hätte). Sie bezieht ihn vielmehr ein, und zwar so,
daß er die zu vermutende Bestrafung der Winzer als selbstverständliche Konsequenz akzeptieren muß.

Die vorliegende Parabel hatte schon auf der Jesusstufe deutlich *metaphorische Züge*. Schon zu Beginn wird der Hörer an das Weinberglied Jesajas erinnert: demzufolge erscheint der „Mensch" als Metapher für Gott, der Weinberg als diejenige für Israel.[43] Mit dem Bezug

---

41 Der „Realismus" der Parabel kann nicht als Echtheitskriterium dienen (so
stellvertretend für viele Jeremias, Gleichnisse 72—74, der im Realismus das Un-
terscheidende zwischen Gleichnis und Allegorie sieht und deshalb den Realismus
unserer Parabel Zug für Zug nachweisen muß), auch wenn zuzugeben ist, daß die
Parabel nur dann verständlich ist, wenn sie ein „*vorstellbares Geschehen*" (Hengel, ZNW 59, 25) erzählt.
42 Mit Recht wird die Sendung des Sohnes als an Fiktion grenzende Überstei-
gerung bezeichnet, die der theologischen Konzeption (bzw dem primum comparationis!) des Erzählers entspringt und weder realistisch noch von der Logik
der Erzählung her notwendig (Weiser, Knechtsgleichnisse 50—52), wenn auch
durchaus denkbar ist (Hengel, ZNW 59, 27). Eine historische Verifikation der
Parabel ist gar nicht nötig (Schniewind, Mk 145f läßt die Unmöglichkeit der
Erzählung nicht als Unechtheitszeichen gelten; vgl Frankemölle, BiLe 13, 200).
Jesus sieht in der Sendung des Sohnes seine eigene Sendung vertreten. Deshalb
erzählt er so. Zu andern „unrealistischen" Zügen s Lohmeyer, Mk 244.
43 Diese Metaphorik notiert schon Jeremias, Gleichnisse 68 („allegorischer
Charakter"), sie muß aber schon für die Zuhörer Jesu vorausgesetzt werden
(vgl zB Léon-Dufour, Vignerons 318; Blank, Sendung 15).

auf das Weinberglied ist ferner gegeben, daß die Knechte die Gesandten Gottes (die Propheten) erzählerisch vertreten, die Israel an seine eigentliche Aufgabe zu erinnern hatten. In diese Reihe wird auch „der Sohn" gestellt und wird so zur Metapher für den endgültigen Gesandten, seine Sendung ist gleichsam der letzte Versuch Gottes, Israel zur Vernunft zu bringen.[44] Daneben erscheinen in der Parabel viele Züge, die nur der Logik der Erzählung dienen und keiner metaphorischen Ausdeutung bedürfen.[45] Geht man davon aus, daß der *historische Jesus* der Erzähler dieser Parabel war,[46] so muß sie zunächst im *Kontext des Lebens Jesu* interpretiert werden. Das Nein des Volkes *zu Gott* kommt in ihr als *Nein zu seinen Boten* zur Sprache; insbesondere als das Nein zum endgültigen Boten, *dem Sohn*. Das impliziert aber, daß Jesus sich selbst als letzten Boten verstanden hat, dessen Ablehnung identisch ist mit der Ablehnung Gottes selbst. Jesus steht als „der Sohn" an der Stelle Gottes[47], am Verhalten zu ihm entscheidet sich das Schicksal des jüdischen Volkes. Man wird hier mit Recht von einem *eschatologischen und theologischen* Selbstverständnis Jesu sprechen dürfen. Eschatologisch namentlich insofern, als Jesus sich zwar in Analogie zu den Propheten als Gewalt leidenden Gottesboten versteht, aber als den von jenen grundsätzlich Unterschiedenen, so wie der Sohn sich von den Knechten grundsätzlich unterscheidet.[48] Der Anspruch des Endgültigen, den Jesus in dieser Pa-

---

[44] Der Sohn ist als „*eigentliche*(r) *Bevollmächtigter des Besitzers*" (Hengel, ZNW 59, 38) *prinzipiell* unterschieden von den Knechten, obwohl er dieselbe Aufgabe wie diese hat. Formal zeigt sich dieser grundsätzliche Unterschied schon darin, daß die Sendungen der Knechte im Töten des dritten Knechts kulminieren und so zum Abschluß kommen. Auf diese Weise wird zugleich Raum für einen erzählerischen Neueinsatz geschaffen (auch aus diesem Grunde scheint mir die Streichung von V. 5a unsachgemäß).

[45] Dazu rechne ich das „Gehen ins Ausland", die „angemessene Zeit", die „Früchte", die Behandlung der Knechte, die Tatsache, daß der Sohn als Erbe erkannt wird, und den Hinauswurf aus dem Weinberg. Zum Ganzen vgl Léon-Dufour, Vignerons 328f; Schmid, Mk 218.

[46] Zur Begründung dieser Annahme siehe oben S. 153 Anm 34.

[47] Dies geht schon aus dem Bedeutungsumfang des Wortes „Sohn" hervor. Der Anspruch ist für den historischen Jesus charakteristisch, vgl Fuchs, ZThK 53, 219; Rawlinson, Mk 162; Blank, Sendung 21f. 40: „Ebenso scheint es mir berechtigt, mit einem traditionsgeschichtlichen Ansatz der Sohn-Bezeichnung beim irdischen Jesus zu rechnen."

[48] Dahinter steht selbstverständlich kein heilsgeschichtliches Konzept, viel eher ein typologisches Verständnis von Geschichte (freilich das einer gebrochenen Typologie). Siehe Weiser, Knechtsgleichnisse 51f (der Unterschied Knecht-Sohn ist eschatologisch zu verstehen!). Dieser Zug wird von Jeremias nicht beachtet (Gleichnisse 74). Indessen braucht der „Sohn" *nicht* als christologischer Hoheitstitel verstanden zu werden (mit Hengel, ZNW 59, 38), vielmehr wird er im Kon-

rabel im Blick auf seine Person erhebt, ergibt sich aus dem Verständnis
Jesu von der nahen Gottesherrschaft. In seiner Person war die Basileia
so in die Nähe gekommen, daß sich daraus sein *prinzipieller* Unterschied zu den Boten Gottes ergibt. Damit hängt auch zusammen,
daß in unserer Parabel das Geschick Jesu so thematisch wird, wie
es in den andern Parabeln nicht der Fall ist. Zu beachten ist dabei,
daß das Geschick Jesu nicht *per se* Gegenstand unserer Parabel ist,
sondern nur insofern, als mit dem Geschick seiner Person die Basileia selbst auf dem Spiel steht. Das Nein des Gottesvolkes zu Jesus
ist ja zugleich das Nein zur *Gegenwart* der Gottesherrschaft. Weil
die in Jesus hergestellte Nähe der Basileia *unüberbietbar* ist, findet
die Geschichte Gottes mit Israel in der Sendung des Sohnes ihr
Ende. Dabei ist die Tötung des Sohnes in der Parabel nicht Pro-
phezeiung, Leidensweissagung Jesu, sondern entspringt Jesu Einschätzung der Lage im Blick auf den Konflikt mit dem offiziellen
Judentum. Der historische Ort der Parabel dürfte also die letzte Phase der Wirksamkeit gewesen sein.[49]

In dieser letzten Phase des Konflikts fordert Jesus die *Hörer* zur
Einsicht heraus, zur Einsicht in die Ungeheuerlichkeit des Neins
gegenüber dem letzten Boten Gottes. Die Parabel soll den Hörern
zeigen, was bei ihrem Verhalten gegenüber Jesus auf dem Spiele
steht, indem sie das Verhalten gegenüber Jesus als Verhalten gegenüber *Gott* qualifiziert. Die Schlußfrage evoziert im Hörer das Einverständnis in die Selbstverständlichkeit, mit der die Bestrafung auf
das wiederholte Nein folgen wird. So erinnert die Parabel die Hörer
an die Strafe Gottes, die ihr Verhalten nach sich ziehen wird, aber
nicht, um das Gericht anzukündigen,[50] sondern um sie zur *Umkehr
und zur Vernunft* zu bringen. So wiederholt die Parabel mit letzter

---

text des „Sohneswissens" Jesu zu interpretieren sein. Wichtig ist jedenfalls der
Anspruch des *Endgültigen,* der hier von Jesus erhoben wird (vgl dazu etwa die
Antithesen der Bergpredigt). Vgl auch Léon-Dufour, Vignerons 323; Blank,
Sendung 17f (der die Vorstellung dem palästinensischen Judenchristentum —
nicht Jesus — zuweist).
[49] Mit Jeremias, Gleichnisse 74f und Hengel, ZNW 59, 37. Zu fragen ist dabei,
ob das Gleichnis seinen historischen Ort tatsächlich in der Auseinandersetzung
mit den *Pharisäern* hat (so zB Rawlinson, Mk 162).
[50] Nur mit großer Behutsamkeit kann man von einem „Gerichtsgleichnis"
(Hengel, ZNW 59, 33) sprechen. Das Gericht wird ja nicht *eigentlich* angekündigt, sondern es erscheint *im Gleichnis,* und zwar als Selbstverständlichkeit. Es wird also im Gleichnis *angekündigt,* um eben dadurch *abgewendet*
zu werden. Dieser metaphorischen Gestalt der Gerichtsankündigung müßte
mE bedeutend stärker Rechnung getragen werden. Sie ist jedenfalls grundsätzlich unapokalyptisch, sofern sie alles daran setzt, den Hörer auf die *Seite des
Heils* zu ziehen.

Eindringlichkeit den schon in der ganzen Geschichte Israels erkennt-
lichen Versuch Gottes, Israel von seinem Nein zu ihm abzubringen
und es zu einem Ja zum endgültigen Boten Gottes zu bewegen.[51]
Daß dieser Versuch in der Gestalt einer *Parabel* erscheint, ist Ausdruck des werbenden, um Einverständnis bittenden Handelns Gottes,
das mit den Propheten des Alten Bundes angefangen hatte und in
der Sendung des Sohnes seine Klimax und zugleich sein Ende erreicht hat, indem Gott mit der Auferweckung Jesu von den Toten
der Welt so nahegekommen ist, daß er *auch ihr Nein* zu ihm überholt hat.

Die *vormarkinische Gemeinde* hat das Jesusgleichnis zur Darstellung
ihrer Sicht von der *Heilsgeschichte* verwendet. Einerseits zeigt sie
mit der Anführung des LXX-Anklangs in V. 1b an, daß es dem
Gleichnis zunächst um das Verhältnis Gottes zu Israel geht. Andererseits macht die Einführung von V. 5b vollends deutlich, daß mit
der Sendung der Knechte die Sendung der Propheten gemeint ist.[52]
Dem entspricht die neue Begründung der Sendung des Sohnes: nach-

---

[51] Von hier aus müssen einige in der Literatur vertretenen Interpretationen
abgelehnt werden. Ein besonders schönes Beispiel der strikten Auslegung nach
dem tertium comparationis im Sinne Jülichers wird dargestellt durch J.E. und
R. R. Newell, NT 14, 226—237: das tertium comparationis sei die grausame
Behandlung der Gesandten des Besitzers. Also spreche das Gleichnis zu Zeloten oder deren Sympathisanten: „An audience of Zealot sympathizers would
not be sympathetic to the foreign landlord", dafür umso mehr zur zelotischen
Landreform. „The hearers of the parable are forced to a conclusion that they
would not normally accept: that the logical outcome of such tactics (sc die
„violence" der Zeloten) is self destruction" (aaO 236). Pointe des Gleichnisses
wäre: „violence" führt zur Katastrophe. Die moralistische Auslegung (die der
Auslegung vom tertium comparationis her wesentlich immanent ist!) ist perfekt.
Dem Gleichnis geht es jedoch *auch nicht einfach darum*, daß Menschen, die
ihre Situation recht einschätzen, dementsprechend handeln sollen (gegen Crossan, JBL 90, 464), und noch viel weniger darum, daß der Mensch, wenn er nicht
an eine transzendente Wirklichkeit glaubt, zum gewalttätigen Handeln getrieben
werden kann (gegen Via, Gleichnisse 131f). Andererseits ist nicht einzusehen,
inwiefern das Gleichnis die Darbietung der Frohbotschaft an die Armen *vertei-
digen* soll (so Jeremias, Gleichnisse 74), oder wieso die Androhung der Strafe
für die Bosheit der Pharisäer ursprünglicher Skopus sein sollte (so Klauck, BiLe
11, 135; auch Branscomb, Mk 211).
[52] Vgl Crossan, JBL 90, 452f; Weiser, Knechtsgleichnisse 55 (es sind keine
Einzelschicksale gemeint); Jeremias, Gleichnisse 68f. Sieht man V. 1b zusammen mit V. 5b, so hat auch der erstere deutlich heilsgeschichtliche Bedeutung (gegen Hengel, ZNW 59, 17f), da ja das Bild ganz bewußt verlassen und
ein Bezug zur *konkreten* Sendung der Propheten (deren es ja mehr als drei
gab) hergestellt wird. Zum Problem vgl auch Léon-Dufour, Vignerons 323.

dem Gott alle Propheten zu seinem Volk gesandt hatte, blieb ihm
noch einer übrig: sein eigener Sohn. Obwohl die Begründung im
Vergleich mit dem ursprünglichen Gleichnis leicht verschoben ist,
dient auch diese der Gemeinde dazu, die *Endgültigkeit* der Sendung
des Sohnes zum Ausdruck zu bringen.[53] Dabei wird das Schicksal
des Sohnes in Analogie zum Geschick der Propheten verstanden.[54]
Wurde schon im Bisherigen die christologische Interpretation des
Jesusgleichnisses offenbar, so wird sie es erst recht in der Anfügung
des Psalmzitats (V. 10f): die Geschichte Gottes mit Israel endete
nicht mit dem gewaltsamen Tod des Sohnes, vielmehr setzte Gott
selbst einen Neubeginn, indem er den Gekreuzigten auferweckte
und also den verworfenen Stein zum Eckstein machte.[55] Mit diesem Neubeginn einerseits und dem Verhalten der Pächter andererseits hängt es zusammen, daß der Weinberg nun „andern übergeben"
wird. Was Gott mit Israel vorhatte, ist am Nein seines Volkes gescheitert; Gottes Vorhaben wird künftig einen neuen Adressaten
haben: die christliche Gemeinde.[56]

Der Wandel, den das ursprüngliche Jesusgleichnis auf seinem Weg
in die Gemeinde erfahren hat, hat exemplarischen Charakter und
verdient, grundsätzlich betrachtet zu werden. Dabei ergibt sich, daß
die „Bildhälfte" des Jesusgleichnisses in der Gemeinde zum sprachlichen Gefäß ihrer Christologie und ihres (heils-)geschichtlichen
Selbstverständnisses geworden ist. Auf der einen Seite wurde das
ursprüngliche Bild so ergänzt, daß es deutlich auf die geschichtliche
Erfahrung Bezug nahm (Jes-Zitat, V. 5b, V. 9b, Ps-Zitat). Auf der
anderen Seite dient das ursprüngliche Bild dazu, den Tod und die

---

[53] Mit dem Hinweis ἔτι ἕνα εἶχεν deutet die Gemeinde an, daß nun die
Zeit der Propheten vorbei und die Zeit des Sohnes gekommen ist. Die
Endgültigkeit wird hier also weniger funktional-christologisch (wie im ursprünglichen Gleichnis) als vielmehr heilsgeschichtlich begründet (jetzt ist
die „Fülle der Zeit").
[54] Dies dürfte zugleich eine der ersten greifbaren Ausdrucksweisen der Christologie gewesen sein, vgl Klauck, BiLe 11, 139; Frankemölle, BiLe 13, 202;
Blank, Sendung 19—22.
[55] Die Anfügung des Psalmzitats ist nocheinmal ein Hinweis darauf, daß das
Gleichnis ursprünglich von Jesus stammt und die Auferweckung nicht impliziert, da ja mit der Anfügung die Einheit der Form deutlich gesprengt wird
(s Klauck, BiLe 11, 136—140; Léon-Dufour, Vignerons 333f; Crossan, JBL
90, 455; vgl Lohmeyer, Mk 246, der das Zitat allerdings dem *Redaktor* zuschreibt). Blank, Sendung 18 bezeichnet diesen Zusatz als höchst sinnvoll
(wenn nachösterliche Entstehung angenommen wird).
[56] Hier treffen wir auf ein frühes Stadium des ekklesiologischen Selbstverständnisses der Gemeinde: sie sieht sich an die Stelle Israels treten (vgl auch
Frankemölle, BiLe 13, 202).

Auferweckung Jesu als endgültiges Handeln Gottes, als die Wende der Welt verstehbar werden zu lassen. So ermöglichte das Gleichnis der Gemeinde, den Tod Jesu als Ende der Geschichte Gottes mit Israel und zugleich als Anfang einer neuen Geschichte zu verstehen. Indem die Gemeinde das Gleichnis Jesu so auslegte, entsprach sie der Tatsache, daß *Jesus* der Erzähler und zugleich der Gegenstand des Gleichnisses gewesen war. Durch ihre „allegorisierende" Auslegung machte sie ernst damit, daß das im Gleichnis Erzählte nicht immer und überall galt, sondern nur von Jesus, der — an der Stelle Gottes gekreuzigt — von Gott zum Leben gerufen wurde.[57]

Markus selbst bestimmt die Zuhörer als Repräsentanten des jüdischen Volkes und dokumentiert damit sein Einverständnis mit der Auslegung seiner Gemeinde. Für ihn steht weniger der Übergang der Verheißung Gottes an die christliche Gemeinde als vielmehr die christologische Aussage des Gleichnisses im Mittelpunkt: dies zeigt die Einfügung des christologischen Prädikats ἀγαπητός wie auch die Einordnung des Gleichnisses in den Kontext der Jerusalemer Streitgespräche.[58]

Im Unterschied zu Markus ist *Matthäus* hauptsächlich an der *heilsgeschichtlich-ekklesiologischen* Dimension des Gleichnisses interessiert. Er baut die Metaphorik so aus, daß der Aspekt des Übergangs des Gottesreiches von Israel an ein „Volk, das seine (sc des Gottesreiches) Früchte hervorbringt" deutlicher hervortritt (V. 43 vgl V. 41!).[59] Während allerdings die markinische Version auf jene heilsgeschichtliche Wende *zurückblickt,* wird sie bei Mt *ins Zukünftige* gewendet. Dies wird so zu interpretieren sein, daß Mt mit dem Gericht am Volk Israel *zugleich* das Gericht an der Jüngerschar, am neuen Gottesvolk[60] verkündigen will.[61] Er macht seine Gemeinde darauf aufmerksam, daß *auch ihr* der Weinberg wieder genommen werden kann. Dazu paßt die besondere Akzentuierung des *Fruchtbringens:*

---

57 Die christologische Interpretation wird aus diesem Grunde mit Recht als Hauptanliegen der genannten Gemeinde bezeichnet (Léon-Dufour, Vignerons 335).

58 Gleiches Urteil zB bei Léon-Dufour, Vignerons 335; Klauck, BiLe 11, 142.

59 Der V. 43, der zugleich auf V. 31 zurückverweist (βασιλεία τοῦ θεοῦ !), ist eine matthäische Einfügung. Gegen Léon-Dufour (Vignerons 343) ist zu sagen, daß die Mt-Version sowohl deutlich heilsgeschichtliche (vgl zB das Steinigen der Knechte, die Umstellung Hinauswurf — Tötung) als auch Israel anklagende Züge aufweist, obwohl sie sich nicht darauf beschränkt.

60 Zu beachten bleibt, daß die Gemeinde „nicht einfach das neue Gottesvolk (ist), sondern ein neues Volk besonderer Prägung" (ἔθνος), Schweizer, Mt 270.

61 Bornkamm, Enderwartung 40; vgl dazu Schweizer, Mt 271; Léon-Dufour, Vignerons 344.

der Knecht fordert „*die* Früchte" (V. 34); der Weinberg wird solchen gegeben, die die Früchte abliefern (V. 41); die Gottesherrschaft wird dem Volk gegeben werden, das die Früchte produziert (V. 43).[62] Die Betonung des Fruchtbringens (das wohl metaphorisch für „den Willen des Vaters tun" steht, vgl V. 31![63]) verrät eindeutig *paränetisches* Interesse des Matthäus.[64] Die oben beschriebene Sicht wird ferner gestützt durch den kunstvoll gestalteten Kontext: anhand von Verhör (21,23–27), Schuldspruch (21,28–32), Strafverkündigung (21,33–46 bes V. 43!) und -vollstreckung (22,1–14 bes V. 7) *an Israel* zeigt Mt seiner *Gemeinde* (22,11–14!), welches Gericht über sie ergehen wird, wenn sie sich nicht der Gerichtsnorm entsprechend[65] verhält.[66] Die heilsgeschichtliche Dimension des markinischen Gleichnisses wird also unter der Hand des Mt ausgebaut, sie wird aber zugleich in den Dienst der Paränese gestellt. Die Situation der matthäischen Gemeinde verlangte es offenbar, daß die mit jedem heilsgeschichtlichen Selbstverständnis gegebene Gefahr der *securitas* als solche herausgestellt und bekämpft wurde. Eben dies hat Mt durch seine Interpretation des Winzergleichnisses durchgeführt.

Die Interpretation des *Lukas* erhält ihr Profil durch die Tilgung von heilsgeschichtlichen Bezügen einerseits (Streichung des LXX-Anklangs V. 9; die Knechte verweisen nicht mehr so deutlich auf die Propheten) und die Aufnahme des *christologischen Akzentes* andererseits (auffallend ist besonders V. 18, der die Entscheidung gegenüber Christus zur grundlegenden Notwendigkeit macht[67]).[68] Bemerkenswert ist im weiteren, daß für die Sendung der Knechte wie für diejenige des Sohnes das Verbum πέμπειν verwendet wird. Möglicherweise ist dies ein Hinweis darauf, daß Lk keinen *grundsätzlichen Unterschied* zwischen Knechten und Sohn sehen will. Dazu würde jedenfalls passen, daß nach Lk der Sohn bloß Endpunkt einer

---

[62] Die Steigerung von V. 41 („abliefern") zu V. 43 („produzieren") ist augenfällig (Schweizer, Mt 270).

[63] Der Zusammenhang mit V. 31 ist von V. 43 her nicht zu übersehen (Schweizer, Gemeinde 117f).

[64] So auch Barth, Gesetzesverständnis 56; Léon-Dufour, Vignerons 341 („perspective catéchétique").

[65] Die Norm des künftigen Gerichts ist das Fruchtbringen bzw das Tun des göttlichen Willens; vgl Bornkamm, Enderwartung 18.

[66] Zum Ganzen vgl Schweizer, Mt 261–263; ders, Gemeinde 117–119.

[67] Klauck, BiLe 11, 144.

[68] So auch Léon-Dufour, Vignerons 337 (Aufnahme der christologischen Linie bei Lk).

bei den Propheten beginnenden Linie ist, sofern nämlich der dritte Knecht *nicht* getötet wird.[69]

Bemerkenswert an der *Interpretation des Thomasevangeliums* ist vor allem das Fehlen jeder christologischen und heilsgeschichtlichen Metaphorik: die Geschichte endet denn auch mit der Tötung des Sohnes. Zentrum des Gleichnisses ist offenbar nicht mehr der Sohn, sondern der Auftrag, den er zu erfüllen hat (als der „Erbe" die Frucht in Besitz zu nehmen).[70] Dies zeigt auch die Umwandlung des Psalmzitats in Log 66: der Stein ist nicht Jesus, sondern etwas, über das eine Belehrung Jesu möglich ist, also wohl die wahre Gnosis.[71] Dabei geht es dem Gleichnis vornehmlich darum zu zeigen, wie die Bringer dieser Gnosis von der Welt abgelehnt, und zwar — ebenfalls typisch gnostisch — in *Unkenntnis* ihrer Herkunft vom Vater abgelehnt werden.[72] Der letzte Bringer, der Sohn, ist als Erbe *bekannt*, und er wird gerade deshalb getötet: das zu *wissen*, ist für den Gnostiker zugleich Inhalt der wahren Gnosis; *das ist der Eckstein.*

2.2.2 Das Gleichnis vom Türhüter
(Mk 13,33—37 par Lk 12,35—38)

Analyse

Das bei Mk überlieferte Gleichnis weist einerseits eine gewisse Parallelität zu Lk 12,35—38 auf,[73] andererseits enthält es Züge, die an

---

[69] Möglicherweise ist hier die Christologie der *Geschichte* untergeordnet. Ein Verlust der *eschatologischen* Qualität Jesu Christi wäre unter dieser Voraussetzung unausweichlich.

[70] Dazu Schrage, Thomasevangelium 145. Der Sohn ist Abbild des Erlösers resp Offenbarers.

[71] Vgl Montefiore, NTS 7, 230.

[72] Das ist ein sekundärer Zug, mit Schrage, Thomasevangelium 144 gegen Montefiore, NTS 7, 226 (der es für ursprünglich hält). Die Nicht-Erkenntnis der Offenbarungsbringer ist ein in der Gnosis wichtiges Grundthema, vgl etwa EvVer 31,3f. Diese Deutung erscheint auch Dehandschutter „plausible" (Vignerons 217f), obwohl er sich eher für eine Verdammung der „poursuite du bien matériel" (wie in ThEv 63. 64) ausspricht (aaO 217).

[73] Die Unterschiede sind indessen beträchtlich: die Lk-Version vergleicht die Zuhörer mit *Menschen* (bei Mk dagegen ist der „Mensch" der Herr); *alle* erwarten den Herrn (bei Mk nur der Türhüter); der Herr ist an einem *Festmahl*; der Herr *belohnt* die wachsamen Knechte (V. 37); die Nachtwachen sind anders gezählt als bei Mk (dazu vgl Weiser, BiLe 13, 27 u Schneider, Parusiegleichnisse 31); die Einleitung (V. 35) schließlich ist völlig verschieden von derjenigen bei Mk (V. 33).

das Gleichnis von den Talenten bzw Minen (Mt 25,14–30 par) erinnern.[74] Eine *literarische* Abhängigkeit ist unwahrscheinlich, auch wenn Mk und Lk wohl auf demselben Stoff beruhen mögen.[75] Während die Lukas-Version in sich einigermaßen geschlossen ist,[76] weist diejenige von Mk Widersprüche auf: V. 34a setzt eine lange Abwesenheit des Herrn voraus, V. 35 dagegen rechnet mit seiner Rückkehr bei Nacht (was bei einer großen Reise unwahrscheinlich ist); in V. 34a gibt der Herr seinen Knechten „die Vollmacht", während in V. 35 nur eine kurze Abwesenheit des Herrn vorausgesetzt ist; V. 34a teilt jedem Knecht „sein Werk" zu, während V. 36 (wie auch V. 35a) das „Wachen" als Aufgabe aller Knechte sieht.[77] Diese Widersprüche legen den Schluß nahe, daß hier zwei verschiedene Motive miteinander vermengt worden sind: das Motiv von einem spät des Nachts heimkehrenden Herrn auf der einen Seite (V. 33.34b.35f; dieses liegt auch der Lk-Version zugrunde) und das Motiv von einem lange Zeit abwesenden Herrn auf der andern Seite (V. 34a). Die Frage, woher das zweite Motiv stammt, ist nicht mehr zu beantworten.[78] Die V. 33–36 weisen jedenfalls keine markinischen Spracheigentümlichkeiten auf;[79] wohl aber kann die Verallgemeinerung in V. 37 auf Mk zurückgehen.[80]

---

[74] Vgl Jeremias, Gleichnisse 51 (Wie soll man sich die *Abstammung* von Mk 13,34a aus Mt 25,14 konkret vorstellen?); Haenchen, Weg 453 (War die Q-Stufe oder eine frühere „Anlaß zur Bildung unseres Wortes"?); Schweizer, Mk 153 (die vorsichtigste Formulierung).

[75] Gleiches Urteil bei Schneider, Parusiegleichnisse 32, der allerdings mit einer Q-Tradition rechnet (in dieser Frage ist keine einigermaßen wahrscheinliche Entscheidung möglich); vgl Dupont, maître 106.

[76] Sie handelt durchweg von einem Herrn, der zu einem Festmahl (dazu Jeremias, Gleichnisse 52) eingeladen und auf dessen Rückkehr zu warten ist. Ein metaphorischer Zug ist wohl in der außergewöhnlichen Belohnung der Knechte zu sehen (V. 37b). Außergewöhnlich ist auch der Zug, daß *alle* den Herrn erwarten.

[77] Zum Ganzen vgl Jeremias, Gleichnisse 51; Schweizer Mk 153; auch schon Jülicher, Gleichnisreden II 169f; Dupont, maître 105–107.

[78] Schwer vorstellbar ist jedenfalls, daß es aus Mt 25,14 stammt. Wäre es von der Urform von Mt 25,13ff in die vormarkinische Gemeinde gelangt (so Haenchen, Weg 453?)?

[79] Es hat im Gegenteil einige seltene Wörter: ἀγρυπνεῖν nur hier im Mk, sonst Lk 21,36; Eph 6,18; Hebr 13,17. Πότε Mk 9,19 (2 ×, traditionell); 13,4 (wohl auch traditionell, vgl Schweizer, Mk 144); 13,33.35; γρηγορεῖν 3× in der Gethsemaneszene (Mk 14,34.37.38); 3× in unserer Perikope. Ἀπόδημος (falls die textkritische Entscheidung bei Nestle richtig ist) ist hap.leg. Οἰκία steht bei Mk öfter traditionell (12 ×) als redaktionell (3 ×). Auch ἐξουσία kann durchaus traditionell vorkommen (2,10!), gegen Weiser, BiLe 13, 30. Ἕκαστος steht bei Mk nur hier (!); ἔργον kommt bei Mt 6×, bei Mk und Lk je 2×, in Joh, Apg, Apk dagegen sehr häufig vor. Θυρωρός steht nur hier und 3× im Joh. Ἐντέλλειν

Es ergeben sich die folgenden *traditionsgeschichtlichen Erwägungen*: die Frage, welches Motiv in unserem Gleichnis ursprünglich sei, ist schwer zu entscheiden. Für die Ursprünglichkeit des ersten (des Nachts heimkehrender Herr) spricht, daß es sowohl in die Verkündigung Jesu wie auch in die der frühen Gemeinde paßt,[81] und ferner, daß die Lk-Version nur dieses Motiv kennt. Für die Ursprünglichkeit des zweiten (lange Abwesenheit) spricht, daß auch es im Munde Jesu oder in der Verkündigung des frühen Christentums denkbar ist und zudem gut zum Gleichnis von den Talenten paßt.[82] Die Kombination mit der Wachsamkeitsforderung wäre in diesem Falle eine Reapokalyptisierung eines ursprünglich auf den *Anspruch des Reiches Gottes* zielenden (Jesus-)Gleichnisses.[83]

Das erste Motiv jedenfalls fand seinen Weg in die vormarkinische Gemeinde, die es apokalyptisch verstand,[84] und andererseits in die vorlukanische Gemeinde, wo es Lk vorfand und in den Kontext von Einzelworten über Wachsamkeit und Treue (Lk 12,35—48) stellte.

Interpretation

Der stark bearbeitete Zustand des vorliegenden Überlieferungsmaterials[85] zwingt zum Verzicht auf die Rekonstruktion eines ursprünglichen (Jesus-)Gleichnisses. Indessen lassen sich die beiden bei Mk kombinierten *Motive* auf ihren Bedeutungsgehalt beim historischen Jesus hin untersuchen.

---

findet sich 5 × bei Mt, 2 × bei Mk, 1 × bei Lk. Ἐξαίφνης steht nur hier im Mk, sonst noch 2 × Lk, 2 × Apg; καθεύδειν ist im Mk 3 × in der Gethsemaneszene zu finden, daneben Mk 4,27 (traditionell, vgl oben S. 105). 38 (traditionell); 5,39 (traditionell).

[80] Das ergibt sich schon daraus, daß wohl Mk dieses Gleichnis in den Kontext der Apokalypse (13,1—27) stellte (so Schweizer, Mk 152f), denn erst im Zusammenhang mit 13,3 wird die Ausweitung der Adressaten überhaupt sinnvoll. Gleiches Urteil auch bei Jeremias, Gleichnisse 51 Anm 4; Haenchen, Weg 453; Schweizer, Mk 155; Weiser, BiLe 13, 27; Dupont, maître 90. 95.

[81] Vgl zum Beispiel das Jesuswort Mk 13,32; Mk 9,1 (falls echt), s auch Lk 17,20f (mit Jüngel, Paulus und Jesus 193f) einerseits und andererseits 1Thess 5,2; Lk 12,39.

[82] Im Munde Jesu würde es den Anspruch der Basileia zum Ausdruck bringen, in der Gemeinde wäre es ein Reflex der sich verzögernden Parusie. Bauckham, NTS 23, 168 rechnet die Einführung des Motivs von dem nachts heimkehrenden Herrn bereits zu einer sekundären „deparabolization" des ursprünglichen Motivs.

[83] Zur Reapokalyptisierung von Jesusworten in der Gemeinde vgl Käsemann, Anfänge 82—104, bes 100—104; vgl auch Bauckham, NTS 23,166f.

[84] Das zeigt die Verbindung von V. 34b mit V. 33 und 35f (vgl unten S. 166).

[85] Mit Recht urteilt Jeremias, Gleichnisse 50: „es ist besonders stark zersägt ... worden".

Das Motiv von der kurzen Abwesenheit und der nächtlichen Rückkehr eines „Menschen" (bzw Herrn) *dürfte schon auf der Jesusstufe* mit der Aufforderung zum Wachen verbunden gewesen sein (wohl nur den Türhüter betreffend, vgl Mk 13,34b).[86] In dieser Verbindung ist das Bild Ausdruck *der Nähe* des Gottesreiches, und zwar so, daß es die die *Gegenwart prägende Nähe des Gottesreiches* zum Zuge zu bringen vermag, ohne zugleich eine *Fixierung des Zeit-Zwischenraums zwischen dem Jetzt und der (in Bälde) kommenden Gottesherrschaft* zu ermöglichen.[87] Dem Türhüter ist zwar bekannt, daß sein Herr *nahe* ist, er weiß aber nicht, *wann* er kommen wird, also hat er zu *wachen.* So gesehen leistet das Bild einen ausgezeichneten Dienst im Blick auf die Aufhebung der jüdisch-apokalyptischen *Zeitstruktur* der Erwartung. So wie der Türhüter den Auftrag hat, wach zu bleiben, damit er die Ankunft des Herrn nicht verpasse, so wird der Hörer dieses „Gleichnisses" dazu bewogen, auf die „Zeichen der Zeit" zu achten, damit er die Ankunft der Basileia nicht verpasse. Diese Ankunft ist als eine die Hungernden sättigende und die Weinenden zum Lachen bringende Ankunft *Gottes selbst* zu verstehen.[88]

---

[86] Gleiches Urteil bei Jeremias, Gleichnisse 51; Weiser, BiLe 13,28; Dupont, maître 111.

[87] Richtungweisend scheint mir in diesem Zusammenhang Jüngels Feststellung, daß Jesus die Zukunft „als die nahe Zukunft *direkt* zur Gegenwart" versteht. Diese Zukunft kennt „keine Zeit-Zwischen-Räume" (Paulus und Jesus 180). Daraus ergibt sich, daß die Nähe der Basileia ihr *Wesen* ist. „Wenn aber Jesus das Wesen der Gottesherrschaft als ‚Nähe zur Geschichte' zur Sprache brachte, dann ist es unangebracht, Jesu Verkündigung mit dem Schlagwort ‚Naherwartung' zu charakterisieren, dem das Schlagwort ‚Parusieverzögerung' mit sachlicher Notwendigkeit folgen muß" (ebd). Dieser Aspekt der Basileia-Verkündigung Jesu wird mE zuwenig berücksichtigt, auch wenn zuzugeben ist, daß Mk 9,1 im Widerspruch dazu zu stehen scheint, vgl aber Linnemann, Gleichnisse 138 Anm 26. Zum Problem siehe auch Dupont, maître 115: „L'importance décisive de l'heure présente lui vient du lien qui l'unit à l'intervention finale de Dieu. ... Puisque son ministère (sc Jesu) atteste que le Règne de Dieu est tout proche, il est invitation à se tenir prêt, à se tenir en éveil, sans quoi l'événement qui s'annonce tournerait à la catastrophe."

[88] Von hier aus ist die Interpretation Jeremias' zu kritisieren, sofern er das Kommen der Basileia einseitig als Krisis definiert und deshalb in unserem Gleichnis ein Krisis-Gleichnis sieht. Die Einseitigkeit ist begründet in der einseitigen Bestimmung der Adressaten dieses Gleichnisses (die Schriftgelehrten), Gleichnisse 52. Diese wiederum leitet sich ab aus Jeremias' Bestimmung des Zwecks, den die Gleichnisse haben: Mittel zum Kampf (vgl oben S. 28). Die Interpretation von Weiser (Knechtsgleichnisse 149f, vgl BiLe 13, 28f) berücksichtigt zu wenig, daß ursprünglich das „Wachen" Bild ist und nicht direkt in die Anwendung übertragen werden kann. Die direkte Übertragung des „Wachens" setzt bereits ein apokalyptisches und christologisches Verständnis des

Schon in der *frühen nachösterlichen* Gemeinde wurde dieses Bild apokalyptisch interpretiert. Die Zeichen der Zeit hatte man beachtet: man sah im Auftreten Jesu den *Anbruch* der Gottesherrschaft, und man erwartete in Kürze deren *Vollendung* als Parusie des Menschensohnes. Das im apokalyptischen Verständnis implizierte *Zeit*verständnis zeigt sich deutlich in der (bei Lk und Mk verschieden überlieferten) Aufzählung der Nachtzeiten.

Spätestens in der *vormarkinischen Gemeinde* wurden die Aufforderungen zum Achtgeben und zur Wachsamkeit hinzugefügt (V. 33. 35a.36) und so das apokalyptische Verständnis *unterstrichen*. Geht man davon aus, daß in der vormarkinischen Gemeinde das eben besprochene Motiv das ursprüngliche ist,[89] so bestätigt die Einführung des Motivs vom ins Ausland gehenden Herrn die Richtigkeit unserer Feststellungen. Es wurde nämlich unter dem Eindruck der ausbleibenden Parusie notwendig, das vorherige apokalyptisch-enthusiastische Verständnis zu korrigieren: die Konzentration auf die unbedingte Erwartung der Ankunft des Herrn wich der Beschäftigung mit der Frage, wie die *Zeit zwischen Anbruch und Ankunft* sachgemäß zu verstehen sei.[90] Die Antwort lautet: so wie jeder Knecht während der Abwesenheit des Hausherrn die Vollmacht hat, die ihm aufgetragene Aufgabe zu erfüllen, so hat auch in der christlichen Gemeinde der Glaubende die ihm zugedachte Funktion auszuüben und so die Zeit bis zur Parusie sinnvoll zu gestalten.

Markus selbst stellt das so verstandene Gleichnis hierher, um seine im ganzen Kapitel erkennbare These von der sich verzögernden Parusie zu unterstreichen, und andererseits um die ethische Qualifikation der Zwischenzeit zu akzentuieren.[91]

Motivs voraus. Dodd (Parables 165—167) übersieht den eschatologischen Charakter der Basileia, wenn er sagt: „It (das ursprüngliche Gleichnis) was not spoken to prepare the disciples for a long though indefinite period of waiting for the second advent, but to enforce the necessity for alertness in a crisis now upon them" (Parables 167). Mit der Krise ist „His (sc Jesus) own ministry" gemeint (165).

[89] Dies wird von vielen Auslegern vorausgesetzt, vgl zB Jeremias, Gleichnisse 51; Schweizer, Mk 153; Weiser, Knechtsgleichnisse 137.

[90] Dazu Schweizer, Mk 153: „Als das bloße Bild vom plötzlichen Kommen des Herrn in der Nacht nicht mehr genügte, weil man nicht Jahre und Jahrzehnte lang nur auf einen apokalyptischen Moment des Erscheinens des Menschensohns warten kann, mußte dieses zweite Bild stärker in den Mittelpunkt rücken."

[91] Mk hat mit seiner Überarbeitung die „apokalyptische Naherwartung abgebogen" und das „Herrsein (Jesu) über die Zukunft bis hin zur Endvollendung" ins Denken der Gemeinde einbezogen (Schweizer, Mk 146; vgl Lohmeyer, Mk 284f).

Auch in der *vorlukanischen Gemeinde* wird die apokalyptische Interpretation[92] des Türhüterbildes übernommen und dadurch noch verstärkt, daß jetzt offenbar alle Knechte die Aufgabe haben, den Herrn zu erwarten (V. 36).[93] Die auch in der vormarkinischen Gemeinde vorhandenen christologischen Implikationen kommen hier deutlicher zum Vorschein: V. 37b erzählt die Belohnung der wachsamen Knechte im Stil des eschatologischen Freudenmahls, wo der „Herr" die Knechte bedienen wird; die vorlukanische Version identifiziert also deutlich den Kyrios mit dem kommenden Christus der Parusie.[94] *Lukas* übernimmt das ihm vorliegende Verständnis und ordnet das Gleichnis in das Bezugsfeld von Wachsamkeit (V. 35) und Treue (V. 42).[95] Damit scheint er allerdings wieder mehr die Zwischenzeit zwischen Ostern und Parusie zu betonen.[96] Da in Lk 12,45 das χρονίζει einen *Falsch*glauben anzeigt, liegt der Ton (abgesehen vom Problem der Parusieverzögerung) auf der Treue in der Zwischenzeit.

Das *Motiv der langen Abwesenheit* des Herrn müßte auf der *Jesusstufe* in gewisser Weise mit der Abwesenheit Jesu selbst in Zusammenhang gebracht werden. Nicht daß Jesus sich mit dem ins Ausland reisenden Herrn identifiziert hätte, sondern vielmehr so, daß das Bild eines ins Ausland reisenden Menschen, der seinen Knechten Vollmacht und Auftrag gibt, Jesus dazu dient, die Gültigkeit des Anspruchs der Basileia auch über seinen Tod hinaus einsichtig zu machen. In diesem Falle muß die Rückkehr des Herrn rein bildlich (also ohne metaphorischen Bezug auf die Ankunft Gottes) verstanden werden. Der Anspruch ergibt sich dann aus der mit Jesus hergestellten *Nähe* der Basileia. Sofern die Nähe der Basileia aber ihr *Wesen* ist, gilt ihr Zuspruch und Anspruch auch über den Tod Jesu hinaus. Wenn es eine Aufgabe der Gleichnisse ist, Jesu Jünger für die Zukunft vorzubereiten;[97] wenn es stimmt, daß „im Gleich-

---

92 Das zeigt schon V. 38 (vorlukanisch, vgl Schneider, Parusiegleichnisse 35), der vom Hintergrund der Parusieverzögerung zu verstehen ist.

93 So Jeremias, Gleichnisse 51. Schneider, Parusiegleichnisse 34 rechnet diesen Vers hauptsächlich zu Q (36b.c.).

94 Dazu Jeremias, Gleichnisse 50f. Vgl Lk 22,27; Joh 13,4f. Vgl Schneider, Parusiegleichnisse 30. Schneider rechnet V. 37b zur lukanischen Redaktion (aaO 35).

95 Dazu Schneider, Parusiegleichnisse 37: „Die Neuauslegung der Gleichnisse geschieht stärker im Hinblick auf die Wachsamkeit, Dienstbereitschaft und Treue der Gemeindevorsteher."

96 Darin ist er der markinischen Interpretation nicht unähnlich.

97 Fuchs, Hermeneutik 226, vgl Jesus, 88: die Gleichnisse weisen über Jesus hinaus.

nis ... Jesus seine Person" überholt,[98] dann ist der Sinn dieses Bildes im Kontext der Verkündigung Jesu eindeutig: so wie die Knechte auch während der Abwesenheit des Herrn seine Vollmacht ausüben (Zuspruch) und ihre Aufgaben erfüllen (Anspruch), so gilt der Zuspruch und Anspruch der Gottesherrschaft den Jüngern auch dann, wenn Jesus ihnen entzogen ist. Damit wird die *Nähe der Gottesherrschaft* im Blick auf die Abwesenheit dessen, der sie nahegebracht hat, metaphorisch zur Sprache gebracht.

Falls man dieses Motiv auch in der *vormarkinischen Gemeinde* als ursprünglich voraussetzen will, muß man annehmen, daß es unter dem Eindruck eines apokalyptischen Selbstverständnisses der Gemeinde mit dem bereits apokalyptisch verstandenen Motiv von dem zur Nachtzeit heimkehrenden Herrn kombiniert wurde. Damit wurde die vormals wesentlich verstandene Nähe der Basileia nunmehr zeitlich-apokalyptisch als unmittelbar bevorstehende Ankunft des Menschensohnes gefaßt. Damit ist der Anspruch der Nähe zeitlich motiviert und zum Anspruch auf die Wachsamkeit geworden.

2.3 Die übrigen Q-Gleichnisse

2.3.1 Das Gleichnis vom verlorenen Schaf (Mt 18,12–14; Lk 15,4–7; ThEv 107)

Analyse

Das Gleichnis erscheint bei Mt und Lk in verschiedenem *Kontext*: während es beim ersteren in der „Gemeindeordnung"[1] steht, findet es sich beim letzteren im Zusammenhang mit zwei andern, gleich gebauten Gleichnissen über das Verlorene.[2] Für die Frage nach dem ursprünglichen Kontext des Gleichnisses gibt das Mt nichts her[3], und auch der Lk-Kontext bedarf zunächst einer näheren Betrachtung. In den Versen Lk 15,1–3 fällt eine leichte Spannung zwischen V. 1 und 2 auf, sofern zuerst von *den* Zöllnern *und* Sündern die Rede

---

[98] Fuchs, Jesus 108.
[1] Zu Mt 18,1–35 vgl Kümmel, Einleitung 58f. 60; Schweizer Mt 233f.
[2] Zur Komposition vgl schon Klostermann, Lk 155.
[3] Eine Gemeindeordnung ist *sicher* nachösterlich. Gleiches Urteil bei Schweizer, Mt 239; Schulz, Q 387; Jeremias, Gleichnisse 35f; Linnemann, Gleichnisse 74.

ist, die Jesus *zuhören,* dann aber Jesus nur „Sünder" *annimmt* und mit ihnen *ißt.* Dazu kommt, daß V. 1 lukanische Spracheigentümlichkeiten aufweist,[4] während in V. 2 traditionelles Material vorliegt.[5] Die Überleitung zum Gleichnis selbst (V. 3) ist wieder lukanisch.[6] Die Anwendung bei Lk (V. 7) nimmt deutlich auf V. 2 Bezug („Sünder").[7] Mit einem bloßen ἤ wird zum nächsten Gleichnis übergegangen,[8] mit den typisch lukanischen εἶπεν δέ[9] wird das Gleichnis

---

[4] Lukanisch ist vor allem das ἐγγίζειν, das bei Mt 7× (3× von der Basileia, 1× von der „Stunde"; 1× vom Kairos; 1× mit Ortsangabe par Mk; 1× vom Verräter par Mk), bei Mk 3×, bei Lk dagegen 18× vorkommt (4× mit Dativ, nur bei Lk innerhalb der Synoptiker). Die Konstruktion mit πᾶς ὁ scheint lukanische Vorliebe zu sein (Mt 52; Mk 22; Lk 75, vgl Jeremias, ZNW 62, 185). Ἀκούειν mit Genitiv ist ebenfalls typisch für Lk: Mt 3; Mk 9; Lk 13 (Apg 18!).

[5] Traditionell ist: διαγογγύζειν, nur hier und Lk 19,7 (traditionell) im NT. Ἁμαρτωλός, das bei Mt 5×, bei Mk 6×, bei Lk dagegen 17× vorkommt, mag zunächst *redaktionell scheinen,* erweist sich jedoch bei näherem Hinsehen als *traditionell*: es steht Mk 2,15 par Mt 9,10 (wo es Lk *streicht!*), ferner Lk 5,30 (par Mk); 5,32 (par Mk); 24,7 (par Mk); 7,34 (Q); 5,8 (Sondergut, traditionell); 6,32.33.34 (wohl Q, s Hoffmann, Studien 48f. 141f. 156f. 309, redaktionell bestimmt von Schulz, Q 129, der aber Anm 280 doch feststellt: „eindeutig red Belege fehlen allerdings" vgl auch aaO 130f); 7,37.39 (Sondergut, traditionell); 13,2 (Sondergut, traditionell); 15,1.2; 15,7 (traditionell, vgl unten); 15,10 (traditionell); 18,13 (Sondergut, traditionell); 19,7 (Sondergut, traditionell). Der Befund ist mE nicht anders zu verstehen, als daß man den Begriff als dem Lk vorgegebene traditionelle Vokabel ansieht, die auch in Mk, Q und dem Lukas-Sondergut eine bedeutende Rolle spielt. Eine rein statistische Betrachtungsweise kann hier zu Trugschlüssen führen. Προσδέχεσθαι steht Lk 23,51 (par Mk); 2,25 (Sondergut); 2,38 (?); 12,36 (traditionell) und hier. Συνεσθίειν findet sich innerhalb der Synoptiker nur hier, ferner 2× Apg und 2× bei Pls. Es bezeichnet an allen Stellen die *Mahlgemeinschaft*: Apg 10,41 (mit dem Auferstandenen); 11,3; 1Kor 5,11; Gal 2,12 (mit Heiden, bzw dem Missetäter in Korinth). Jeremias, ZNW 62, 186 führt (mit Ausnahme von προσδέχεσθαι) den ganzen Vers auf Redaktion zurück.

[6] So überzeugend Jeremias, ZNW 62, 187.

[7] Zudem finden sich auch hier keine lukanischen Spracheigentümlichkeiten: μετανοεῖν steht in der Lk-Par zu Mk 1,15 *nicht*; ferner Lk 10,13 par Mt 11,21 (Q); Lk 11,32 par Mt 12,41 (Q); 13,3.5 (Sondergut, traditionell); 16,30 (Sondergut, traditionell); 17,3.4 (beide Q, vgl Schulz, Q 321f). Zu ἁμαρτωλός vgl oben Anm 5. Χρείαν ἔχειν steht Mt 6×, Mk 4×; Lk 7×, ist also ausgeglichen. Μετάνοια findet sich Lk 3,3 (par Mk); 3,8 (par Mt, Q); redaktionell in 5,32 und unsicher in 24,27 (daneben 6× in Apg). Anders entscheidet dagegen Dupont, implications 336.

[8] Siehe dazu Klostermann, Lk 155, der die Frage stellt, ob Lk dieses Paar schon vorgefunden hat. Vgl auch Bultmann, Synoptische Tradition 210f.

[9] Interessant sind die Verhältniszahlen von ὁ δέ (mit allfälliger Näherbezeichnung des Subjekts) ... εἶπεν zu εἶπεν δέ (mit allfälligem Subjekt): Mt: 23 zu 1; Mk: 23 : 0; Lk 31 : 59. Der Befund ist eindeutig.

vom verlorenen Sohn eingeführt. Die eben erwähnten Fakten führen
zu folgender *Theorie über die Komposition von Lk 15*: wahrscheinlich geht die Komposition als ganze auf Lk zurück, der die drei
Gleichnisse aufgrund ihrer Verwandtschaft (Sünder, Verlorenes, Finden, Freude) zusammenstellte.[10] Dabei hat Lk die beiden ersten
Gleichnisse schon mit Anwendungen vorgefunden (V. 7.10).[11] Ebenfalls war ihm die *Einleitung* zum ersten Gleichnis schon überliefert
(V. 2), sie könnte durchaus die historische Situation korrekt wiedergeben (und hätte dann schon in Q gestanden[12]).[13] Wenn die *Komposition* von Kp 15 auf Lk zurückgeht, so ergibt sich daraus, daß
der nicht zum Gleichnis vom verlorenen Schaf passende V. 6 ebenfalls von Lk aus dem Gleichnis vom verlorenen Groschen, wo er
ursprünglich beheimatet war, hierhergestellt wurde (V. 9).[14] Im
Blick auf das *Gleichnis selbst* weisen die beiden Versionen so viele
Ähnlichkeiten auf, daß die Annahme, es habe in Q gestanden, wohl
unvermeidlich ist.[15] Eine *Rekonstruktion des Q-Textes* ist mit Ausnahme einiger kleiner Details gut durchzuführen: Die Einleitungsfrage bei Mt („Was dünkt euch?") ist nicht ursprünglich[16], dagegen
ist die lukanische traditionell.[17] Ursprünglich ist auch das ἔχων ge-

---

[10] Gleiches Urteil bei Jeremias, ZNW 62, 181. 185. 188.

[11] Keine der beiden Anwendungen ist als redaktionell ausweisbar; vgl dagegen
Schulz, Q 387, der V. 7 für eine Bildung des Lk hält, ebenso vielleicht Linnemann, Gleichnisse 73 (ohne Angabe von Gründen). Jeremias, ZNW 62, 185
hält demgegenüber die Anwendungen für traditionell (Ausnahme ist der Relativsatz V. 7c).

[12] Dies wäre vom vokabelstatistischen und motivgeschichtlichen Standpunkt
aus gesehen durchaus möglich, vgl oben S. 169 Anm 5. Daß eine solche (in
Q stehende) Einleitung von Mt nicht überliefert wird, kann (redaktionsge-
schichtlich) leicht erklärt werden: die Einfügung in den Kontext bei Mt bringt
es mit sich, daß es jetzt mehr um Zöllner und Sünder, sondern um „verirrte" Gemeindeglieder gehen muß.

[13] Für korrekte Wiedergabe der historischen Situation entscheiden sich Linnemann, Gleichnisse 75; Jeremias, Gleichnisse 37; Dupont, implications 345.

[14] Dazu kommt, daß V. 6 gegenüber V. 9 deutlich sekundäre Merkmale aufweist: das ἐλθὼν εἰς τὸν οἶκον ergibt sich notwendig aus der Übertragung;
stilistisch eleganter ist vor γείτονας der Artikel gesetzt; das αὐτοῖς nach dem
Partizip von λέγειν ist Verdeutlichung; das Schaf wird explizit als „meines"
bezeichnet; die Partizipialkonstruktion am Schluß ist sprachlich eleganter als
der Relativsatz.

[15] So zB Schulz, Q 389 und Hoffmann, Studien 5. 42. Ebensogut denkbar ist
indessen, daß das Gleichnis unabhängig von Q beiden Evangelisten aus münd-
licher Tradition zukam. Wesentlich ist für diese Arbeit, daß beide Versionen
auf *ein* ursprüngliches Gleichnis zurückgehen.

[16] Belegt bei Schweizer, Mt 239; Schulz, Q 387 mit Anm 65.

[17] So Schulz, Q 387.

genüber den konditionalen Formulierungen bei Mt.[18] **Das Partizip**
ἀπολέσας bei Lk ist dem πλανηθῇ vorzuziehen, da πλανᾶν im Mt
eine besondere Rolle spielt[19] und zudem der Subjektswechsel bei
Mt durch die Anwendung bedingt ist: das in die Irre gehende Schaf
stellt das verirrte Gemeindeglied dar.[20] Das „Verlassen" bei Mt bedeutet eine Verstärkung gegenüber dem lukanischen „Zurücklassen"
und ist eher sekundär.[21] Der Übergang von „in der Wüste" zu „auf
den Bergen" (Mt) ist leichter vorzustellen als das Umgekehrte; das
erstere wird ursprünglich sein.[22] Das lukanische „und geht dem Verlorenen nach, bis er es findet" ist ebenfalls ursprünglicher als die
matthäische Parallele, denn Mt will (wegen seiner Anwendung!) das
Suchen betonen, während es dem ursprünglichen Gleichnis um Verlieren und Finden geht.[23] Die grammatikalisch nicht schöne Anknüpfung mit καὶ εὑρών in Lk 15,5 ist neben dem ausschmücken-
den Charakter dieses Sätzleins ein Argument, daß V. 5 sekundär
(aber vorlukanisch) dazugewachsen ist.[24] Dasselbe gilt auch von
Lk 15,6.[25] Die lukanische *Anwendung* übernimmt Elemente aus

---

[18] „Die konditional formulierten Rechtssätze (Mt V 12 und V 13) gegen auf
mt Red zurück" (Schulz, Q 387). Vgl Mt 18,3.5.15.16.17.18.19.35.
[19] Es steht Mt 22,29 par Mk 12,24 (wobei es Mt bei Mk 12,27 streicht!); 24,4
par Mk 13,5; 24,5 par Mk 13,6; 24,11; 24,24 (gegen Mk, der ἀποπλανᾶν hat).
Auffallend bei Mt ist die Bedeutung von „in die Irre führen" als eine Funktion
der Pseudochristusse und Falschpropheten (vgl vor allem Mt 24,24 mit 24,5f).
Zum Stellenwert der „Falschpropheten" in der matthäischen Gemeinde vgl
Schweizer, Gemeinde 122. Dupont, implications 336 hält πλανᾶν ebenfalls
für redaktionell, anders dagegen Schulz, Q 387 mit Anm 72f („rein trad" ist
das Wort allerdings nicht, wie zumindest Mt 24,11.24 zeigen).
[20] Diese Interpretation ergibt sich aus der Bedeutung von πλανᾶν in Mt 24.
[21] Es unterstreicht die bedingungslose Suche des Verirrten, um die es Mt besonders geht. Lk dagegen ist realistischer, anders Schulz, Q 387f. Die dort
Anm 74 genannten Belege reichen mE nicht aus, um das Wort als „gut lk"
zu erweisen.
[22] Schweizer, Mt 239; unentschieden Schulz, Q 388; Jeremias, Gleichnisse
133 führt es auf zwei verschiedene Übersetzungen des gleichen aramäischen
Wortes zurück. Dies wird übernommen von Linnemann, Gleichnisse 71.
[23] Das πορεύεσθαι ἐπί scheint zudem dem Bild besser zu entsprechen. Mt
betont dagegen stark das „Suchen nach dem Draußenstehenden" (Schweizer,
Mt 240). Anders urteilt Schulz, Q 388. Dazu kommt, daß die unschöne Anknüpfung des sekundären V. 5 am ehesten dadurch erklärt werden kann, daß
V. 4 Ende ursprünglich ist.
[24] Gegen Jeremias, Gleichnisse 134, mit Linnemann, Gleichnisse 73 und Dupont, implications 335. Interessant ist die Stelle Jes 40,11, wo es von Gott
heißt, daß er die „Lämmer an seinem Busen trägt". Die Hirtensymbolik im
NT ist weit verbreitet (vgl bes Joh 10 und Hebr 13,20). Zum Ganzen s Jeremias, ThWNT VI 486,1—22; 491,23 — 496,14.
[25] Der Vers ist wohl von Lk hierhergestellt worden, vgl oben S. 170 Anm 14.

der matthäischen Formulierung der *Pointe*, Mt 18,13 ist somit ursprünglich in Q anzusiedeln.[26] Die Anwendung bei Mt (18,14) ist
sicher sekundär, nicht zuletzt deshalb, weil sie die „Freude" durch
den „Willen" Gottes interpretiert.[27]

Aus den in der Analyse gewonnenen Fakten ergibt sich folgende
traditionsgeschichtliche Theorie: Das ursprüngliche Gleichnis umfaßte Lk 15,4 und Mt 18,13 (mit den oben angezeigten Einschrän-
kungen). In Q überliefert, fand es seinen Weg einerseits in die matthäische Gemeinde, wo es von Mt in die Gemeindeordnung aufgenommen und mit einer Anwendung versehen wurde. Zudem hat
Mt im Gleichnis selbst einige kleine Änderungen vorgenommen, die
von seiner Anwendung her nötig waren (die Einleitungsfrage, die
konditionalen Formulierungen in V. 12 und V. 13, den Subjektswechsel und das „Verirren", das „Suchen"). Von Q aus fand das Gleichnis andererseits den Weg in die *lukanische Gemeinde*, wo es mit
einer Situation verknüpft wurde (V. 2, falls dieser nicht zum ursprünglichen Q-Bestand gehört hatte), und wo die Ausschmückung
(V. 5) und die Anwendung (V. 7) zugefügt wurden. *Lukas* selbst
stellte das Gleichnis in den Zusammenhang mit demjenigen von
der verlorenen Drachme und dem verlorenen Sohn und gestaltete
einen allgemeinen Rahmen (V. 1.3: die Zöllner und Sünder kommen alle zu Jesus und hören ihm zu). Darüberhinaus fügte Lk den
V. 6 aufgrund von V. 9 zwischen Gleichnis und Anwendung ein.
Von hier gelangte das Gleichnis ins *Thomasevangelium*,[28] wo es
als Reich-Gottes-Gleichnis *erzählt*[29] wird. Das ThEv spricht ver-
deutlichend vom „Hirten", das Schaf wird definiert als „das größte",
die Freude wird gestrichen, der Hirt spricht das Schaf direkt an:
„Ich *liebe* dich mehr als die neunundneunzig."[30] Das ThEv streicht
Lk 15,5f und ebenso die Anwendung. Das Gleichnis erweist sich
als durchweg sekundär gegenüber der synoptischen Tradition.

---

[26] Traditionsgeschichtlich gesehen ist die Anfügung der *Pointe* durch (ἀμὴν)
λέγω ὑμῖν älter als die Anfügung einer *Anwendung* durch die genannte Formel
(Bultmann, Synoptische Tradition 197). Zu V. 13 bei Mt vgl auch Schulz, Q
388. Auf Mt zurück geht nur das πλανᾶν (in Analogie zu V. 12).
[27] Gleiches Urteil bei Schweizer, Mt 239; Jeremias, Gleichnisse 37; Schulz,
Q 388; Bultmann, Synoptische Tradition 184.
[28] Zur Zusammengehörigkeit der Versionen von Lk und ThEv vgl Schrage,
Thomasevangelium 194.
[29] Die Frageform ist aufgegeben, die Basileia neu eingeführt (Schrage, Thomasevangelium 195).
[30] Diese Züge sind durchweg sekundär, gegen Montefiore, NTS 7, 227, der
die Einführung des Hirten und sein intensives Suchen des Schafes für ursprünglicher als die synoptische Überlieferung ansieht.

Interpretation

Die ursprünglichste Form, die aller Wahrscheinlichkeit nach auf Jesus selbst zurückgeht,[31] hatte etwa den folgenden Wortlaut:

> „Welcher Mensch (= Wer) unter euch, der hundert Schafe hat und verliert davon eines, läßt nicht die neunundneunzig zurück in der Wüste und geht dem Verlorenen nach, bis daß er es findet? Und wenn er es findet, wahrlich ich sage euch, daß er sich über es mehr freut als über die neunundneunzig nicht verlorenen (Schafe)."

Ausgangspunkt für das Verständnis des Gleichnisses auf der *Jesusstufe* ist die *metaphorische Qualität* des Begriffs „*Schaf*". Im AT, in der Septuaginta und gleichermaßen im Frühjudentum steht das Schaf (bzw die Schafherde) für das „Volk".[32] Wenn also hier davon die Rede ist, daß ein Schaf aus der Herde verloren geht, so hat der Hörer Jesu ohne weiteres an einen aus dem Volk Gottes herausgefallenen Menschen, der der Fürsorge des Hirten entnommen ist, gedacht.[33] Ebensolche Menschen waren zur Zeit Jesu die Zöllner[34] und Sünder[35] im Gegenüber zu den Gerechten.[36] Wichtig für unser Gleichnis ist ferner, daß zum metaphorischen Umfeld von

---

[31] Es bestehen keine Gründe, das Gleichnis als Gemeindebildung anzusehen. Vielmehr zeigt gerade die Interpretation der Gemeinde, daß wir es mit historisch echtem Material zu tun haben (Kriterium der Diskontinuität, vgl Jeremias, Gleichnisse 135; Dupont, implications 345. 350, dessen Rekonstruktion, S. 336, sich nur unwesentlich von der hier vorgenommenen unterscheidet). Zu den frühjüdischen Motivparallelen vgl Str-B I 784f. Besonders instruktiv ist die S. 785 aufgeführte Parallele Berakh 37[b]: die höhere Rangstellung der Umkehrenden gegenüber den Gerechten liegt in ihrer *Bußfertigkeit* begründet, nicht im Aufgesucht-Werden durch den Hirten (Gott) wie hier. Die *bedingungslose* Annahme der Zöllner und Sünder (von der dieses Gleichnis besonders mittels der strikten Konzentration auf den Hirten als Subjekt Zeugnis gibt) paßt zudem gut in den Kontext des historischen Jesus (Kriterium der Konsistenz, vgl zB Mk 2,14—17; Mt 11,19 par).

[32] Siehe die Belege bei Preisker/Schulz, ThWNT VI 689, 28f; 690, 15.

[33] Ähnliche Sicht auch bei Jeremias, Gleichnisse 135; Schulz, Q 389 mit Anm 94.

[34] Vgl dazu Michel, ThWNT VIII 101, 7—20; 103, 21—23.

[35] Der Begriff ist hier „naiv" verwendet, nämlich als Bezeichnung einer „einzelnen Schicht innerhalb des Volkes", mit der Jesus in ständigem Verkehr steht (Rengstorf, ThWNT I 321, 4—8). Er meint den Menschen, der außerhalb des Erwählungsbereiches Gottes steht (kann also geradezu stellvertretend für „Heiden" stehen, aaO 328, 28—32).

[36] Gerecht ist, wer sich im Herrschaftsbereich Gottes befindet, indem er im Urteil Gottes (durch Gehorsam gegenüber dem Gesetz) bestehen kann (Schrenk, ThWNT II 187, 20—188, 20). Auch dieser Begriff ist unreflektiert verwendet.

„Schaf" auch der *Hirte* gehört, der in den meisten Fällen *Gott* selbst (dann aber auch Mose, den König, einen Führer des Volkes) symbolisiert.[37] Dieses Umfeld wird im Hörer evoziert, auch wenn der Hirte nicht explizit genannt ist. Ein weiteres Strukturmerkmal des Gleichnisses ist das Zahlenverhältnis 99 : 1. Es dient dazu, die vollkommene *Unerheblichkeit* des einen Schafes herauszustreichen. Daß das Schaf gesucht wird, ist keinesfalls durch *seinen Wert* bedingt, sondern durch die bloße Tatsache, *daß es da ist* und von der Herde abgekommen ist. Ein weiteres auffälliges Merkmal ist, daß der „Hirt" durchwegs *Subjekt* bleibt. Damit wird angezeigt, daß es allein auf *sein* Verhalten ankommt. Die Problemfelder „Verirren" und „Umkehren" sind also nicht angesprochen.[38] Daß das Gleichnis in die Form einer (rhetorischen) Frage gekleidet ist, suggeriert dem Hörer, wie *selbstverständlich* es für den Hirten ist, dem verlorenen Schaf nachzugehen. Der Hörer wird durch die Frage, die für ihn im Grunde keine ist, zum *Einverständnis* in die vom Gleichnis intendierte Einstellung zu den verlorenen Schafen Israels bewogen. Unterstrichen wird dieser Zug durch die Schilderung der Freude, die den Hirten im Moment des Findens überkommt: in dem Moment freut er sich über das eine Schaf mehr als über die neunundneunzig, die nicht verloren gingen. Der Vergleich mit den neunundneunzig steht ausschließlich im Interesse, die Freude des Augenblicks zu illustrieren, und impliziert *keine Wertung* der neunundneunzig.[39] Im *Kontext des Lebens Jesu* muß dieses Gleichnis auf *sein eigenes Verhalten* gegenüber Zöllnern und Sündern angewendet werden. Er war „auf Du und Du mit Zöllnern und Sündern"

---

[37] Dazu Preisker/Schulz, ThWNT VI 689, 31–39 und Jeremias, aaO 486, 1–22.

[38] Die an die Bußfertigkeit des Sünders anknüpfenden Auslegungen (zB Jeremias, Gleichnisse 135: „Gott wird sich freuen im Endgericht, wenn er neben vielen Gerechten auch einem der Allergeringsten, einem *bußfertigen Sünder*, das freisprechende Urteil verkünden kann, ja, er freut sich darüber mehr." Hervorhebung von mir.) tragen einen frühjüdischen bzw urchristlichen (vgl Lk V. 7) Gedanken in das ursprüngliche Jesusgleichnis und *entradikalisieren* es. Bei Jesus sind die freisprechende, den Verlorenen aufsuchende Liebe und die Freude über das Gefundene *Voraussetzung* der Metanoia, *nicht aber* die Bußfertigkeit Voraussetzung der Vergebung. Gott freut sich gerade am scheinbar Unerheblichen, Wertlosen, nicht an dem, der sich in irgend einer Weise (und sei es auch nur durch seine Bußfertigkeit) Gottes würdig erweist. Deutlich *verkannt* ist dieser Sachverhalt, wenn das ThEv vom „größten Schaf" spricht (vgl unten).

[39] Die „Freude Gottes" im Bild hat die pragmatische Funktion der Einstimmung des Hörers in die Annahme der Ungerechten (auch wenn er selbst ein Ungerechter ist), nicht in seine Selbstkritik (dh wenn er sich gerecht vorkommt).

(Mt 11,19) eben deshalb, weil ein Hirt dem einen verlorenen Schaf nachgeht und sich freut, wenn er es findet. Berücksichtigt man den metaphorischen Gehalt von „Schaf"-„Hirt", so wird deutlich, daß Jesus sein Verhalten mit dem Verhalten Gottes gegenüber dem Sünder legitimiert; mehr noch, daß er sich selbst in einer Funktion sieht, die Gott zusteht.[40] Was Gott für Israel immer schon war, ist Jesus jetzt — in seinem Werk und Wort — wiederum. Die Nähe Gottes zum Verlorenen *ereignet sich* in der Nähe Jesu zu Zöllnern und Sündern. Insofern ist dieses Gleichnis durchaus als Selbstzeugnis Jesu anzusprechen.[41]

Die christliche *Gemeinde*, insbesondere die *vorlukanische*, hat den implizit christologischen Anspruch des Gleichnisses wahrgenommen und hat auf ihn geantwortet, indem sie den Hirten im Gleichnis christologisch gedeutet hat.[42] Durch die Ausschmückung von V. 5, die an Jes 40,11; 49,22 erinnert, zeigt sie an, daß in Jesus Gott die Verlorenen in einem eschatologischen Sinne (bes Jes 49,22!) aufsucht. Explizit wird zudem gesagt, daß Jesu Verhalten *theologisch*[43] begründet ist. Damit hat die Gemeinde nach Ostern das Gleichnis als Wort des irdischen Jesus bewahrt: sie konnte es legitimerweise nur so, daß sie es *christologisch interpretierte*. Die Frage ist freilich, ob die Gemeinde nicht durch die Gegenüberstellung von „umdenkendem Sünder" und „Gerechten, die keine Umkehr nötig haben" ein gesetzliches Moment ins Spiel bringt, das dem Gleichnis und dem Handeln Jesu fremd war: Grund der Freude ist ursprünglich *nicht die Umkehr* des Sünders, sondern dessen *Gefunden-Werden*.

---

[40] Die Schafe Israels zu weiden ist vornehmlich Gottes Sache. Siehe dazu die erhellenden Bemerkungen von Dupont (implications 349): „Le comportement de Jésus place les hommes en face du comportement par lequel Dieu lui-même inaugure l'avènement de son Règne." Und: „La conduite de Jésus est la forme concrète que prend l'intervention salvatrice de Dieu."

[41] So Fuchs, Jesus 94; vgl ders, Hermeneutik 223 (im Blick auf unser Gleichnis). Die Deutung von Jülicher, Gleichnisreden II 332f läßt diesen Aspekt vermissen. Das ist nach seinen methodologischen Vorentscheiden nicht anders zu erwarten; seine Auslegung kann nur moralisch (dazu Dupont, implications 347) herauskommen.

[42] Ein christologisches Verständnis liegt deshalb zugrunde, weil V. 5 nur so als konsequente Ausschmückung verstanden werden kann. Bemerkenswert ist freilich, daß der „Hirt" nicht explizit vorkommt. Vielleicht deshalb, weil der Erzähler selbst der Hirt ist? Die metaphorische Relation Hirt-Jesus ist aber durch die reichhaltigen Belege des NT gesichert (vgl oben S. 171 Anm 24).

[43] Die theologische Begründung zeigt sich in der vorlukanischen *Anwendung*, besonders in der Formel „ἐν τῷ οὐρανῷ", die eine Umschreibung Gottes ist (s Jeremias, Gleichnisse 134f).

Matthäus stellt das Gleichnis in den Dienst der Mahnung an die Gemeinde.[44] Dabei ist für ihn der Bezug zum Verhalten Jesu durchaus *nicht aufgegeben*. Das Gleichnis stimmt auch hier ein in das Verhalten Jesu und bewegt den Hörer dazu, jenes Verhalten in seinem eigenen Verhalten gegenüber verirrten Gemeindegliedern nocheinmal zum Zuge kommen zu lassen. Solange dieser Zusammenhang gewahrt bleibt, kann das Gleichnis ungesetzlich verstanden werden. Ist dies aber nicht mehr der Fall, so kann das Verhalten Jesu reinen Vorbildcharakter bekommen[45] und so den Menschen unter ein neues Gesetz bringen. Die Tatsache, daß in V. 12 ein Subjektswechsel vorliegt und in V. 14 der „Wille" des Vaters an die Stelle der „Freude" gesetzt worden ist, zeigt immerhin, daß die Gefahr der Gesetzlichkeit nicht deutlich genug erkannt und bekämpft worden ist.

Eben diese auch in der vorlukanischen Gemeinde nicht ganz von der Hand zu weisende Gefahr hat *Lukas* wohl dadurch zu bekämpfen versucht, daß er durch die Einfügung von V. 6 einen besonderen Akzent nocheinmal auf die *Freude* Gottes über das wiedergefundene Schaf legte.[46]

Das *Thomasevangelium* zeichnet sich zunächst dadurch aus, daß es die christologischen Züge streicht und demnach das Gleichnis nicht mehr direkt auf Jesus Christus anwenden will. Der „Hirt" ist zweideutig: er kann sowohl den Erlöser (im Blick auf den Gnostiker), als auch den Gnostiker (im Blick auf sein göttliches Selbst) symbolisieren.[47] Wichtigste Änderung ist zweifellos die *Qualifikation des Schafs* (das „größte"). Sofern das Suchen des Hirten in der Qualität des Schafs begründet ist, verkündigt das ThEv — im diametralen Gegensatz zum Jesusgleichnis — das *Suchen des Wertvollen*.[48] Dem entspricht, daß es nicht mehr um die den Moment des Findens beherrschende Freude geht, sondern um die in der Qualität des Schafs begründete Liebe, die im Moment des Findens lediglich

---

[44] Schweizer, Mt 241.

[45] Gerade die Einordnung in Kp 18 könnte diesem Verständnis Vorschub geleistet haben.

[46] Indem Lk die Freude besonders herausstreicht, knüpft er an einen dem Gleichnis innewohnenden Gedanken an, sofern er wieder an die Konzentration auf das alleinige Subjekt-Sein Gottes erinnert. Er wehrt damit der Gefahr, das Angenommen-Werden vom Handeln des Sünders abhängig zu machen.

[47] Für das erste Montefiore, NTS 7, 234; Haenchen, Botschaft 47; beide Möglichkeiten erwogen bei Schrage, Thomasevangelium 196.

[48] Vgl dazu Haenchen, Botschaft 47; Gärtner, Theology 235; Schrage, Thomasevangelium 195.

ausgesprochen wird.[49] Mag nun das Schaf als Metapher für den Gnostiker oder für das göttliche Selbst verstanden werden, die Anwendung weist in beiden Fällen denselben Grundzug auf: *es geht um die Suche nach dem Wertvollen, um die Liebe zum Liebenswerten.* Im ersten Fall wird der Gnostiker als besonders wertvoller Christ, im zweiten Fall der göttliche Lichtfunke als besonders wichtiger Teil im Menschen verkündigt,[50] demgegenüber die andern Glaubenden bzw die andern Teile keiner besonderen Anstrengung wert sind.

2.3.2 Die Parabel vom großen Mahl
(Mt 22,1–10; Lk 14,15–24; ThEv 64)

Analyse

Die beiden Fassungen Mt und Lk dieser Parabel sind so verschieden, daß vielen Auslegern die Existenz einer beiden zugrunde liegenden Q-Fassung fraglich erscheint.[51] Andererseits sind die beträchtlichen Übereinstimmungen wörtlicher und inhaltlicher Art nicht zu übersehen.[52] Diese legen den Schluß nahe, daß wohl ein ursprüngli-

---

[49] Die Liebe zum Wertvollen gilt nicht nur für den Moment des Findens, sie bestimmt auch schon die Suche und impliziert eine *Wertordnung* im Gegenüber des einen Schafes zu den 99. Das hier vorliegende Verständnis von Liebe ist weit vom Neuen Testament entfernt: dort bedeutet Liebe immer eine nicht in der Qualität des Objekts begründete, frei schenkende Hinwendung eines Subjekts zu einem Objekt.

[50] Das erstere bei Montefiore, NTS 7, 234; zu beiden Fällen siehe Schrage, Thomasevangelium 196.

[51] Weiser, Knechtsgleichnisse 59 spricht lediglich von einer gemeinsamen „Vorlage". Funk, Language 163 denkt daran, daß dasselbe Gleichnis *von Jesus* bei verschiedenen Gelegenheiten erzählt und auf unterschiedliche Situationen angewandt worden sei. Unentschieden ist Bultmann, Synoptische Tradition 189; zum Problem vgl auch Vögtle, Einladung 171f.

[52] Die *wörtlichen* Übereinstimmungen konzentrieren sich auf die Verse Mt 22,2f par Lk 14,16f (ἄνθρωπος, ποιεῖν, καὶ ἀπέστειλεν, τ- δουλ- αὐτοῦ, καλεῖν, τ- κεκλημένοι, ἔρχεσθαι, ἔτοιμα von Mt in V. 4 nachgetragen) und Mt 22,8–10 par Lk 14,21 (ὀργίζεσθαι von Mt in V. 7 vorgezogen, τ- δουλ- αὐτοῦ, ἐξέρχεσθαι, συν- bzw εἰς- ἄγειν). Daneben erscheint in beiden Fassungen der ἀγρός im Zusammenhang mit der Ablehnung der Einladung (Mt 22,5 par Lk 14,18).
Die *inhaltlichen* Übereinstimmungen sind: ein Mensch macht ein Festmahl, er schickt jemanden aus, um die Geladenen zum Mahl zu bitten, diese lehnen ab, weil sie anderes zu tun haben. Der Gastgeber wird zornig, er schickt jemanden aus mit dem Auftrag, andere (auf den Straßen) einzuladen. Diese folgen der Einladung, so daß das Haus voll wird.

ches Q-Gleichnis vorliegt,[53] wobei allerdings eine Rekonstruktion des Textes in Q kaum gelingt. Der *Kontext* der Parabel geht in beiden Evangelien auf den Redaktor zurück:

Mt schiebt sie nach dem Gleichnis von den Weinbergpächtern in den Mk-Aufriß ein; sie dient ihm dazu, nach der „Strafzumessung" (21, 43) die „Urteilsvollstreckung" an Israel zu erzählen.[54] Demnach ist Mt 22,1 redaktionelle Überleitung.[55]

Lk stellt in 14,1—24 Szenen zum Stichwort „Gastmahl" zusammen[56], und die Parabel dient ihm als Antwort auf die durch V. 12—14 hervorgerufene Frage eines der Teilnehmer am Essen.[57] Nach einem unvermittelten Szenenwechsel bringt Lk dann Worte über die Nachfolge (14,25—33).

Angesichts der schwierigen literarkritischen Lage wird hier darauf verzichtet, einen Q-Text des Gleichnisses zu rekonstruieren. Stattdessen soll der mutmaßliche *Inhalt* des ursprünglichen Gleichnisses kurz skizziert werden. Die *Einleitungsformel* ist nicht mehr zu eruieren; dennoch wird der Bezug der Parabel zur Basileia Gottes ursprünglich sein.[58] Die ursprüngliche *Exposition* der Parabel erzählte von

---

[53] So Schulz, Q 398; Hoffmann, Studien 5. 41; Lührmann, Redaktion 87. 105 (im Anschluß an Trilling); Hasler, ThZ 18, 26; Eichholz, Gleichnisse 128; Pedersen, StTh 19, 169; wohl auch vorausgesetzt bei Klostermann, Lk 151; Trilling, BZ 4, 263. Die Postulierung eines ursprünglichen Q-Gleichnisses bleibt indessen hypothetisch.

[54] Auf den redaktionellen Zusammenhang der vier Einheiten in Mt 21,23—22, 14 wurde schon hingewiesen (vgl oben S. 161 mit Anm 66).

[55] Dazu Schulz, Q 392, der den Vers gleich beurteilt, obwohl die „sprachlichen Indizien nicht ganz eindeutig sind" (zum Sprachlichen ebd Anm 115). Dasselbe ist vorausgesetzt bei Hahn, Festmahl 53; Vögtle, Einladung 174.

[56] Klostermann, Lk 148f; vielleicht vorausgesetzt bei Rengstorf, Lk 180; vgl Schulz, Q 391. Anders Hahn, Festmahl 74, der in 14,1—6.7—11.12—24 vorlukanische Überlieferung für wahrscheinlich hält.

[57] Die Frage, ob 14,15 redaktionelle Bildung sei, ist nicht sicher zu beantworten. V. 15a schließt an die Mahlszene von V. 1ff an und ist wohl redaktionell, wenn die *Komposition* von V. 1—24 auf Lk zurückgeht. V. 15a weist zudem lukanische Spracheigentümlichkeiten auf, die allerdings nicht eindeutig sind (Schulz, Q 391f mit Anm 107). Jeremias, Gleichnisse 61 versteht Lk 14,15— 24 als Beispielerzählung zu V. 12—14. Wenn Linnemann, ZNW 51, 255 mit der Bestimmung der *Pointe* recht hätte (dazu unten S. 180 Anm 66 und S. 184 Anm 78), dann wäre mindestens V. *15b* (der kaum von Lk gebildet, wohl aber von ihm hierhergestellt sein kann; vgl Schulz, Q 392 mit Anm 108—110) die ursprünglich zur Parabel gehörige Situationsangabe.

[58] Das geht aus dem Vorkommen von Basileia in Mt V. 2a und Lk V. 15b hervor (eine Gemeinsamkeit, die gewiß kein Zufall ist, s Jülicher, Gleichnisreden II 418), auch wenn Mt V. 2a eine entweder für das matthäische Sondergut typische (vgl oben S. 120 Anm 118) oder gar redaktionelle (so Schulz, Q 392

einem Menschen, der ein großes Mahl machte.[59] Ob die Einladung der Vielen (Lk 14,16c) ursprünglich ist, läßt sich schwerlich entscheiden,[60] für den Sinn der Parabel ist die Entscheidung ohne Belang. Die Erzählung fährt fort mit der *Sendung eines Knechts*[61] (zur Stunde des Mahls)[62], der die Geladenen zum Mahl bitten sollte, wie es der damaligen Sitte entsprach.[63] Mt *verdoppelt* redaktionell

---

mit Anm 116) Einleitungsformel, und wenn Lk V. 15b erst von Lk hierhergestellt worden ist.

[59] Aus dem „Mann" wurde in Mt V. 2b ein ἄνθρωπος βασιλεύς. Die *Verbindung* ist für Gleichnisse des matthäischen Sondergutes typisch: 13,52: ἄνθρωπος οἰκοδεσπότης; 18,23: ἄνθρωπος βασιλεύς (!); 20,1: ἄνθρωπος οἰκοδεσπότης. Zu diesen bei Schulz, Q 392 Anm 117 genannten Stellen ist unbedingt Mt 13, 45 (ἄνθρωπος ἔμπορος var.lect.) zu nennen (ebenfalls Mt-Sondergut). Ähnliche Verbindungen sind schließlich: Mt 11,19 (par Lk 7,34 ἄνθρωπος φάγος καὶ οἰνοπότης, Q); Mt 13,24 (ἄνθρωπος σπείρας, Sondergut!), 25,14 (ἄνθρωπος ἀποδημῶν, in einem ursprünglichen Q-Gleichnis, s dort). Die Verbindung ist kaum als redaktionell anzusehen (gegen Schulz, Q 392). Das zeigt gerade die von Schulz genannte *eindeutig redaktionelle* Stelle Mt 21,33, wo ja ἄνθρωπος ἦν οἰκοδεσπότης steht. Auch Hahn, Festmahl 78 (vgl Schweizer, Mt 197) hält die Verbindung für *vor*matthäisch. Daß aus dem „großen Mahl" bei Mt ein „Hochzeitsmahl" „für seinen Sohn" wird, läßt sich jedenfalls leichter erklären als der umgekehrte Vorgang. Diese Veränderungen haben ihren Grund in der metaphorischen Bedeutung der genannten Züge (so Vögtle, Einladung 175). Interessant ist Apk 19,9: μακάριοι οἱ εἰς τὸ δεῖπνον τοῦ γάμου τοῦ ἀρνίου κεκλημένοι. Diese Stelle gehört wohl zum motivgeschichtlichen Hintergrund der Mt-Version. Die gleichen Elemente der Exposition halten für *sekundär*: Linnemann, ZNW 51, 254; Hahn, Festmahl 78; Hasler, ThZ 18, 29; Weiser, Knechtsgleichnisse 59f; Jeremias, Gleichnisse 65; Pedersen, StTh 19, 177; Schulz, Q 393; Funk, Language 165; Schweizer, Mt 272; schon Jülicher, Gleichnisreden II 418f.

[60] Schulz, Q 393 führt es mit Berufung auf Haenchen (ebd Anm 125) auf lukanische Redaktion zurück. Nach Jülicher, Gleichnisreden II 419 hat Mt es aus Sparsamkeit gestrichen. Eine vorgängige Einladung ist aber bei beiden Versionen vorausgesetzt, wie das κεκλημένοι bei Mt zeigt (vgl unten S. 180 Anm 65).

[61] Daß bei Mt mehrere Knechte gesandt werden, erklärt sich kaum durch die vorherige Einführung des βασιλεύς (gegen Weiser, Knechtsgleichnisse 60), sondern ist, wie die Anlehnung an die Formulierung in 21,34.35.36 zeigt, bewußte redaktionelle Korrektur, die mit der ebenfalls redaktionellen Zweiteinladung (s unten S. 180 Anm 65) und der Zerstörung der Stadt (s unten S. 181f Anm 71) zusammenhängt (gegen Jülicher, Gleichnisreden II 419. 416 mit zB Hasler, ThZ 18, 31; Schulz, Q 394; Jeremias, Gleichnisse 65; und besonders Schweizer, Mt 272). Anders Hahn, Festmahl 78 (sekundär, aber vormatthäisch).

[62] Es kann lukanische Verdeutlichung oder aber ursprünglich sein (das letztere Schulz, Q 394).

[63] Jeremias, Gleichnisse 176 mit Anm 4; Str-B I 880 zu Mt 22,4. Das ἔρχεσθε, ὅτι ἤδη ἕτοιμά ἐστιν dürfte ursprünglich sein. Einmal weil sich ἔρχεσθαι und ἕτοιμα trotz der Verschiedenheit der Mt-Fassung auch bei diesem finden. Zum andern ist die direkte Rede beliebtes Mittel zur Verlebendigung der Erzählung;

diesen Zug, indem er in V. 4 nocheinmal Knechte zu den Geladenen gehen läßt; diesmal mit einer eindringlichen Aufforderung[64] zum Kommen.[65] In der ursprünglichen Parabel folgt auf die Sendung des Knechts die *negative Reaktion der Geladenen*: sie bringen allerlei Entschuldigungen für ihr Nicht- (bzw Noch-Nicht-)[66] Kommen[67]

---

sie entspricht somit der Form der Parabel. Dazu paßt ebenfalls die umgangssprachliche (Jülicher, Gleichnisreden II 410) Wendung ἕτοιμά ἐστιν . . . „es ist fertig".

[64] Der Hinweis auf die „großen Schlachtungen" dient dazu, die Einladung besonders verlockend und eindringlich zu gestalten (mit Schulz, Q 394; Schweizer, Mt 272 sieht darin die „Geduld des Königs . . . stark unterstrichen").

[65] *V. 3* ist mE als Parallele zu Lk V. 17 zu verstehen (mit Schweizer, Mt 272; Hahn, Festmahl 54), dh als Aufforderung an die Geladenen (so die griechische Form κεκλημένοι), *jetzt* zu kommen, und nicht als die der Aufforderung vorangehende Einladung, die bei Lk dann mit dem ἐκάλεσεν πολλούς nur angedeutet wäre (so Jeremias, Gleichnisse 65, Schulz, Q 394; erwogen bei Schweizer, Mt 272). Das zuletzt genannte Verständnis ist immerhin mit der Schwierigkeit belastet, das Perfekt κεκλημένοι *gerundivisch* zu verstehen (so Jeremias, Gleichnisse 65 Anm 2; mit Recht dagegen Hahn, Festmahl 53 Anm 11). Dazu kommt, daß die Weigerung zu kommen (Mt 22,3b) in diesem Falle schon auf die ursprüngliche Einladung bezogen werden müßte, was der Erzählung ihre Stringenz raubt. Daß *V. 4 redaktionelle* Bildung ist, ergibt sich aus der wörtlichen Übereinstimmung von V. 4a mit Mt 21,36. Daneben kommen allerdings in V. 4 eher seltene Wörter vor. Das kann durch den Inhalt bedingt sein und muß nicht gegen Redaktion sprechen (so Schulz, Q 394). Versteht man V. 4 als redaktionelle Bildung, so muß folgerichtigerweise auch *V. 3b* dem Mt zugeschrieben werden. Jedenfalls wird durch V. 3b.4 der Zusammenhang unterbrochen, da ja V. 5 nicht darauf Bezug nimmt. Das gleiche Urteil findet sich bei Weiser, Knechtsgleichnisse 61; Pedersen, StTh 19, 177; Schulz, Q 394; anders dagegen Eichholz, Gleichnisse 129; Funk, Language 184f (aus *strukturellen* Gründen!).

[66] Linnemann, ZNW 51, 250 sieht in den Entschuldigungen Arbeiten genannt, die man normalerweise kurz *vor* Sonnenuntergang ausführte. Da ein Gastmahl aber erst *nach* Sonnenuntergang begann, bezögen sich die Entschuldigungen lediglich auf den *Zeitpunkt*, nicht auf die Einladung selbst. Diese Deutung impliziert jedoch die Streichung von Lk V. 20 aus dem ursprünglichen Gleichnis und die Annahme, daß Lk V. 21—24 als Ganze ursprünglich sind (dazu unten S. 184 Anm 78). Linnemann ist zuzugeben, daß die dritte Entschuldigung formal von den ersten beiden unterschieden ist. Allerdings könnte man in V. 18 bis 20 eine gewisse Steigerung sehen (Hahn, Festmahl 55), die die formalen Unterschiede erzeugt hätte. Der Hinweis Linnemanns, daß Lk V. 20 im ThEv keine Parallele hat, ist ein völlig untaugliches Argument, da ja das ThEv seinerseits von der synoptischen Tradition abhängt (vgl unten S. 185 Anm 80f). Gänzlich unmöglich ist es, aus der (einzigen!) späteren Version des ThEv eine „Tendenz" zur Vermehrung der Entschuldigungen abzuleiten. Endlich ist das *Motiv* der Einfügung völlig unklar.

[67] Die Entschuldigungen in der Form des Lk sind ursprünglich, weil sie schon rein formal dem Erzählstil der Parabel besser entsprechen. Vor allem aber wirkt die Formulierung in Mt V. 5 wie eine Zusammenfassung aus Lk V. 18f

vor[68]. Es folgt der *Zorn* des Gastgebers[69], der, nachdem er von der Ablehnung Kunde bekommen hat,[70] seinen Knecht erneut aussendet: diesmal auf die *Straßen und Plätze* der Stadt, wo er *einzuladen* hat, wen er gerade findet.[71] Die *Erzählung schließt* mit der Ausfüh-

---

(„der eine in den Acker" ≙ der Besichtigung des Ackers; „der andere zu seinem Handel" ≙ dem Kauf und der Prüfung der fünf Joch Ochsen); so Hahn, Festmahl 55; Vögtle, Einladung 180f; erwogen auch bei Schulz, Q 395; anders Hasler, ThZ 18, 27. Während die Lk-Version auf die *Vernünftigkeit* und *Begreiflichkeit* der Entschuldigungsgründe Wert legt, steht bei Mt die *Unbegreiflichkeit* im Vordergrund: in den Acker und zum Handel gehen könnte man ebensogut an einem andern Tag. Dies paßt gut zur Mt-Version, die am *Zorn des Königs* interessiert ist und diesen durch die Unsachgemäßheit, ja Frechheit der Ablehnenden begründen will. Die sprachliche Analyse bringt keine Entscheidungskriterien (gegen Schulz, Q 395 Anm 139. 142). Allerdings können auch nicht *strukturelle* Gründe für die Ursprünglichkeit geltend gemacht werden (gegen Funk, Language 186, der damit die *dreifache* Entschuldigung als ursprünglich erweisen möchte), da das strukturell Reinste gar nicht das Ursprünglichste sein muß.

[68] Der an die Grenze des Absurden führende Zug Mt V. 6 steht möglicherweise an der Stelle der dritten Entschuldigung bei Lk. Er geht, wie die Anlehnung der Formulierung an Mt 21,35 zeigt, auf Mt-Redaktion zurück (gleiches Urteil zB bei Hasler, ThZ 18, 33; Linnemann, ZNW 51, 253; Schulz, Q 395; Jeremias, Gleichnisse 65f; Schweizer, Mt 273; Weiser, Knechtsgleichnisse 61; Jülicher, Gleichnisreden II 421; Hahn, Festmahl 56. 77; Vögtle, Einladung 182).

[69] Davon erzählen beide Versionen, wenn auch der Zorn bei Mt (anders als bei Lk) durch das freche Verhalten der Ablehnenden begründet ist. Der Zorn des Königs hat bei Mt eine erhöhte Bedeutung, da er „die Anbringung der völlig gleichnisfremden" Elemente in V. 6.7b erlaubt (Vögtle, Einladung 182).

[70] Lk 14,21 ist zwar sprachlich gesehen lukanisch gefärbt (vor allem παραγίνεσθαι und ἀπαγγέλλειν sind lukanische Vokabeln, vgl Schulz, Q 395 Anm 139), fügt sich aber gut in die Erzählung ein und kann deshalb auch ursprünglich sein. In beiden Versionen ist vorausgesetzt, daß der Gastgeber von der Ablehnung erfährt. Bemerkenswert ist in Lk V. 21a die Bezeichnung κύριος für den ursprünglichen ἄνθρωπος im Gegensatz zu οἰκοδεσπότης in V. 21b. Zwar könnte κύριος durch die Gegenüberstellung zu δοῦλος bedingt sein. Beachtet man jedoch das Vorkommen von κύριος in den lukanischen (vgl unten S. 184 Anm 78) Versen 22f, so legt sich die *Vermutung* nahe, Lk habe es auch hier eingefügt.

[71] Die Mehrzahl der Knechte und der „König" gehen wie in Mt V. 2 auf matthäische Redaktion bzw vormatthäische Tradition zurück. Die Strafe der Mörder und die Zerstörung ihrer Stadt sind Anspielungen auf den Fall Jerusalems und gehen auf Mt zurück (*mit* Schulz, Q 395; Schweizer, Mt 273; Jeremias, Gleichnisse 66; Linnemann, ZNW 51, 253; Hahn, Festmahl 80 *gegen* Pedersen, StTh 19, 169; Rengstorf, Stadt 125f, der Mt 22,6f in Zusammenhang mit einem aus dem alten Orient stammenden und bis ins nachbiblische und palästinensische Judentum erhaltenen Topos bringen will, der dazu dient, die Souveränität Gottes auszudrücken). Διεξόδους τῶν ὁδῶν ist gegenüber dem ursprünglichen ὁδούς (Mt V. 10!) sekundär (gegen Michaelis, ThWNT V 112, 20—28; 68, 32—69, 21; mit Vögtle, Einladung 187). Es meint den „*Endpunkt*",

rung des Auftrags und mit dem Vollwerden des Hauses.[72] Zu fragen ist, ob bereits zur ursprünglichen Parabel die explizite Formulierung der Pointe mit λέγω δὲ ὑμῖν gehört hat.[73] Einigermaßen ge-

---

„wo die Straßen der Stadt enden und in die Landstraßen übergehen" (Michaelis, ThWNT V 112,10–14), ist also wahrscheinlich ein Hinweis auf die Heidenmission und paßt zur matthäischen Überarbeitung der Parabel (bes zu V. 4!);
mit Schulz, Q 397. Die Bezeichnung der Eingeladenen in Lk V. 21 stimmt,
außer in der Reihenfolge, wörtlich mit Lk 14,13 überein, geht also auf lukanische Redaktion zurück (als Möglichkeit erwogen auch bei Vögtle, Einladung 186f). Trotz der matthäischen Formulierung wird deshalb ὅσους ἐὰν
εὕρητε dem ursprünglichen Wortlaut näher kommen als die Lk-Version (mit
Schulz, Q 397 und Anm 157; Hahn, Festmahl 58). Mt V. 8c (οἱ δὲ κεκλημένοι οὐκ ἦσαν ἄξιοι) bringt einen der ursprünglichen Parabel *fremden Gedanken* ins Spiel: ihr geht es nicht um den Gegensatz von Würdigen, die nicht
kommen und deshalb Unwürdige sind, und Unwürdigen, die kommen und
sich als die wahren Würdigen erweisen. Die erneute Einladung ergeht ursprünglich nur, weil die Geladenen nicht kommen wollen. Die Einfügung ist wohl
matthäisch (mit Schulz, Q 396 Anm 147; vgl Hahn, Festmahl 57; Weiser,
Knechtsgleichnisse 62; Vögtle, Einladung 182f).
[72] Dies geht aus der Übereinstimmung des (zwar lukanischen) V. 16,22ab mit
Mt 22,10 hervor, die beide eine Ausführung des Auftrags voraussetzen. Nach
Hahn, Festmahl 65 lautet der Schluß: „Und jener Knecht ging hinaus auf die
Straßen und führte alle, die er fand, zusammen, und das Haus wurde mit Gä-
sten gefüllt." Ähnlich urteilt Vögtle, Einladung 184f. Sekundär in der Mt-Version sind wiederum die Mehrzahl der Knechte, der νυμφών (paßt zur Überarbeitung „König"-,,Hochzeitsmahl"; mit Schulz, Q 397), sowie die Bezeichnung
der zum Mahl kommenden Gäste mit πονηροί τε καὶ ἀγαθοί, die aber kaum
auf Mt selbst zurückgeht. Dieser hätte eher den Gegensatz πονηρός – δίκαιος
gebildet (vgl 13,49 und oben S. 143 mit Anm 231), während der hier stehende Gegensatz dem Mt wohl vorgegeben ist (vgl Mt 7,18; 12,35 par Lk
6,45).
[73] Das ist durchaus denkbar, wie Mt 18,13 (vgl oben S. 172 Anm 26) zeigt.
Grundsätzlich bestehen drei Möglichkeiten: 1. V. 24 war ursprünglich vom
„Mann" der Parabel zu seinem Knecht gesprochen, dann wäre das ὑμῖν sekundärer Plural. 2. V. 24 war die Formulierung der Pointe der Parabel durch den
ursprünglichen Erzähler zuhanden seiner Hörer, dann wäre das μου τοῦ δείπνου
sekundär, sofern der Erzähler von „seinem Mahl" gesprochen hätte; der Satz
wäre ursprünglich in der Vergangenheit gestanden („... keiner hat sein Mahl
genossen."). 3. V. 24 ist sekundäre *Anwendung* der Parabel und Jesus in den
Mund gelegt, dann bezöge sich das ὑμῖν auf die Gemeinde, das μου τοῦ δείπνου
auf das Mahl, das der Kyrios Jesus am Ende der Zeit halten wird; damit wäre
auch das Futurum erklärt. Traditionsgeschichtlich sind Fall 1 und 2 älter als
3. Fall 1 ist unwahrscheinlich, weil die Ansage, daß keiner das Mahl genossen
hat, an die Adresse des *Knechts* redundant ist (anders Jeremias, Gleichnisse
177). Fall 2 und 3 lassen sich allenfalls durch den Übergang von Jesus (der
das unter 2. Genannte sprach) zur Gemeinde (die „mein Mahl" als künftiges
Mahl des Kyrios, der *jetzt* mit dem Erzähler identisch ist, versteht) erklären.
Zum Problem vgl Schulz Q 397f mit Anm 162–166; Hahn, Festmahl 59f;
Vögtle, Einladung 189f; Bultmann, Synoptische Tradition 189 hält V. 24 für
sekundär. Wenn V. 24 in der unter 1 skizzierten Gestalt auf den ursprüngli-

wiß ist, daß beide Evangelisten am Schluß der Parabel beträchtlich eingegriffen haben: *Mt* fügt nach seinem V. 10 ein neues Gleichnis (V. 11–13)[74] an, das nicht zur Parabel paßt,[75] sowie eine allgemeine Sentenz (V. 14), die weder zur Parabel vom Hochzeitsmahl noch zum Gleichnis vom hochzeitlichen Kleid paßt.[76] *Lk* dagegen unterbricht den Gang der Erzählung noch vor dem Ende, indem er mit V. 22c zu einer nochmaligen Sendung des Knechts, diesmal „auf die Straßen und an die Zäune"[77], überleitet, um dann erst

---

chen Erzähler zurückgeht, könnte er als dessen *Kommentar* zur Parabel verstanden werden (wie Lk 16,8a, siehe dort).

[74] Ob dies ein ursprünglich selbständiges (Jesus-)Gleichnis war (so wohl Jeremias, Gleichnisse 186–189; modifiziert bei Via, Gleichnisse 124–127, der Mt 22,11–13a als Jesusgleichnis ansieht, aaO 125) oder von Mt selbst in lockerer Anlehnung an traditionelles Material formuliert wurde (so Schulz, Q 398 mit Berufung auf Jülicher und Bultmann; Trilling, BZ 4, 256f), läßt sich schwer entscheiden. Wesentlich ist, daß die *Kombination* mit der Gastmahlparabel auf Mt selbst zurückgeht. Dies unterstreicht die sprachliche Analyse: εἰσέρχεσθαι ist zwar gleichmäßig auf die Synoptiker verteilt, der partizipiale Gebrauch von εἰσελθών ist jedoch typisch für Mt (gen.abs.: 8,5 [redaktionell], 21,10 [gegen Mk!]; sonst: 9,18 [falls der Text richtig ist, redaktionell]; 9,25 [redaktionell]; 26,58 [gegen Mk!]; traditionell nur in 12,45 [Q] und vielleicht in 17,25). Zu θεᾶσθαι vgl Schulz, Q 398 Anm 171; βασιλεύς ist bei Mt gehäuft, kommt aber auch traditionell vor (Mt: 22; Mk: 12; Lk: 10); ἐκεῖ ist ebenfalls häufiger im Mt (Mt: 29; Mk: 11; Lk: 16). Das zeigt zumindest, daß der *Übergang* zwischen beiden Gleichnissen matthäische Redaktion ist. Dasselbe Urteil bei Schulz, Q 398; Linnemann, ZNW 51, 252; Hasler, ThZ 18, 29; Vögtle, Einladung 174; Via, Gleichnisse 125. Für ursprüngliche Zusammengehörigkeit plädiert Glombitza, NT 5, 14 und wohl auch Eichholz, Gleichnisse 144. Vormatthäisches Zusammenwachsen vertreten Hahn, Festmahl 78, Schweizer, Mt 271f und (fragend) Weiser, Knechtsgleichnisse 63; Vögtle, Einladung 174.

[75] Insbesondere können *plötzlich und unverhofft* eingeladene Gäste kaum ihr Kleid waschen, bevor sie kommen (das wäre wohl mit dem ἔνδυμα γάμου gemeint, vgl Jeremias, Gleichnisse 186). Die Verbindung erklärt sich nur, wenn es dem dafür Verantwortlichen lediglich um die Aufhebung des Beieinanders von πονηροί τε καὶ ἀγαθοί von V. 10 geht. Das wiederum ist typisch für *Mt* (vgl Mt 13,24–30.36–43; Mt 13,47–50 und besonders oben S. 127 mit Anm 145; S. 146 mit Anm 247–249. Die redaktionelle *Anfügung* des Motivs ist demnach sehr wahrscheinlich.

[76] In Mt 22,2–10 geht es nicht um den Gegensatz „erwählt – berufen", sondern nur um „Eingeladene" (κεκλημένοι, was nach matthäischem Verständnis allerdings mit κλητοί bedeutungsgleich ist). In Mt 22,11–13 dagegen geht es nicht um *wenige* Auserwählte (es wird ja nur von *einem* Mann ohne Feiergewand erzählt). Die Zufügung ist verständlich, wenn man die paränetische Spitze, die bereits in der an der Scheidung interessierten Anfügung von V. 11–13 liegt, beachtet; diese wird durch V. 14 noch unterstrichen.

[77] Dabei ist in ausdrücklichem Gegensatz zu V. 21 an die Landstraßen außerhalb der Stadt zu denken (Jeremias, Gleichnisse 61; Michaelis, ThWNT V 112, 17; Vögtle, Einladung 185).

zum Schluß („volles Haus") zu kommen.[78] Die Analyse ergibt im
Blick auf die Parabel vom Großen Mahl folgende *traditionsgeschicht-
liche Hypothese*: Die ursprünglich in Q stehende Parabel wurde in
drei Schritten überarbeitet. Die *vormatthäische Gemeinde* ließ den
Menschen zum königlichen Menschen und das Mahl zum Hochzeits-
mahl für dessen Sohn werden und überarbeitete die ganze Parabel
noch diesen Gesichtspunkten (besonders in V. 2.3.7a.8a.9fin.10fin.).[79]
Sie faßte die Entschuldigungen in Berichtsform zusammen (V. 5).
Schließlich fügte sie den Ausdruck „Böse und Gute" (V. 10b) ein.
Matthäus selbst korrigiert das ursprüngliche „Knecht" in „Knechte"
(V. 2.3.8.10), fügte eine zweite Einladung (V. 3b.4), die extreme
Reaktion der Geladenen (V. 6), deren scharfe Bestrafung (V. 7), die
Qualifikation der Erstgeladenen als „unwürdige" (V. 8c) und das
διέξοδος in V. 9a ein. Ferner verknüpft er die Parabel durch V. 1
mit derjenigen von den Weinbergpächtern; er erweitert sie um das
Gleichnis vom hochzeitlichen Kleid (V. 11–13) und die Sentenz
über Berufene und Erwählte (V. 14). *Lukas* greift spärlicher in die
ihm vorliegende Q-Parabel ein: er verdeutlicht vielleicht in V. 16c,
führt in V. 21 die Bezeichnung „Herr" für den Menschen ein, bezeichnet die Zweitgeladenen als „Arme, Krüppel, Blinde, Lahme",
erweitert in V. 22c.23 die Erzählung mit einer weiteren Einladung,
wobei ihm die Unterscheidung „Stadt – außerhalb der Stadt" wichtig ist (V. 21.23). Schließlich stellt Lk mit V. 15 einen expliziten
Bezug zum eschatologischen Mahl her und wandelt die ursprüngliche *Pointe* in V. 24 in eine *Anwendung* um.

---

[78] Die meisten Ausleger sehen in V. 22c.23 einen redaktionellen Zusatz des
Lk (zB Jeremias, Gleichnisse 62f. 67; Bultmann, Synoptische Tradition 189;
wohl auch Klostermann, Lk 152f; Hasler, ThZ 18, 27; Eichholz, Gleichnisse
137; Weiser, Knechtsgleichnisse 64; Funk, Language 175; Schulz, Q 396f; Hahn,
Festmahl 59. 71; Vögtle, Einladung 183f). Demgegenüber vertritt Linnemann,
ZNW 51, 248f die These, V. 21–24 seien ursprünglich. Dagegen ist zu bemerken:
1. Das *Motiv des Vollwerdens* braucht gar nicht allegorisch begründet zu sein, da
es *sowieso* zur ursprünglichen Parabel gehörte. 2. Lk geht es mit der Einfügung
gar nicht um die *Begründung* der Heidenmission, sondern um den Einbezug der
für ihn zeitgenössischen Geschichte. Der Bezug auf die Heidenmission ist in dem
Moment sinnvoll, wo man die Einladung des Straßenvolkes im Kontext der christlichen Mission sieht. Dies ist aber durch die Unterscheidung „Gassen und Plätze der
Stadt – Landstraßen" auch für Lk hinlänglich gesichert. 3. Die Aussage von
V. 21c, daß noch Raum sei, hat gar keine „allegorische" Bedeutung, sondern ist
lediglich ein Kunstgriff des Erzählers, der es ermöglicht, die zweite Einladung
durchzuführen. Diese hat dann allerdings eine metaphorische Bedeutung.
[79] Falls die Mehrzahl der Knechte durch die Einfügung von „König" bedingt
wäre, ginge auch sie auf die Gemeinde zurück (vgl Hahn, Festmahl 78), hätte
dann aber kaum die bei Mt offensichtliche metaphorische Bedeutung „Missionare". Siehe auch oben S. 179 Anm 61.

Das *Thomasevangelium* basiert auf den beiden synoptischen Versionen,[80] wobei es die lukanische intensiver benutzt hat.[81] Darüber hinaus hat das ThEv die Parabel nicht unwesentlich umgestaltet: die Einladungen werden in direkter Rede erzählt, die Entschuldigungen auf insgesamt vier vermehrt, deren dritte eine gewisse Beziehung zu Lk 14,20 (Heirat) aufweist, während die andern ohne synoptische Parallele sind und durchwegs städtisches Milieu als Hintergrund haben.[82] Die Einleitung „Ein Mann hatte Gäste" stößt sich mit der gleich anschließenden Einladung[83], die Anwendung lautet: „Die Käufer und Kaufleute (werden) nicht hinein(gehen) in die Orte meines Vaters."

Interpretation

Damit die ursprüngliche *Jesus-Parabel*[84] interpretiert werden kann, wird im folgenden ihr *mutmaßlicher* Wortlaut wiedergegeben:

„Mit der Gottesherrschaft verhält es sich wie folgt: Ein Mann gab einmal ein großes Essen[85], und zur Stunde des Mahls sandte er seinen Knecht aus, den Geladenen zu sagen: ‚Kommt, (denn) schon ist es bereit!' Und auf einmal[86] begannen alle, Entschuldigungen vorzubringen.

---

[80] Mit Schrage, Thomasevangelium 135; Hahn, Festmahl 51; gegen Jeremias, Gleichnisse 176; Perrin, Jesus 124; Funk, Language 167; Vögtle, Einladung 175f, die alle ThEv 64 als primitive, von der synoptischen Tradition unabhängige Version qualifizieren.

[81] Von *Lk* stammt: das Fehlen einer Einleitungsformel (≠ Mt); „Mann" (≠ Mt); Essen (≠ Mt); *ein* Knecht (≠ Mt); das Fehlen von Mt V. 4.6f.11−14; „hereinbringen" (≠ Mt, der „rufen" schreibt). Mit *Mt* gemeinsam hat ThEv den Ausdruck „die du findest" (≠ Lk) und die einmalige Einladung auf den „Straßen" (im Blick auf das letztere unterscheidet sich ThEv von Mt *und* Lk). Zu vergleichen ist Schrage, Thomasevangelium 133f; Montefiore, NTS 7, 235; Gärtner, Theology 47.

[82] Montefiore, NTS 7, 232.

[83] Schrage, Thomasevangelium 136 schließt daraus, daß die Gäste erst vom Knecht *eingeladen* wurden. Die Einleitung könnte aber ein Reflex der synoptisch *vorausgesetzten* Einladung sein.

[84] Es spricht nichts dagegen, daß die ursprüngliche Parabel von Jesus erzählt wurde. Im Gegenteil, gerade die oben skizzierten intensiven Eingriffe in den Gang der Erzählung deuten darauf hin, daß der Gemeinde Jesusgut vorlag (Kriterium der Diskontinuität). Zum Kriterium der Konsistenz vgl unten S. 188 mit Anm 99.

[85] Die Übersetzung von Lk 14,16b geschieht mit Wilckens, NT z.St.

[86] Das ἀπὸ μιᾶς in Lk 14,18a ist wohl eine vom semitischen Sprachgebrauch her zu verstehende Redensart (vgl Bauer, Wb s.v. ἀπό VI mit Berufung auf Wellhausen; Jeremias, Gleichnisse 176 denkt sogar an *Übersetzung* des ara-

Der erste sagte ihm (sc dem Knecht): ‚Ich habe einen Acker gekauft, und ich muß ihn unbedingt anschauen gehen. Ich bitte dich, betrachte mich als entschuldigt.'

Und der nächste sagte[87]: ‚Ich habe fünf Joch Ochsen gekauft, und ich gehe gerade, sie in Augenschein zu nehmen[88]. Ich bitte dich, betrachte mich als entschuldigt.'

Und der dritte sagte: ‚Ich habe eben (eine Frau) geheiratet, deshalb kann ich nicht kommen.'

Und der Knecht kam zurück und meldete es dem Manne. Da wurde der Hausherr zornig und sagte zu seinem Knecht: ‚Geh schnell hinaus auf die Straßen, und wen du findest, bringe herein!' Der Knecht tat, wie ihm befohlen, und das Haus wurde voll." Jesus sagte: „Ich sage euch, daß keiner jener Geladenen an seinem Mahl teilgenommen hat.[89]"

Betrachtet man zunächst die *Erzählung* selbst, so fallen die *konstitutiven Züge* sofort auf: Das Mahl ist bereit. Nun sendet der Gastgeber seinen Knecht aus, der die geladenen Gäste bitten soll, *jetzt* zu kommen. Die Geladenen werden *nicht* charakterisiert. Ebensowenig erfährt man, was für ein Mensch der Gastgeber ist. Im Unterschied zur rabbinischen Erzählung vom Zöllner Bar Maʻjan spielt es für unsere Parabel keine Rolle, wer Gastgeber und Gäste sind.[90] Der Knecht

---

mäischen min hᵃdha, vgl ders, ZNW 38, 118). Die *Femininform* ist allerdings nicht erklärt, es sei denn, man ergänze mit Hahn, Festmahl 54 Anm 16 ein γνώμης.

[87] Ἕτερος wird hier im Sinne einer Aufzählung zu verstehen sein (Bauer, Wb s.v. 1bδ).

[88] Die Übersetzung von Lk 14,19bc geschieht mit Wilckens, NT, z.St.

[89] Zur Übersetzung von γεύεσθαι vgl Bauer, Wb s.v. 1.

[90] Die Erzählung von Bar Maʻjan findet sich bei Str-B II 231f (zu Lk 16,24 C), vgl Str-B I 880. Sie hat mit unserer Parabel *nur* gemeinsam, daß eine Einladung abgelehnt wird. Daneben sind die großen Unterschiede augenfällig: die Einladung wird abgelehnt, weil der Gastgeber nach Meinung der Gäste ihrem gesellschaftlichen Rang nicht entspricht. Ferner geht es um ein Frühmahl, nicht um ein δεῖπνον. Die erneute Einladung geschieht aus Wohltätigkeit gegenüber den Armen, nicht aus Ärger über die Absagen. Wenn Jeremias, Gleichnisse 178 im Anschluß an Salm die rabbinische Erzählung zum Hintergrund unserer Parabel rechnen will, nimmt er dieser die Schärfe: das „rätselhafte Verhalten der Geladenen" in Lk V. 18—20 darf nicht damit verharmlost werden, daß der Gastgeber als Emporkömmling nicht akzeptiert wird (so mit Recht Hahn, Festmahl 67); dann läge der Grund der Ablehnung im *Gastgeber*. Die Verse 18—20 zeigen hingegen, daß die Absagen von den Geladenen selbst kommen und auch keineswegs fadenscheinig begründet sind (gegen Jeremias, Gleichnisse 178; Schulz, Q 399), sondern zunächst durchaus vernünftig (gegen Hahn, Festmahl 67, der den Akzent auf die *Unbegreiflichkeit* des Verhaltens der Geladenen legt); vgl unten S. 188f Anm 102f.

hat den Geladenen zu sagen, daß *alles bereit ist,* daß das Mahl *unauf-schiebbar* ist. *Jetzt* sollen sie kommen.[91] Einmütig entschuldigen sich die Gäste.[92] Wichtig ist, daß die *Entschuldigungsgründe durchaus be-greiflich* sind und keineswegs etwa gezwungen oder fadenscheinig wirken.[93] Hier liegt wohl eine „Verschränkung"[94] vor, sofern die Erzählung den Hörer bei seinem Verständnis für die Entschuldigungs-gründe aufsucht, um ihm dann vor Augen zu führen, welche Folgen gerade dieses begreifliche Verhalten der Geladenen hatte. Die Frage, ob die Geladenen allenfalls die Absicht hatten, später noch zu kom-men,[95] braucht nicht beantwortet zu werden, da für unsere Parabel nur wichtig ist, daß sie *jetzt nicht* kommen.[96] Konstitutiv für die Erzählung ist schließlich der *Ärger* des *Gastgebers.* Aus Ärger fordert er seinen Knecht auf, auf die Straßen zu gehen und hereinzubringen, wen er findet.[97] *Das Festmahl ist ja bereitet, das Haus muß voll wer-den,* damit das Fest gefeiert werden kann. Und das Mahl findet statt, auch ohne die Erstgeladenen.

Daß gleich *alle* der Geladenen sich entschuldigen lassen, ist sicher ein *hyperbolisches Element,* das den Rahmen des Gewöhnlichen sprengt. Dasselbe gilt vom Schluß der Erzählung: das Haus wird voll mit Leu-ten der Straße, keiner der Erstgeladenen kommt also zum Genuß des Mahls. Diese beiden hyperbolischen Züge verweisen auf die *Pointe der Erzählung*: die Geschichte führt plastisch vor Augen, wie es denen ergangen ist, die — wenn auch mit noch so tauglichen Gründen — die jetzt ergehende Einladung ablehnten. Sie haben das Nachsehen, das Fest findet auch ohne sie statt. Der Hörer verspürt gleichsam am ei-

---

91 Das ἤδη ist mit „jetzt" (Jeremias, Gleichnisse 176) oder „nun" (Hahn, Fest-mahl 54 Anm 14) zu übersetzen, nicht etwa mit „längst". Dieser Zug wird in Mt V. 4 (redaktionell) ausgeschmückt, vgl Str-B I 881 zu Mt 22,4.
92 Das ἀπὸ μιᾶς betont weniger die Gleichzeitigkeit als die *Einmütigkeit* der Geladenen, sich zu entschuldigen (mit Hahn, Festmahl 54 Anm 16).
93 Vgl oben S. 186 Anm 90.
94 Zu diesem Terminus siehe Linnemann, Gleichnisse 35f.
95 Vgl oben S. 180f Anm 66f und Hahn, Festmahl 55.
96 So richtig Eichholz, Gleichnisse 130. Der starke Hinweis „*jetzt(nun)* ist es bereit" legt dieses Verständnis nahe. Die Erstgeladenen halten *jetzt* anderes für wichtiger, als zum Fest zu gehen.
97 Dabei ist nirgends gesagt, daß die Leute von der Straße von vornherein nur gesellschaftlich Unwürdige sind. Diese Vorstellung wird ja erst durch die lukanische Bezeichnung der Leute in V. 21 erweckt. Der Gastgeber ärgert sich *nicht* darüber, daß die Erstgeladenen ihn *gesellschaftlich* nicht akzeptieren, son-dern darüber, *daß das Fest nicht stattfinden kann,* wenn die Gäste nicht kom-men. Deshalb läßt er den Knecht auf die Straßen gehen. Wenn dabei auch vor-ausgesetzt ist, daß nicht gerade die Vornehmsten dort zu finden sind, so hat dies in der ursprünglichen Parabel *keine selbständige Bedeutung.*

genen Leibe jenes Gefühl, das die Geladenen befallen haben muß, als das Fest ohne sie stattfand. Es ist ein Gefühl des Geprelltseins, das verpaßte Gelegenheiten hinterlassen, insbesondere dann, wenn sie durch eigenes Fehlverhalten verpaßt werden.

Im Blick auf das *Verständnis der Parabel im Kontext des Lebens Jesu* ist einerseits davon auszugehen, daß das „große Mahl" für den Erzähler wie für die Hörer Metapher für das Freudenmahl am Ende der Tage ist.[98] Andererseits ist zu beachten, welche Rolle das „Essen" im Leben Jesu spielt: seine Mahlgemeinschaft mit den verschiedensten Menschen, mit Pharisäern, Zöllnern und Sündern ist Zeichen für die annehmende Liebe, von der die neue Zeit der Gottesherrschaft erfüllt ist; sie ist geradezu Antezipation der Basileia.[99] In diesem Kontext gewinnt das „Jetzt ist es bereit!" der Parabel seine Konturen. Jetzt, in der Existenz Jesu, ist die Zeit gekommen, wo man zum Freudenmahl des Reiches Gottes gerufen wird. Jetzt gilt es, sich einladen zu lassen.[100] Hier tritt wieder das auch in andern Gleichnissen erkenntliche eschatologische Selbstverständnis Jesu zu Tage: Jesus versteht sich selbst und sein Wirken als Anbruch der Basileia. In seinem Wort und Werk ist die Gottesherrschaft *nahe*. In ihm ist die neue Zeit gekommen, das große Freudenmahl beginnt; wer die Zeit zu verstehen vermag, läßt sich einladen.[101] Die Geladenen aber entschuldigen sich. Nicht etwa, weil ihnen der Gastgeber nicht gefällt,[102] oder weil sie gegen Feste sind, sondern *weil sie die Zeit nicht verstehen*. Hier kommt Jesus seinen Hörern entgegen, indem er ihnen in der Parabel selbst Raum gewährt; die Entschul-

---

[98] Siehe Str-B II 207 (zu Lk 14,15.16); I 475f (zu Mt 8,11) mit Verweisen; Behm, ThWNT II 35, .13–30; Hahn, Festmahl 68; Schulz, Q 399 mit Anm 179.

[99] So Hahn, Festmahl 69 mit Verweis auf Mk 2,17a; Lk 7,34 par. Zur kritischen Auseinandersetzung siehe Vögtle, Einladung 191–194. Wesentlich ist, daß *alle* Menschen zu diesem Mahl eingeladen sind, nicht nur der 'Am-ha-'arez.

[100] Diesen Zug betonen verschiedene Ausleger; zB Jeremias, Gleichnisse 179; Hahn, Festmahl 54; Linnemann, Gleichnisse 96–98; Schweizer, Mt 275; ähnlich auch Schulz, Q 401 (allerdings für Q, nicht für Jesus).

[101] Hier wird erneut deutlich, wie sehr die Parabeln Jesu *Zeitansage* sind, siehe oben S. 35 mit Anm 210–212. Erst der Schluß der Parabel macht deutlich, *welche Zeit die Zeit der Einladung war*. Die streng jenseitige Erwartung des Eschaton wird im Sinne einer Verknüpfung der Endzeit mit der Gegenwart aufgegeben.

[102] Gerade dieses Mißverständnis ist begründet in der Parallelisierung der Parabel mit der in Anm 90 S. 186 oben genannten frühjüdischen Erzählung. Es nimmt der Parabel Jesu ihre eigentliche Pointe, indem die Entschuldigungen der Erstgeladenen im *Gastgeber* begründet werden und nicht in ihrer eigenen Fehleinschätzung der Lage.

digungsgründe sind gewiß vernünftig, aber der Fortgang der Erzählung zeigt, daß sie es nur für den sind, der die Zeit falsch einschätzt.[103]
Die Zeit für das Fest ist gekommen, deshalb werden Andere eingeladen, damit das Haus voll werde. Die Parabel erzählt nur deshalb vom
Ausschluß der Erstgeladenen, damit ihre Hörer jener Einladung, die
mit *Jesus* ergeht, Folge leisten. Jesus holt die Hörer ab bei ihrem
(unsachgemäßen) Zeitverständnis, um sie an den Punkt zu führen,
wo sie verstehen, was *jetzt* an der Zeit ist: Teilnahme am großen
Mahl Gottes. Der von vielen Auslegern in den Vordergrund gestell-
te Gegensatz (etwa gesellschaftlicher Art) zwischen Erstgeladenen
und Zweitgeladenen (zB: ehrenwerte Erstgeladenene − Volk von
der Straße)[104] ist in der Parabel selbst nicht betont. Jedenfalls darf
er nicht metaphorisch auf die historische Situation übertragen werden, bevor er im *Ganzen* der Parabel gewürdigt worden ist. Der Gegensatz visiert − so verstanden − keine Volksgruppen an, sondern
er bedeutet zwei Seiten im Hörer selbst: seine *alte* Einstellung zur
Jenseitigkeit des Freudenmahls und seine *neue* Einsicht in das, was
jetzt an der Zeit ist. Demnach geht es ihr nicht primär um die Verteidigung des Verhaltens Jesu gegenüber den Zöllnern und Sündern
bzw um den Gegensatz von Pharisäern und 'Am-ha-'arez.[105] *Alle*
Hörer stehen zunächst an der Stelle der Erstgeladenen, sofern sie
nicht erkennen, daß in Jesus das Gottesreich angebrochen ist. Und
die Parabel versucht, *alle* ihre Hörer gleich jenen Leuten der Straße

---

[103] Wer auf das eschatologische Freudenmahl am Ende der Tage wartete,
konnte nicht ohne weiteres erkennen, daß in Jesus diese Endzeit angebrochen
war. Für den waren die Entschuldigungsgründe durchaus vernünftig.
[104] Darauf legt besonders Jeremias, Gleichnisse 178f großes Gewicht (ähnlich
auch Schulz, Q 400; Linnemann, ZNW 51, 251; Glombitza, NT 5, 12f; Eichholz, Gleichnisse 135f; Funk, Language 190). Beachtet man aber, daß die
Charakterisierung in V. 21 lukanische Redaktion ist, und daß die Erstgeladenen
keineswegs als Vornehme gekennzeichnet sind, so fragt man sich, ob der Gegensatz zwischen Erst- und Zweitgeladenen nicht erst in der Parabel fremder Eintrag sei, der durch die postulierte *Anwendung* bedingt ist (vgl die nächste
Anm). Jedenfalls darf der Gegensatz nicht im Sinn eines Gegensatzes zwischen
zwei Menschengruppen ausgelegt werden.
[105] Die für den Ansatz von Jeremias konstitutive Definition des historischen
Orts der Gleichnisse Jesu als Mittel im Kampf wirkt sich auch hier verständ-
nisverengend aus. Ist es historisch zutreffend, daß der 'Am-ha-'arez als *ganzer*
die Einladung Jesu annahm, während die Pharisäer *allesamt* die Einladung aus-
schlugen? Ist es mit der Verkündigung Jesu zu vereinbaren , daß die Zöllner
und Sünder nur deshalb eingeladen werden, weil die Vertreter des eigentlichen
Volkes Gottes seinen Ruf nicht hören wollten? Zu der so gerichteten Anwendung der Parabel siehe Jeremias, Gleichnisse 179; Schulz, Q 401; Linnemann,
Gleichnisse 97.

werden zu lassen, damit sie wie jene sich gerne zum Fest bitten lassen.[106]

Die Bearbeitung der Jesusparabel durch die *vormatthäische Gemeinde* zeigt, daß diese den *Zusammenhang zwischen dem Kommen Jesu* und dem *eschatologischen Freudenmahl* durchaus verstanden hatte. Mit der Einführung der Metapher *König* dokumentiert sie, daß sie *Gott* selbst für den Gastgeber jenes Mahles hält, das in Jesus seinen Anfang genommen hatte. Den schon für die ursprüngliche Parabel konstitutiven Zusammenhang von Gott und Jesus bringt die Gemeinde dadurch zur Sprache, daß sie den König ein *Hochzeitsmahl* für seinen *Sohn* veranstalten läßt (vgl Apk 19,9)[107]. Sofern sie die *in der Parabel* ergehende Einladung bereits mit der Einladung *Jesu* identifiziert, muß sie nachösterlich jeden Entschuldigungsgrund *dieser* Einladung gegenüber für untauglich halten. Deshalb faßt sie die Entschuldigungen knapp zusammen (Mt V. 5). Dadurch verliert die Parabel allerdings ihren Verschränkungseffekt, indem die Entschuldigungen nun fadenscheinig wirken. Die Gemeinde versteht sich selbst als proleptisch am eschatologischen Mahl teilnehmende Gä-

---

[106] Demzufolge hat sie auch *keinen Gerichtsaspekt* für die Ablehnenden, also etwa die Pharisäer (gegen Funk, Language 190; Jeremias, Gleichnisse 179). Dieser Eindruck entsteht nur, wenn man den *Inhalt* von der *Form* trennt und jenen frühzeitig in die „Sachhälfte" überträgt. Eine Deutung, die von einer metaphorischen Qualität der Erstgeladenen (≅ Pharisäer, vgl Jeremias, ebd; oder ≅ Israel als Ganzes, vgl Vögtle, Einladung 194—196) bzw der Zweitgeladenen (≅ Zöllner und Sünder; oder Heiden) ausgeht, überträgt Einzelzüge der Parabel vorschnell auf die historischen Gegebenheiten zur Zeit Jesu. Beachtet man jedoch, daß der Ausschluß der Ablehnenden *in der Form der Parabel* erzählt wird, so erkennt man, daß gerade die Ablehnenden (und ein solcher ist potentiell *jeder Mensch*) angesprochen werden, indem die Parabel zunächst auf ihr Zeitverständnis eingeht und dann die Konsequenzen jenes Zeitverständnisses *im Bild* so *schildert*, daß die Angesprochenen *in der Sache* (d.i. im Blick auf die Einladung Jesu) *die Unsachgemäßheit ihrer Ablehnung erkennen*. Die Parabel zwingt den Hörer nicht einfach zur Entscheidung, zu welcher Gruppe er gehören will (gegen Funk, Language 191), sondern sie versucht ihm die Situation so zu erläutern, daß er eine Annahme der Einladung Jesu für das selbstverständlich Richtige hält. Sie argumentiert also: Wer will denn schon ein Fest verpassen, zu dem er geladen gewesen wäre?

[107] Dabei ist der γάμος wie in Apk 19,9 als *endzeitliche Erfüllung* verstanden. Im Unterschied zur Jesusstufe, die vom eschatologischen Freudenmahl *Gottes* spricht, ist hier, bedingt durch die nachösterliche Christologie, die Person des *Sohnes* neu eingeführt. Durch die Wahl des Bildes ist der implizite Zusammenhang von Gott und Jesus *explizit* geworden. Zum gleichen Vorstellungskreis gehören Stellen wie Mk 2,19 par und Mt 25,1—13 bes V. 10. Zum Ganzen vgl Stauffer, ThWNT I 652, 24—653, 5 (der diese Vorstellungen allerdings dem historischen Jesus zuschreibt).

steschar, deren einzige „Leistung" zunächst ist, die Einladung angenommen zu haben. Darum finden sich *„Böse und Gute"* im Fest-
saal. Die Parabel wird so zum Ausdruck des diese Gemeinde kennzeich-
nenden ekklesiologischen Selbstverständnisses im Sinne eines *corpus
mixtum.*[108] Die Gemeinde hat die Parabel Jesu nachösterlich *adäquat
überliefert,* indem sie sie *christologisch* und *ekklesiologisch* interpretierte.

Matthäus selbst knüpft einerseits an das ihm vorliegende Verständnis
an, indem er die Einladung der Parabel noch deutlicher als eindringliche Einladung durch die nachösterlichen Boten Jesu Christi kennzeichnet.[109] Indessen kommt bei Mt ein (heils-)geschichtliches Verständnis
dazu, das sich vor allem darin zeigt, daß die negativen Erfahrungen
der christlichen Missionare in der Parabel ihren Niederschlag finden
(V. 6). Er überhöht die Fadenscheinigkeit in der Ablehnung zur ausgesprochenen *Frechheit* der Erstgeladenen, die den Zorn Gottes pro-
voziert und in der Tötung der Mörder und der Zerstörung ihrer Stadt
ihre gerechte Strafe erhält. Da Mt 22,7 eindeutig die Ereignisse des
jüdischen Krieges reflektiert,[110] muß Mt die Erstgeladenen als Juden,
die sich als der Einladung unwürdig erwiesen haben, die Zweitgeladenen jedoch als Heiden verstanden haben.[111] Damit ist die Parabel
zum geschichtlichen Abriß des Übergangs von der Juden- zur Heidenmission geworden. Die Heidenmission wird dadurch gerechtfertigt,
daß die Erstgeladenen unwürdig sind, weil sie die eindringliche Einladung mit einer Frechheit extremen Ausmaßes beantwortet haben.
Der diesem Verständnis innewohnenden Gefahr einer abermaligen
Überheblichkeit und **securitas** des neuen Gottesvolkes begegnet Mt,
indem er mit der Anfügung von V. 11−13 zeigt, daß auch die Ge-

---

[108] Dasselbe Selbstverständnis wird auch in der vormatthäischen Version vom
Gleichnis Mt 13,24−30 sichtbar, vgl oben S. 127 mit Anm 143f.
[109] In diesem Sinne ist *V. 4* (und die dort vorkommenden Knechte) zu verstehen. Überhaupt setzen die Verse 4−7 nachösterliche Verhältnisse voraus (vgl
Hahn, Festmahl 80). Die Knechte in *V. 3* stehen nicht etwa für die alttestamentlichen Propheten (gegen Weiser, Knechtsgleichnisse 69), da ja schon sie die
Aufforderung zu kommen überbringen, nicht etwa die Einladung. Deshalb sind mit
ihnen wohl die vorösterlichen Boten Jesu (vgl Mt 10) gemeint (so auch Hahn,
Festmahl 79).
[110] Vgl oben S. 181f Anm 71 und die dort genannte Literatur.
[111] Das geht mE mit Sicherheit aus dem διεξόδους bei Mt hervor, zumal es
ja in ausdrücklichem Widerspruch zur Ausführung in V. 10 steht (ὁδούς). Damit kommt das matthäische Verständnis in die Nähe des (ebenfalls matthäischen) V. 21,43, wo *auch* die Heiden anvisiert sind. Gleiches Urteil bei Hahn,
Festmahl 81; anders dagegen Vögtle, Einladung 206, der bei Mt nur die *Intensität* der Einladung an Israel betont sieht.

meinde noch auf das Gottesgericht wartet.[112] Diesen paränetischen Akzent unterstreicht er durch die abschließende Sentenz 22,14 wie auch durch die Einordnung der Parabel in den vorliegenden Kontext.[113]

Auch *Lukas* zeigt durch seine Interpretamente, daß er die Parabel Jesu im Sinne der nachösterlichen Christologie versteht. Darum wird bei ihm aus dem ursprünglichen „Mann" der „Herr" (V. 21a), und darum sieht er in der ursprünglichen Pointe nun die *Anwendung* (V. 24).[114] Er sieht in der mehrfachen Einladung zum Mahl die missionarische Tätigkeit der Gemeinde, der Ruf Jesu wird fortgesetzt durch den Ruf der christlichen Missionare.[115] Durch die Kombination der Parabel mit V. 15 macht Lk deutlich, daß er die Sammlung der Gemeinde als Antezipation des eschatologischen Freudenmahles versteht. Damit erhält die Parabel Bezüge zu den geschichtlichen Erfahrungen der Gemeinde: die Qualifikation der Zweitgeladenen (V. 21) reflektiert die Missionserfahrungen der Gemeinde, die dritte Einladung (V. 22f) den Übergang von der Juden- zur Heidenmission.[116] Insofern ist die Parabel Jesu zur Verstehenshilfe im Blick auf die Situation der Gemeinde geworden. Wer damit ernst machte, daß die

---

[112] Das Interesse an der endzeitlichen Scheidung konnte schon anhand von Mt 13,24–30.36–43 und Mt 13,47–50 als typisch matthäisch nachgewiesen werden (vgl oben S. 127f mit Anm 145f und S. 146 mit Anm 247f). Dieses war das entscheidende Motiv für die Anfügung des vielleicht traditionellen Stoffes in V. 11–13. Damit wird aber auch die Bestrafung Israels der paränetischen Absicht dienstbar gemacht. Zum Ganzen vgl Hahn, Festmahl 82; Kretzer, Herrschaft 172; Bornkamm, Enderwartung 18; Schweizer, Mt 275f; Trilling, BZ 4, 255–257.

[113] Mit dieser *vierten Einheit* (vgl oben S. 161 Anm 66) wird nicht nur die Urteilsvollstreckung an Israel erzählt, sondern auch die Mahnung an die Gemeinde kommt zum Höhepunkt, s auch Trilling, BZ 4, 258f. Daß Mt in 22,14 (zur Problematik dieses Verses vgl Kretzer, Herrschaft 182–186) das in V. 11–13 implizierte Verhältnis zwischen Angenommenen und Verworfenen umkehrt, zeigt nocheinmal deutlich, daß er die Gefahr der securitas gesehen hat und bekämpfen wollte.

[114] Hier ist der Kyrios des Gleichnisses mit dem Kyrios Jesus identisch (vgl oben S. 182f Anm 73). Das bedeutet, daß wohl schon in der Parabel selbst der Kyrios für Christus stehen muß (mit Hahn, Festmahl 72 gegen Glombitza, NT 5, 13).

[115] Diesen Aspekt erklärt Hahn, Festmahl 73 zur Hauptsache und möchte die heilsgeschichtlichen Züge von der lukanischen Interpretation fernhalten. Dormeyer, BiLe 15, 219 sieht in der Parabel eine Warnung vor pharisäischem Abgrenzungsdenken (an die Adresse der Gemeinde gerichtet).

[116] Ob Lk damit einen heilsgeschichtlichen „Fortschritt" meint, ist nicht zu entscheiden. Jedenfalls zeigen die V. 22f deutlich, daß geschichtliche Bezüge in der lukanischen Interpretation vorhanden sind.

Parabel schon immer auf den engen Zusammenhang zwischen *Jesu*
Ruf und *Gottes* Mahl abzielte, *mußte* sie neu verstehen, als nach
Ostern die Jünger den Ruf des Kyrios in alle Welt trugen.

Die *Fassung des Thomasevangeliums* versteht die Parabel bar jedes
christologischen oder heilsgeschichtlichen Bezuges. Es malt die Einladungen und Entschuldigungen aus, weil es in der Parabel die Illustration der allgemeinen Wahrheit sieht, daß „Käufer und Kaufleute"
nicht in „die Orte meines Vaters" kommen können. Dieses „moralische" Verständnis unterstellt die Parabel dem Zweck, den Menschen zur Abkehr von Geld und Besitz zu bringen.[117] Geld und Besitz hindern den Gnostiker daran, die Welt fahren zu lassen und
schließen ihn so aus von der wahren Gnosis.[118] Damit ist der enge
Bezug zwischen *Ruf Jesu* und Eschaton *aufgegeben* und die Parabel
im Sinne einer *allgemeinen Wahrheit* ausgelegt worden.

2.3.3 Die Parabel von den anvertrauten Geldern
(Mt 25,14–30; Lk 19,11–27; NazEv fr 18)

Analyse

Trotz der erheblichen Verschiedenheiten, welche die Versionen der
Parabel bei Mt und Lk aufweisen, dürfte die Parabel aus Q stammen, da die wörtlichen Übereinstimmungen, besonders in Mt V.
24.26–29 par, ebenfalls beträchtlich sind.[119] Dazu kommt, daß
sich sämtliche Abweichungen von einer hypothetischen Q-Version
als matthäische (bzw vormatthäische) oder lukanische Interpretamente erklären lassen, wie unten zu zeigen sein wird.

---

[117] Vgl Haenchen, Botschaft 56; Schrage, Thomasevangelium 136; Montefiore,
NTS 7, 229.

[118] Der τόπος ist Ort des Lebens (ThEv 4), der Ruhe (ThEv 60), nach dem
zu forschen für den Gnostiker notwendig ist (ThEv 24; Schrage, Thomasevangelium 136). Der „Ort des Vaters" ist dementsprechend identisch mit der
wahren Gnosis.

[119] Gleich urteilen Schulz, Q 293; Kamlah, KuD 14, 31; Dupont, RThPh 19,
377; Lührmann, Logienquelle 71; Hoffmann, Studien 48f; Schweizer, Mt 309.
Die Gründe, die Weiser, Knechtsgleichnisse 244–256 gegen die Existenz der
Parabel in Q anführt, vermögen nicht zu überzeugen. Insbesondere sind die
wörtlichen Übereinstimmungen in Mt V. 24.26–29 par ohne die Annahme
einer Q-Version kaum zu erklären. Daß Mt und Lk, wenn sie Q benützen, nie
so stark differieren, ist schon am Beispiel der Gastmahlparabel zu widerlegen.
Daß Q-Gleichnisse eher kurz und keine Parabeln wären, beruht auf einer pe-
titio principii.

Der *Kontext* der Parabel ist in beiden Versionen redaktionell: *Mt* bringt in Kp 24f eine Reihe von Parusiegleichnissen, die er unter dem Gesichtspunkt der „Belehrung über das richtige Verhalten angesichts des kommenden Gerichts" verstanden wissen will.[120] Mit dem anknüpfenden γάρ in V. 14 zeigt Mt, daß er das vorliegende Gleichnis als Auslegung der Wachsamkeitsforderung von Mt 25,13 versteht. In dieselbe Richtung verweisen auch der matthäische V. 30[121] und die Anfügung des „Gleichnisses" vom letzten Gericht in 25,31ff. *Lk* bringt die Parabel nach der Perikope vom Oberzöllner Zachäus, einer Geschichte, die in Jericho spielt, und vor dem Bericht über den Einzug Jesu in Jerusalem. Der einleitende Vers 11 kennzeichnet die Parabel als Antwort auf die Meinung der Leute, daß jetzt, da Jesus auf dem Weg nach Jerusalem sei, die Gottesherrschaft rasch erscheinen werde.[122] Zu der in V. 11 genannten Fragestellung paßt sehr gut[123] die Überarbeitung der Minenparabel, die aus dem „Mann" einen „wohlgeborenen" Thronanwärter macht: ihr ging es darum, die lange Zeit der Abwesenheit zu begründen.[124]

---

120 So mit Recht Kamlah, KuD 14, 28, vgl Schweizer, Mt 303. 310, auch 293; Jeremias, Gleichnisse 57; McGaughy, JBL 94, 237; Dupont, RThPh 19, 379–382.

121 Über den redaktionellen Charakter dieses Verses herrscht weitgehend Übereinstimmung unter den Auslegern, siehe zB Kamlah, KuD 14, 29; Weiser, Knechtsgleichnisse 254, Fiedler, BiLe 11, 263; Jeremias, Gleichnisse 57; Schweizer, Mt 308; Via, Gleichnisse 113; Schulz, Q 292; Dupont, RThPh 19, 379f.

122 So Schneider, Parusiegleichnisse 41. 42; Dupont, RThPh 19, 382f; Jeremias, Gleichnisse 56 (der auch auf die gehäuft vorkommenden lukanischen Spracheigentümlichkeiten hinweist).

123 Zerwick, Bib. 40, 658 geht sogar so weit festzustellen, daß V. 11 *nur* zur Thronanwärter-Parabel (dazu vgl nächste Anm) passe. Der Zusammenhang ist jedenfalls sehr eng.

124 Es ist oft festgestellt worden, die Thronanwärter-Elemente unserer Parabel ließen sich ohne weiteres von ihr abziehen und bildeten ein selbständiges Gleichnis (so zB Zerwick, Bib. 40, 655, Jeremias, Gleichnisse 56, Weiser, Knechtsgleichnisse 269 denkt an eine „Erzähleinheit vom Kronprätendenten"), das von Jesus stamme (so Zerwick, aaO 666. 668. 674; auch Jeremias, Gleichnisse 56, der allerdings sagt: diesen Stoff „scheint Jesus benutzt zu haben"). Die Annahme, daß hier ein das Geschehen um Archelaos (vgl Jeremias, Gleichnisse 56, Kamlah, KuD 14, 30; Schweizer, Mt 308; Schneider, Parusiegleichnisse 40 mit Anm 11; genauer Nachweis, daß es sich um eine Anspielung auf Archelaos handelt, bei Zerwick, Bib. 40, 661–665) enthaltendes selbständiges Gleichnis vorliege, erklärt sich auf dem Hintergrund der seit Jülicher vorherrschenden Ansicht, ein Gleichnis sei umso besser und echter, je „realistischer" es erzähle. Zudem gelingt es nicht, dieser angeblichen Parabel eine befriedigende Pointe abzugewinnen (gegen Jeremias, Gleichnisse 56). Stattdessen müßte sie als reinste Allegorie (so zu Recht Zerwick, Bib. 40, 671. 672. 674) für das „Fortgehen des Messias, seine Anfeindung durch sein Volk, seine Wiederkunft und

Aus dem genannten engen Zusammenhang ergibt sich die Annahme, daß die Thronprätendent-Elemente (V. 12b.14.15a.17fin.19fin.27) von Lk hinzugefügt wurden.[125]

Die Verschiedenheit der beiden Versionen zwingt zum Verzicht auf eine genaue literarkritische Rekonstruktion der Q-Parabel. Dennoch erlauben unsere Quellen Rückschlüsse auf deren *ursprünglichen Inhalt*. Obschon das Gleichnis in beiden Versionen ohne explizite Einleitungsformel beginnt, dürfte es ursprünglich ein *Gottesreichsgleichnis* gewesen sein.[126] Die ursprüngliche *Exposition* erzählte von einem Mann[127], der fortging (für eine längere Zeit)[128]. Vor seiner Abreise rief er seine Knechte zu sich[129] und gab jedem von ihnen eine Mi-

---

das Gericht" (aaO 674) verstanden werden, was für *Lk, nicht aber für Jesus* (Kriterium der Konsistenz), angenommen werden kann (mit Kamlah, KuD 14, 30; Schneider, Parusiegleichnisse 41 mit Berufung auf Lohse, Anm 16). Statt von einer Parabel spricht man deshalb besser vom „Motiv des Thronprätendenten" (Schulz, Q 288) oder von Thronprätendent-Elementen, die zur ursprünglichen Minen-Parabel hinzugefügt worden sind.

125 Gleiches Urteil bei Kamlah, KuD 14, 30. Lührmann stellt fest: „die lukanische Fassung ist offenbar ausgestaltet nach der Erinne-/rung an den Zug des Archelaos nach Rom, doch ohne daß man deshalb eine zweite ursprünglich selbständige ‚Parabel vom Thronanwärter' postulieren muß" (Logienquelle 70f). Schon Jülicher, Gleichnisreden II 485 wendet sich entschieden gegen dieses Postulat.

126 Beide Evangelisten beziehen es unabhängig voneinander auf das Gottesreich: sehr deutlich Lk in V. 11, auch wenn es hier nur noch um den *Zeitpunkt* der Ankunft der Basileia geht. Mt bringt in 25,1 eine explizite Vergleichsformel, die sich auf das Gleichnis von den zehn Jungfrauen bezieht. Dieses wiederum wird mit V. 13 abgeschlossen. V. 14 knüpft dann eng an V. 13 an, so daß die beiden Gleichnisse parallel verstanden werden müssen; insofern dürfte nach Mt auch 25,14–30 als Gottesreichsgleichnis zu verstehen sein.

127 Die anakoluthische Einleitung bei Mt (vgl Schweizer, Mt 307) ist bedingt durch die Verklammerung der Parabel mit V. 13. Falls man einen gewissen Einfluß von Mk 13,34 auf Mt 25,14f annehmen darf (dazu unten S. 196 Anm 131), liefert das dort stehende ὡς einen weiteren Erklärungshinweis für diesen Anfang. Der Anfang bei Lk (ἄνθρωπός τις) kann demgegenüber ursprünglich sein (mit Schulz, Q 288). Daß der Mann ein εὐγενής ist und εἰς χώραν μακράν geht λαβεῖν ἑαυτῷ βασιλείαν καὶ ὑποστρέψαι (V. 12), erklärt sich aus dem redaktionellen Motiv des Thronprätendenten.

128 Die Erzählung setzt eine längere Zeit voraus. Dasselbe spiegelt sich in dem wohl ursprünglichen ἀποδημῶν und wird bei Lk sekundär durch die Tätigkeit des Thronprätendenten im fernen Ausland gesichert.

129 Die *Zahl* der Knechte läßt sich nicht mehr eruieren, da die im Abrechnungsgespräch vorkommenden *drei* Knechte lediglich exemplarischen Charakter haben (gegen Jeremias, Gleichnisse 58 Anm 2). Zuzugeben ist, daß auch die *Zehnzahl* bei Lk sekundär sein wird (mit Schulz, Q 289). Die Zahl der Knechte spielt für den Gang der Erzählung keine Rolle. Ob ursprünglich ἰδίους

ne[130]. Die Abstufung der Beträge (Mt V. 15a) gehörte nicht zur ursprünglichen Parabel.[131] Der in der Lk-Version (V. 13b) anschließende Befehl, mit dem Geld zu handeln, ist ebenfalls sekundär.[132] Es folgt bei Lk ein zum Motiv des Thronprätendenten gehörendes Zwischenstück in V. 14.15a.[133] Bei Mt steht nach der Exposition ein Bericht über die Ausführung (V. 16—18): die Knechte haben „sofort" mit der Arbeit begonnen.[134]

(Mt) oder ἑαυτοῦ (Lk, bei ihm ist dieses Wort häufig, vgl Schulz, Q 289 Anm 186) gestanden hat, ist gleichfalls unerheblich.

[130] Daß der Mann „sein Vermögen" (vgl Bauer, Wb s.v. ὑπάρχειν 1.) den Knechten übergab, widerspricht dem ὀλίγα (Mt V. 21.23), bzw dem ἐλάχιστον (Lk V. 17), paßt aber sehr gut zum matthäischen „Talent" (ein außerordentlich hoher Betrag, vgl Jeremias, Gleichnisse 23. 208 Anm 4), das gegenüber der Mine bei Lk sekundär ist (Schulz, Q 289 als Beispiel für die große Mehrzahl der Exegeten).

[131] Der Parabel kommt es nicht darauf an, daß die Knechte von unterschiedlicher Qualität waren und deshalb verschiedene Summen zur Verwaltung erhielten. Vielmehr geht es ihr darum, daß alle Knechte *dieselbe* Ausgangslage haben. Würden die Summen schon am Anfang abgestuft, so verminderte sich dadurch die Diskrepanz zwischen dem dritten Knecht und den ersten beiden. Dazu kommt noch, daß der Ursprung von Mt V. 15 wahrscheinlich in dem ἑκάστῳ τὸ ἔργον αὐτοῦ (Mk 13,34) liegt, wie das matthäische ἑκάστῳ κατὰ τὴν ἰδίαν δύναμιν zeigt. Hier liegt bereits eine sich aus der *Anwendung* der Parabel ergebende Anspielung an die Erfahrung der Gemeinde vor, wo es ja verschiedene Menschen mit verschieden hohen Gnadengaben gab. *Gegen* Schulz, Q 289; Jülicher, Gleichnisreden II 472; Derrett, ZNW 56, 190 (es geht einer Parabel nicht primär um Realismus!); *mit* Kamlah, KuD 14, 29; Weiser, Knechtsgleichnisse 232f.

[132] Er kann als *Verdeutlichung* angesehen werden. Auch als eine solche verstanden steht er in einer gewissen Spannung zum Ende der Parabel, wo ja *nirgends* der *Ungehorsam* des dritten Knechts getadelt wird, sondern seine Unfähigkeit, den Anspruch des anvertrauten Kapitals wahrzunehmen. Der Befehl in V. 13b dagegen legt Gewicht auf das Gehorsamsmotiv und belastet dadurch zusätzlich den dritten Knecht (so Kamlah, KuD 14, 31). Gleiches Urteil Dupont, RThPh 19, 383 (V. 13b betone die Gewißheit der Wiederkunft); Schulz, Q 289f (mit dem Hinweis auf den lukanischen Charakter von καὶ εἶπεν πρὸς αὐτούς aaO 290 Anm 195).

[133] Dieses ist redaktionell (vgl oben S. 194 Anm 124) und hat hier die Aufgabe, die Zeitspanne der Abwesenheit des Herrn auszufüllen.

[134] Auch dieser Teil ist sekundär, schon weil er dem Formalgesetz der Knappheit der Erzählung widerspricht. Er nimmt zudem die Schlußszene vorweg und legt das Gewicht auf die Zeit zwischen Abreise und Rückkehr. Durch seine Einfügung geht für die Erzählung Spannung verloren. Ob diese Einfügung auf die matthäische Gemeinde (so Weiser, Knechtsgleichnisse 237: „Sonderquelle") oder auf Mt selbst zurückgeht (so Schulz, Q 290; Kamlah, KuD 14, 29), läßt sich nicht mit Sicherheit entscheiden, da das Vokabelmaterial vorwiegend aus der nachfolgenden Gesprächsszene stammt. Die Ausnahmen sind: πορευθείς: das Verbum ist bei Mt häufig, bei Mk selten, bei Lk dagegen sehr häufig; zu

Die ursprüngliche Parabel berichtet (unmittelbar an die Exposition anschließend!) dann von der *Rückkehr des Herrn* und seiner *Abrechnung* mit den Knechten.[135] Die Gesprächsszene (Mt V. 20—29 par Lk V. 16—26) weist in ihrem ersten Teil sowohl bei Lk wie auch bei Mt Erweiterungen auf. Augenfällig ist bei *Lk* der sekundäre Charakter der Belohnung der guten Knechte, die über zehn bzw fünf Städte gesetzt werden.[136] Auf Mt geht andererseits die Bezeichnung der Knechte mit ὁ τὰ πέντε (bzw δύο) τάλαντα λαβών zurück (V. 20.22).[137] Damit hängt zusammen, wie Mt die Antwort der Knechte gestaltet: „fünf (bzw zwei) Talente hast du mir übergeben, sieh, ich habe fünf (bzw zwei) andere verdient".[138] Auffallend bei Mt ist ferner die Verdoppelung der Belohnung, die im zweiten Falle den Rahmen der Erzählung deutlich sprengt (V. 21 fin.23 fin).[139] Daraus ergibt sich, daß die Berichte der Knechte wohl bei

---

ἠργάσατο ἐν αὐτοῖς vgl das ἐργάζεσθαι in 7, 23 (redaktionell); 21,28(?); 26, 10 (aus Mk); das Verbum steht 1× bei Mk, 1× bei Lk; das ὡσαύτως findet sich Mt 20,5 (traditionell); 21,30(?).36 (redaktionell). Ὀρύσσειν kommt nur noch Mt 21,33 (aus Mk 12,1) vor, sonst nicht im NT. Dieser Befund spricht etwas mehr für matthäische Redaktion als für Sonderquelle.

[135] Beide Versionen erzählen von der Rückkehr des Herrn. Bei Mt steht ausdrücklich μετὰ δὲ πολὺν χρόνον. Auch wenn die Erzählung selbst eine lange Abwesenheit voraussetzt (so Schweizer, Mt 308; Schneider, Parusiegleichnisse 40), was allerdings kein wichtiger Zug ist, steht dennoch dieser explizite Hinweis im Zusammenhang mit dem *matthäischen* Verständnis der Parabel (V. 13!) und bezieht sich also auf die Parusieerwartung (so auch McGaughy, JBL 94, 237, Kamlah, KuD 14, 30; gegen Weiser, Knechtsgleichnisse 238; Schulz, Q 290 vgl Anm 201 dort. Schulz geht allerdings davon aus, daß die Parabel in der Q-Gemeinde gebildet wurde und schon von Anfang an „allegorische" Züge trug.). Die Abrechnung ist bei Mt sehr knapp berichtet und wohl ursprünglicher als bei Lk, der hier breit ausmalt. In die gleiche Richtung weisen die lukanischen Spracheigentümlichkeiten des V. 15b (vgl Schulz, Q 290 mit Anm 198—200).

[136] Dies ist ein weiteres Thronprätendent-Element und geht auf lukanische Redaktion zurück (vgl oben S. 194 f Anm 124).

[137] Dies ergibt sich aus dem Zusammenhang mit den ebenfalls matthäischen Versen 15 bzw 16—18 (vgl oben S. 195 Anm 131. 134).

[138] Gegen Schulz, Q 290f (der allerdings schon die Aufteilung der Summen in Mt V. 15 für ursprünglich hält). Bemerkenswert ist, daß hier der *Knecht* Subjekt ist (im Gegensatz zum wohl ursprünglichen Wortlaut bei Lk, wo das *Geld* Gewinn hervorbringt).

[139] „Eingehen in die Freude des Herrn" ist das Gegenstück zu Mt V. 30, wo der dritte Knecht mit dem Hinauswurf in die Finsternis bestraft wird (vgl unten S. 201 Anm 160). Χαρά steht hier, wie das Verbum εἰσέρχεσθαι (ein terminus technicus für das Eingehen in das Gottesreich, vgl Schneider, ThWNT II, 674, 40—675, 23, bes 675, 22f) zeigt, im Sinne von Freudenfest (so Jeremias, Gleichnisse 57 Anm 3), messianisches Freudenmahl (so McGaughy, JBL 94, 237; Kamlah, KuD 14,29). Diese Verdoppelung der Belohnung wird von den meisten Aus-

Lk ursprünglicher sind,[140] während *Mt* die jeweilige Antwort des Herrn besser bewahrt hat: „Gut, (du bist) ein tüchtiger[141] Knecht; über weniges[142] warst du treu, (so) werde ich dich über vieles setzen[143]".

Die *Rechenschaftsablegung des dritten Knechts* ist bei Mt und Lk sachlich *völlig identisch*, wenn auch Lk genau die umgekehrte Reihenfolge von Mt aufweist.[144] Von den inhaltlichen Differenzen

---

legern der matthäischen Redaktion zugeschrieben. Zum Ganzen vgl Str-B I 972f zu Mt 25,21B; Fiedler, BiLe 11, 262; Weiser, Knechtsgleichnisse 242. 269.

140 Auch die einfache Benennung der Knechte mit πρῶτος, δεύτερος und ἕτερος gehört zum ursprünglichen Bestand (schon weil sie im gewissen Sinne der redaktionellen Zehnzahl der Knechte widerspricht, vgl Lk V. 13a). Sie beläßt diesem Abrechnungsgespräch die Spannung, während Mt durch seine Benennung (wie schon V. 16—18) die Spannung erheblich vermindert. Die bei Lk erscheinenden Beträge (zehn- bzw fünffacher Ertrag) sind zwar groß, aber nicht jenseits des Möglichen, vgl Derrett, ZNW 56, 190. Sie dürften ebenfalls primär sein, da sie auf der primären gleichmäßigen Verteilung der Gelder an die Knechte beruhen (vgl oben S. 196 Anm 131). Zieht man das lukanische παρεγένετο (V. 16a, vgl ἦλθεν in V. 18 und 20!) ab (vgl Schulz, Q 290 mit Anm 203), so dürfte der Bericht der Knechte etwa so gelautet haben: „Und der erste kam (das προσελθών bei Mt ist eher sekundär, mit Schulz, Q 290 Anm 202) und sagte: ‚Herr, deine Mine hat zehn Minen hervorgebracht' (προσεργάζεσθαι ist hap.leg. im NT)".

141 Das bei Mt hinzugefügte πιστέ (V. 21.23) ist sekundär, schon weil es das πιστός des gleichen Satzes vorwegnimmt. Überdies betont es die hohe Qualität des Knechtes zusätzlich. Das paßt einerseits zu dem bei Mt vorliegenden Subjektswechsel von „Geld" zu „Knecht" und andererseits zu seiner Verdoppelung der Belohnung. Gleiches Urteil zB bei Weiser, Knechtsgleichnisse 242; Dupont, RThPh 19, 381f; anders Schulz, Q 291 (mit Berufung auf Jülicher, vgl Anm 207).

142 Das lukanische ἐλάχιστον (V. 17) ist eine sekundäre Steigerung gegenüber dem ὀλίγα (Mt V. 21.23) und zudem wohl eine Reminiszenz an Lk 16,10 (mit Schulz, Q 291), also redaktionell.

143 Zur lukanischen Umschreibung der Belohnung vgl oben S. 197 Anm 136. Die matthäische Belohnung bleibt im Rahmen der Erzählung: der Knecht wird aufgrund seiner Treue im Geringen über viele Gelder gesetzt werden (gegen Fiedler, BiLe 11, 262, der an die Einsetzung in ein höheres Amt zu denken scheint).

144 Die Elemente sind bei Mt: 1) Beschreibung des Mannes, konkretisiert in a) ernten, wo er nicht gesät hat, und b) einsammeln, wo er nicht ausgestreut hat. 2) Furcht des Knechts. 3) Er vergrub das Geld. 4) Siehe, hier hast du das Deine. Bei Lk ist die Reihenfolge genau umgekehrt: 4) Siehe, deine Mine, 3) die ich im Taschentuch aufbewahrte, 2) ich hatte nämlich Angst vor dir, 1) da du ein harter Mann bist, b) und dir nimmst, was du nicht angelegt hast, a) und erntest, wo du nicht gesät hast. Zum Ganzen vgl McGaughy, JBL 94, 235, der auf den formelhaften Charakter der Begründung hinweist und darin Anspielungen auf das frühjüdische Gottesverständnis entdeckt (aaO 244f). Welche Reihenfolge ursprünglich ist, läßt sich nicht mehr erheben. Für die lukanische

fällt eigentlich nur das lukanische Aufbewahren im Taschentuch[145] gegenüber dem matthäischen Vergraben in der Erde auf.[146] Das erstere ist wahrscheinlich redaktionell.[147] Dagegen könnte Lk mit seinen banktechnischen Ausdrücken αἴρεις ὃ οὐκ ἔθηκας[148] gegenüber Mt das ursprünglichere bewahrt haben.

Die *Antwort des Herrn* weist zunächst der Rechenschaftsablegung des Knechtes analoge Unterschiede auf.[149] Lukanisch ist wohl V. 22a.[150] Der zweite Teil der Antwort (Mt V. 27 par Lk V. 23) ist in beiden Versionen *inhaltlich* gleich.[151] Das gilt auch vom dritten Teil (Mt V. 28 par Lk V. 24).[152] Daß die Umstehenden in Lk V. 25 darauf hinweisen, der Knecht habe ja schon zehn Minen, bereitet wohl V. 26 vor und ist deshalb sekundär.[153] Beinahe wörtliche Über-

---

spräche die formale Übereinstimmung mit den Berichten der beiden ersten Knechte.

145 Es bedeutet eine ausgesprochene Nachlässigkeit des dritten Knechts (Str-B I 971f und Jeremias, Gleichnisse 59 Anm 1), belastet diesen also nocheinmal.

146 Es gilt allgemein als sichere Aufbewahrungsart (Str-B I 971f).

147 Die Belastung des dritten Knechts ist bezeichnend für Lk (vgl oben S. 196 Anm 132). Überdies entspricht das Vergraben viel besser dem vom Knecht selbst (auch bei Lk!) geäußerten Motiv (der *Furcht*) für sein Verhalten. Gleiche Beurteilung bei Schulz, Q 292; McGaughy, JBL 94, 239; Kamlah, KuD 14, 31; unentschieden bei Jeremias, Gleichnisse 58f.

148 Dazu Jeremias, Gleichnisse 57 Anm 1, mit dem Hinweis, daß die Wendung sprichwörtlich sei für eine raffgierige Person (im Anschluß an Brightman). Die Parallele bei Mt ist jedoch nicht eindeutig sekundär: συνάγειν ist matthäische Vorzugsvokabel (Mt: 23×; Mk: 5×; LK: 6×), διασκορπίζειν dagegen kommt nur hier und einmal in einem Zitat (Mt 26,31 par Mk 14,27) vor; vgl Schulz, Q 291.

149 Darüberhinaus fehlt bei Mt die erneute Selbstbezeichnung des Herrn. Mt erweitert andererseits (wohl redaktionell, vgl Fiedler, BiLe 11, 273 mit der Übersetzung „aus allerlei Beweggründen und Hemmungen den Entschluß zur Tat nicht findend"; anders Schulz, Q 292) die Anrede an den Knecht mit ὀκνηρέ, was eine Analogie zur Verdoppelung der Anrede in V. 21.23 darstellt.

150 Er belastet damit nocheinmal den dritten Knecht (wie schon das Aufbewahren des Geldes im Taschentuch). Zudem ist στόμα lukanisch (mit Schulz, Q 292 Anm 219).

151 Die Frageform und die Wortwahl ist wohl bei Lk redaktionell (so Schulz, Q 292 Anm 220—224). Auffallend bei Mt ist, daß hier im Gegensatz zum redaktionellen ἀργύριον (V. 18) der Plural steht. Dies ist ein weiteres Argument für die Ursprünglichkeit der Mt-Version.

152 V. 24a bei Lk ist redaktionelle Verdeutlichung (siehe besonders das deutlich lukanische παριστάναι, mit Schulz, Q 292 Anm 225). Interessanterweise stimmt hier die *Zahl* in beiden Versionen überein. Sie gehört zum ursprünglichen Bestand und dürfte einerseits zur Zehnzahl der Knechte (Lk), andererseits zur Ausgestaltung der Zahlenverhältnisse bei Mt (V. 15.16—18.20—23) geführt haben.

153 Mit Schulz, Q 292.

einstimmung ist in Mt V. 29 par Lk V. 26 festzustellen.[154] Dieser
Vers wird meistens mit Berufung auf eine zweite gleiche Überlieferung in Mk 4,25 par als sekundäre Anwendung verstanden.[155] Dies
ist schon deshalb unwahrscheinlich, weil sich kaum ein einigermaßen
plausibler historischer Ort eines solchen Logions namhaft machen
läßt.[156] Dazu kommt, daß das Logion inhaltlich ausgezeichnet zur
ursprünglichen Parabel paßt.[157] Deshalb ist mE der Schluß unausweichlich, daß das Logion *hier* seinen Ursprungsort hat und erst
sekundär zu einem frei tradierten Herrenwort (wie Mk 4,25) geworden ist.[158] Damit sei nicht bestritten, daß *Lk* es (wie das λέγω

---

[154] *Lk* hat in V. 26b syntaktisch verbessert und die allgemeine kapitalistische
Grundregel durch ein λέγω ὑμῖν ὅτι eingeleitet. *Mt* erweitert im ersten Teil das
καὶ περισσευθήσεται (wie schon in der nach Mk 4,25 gebrachten Parallele Mt
13,12!). Das begründende γάρ ist *nicht* sekundär, weil V. 29 ja die Maßnahme
von V. 28 begründet (gegen Schulz, Q 292), so daß ein sekundärer Begründungszusammenhang gar nicht geschaffen werden muß.

[155] Zum Beispiel Weiser, Knechtsgleichnisse 244f; Fiedler, BiLe 11, 272; Schulz,
Q 292; McGaughy, JBL 94, 239f; Kamlah, KuD 14, 33; Dupont, RThPh 19,
384f; Jeremias, Gleichnisse 59 und Anm 10; Linnemann, Gleichnisse 52; Schweizer, Mt 309; schon Bultmann, Synoptische Tradition 190; Jülicher, Gleichnisreden II 478.

[156] Jeremias, Gleichnisse 59 Anm 10 vermutet dahinter ein Sprichwort („so ist
das Leben, so ungerecht"). Haenchen, Weg 170 bezieht dasselbe Wort Mk 4,25
auf die Belohnung der Christen nach Maßgabe ihrer Praxis (warum „hat" dann
der zweite auch?). Nach Schweizer, Mk 50 könnte es „einmal ein resigniertes
Sprichwort gewesen sein — der Reiche wird immer reicher, der arme Teufel
geht zugrunde —, das von Jesus oder der Gemeinde in einem neuen Sinn aufgenommen worden wäre" (auch diese Erklärung leidet an der Schwierigkeit,
daß der wirklich Arme ja *nicht* „hat"). Daß Lk in seiner Parallele zu Mk (Lk
8,18) mit δοκεῖ korrigiert, hier aber nicht, zeigt deutlich, daß er die Schwierigkeit empfunden hat, die dann auftaucht, wenn das Logion unabhängig von seinem ursprünglichen Kontext zitiert wird.

[157] Wenn es um das Anvertrauen von Geldern geht, so wird der, der in seinen
Umgang mit den Geldern große Gewinne ausweisen kann, bestimmt wieder und
immer größere Geldmengen erhalten, während der, der keine Gewinne macht,
auch das Basiskapital zurückgeben muß. Genau davon erzählt unsere Parabel.
Die rabbinische Begründung des Satzes „Er gibt Weisheit und Wissen den Einsichtigen" geschieht in MidrQoh 1,7 bezeichnenderweise auch mit einem Gleichnis, wo es um das Verteilen von Geld geht (Str-B I 661 zu Mt 13,12A). Auch
dieses Beispiel zeigt, daß unser Satz seinen Sitz im Leben in den Geldgeschäften hatte. Zum Ganzen vgl Derrett, ZNW 56, 194: „If a merchant possessing
capital shows a profit, people eagerly offer him further capital, the trader who
reports no profit loses the capital entrusted to him."

[158] Das urchristliche Verständnis der *Minenparabel* sah in Mt V. 29 schon sehr
früh einen Satz über das Gericht Gottes. Aus diesem Grunde konnte das bündige
Wort auch unabhängig von der Parabel überliefert werden, nämlich als Wort, das
sich auf das eschatologische Gericht bezieht. Schon Mk (4,25) verstand aber

ὑμῖν ὅτι zeigt) als *Anwendung* verstanden hat.[159] Hier *endet die ursprüngliche Parabel.*

Mt bringt in V. 30 eine Verdoppelung der Bestrafung,[160] *Lk* ein weiteres Thronprätendent-Element (V. 27), das ebenfalls die Strafe (allerdings nicht des Knechts, sondern der Leute, die nicht wollen, daß der zurückkehrende Basileus regiert) in den Blick nimmt.[161]

Die obenstehende Analyse ergibt die folgende *traditionsgeschichtliche Hypothese*: die ursprüngliche *Q-Parabel* von den Minen wurde von beiden Evangelisten ziemlich stark bearbeitet. Matthäus fügte nach der Exposition einen Bericht über die Tätigkeit der Knechte während der Abwesenheit des Herrn ein (V. 16—18 inklusive V. 15 Ende). Er läßt zudem den Herrn die Talente abgestuft „je nach dem Können" der Knechte verteilen. Im Abrechnungsgespräch fügt Mt die Elemente von der „Freude deines Herrn" (V. 21fin.23fin) und vom Hinauswerfen in die Finsternis (V. 30) ein. Er betont, daß der Herr „nach langer Zeit" (V. 19) zurückkommt, bezeichnet die Knechte nach dem, was jeder empfangen hat (V. 20a.22a.24a), und macht im jeweiligen Rechenschaftsbericht den Knecht zum Subjekt des Verdienens. Mt verdoppelt die Anrede an den Knecht mit „treu" (V. 21.23) bzw „faul" (V. 26) und fügt im Schluß (V. 29) das καὶ περισσευθήσεται dazu.

Lukas macht aus dem „Mann" der ursprünglichen Parabel den „Thronprätendenten" (V. 12.13b.14.15a.27) und ändert dementsprechend die Belohnung der Knechte (V. 17b.19b). Er erzählt ferner vom ausdrücklichen Befehl des Edelgeborenen, mit dem Geld zu handeln (V. 13b), und führt die Zehnzahl der Knechte ein (V. 13a). Lk gestaltet die Einladung zum Abrechnungsgespräch neu (V. 15b) und bezeichnet das Anvertraute als „geringstes" (V. 17b). Bei der Antwort an den dritten Knecht betont Lk, daß der Herr den Knecht nach seinen eigenen Aussagen richte (V. 22a, dazu gehört auch, daß der Knecht nach Lk das Geld in ein Tuch wickelt), und

---

diese Nuance nicht mehr und verwandelte das Gerichtswort in eine Ermahnung zum *eigentlichen* Hören.

[159] Das Verständnis dieses Wortes als *Anwendung* lag in dem Moment nahe, wo man die Abrechnung des Herrn als Metapher für das Gericht Gottes verstand. Darum konnte Lk das Wort mit einem (hier redaktionellen) λέγω ὑμῖν ὅτι ausdrücklich als Anwendung qualifizieren.

[160] Der redaktionelle Charakter dieses Verses ist augenfällig (vgl Mt 8,12; 13,50; 24,51); Weiser, Knechtsgleichnisse 254; Fiedler, BiLe 11, 272; Kamlah, KuD 14,29; Dupont, RThPh 19, 379f; anders dagegen McGaughy, JBL 94, 240.

[161] Der Vers ist redaktionell (vgl oben S. 194f Anm 124), gegen Weiser, Knechtsgleichnisse 253f; mit Kamlah, KuD 14, 30.

er wiederholt die Bezeichnung des Herrn („ich bin ein harter Mann"
V. 22b). In V. 24 führt er die „Umstehenden" ein und läßt diese
in V. 25 einwenden, der erste Knecht habe ja schon zehn Minen.
Mit dem „Ich sage euch, daß" von V. 26a kennzeichnet Lk den
folgenden Satz als Anwendung der Parabel. Die spätere, in *NazEv
fr 18*[162] vorliegende Tradition,[163] kennt insgesamt drei Knechte:
einen, der vielfachen Gewinn erzielte, einen, der das Talent verbarg,
und schließlich einen, „der das Vermögen des Herrn mit Huren und
Flötenspielerinnen durchbrachte". Der erste wird „(mit Freuden)
angenommen", der zweite nur getadelt, der dritte dagegen ins Gefängnis geworfen.

Interpretation

Die ursprüngliche, wohl auf den historischen Jesus zurückgehende,[164]
Parabel von den Minen hatte ungefähr den folgenden Wortlaut:

„Mit der Gottesherrschaft verhält es sich folgendermaßen: Ein
Mann, der ins Ausland verreisen mußte[165], rief seine Knechte zu
sich und übergab jedem von ihnen eine Mine. Und der Herr jener
Knechte kam (nach einiger Zeit) zurück und rechnete mit ihnen
ab.

Und der erste kam und sagte: ‚Herr, deine Mine hat zehn Minen
erbracht.'

Und dieser (sc der Herr) sagte zu ihm: ‚Gut, (du bist ein) guter
Knecht, über weniges warst du treu, (also) will ich dich über vieles setzen.'

Und der zweite kam und sagte: ‚Herr, deine Mine hat fünf Minen
erbracht.'

---

[162] Siehe Hennecke ³I 97. Dieselbe Stelle wird auch als HebrEv fr 15 zitiert
(vgl Schulz, Q 293 Anm 233).
[163] Diese Version ist von der synoptischen Tradition abhängig (namentlich von
Mt, vgl das Talent!) und durchwegs sekundär; mit Jeremias, Gleichnisse 55f;
vgl Vielhauer, Nazaräerevangelium, 94: „Nr. 18 kann im Vergleich mit Mt 25,
14ff. keinen Anspruch auf Ursprünglichkeit erheben."
[164] Die Begründung, die Fiedler, BiLe 11, 271 für die Unechtheit des Gleichnisses vorträgt, nämlich daß sich „kein überzeugender Sitz im Leben (sic!) Jesu
finden läßt", überzeugt ihrerseits keineswegs, schon weil Fiedler nur auf in
der Literatur vertretene Vorschläge zum ursprünglichen historischen Ort der
Parabel verweist. Aus der Divergenz der Sekundärliteratur lassen sich keine
Schlüsse auf Echtheit oder Unechtheit ziehen! Mit Recht plädieren für Echtheit: McGaughy, JBL 94, 245; Dupont, RThPh 19, 389—391; Weiser, Knechtsgleichnisse 259—266; Jeremias, Gleichnisse 59.
[165] Die Übersetzung des Partizip ἀποδημῶν geschieht mit Wilckens, NT z.St.

Und der Herr sagt zu ihm: ‚Gut, (du bist ein) guter Knecht, über weniges warst du treu, (also) will ich dich über vieles setzen.'

Und der dritte kam und sagte: ‚Herr, siehe hier (hast du) deine Mine, welche ich (in der Erde) vergraben hatte. Ich hatte nämlich Angst vor dir, da du ein harter Mann bist, der erntet, wo er nicht gesät hat, und der sich nimmt, was er nicht angelegt hat[166].'

Und der Herr sagte zu ihm: ‚Ein schlechter Knecht (bist du); wußtest du, daß ich ernte, wo ich nicht gesät habe, und daß ich mir nehme, was ich nicht angelegt habe? Dann hättest du mein Geld bei den Bankhaltern[167] anlegen sollen, so hätte ich das Meine bei meiner Rückkehr mit Zinsen wieder erhalten. So nehmt ihm die Mine ab und gebt sie dem, der zehn Minen hat! Denn jedem der hat, dem wird man geben, dem aber der nicht hat, wird man auch das nehmen, was er hat.'"

Die aufgrund der historisch-kritischen Argumente erarbeitete Parabel ist auch im Formalen geschlossen und stringent. Ein *wichtiges Strukturmerkmal der Erzählung* ist darin zu erkennen, daß ihr das *Mittelstück fehlt*: die Zeit zwischen Abreise und Ankunft des Herrn wird erzählerisch nicht ausgestaltet. Der Parabel geht es offenbar in erster Linie darum, *der* (knapp gestalteten) *Ausgangslage eine* (ausführlich erzählte) *Auflösung* (Dénouement) *gegenüberzustellen*. Aus diesem Strukturmerkmal läßt sich schließen, daß in der Erzählung die Zeit der Rückkehr die Zeit der Abreise (bzw Übergabe) *qualifizierte*. In der Auflösung kommt nämlich vollends an den Tag, was schon in der Ausgangslage zu erkennen gewesen wäre: der Herr übergibt (kommentarlos!) Minen an seine Knechte. Die übergebenen Minen tragen *einen so offensichtlichen Anspruch in sich,* daß sich jeder Kommentar dazu erübrigt. Zwei der Knechte haben den Anspruch wahrgenommen, ein dritter hat das in seiner Situation Gebotene offenbar nicht gesehen: statt daß er das Geld arbeiten und Gewinn bringen ließ, vergrub er es in die Erde.[168] Dafür wird er vom Herrn bestraft, indem er kein Kapital mehr zur Verwaltung erhält.

---

166 Die Wiedergabe der banktechnischen Ausdrücke bei Lk 19,21f erfolgt nach Wilckens, NT z.St.

167 Zum τραπεζίτης vgl Bauer, Wb s.v. („Wechsler, Bankier"). Die Übersetzung geschieht mit Schweizer, Mt 307.

168 Mit Weiser, Knechtsgleichnisse, der von der Dynamik der anvertrauten Gabe (S. 263) und von der Verwaltung in eigener Verantwortung gemäß dem in der Gabe selbst liegenden Anspruch spricht (S. 264). Der Anspruch der Gelder besteht darin, daß sie vermehrt werden (aaO 264). *Nur darin* erkennt man einen Kontrast zwischen den beiden ersten und dem dritten Knecht. Dieser Zug darf jedoch nicht vorschnell auf die „Sachhälfte" übertragen werden,

Warum vergräbt dieser Knecht die Mine in der Erde und tut damit etwas, was dem Wesen übergebenen Geldes diametral widerspricht? Hat er Angst vor dem Risiko?[169] Das ist wenig wahrscheinlich, denn der Herr gesteht ihm ja ausdrücklich zu, daß er einen völlig risikofreien Weg zur Vermehrung des Geldes hätte gehen können: den Weg zu den Banquiers. Will er seine eigene Integrität bewahren?[170] Durch den Handel mit dem Geld wäre er keineswegs seiner Integrität verlustig gegangen. Seine *Furcht vor dem Herrn* ist es, die ihn dazu verführte, das Vernünftige zu unterlassen. Die Furcht vor der künftigen Abrechnung verstellt ihm den Weg, in der Gegenwart den Anspruch der Gabe wahrzunehmen.

Demgegenüber vertreten die beiden ersten Knechte eine den Geldern angemessene Haltung. Der Erzähler benützt sie indessen nicht nur als Folie[171] – dazu hätte ja einer vollauf genügt –, auch wenn sein Hauptinteresse nicht auf ihnen beiden liegt. Die Figuren der Knechte treten auf, um den Anspruch der übergebenen Minen zu verdeutlichen; als agierende Personen sind sie nicht von selbständiger Bedeutung; ihr *Verhalten* ist *nicht* Pointe der Parabel. Das wird auch darin deutlich, daß die Höhe des erwirtschafteten Gewinnes für die Beurteilung der Knechte keine Rolle spielt. In der ursprünglichen Parabel werden *beide* gleichermaßen gelobt. Die Abrechnung geschieht nicht nach Maßgabe ihres Erfolges. Maßgebend ist nur, *daß* sie den Anspruch der Gelder wahrgenommen haben.

---

gegen McGaughy, JBL 94, 245: Jesus wendet sich dagegen, „that Israel's mission is to guard the tradition of the fathers during Yahweh's absence". Dieselbe Übertragung liegt auch bei Jeremias, Gleichnisse 59 vor, wo die anvertrauten Gelder „allegorisch" auf das Wort Gottes, der dritte Knecht dementsprechend auf die Pharisäer gedeutet werden. Ähnliche Deutung auch bei Kamlah, KuD 14, 34—36.

[169] So Schulz, Q 295f.

[170] So Kamlah, KuD 14, 35f.

[171] Gegen Dupont, RThPh 19, 389, der den dritten Knecht als Person, deren Motive im Gegensatz zum Herrn gerecht sind (aaO 388; der Knecht nimmt nicht mehr, als ihm zusteht. Dadurch gerät er in Gegensatz zum Herrn, dessen Ungerechtigkeit darin besteht, daß er erntet, wo er nicht gesät hat.), in den Mittelpunkt der Parabel stellt. Dupont überträgt dann dieses Gerechtigkeitsmotiv des Knechtes auf die Pharisäer, die – aufgrund ihres Strebens nach Gerechtigkeit – nicht wie Knechte sind, die ihrem Herrn entsprechen. Auch Via, Gleichnisse 113f stellt den dritten Knecht einseitig in den Vordergrund, um von ihm aus dann auf die Blindheit der Zeitgenossen Jesu zu schließen. Vias Ansatz führt zu der verallgemeinernden Deutung, daß Suche nach Sicherheit Unglaube sei und daß die jetzige Zeit eine Zeit für die Tat des Risikos darstelle. Dazu hätte es keiner derartigen Parabel bedurft.

Ein gewöhnlicher Herr wäre wohl nicht so mit seinen Knechten
verfahren. Er hätte vielmehr den tüchtigeren Knecht auch besser
belohnt. Dasselbe gilt auch im Blick auf die Austeilung der Gelder:
daß jeder Knecht *denselben* Betrag erhält, ist ein Zug, der sich der
ausgesprochenen Absicht des Erzählers verdankt. In Wirklichkeit
würde ein Herr von allem Anfang an zwischen tüchtigeren und weniger tüchtigen Knechten unterscheiden und die Gelder proportio-
nal zur Tüchtigkeit der Knechte verteilen. Der Erzähler will demgegenüber herausstellen, *daß jeder die gleiche Gabe* (und damit auch
die gleiche Aufgabe) *erhält*. Hätte der Erzähler unterschiedliche Beträge austeilen lassen, so wären damit der Verurteilung des dritten
Knechts die Konturen genommen: dann könnte er ja sein Geld vergraben haben, weil ihm am wenigsten Ausgangskapital zur Verfügung stand. Sicher hätte der Knecht sein Verhalten gut mit dem
darin zum Ausdruck kommenden Vertrauensmangel vonseiten des
Herrn begründen können.[172] Die beiden genannten Züge weisen also
darauf hin, daß der Erzähler *nicht* die Leistungsfähigkeit der Knechte thematisch machen will, sondern *lediglich ihre Einstellung gegenüber den Geldern*. Die ganze Parabel ist darauf aus zu zeigen, daß
in den Minen ein Anspruch liegt, dem es unbedingt zu entsprechen
gilt. Das zeigen die beiden ersten Knechte positiv, der dritte dagegen negativ. Wer jenem Anspruch nicht entspricht, entzieht sich die
Existenzgrundlage, denn keiner wird ihm mehr Kapital zur Verwaltung überlassen.

Der Erzähler wendet die in der Parabel beschriebene wirtschaftliche
Gesetzmäßigkeit *auf die Gottesherrschaft* an. Mit ihr verhält es sich
wie mit dem Kapital, das den Knechten zur Verwaltung übergehen
ist. Die Parabel erreicht auf diese Weise, daß der in der Übergabe
der Gottesherrschaft selbst liegende Anspruch erkenntlich wird: wie
Geld nicht ungenutzt vergraben werden soll, so *entspricht es dem
Wesen der Gottesherrschaft*, das der Mensch sie zum Zuge kommen
läßt.[173] Wie bei den Geldern der Parabel geht es auch bei jener nicht
um Leistung des Menschen: Nicht daß er sie in die Praxis *umsetzen*

---

172 Derrett, ZNW 56, 192 interpretiert die Begründung des dritten Knechts
zu Unrecht so: Du gabst mir zu wenig, deshalb arbeitete ich nicht mit meinem
Geld, um dich für dein mangelndes Vertrauen zu bestrafen. Dies führt bei
Derrett zu einer entsprechenden Anwendung: „Those who complain that God
has dealt hardly with them, that they are poor, stupid, oppressed, etc., may
abandon piety as impractical" (aaO 194). So wird die Parabel zu einer Ermahnung
an die Unterbegabten, auch mit dem Wenigen, das sie besitzen, etwas für Gott zu
tun.
173 Vgl Weiser, Knechtsgleichnisse 263: der Gabe im Bild entspricht die Basileia
in der Sache.

müßte (etwa in seinen Werken); vielmehr muß der Mensch die Basileia *einsetzen*; sie selbst wird dann *Gewinn* erbringen.[174] Was heißt, die Gottesherrschaft einsetzen, wenn sie als *Zeit der Liebe* zu verstehen ist? Sofern die als Zeit der Liebe bestimmte Gottesherrschaft zunächst eine *Zeit der Liebe Gottes zum Menschen* ist, versteht man unter dem Einsatz der Basileia, daß der Mensch jener Liebe im Blick auf *sich selbst* Raum gibt. Er versteht sich selbst als Gegenstand der Liebe Gottes und wird damit eine neue Kreatur. Das ist die Wirkung, die einem Einsatz der Basileia so gewiß ist, wie der Gewinn den eingesetzten Geldern. Wenn einer der Zeit der Liebe bei sich selbst Raum gibt, so ist für ihn die Zeit zur Liebe gegenüber seinem Bruder gekommen. Wenn ferner wahr ist, daß die Gottesherrschaft als Zeit der Liebe Gottes dem Menschen wesentlich im *Wort* zugesprochen wird, wird man unter dem Einsatz der Basileia auch die *Weitergabe* jenes Wortes verstehen dürfen. Die Weitergabe ist ein Gebot der Liebe und entspricht dem Anspruch der Gottesherrschaft. Die Weitergabe ist notwendig, damit das Wort vom nahen Gott die ihm gewisse Wirkung immer neu zeitigen kann.

Die Parabel erhält — *im Kontext des Lebens Jesu verstanden* — noch schärfere Konturen. Jesus von Nazareth ist es, der die Basileia in die Nähe bringt. *Jetzt,* in seinem Wort und Werk, ist die *Zeit der Übergabe;* jetzt wird die Liebe Gottes dem Menschen *zugesprochen.* Indem Jesus mit der Parabel die Basileia in Zusammenhang mit der wirtschaftlichen Gesetzmäßigkeit von Einsatz und Gewinn bringt, schenkt er dem Hörer den Verstehenszusammenhang zwischen dem Zuspruch der Basileia und ihrem Einsatz durch diesen. Der Hörer lernt, daß das *Wesen* der übergebenen Basileia ihren Einsatz verlangt. Sofern die Abrechnung in der Parabel nur dazu dient, den Anspruch, der in den Geldern liegt, dem Hörer einsichtig zu machen, sagt Jesus mit der Parabel nicht das Gericht an,[175] sondern er zeigt dem Hörer, daß im Zuspruch der Basileia ein An-

---

[174] Das geht aus der kaum zufälligen Formulierung im Bericht der Knechte hervor: „Herr, deine Mine hat zehn (fünf) Minen erbracht." Kontrastierend dazu ist die matthäische Fassung zu vergleichen, die die Knechte zum Subjekt des Verdienens macht (dazu vgl unten S. 208 Anm 183).

[175] Wer dieses Gleichnis als Gerichtsgleichnis (etwa an die Adresse der Pharisäer gerichtet, Jeremias, Gleichnisse 59; oder gegen die Juden, die ihre Aufgaben als gute Haushalter Gottes verfehlen, Via, Gleichnisse 113) versteht, hat den *parabolischen Charakter* der Abrechnung mißachtet. Auch wenn man die Abrechnung als Metapher für das Gericht versteht, so wird doch nur *in der Parabel* an es erinnert. Dies geschieht aber gerade, damit das *Gericht abgewendet werde.* Prinzipiell ist jeder Hörer Jesu in der Gefahr, den Anspruch der ihm übergebenen Basileia unbeachtet zu lassen.

spruch liegt, *dem zu entsprechen sich unbedingt lohnt*. Damit *schafft* Jesus mit der Parabel im Hörer die der Basileia angemessene *Einstellung*. Die Parabel übergibt dem Hörer die Gottesherrschaft so, daß er den Anspruch der Gabe wahrnehmen kann; sie lenkt ihn ab von jener Haltung, die der dritte Knecht verkörpert. Diese Ablenkung geschieht zu seinem Heil, nicht zu seinem Gericht.

Das *Verständnis der Q-Gemeinde* nimmt zunächst den Sachverhalt ernst, daß *Jesus* der Übergeber der Basileia war, indem die Parabel christologisch interpretiert[176] und in den Geschichtsbereich übertragen wird, so daß sie nun einen Bogen von der Zeit Jesu zur Zeit des eschatologischen Gerichts schlägt.[177] Der rückkehrende Herr ist nun Metapher für den Menschensohn-Weltrichter am Ende der Zeit, der dann die Gemeinde richten wird nach Maßgabe dessen, ob sie den *Anspruch* der ihr übergebenen Basileia wahrgenommen hat.[178] So wird die Parabel zur Ermutigung an die Gemeinde, die Zeit der Abwesenheit Jesu (dh die Zeit zwischen Ostern und Parusie) damit auszufüllen, daß in ihr die Basileia zum Zuge gebracht wird.[179] Auf dieser Stufe dürfte der ursprünglich den Schluß der Erzählung dar-

---

[176] „Der außer Landes gehende Sklavenhalter ist Christus" (Schulz, Q 294).

[177] Allerdings kann man *kaum* sagen, das Gleichnis sei nun zu einem *Gerichtsgleichnis* geworden (gegen McGaughy, JBL 94, 240). Das eschatologische Gericht ist auch hier noch deutlich im Interesse einer Qualifizierung der mit Jesus angebrochenen Situation der Gemeinde erzählt.

[178] Das bedeutet allerdings noch nicht ein Gericht nach den Werken (gegen Dupont, RThPh 19, 385), da es auch hier lediglich darum geht, *ob* der Knecht dem Übergebenen entspricht *oder nicht*. Wieviel er verdient hat, ist noch nicht maßgebend. Diese Gerichtsvorstellung ist jedenfalls näher bei einem Gericht nach der Glaubensgerechtigkeit als bei einem Gericht nach Werken.

[179] Es geht ihr um die *Treue* in der Zwischenzeit (mit Hoffmann, Studien 49). Daß das Gleichnis im Blick auf die sich verzögernde Parusie entworfen worden wäre (so Schulz, Q 293 mit Anm 239), läßt sich mE nicht halten, da das Gleichnis kein primäres Interesse am Gedanken der Parusieverzögerung zeigt. Zum Problem vgl Hoffmann, Studien 48f (dort auch die Auseinandersetzung mit der These Grässers). Anders verhält es sich wohl mit dem formgeschichtlich schwer zu beurteilenden „Gleichnis" vom treuen und bösen Knecht (Mt 24,45—51 par, Q). Als von Anfang auf urchristliche Verhältnisse gemünzte Paränese setzt es die Parusieverzögerung voraus (vgl Mt V. 48b!, mit Schulz, Q 274, vgl die dort Anm 66f verarbeitete Literatur; gegen Jeremias, Gleichnisse 54f). Trotz seiner Verwandtschaft mit der Minenparabel ist dieses Gleichnis von ihr so stark unterschieden, daß sich die Annahme verschiedener Ursprungsorte nahelegt. Mt 24,45—51 geht es um die *Treue des Knechts*, die *auch dann* durchzuhalten ist, wenn die Abwesenheit des Herrn *eine lange Zeit dauert*. Der Verzug des Herrn ist demnach geradezu konstitutiv für das Gleichnis. Unserer Parabel geht es dagegen (auch noch in Q!) um die Treue zu der der Gemeinde übergebenen Gabe, wobei die Parusieverzögerung keinesfalls etwa eine Versuchung zur Untreue darstellt.

stellende V. Mt 25,29 par zu einem (mißverständlichen!) Satz über die eschatologische Gerichtsnorm geworden sein.

Matthäus knüpft vornehmlich an die geschichtliche Interpretation der Q-Gemeinde an und gibt dem Abrechnungsgespräch noch deutlicher den Charakter des eschatologischen Gerichts (vgl die Belohnung und Bestrafung der Knechte V. 21.23.30).[180] Durch den verschärfenden Zusatz in V. 30 erhält die Parabel den Charakter eines Gerichtsgleichnisses: durch die schon nicht mehr metaphorisch zu verstehende Anspielung auf das letzte Gericht begründet Mt seine Ermahnung für die Zeit zwischen Ostern und Parusie. In dieser Zeit gilt es, auf der Hut zu sein (V. 13!) und die anvertrauten Gaben recht zu nützen.[181] Die Parusieverzögerung wird auch hier zu keinem eigentlichen Problem, sie wird mit der redaktionellen Einfügung „nach langer Zeit" (V. 19) beiläufig verarbeitet. Unter dem Eindruck der nachösterlichen Situation werden die übergebenen Gelder zu außerordentlich großen Beträgen.[182] Für das matthäische Verständnis der Parabel bekommt die *Zwischenzeit eine selbständige Bedeutung*: sie wird als Zeit der Arbeit mit den anvertrauten Talenten ausdrücklich beschrieben (V. 16—18).[183] Zudem verschiebt Mt den Akzent von der ursprünglichen Aktivität der Gelder auf die Aktivität der Knechte: *die Knechte* verdienen den Gewinn. Dazu paßt, daß der Herr die Gelder je nach Können der einzelnen Knechte

---

[180] Darin liegt der deutlichste Unterschied zur lukanischen Bearbeitung, wo dieses Element nicht betont ist (Kretzer, Herrschaft 207 meint sogar, es fehle ganz bei Lk. Was bedeutet dann aber V. 27?). Die „,Bereitschaft für das Ende' ist die ganze Schilderung hindurch wahrzunehmen" (ebd). Zur Verstärkung des Gerichtsaspekts vgl Schweizer, Mt 309, Kamlah, KuD 14, 29; Dupont, RThPh 19, 379f; McGaughy, JBL 94, 237; Fiedler, BiLe 11, 263; Weiser, Knechtsgleichnisse 268f.

[181] Der Ruf zur Wachsamkeit (V. 13) wird auch durch unsere Parabel ausgelegt (vgl das γάρ in V. 14). Die Parusieverzögerung wird nicht begründet, sondern lediglich festgestellt (mit Kamlah, KuD 14, 29). Mt versteht die Parabel als „Belehrung über das richtige Verhalten angesichts des kommenden Gerichts" (aaO 28).

[182] Vgl Kretzer, Herrschaft 208. Dazu paßt auch die Überbetonung der Belohnung an die beiden Knechte, die treu waren (καὶ περισσευθήσεται V. 29). Es geht eben jetzt um das mächtige Wort von der Basileia, das es in die Tat umzusetzen gilt (vgl Kretzer, Herrschaft 206). Deshalb verteilt der Herr (≙ Christus) sein ganzes Vermögen (≙ die Verkündigung Jesu).

[183] Die Knechte gehen „sofort" an die Arbeit und tun das möglichste, um ihrem Herrn überreiche Frucht zu bringen. Diese selbständige Bedeutung der Zwischenzeit ist zwar der ursprünglichen Parabel fremd, lag aber sogleich nahe, als man die Parabel auf den *geschichtlichen Bereich* übertrug.

verteilt.[184] Für Mt liegt das Gewicht also weit stärker auf dem Verhalten des Christen in der Welt als auf dem Aufdecken des Anspruchs, den die Gabe in sich birgt. Für ihn geht es mehr um das *Umsetzen* als um das *Einsetzen* der Basileia.

Lukas knüpft zunächst an die *christologische Interpretation* der Q-Parabel an und verdeutlicht diese durch die christologisch zu entschlüsselnden Thronprätendent-Elemente.[185] Die Einfügung der genannten Elemente ermöglicht es Lk zugleich, die Parabel als Begründung der Parusieverzögerung (vgl V. 11!) aufzufassen.[186] Daneben verschiebt Lk den Akzent von der Entsprechung zum Anspruch des Anvertrauten (Jesus und Q) auf den *Gehorsam der Knechte gegenüber dem Herrn* (V. 13b). Dementsprechend belastet Lk den dritten Knecht stärker, indem er ihn nachlässig handeln und seine Verurteilung selbst aussprechen läßt.[187] Der Ungehorsam gegenüber dem Herrn Jesus, der am Ende Gericht hält, soll durch die Parabel abgewendet werden, auch wenn der Tag des Herrn noch in weiter Ferne liegt.[188]

Im zweiten Jahrhundert rückte das Interesse am moralischen[189] Verhalten der Knechte immer mehr in den Mittelpunkt. In *NazEv 18*

---

[184] Die Akzentverschiebung auf das Verhalten der Knechte spiegelt sich auch in der matthäischen Verdoppelung des Lobs („gut" und „treu", bzw „gläubig" vgl Schweizer, Mt 309). Zudem werden die Knechte jeweils mit dem, was sie bekommen (und verdient) haben, bezeichnet. Das deutet darauf hin, daß Mt die Parabel als Ermahnung zum Fruchtbringen, zur tätigen Liebe, zum Hören *und* Tun des Wortes verstand. Vgl Kretzer, Herrschaft 206f. 210, der auf das ἐργάζεσθαι (25,16) und seine Beziehung zu 21,28 und (negativ) zu 7,23 hinweist. Ähnliche Beurteilung findet sich bei Kamlah, KuD 14, 29; Dupont, RThPh 19, 381f; Schweizer, Mt 309f.

[185] Weiser, Knechtsgleichnisse versteht die Elemente vom Thronprätendenten ebenfalls als christologische Allegorie (269), obwohl er sie der Sonderquelle des Lk zuweisen möchte (270). Hinter den angesprochenen Elementen steht die Himmelfahrt Christi, seine Einsetzung zum Herrn, die Verwerfung durch Israel und dessen Bestrafung (am Ende?), vgl Kamlah, KuD 14, 30.

[186] Jeremias, Gleichnisse 56; Weiser, Knechtsgleichnisse 272; Schweizer, Mt 309; Kamlah, KuD 14, 28; McGaughy, JBL 94, 237; Dupont, RThPh 19, 382f. Die Reise „in ein fernes Land" steht im Dienste der Betonung, daß es lange Zeit dauern wird, bis der Herr wiederkommen wird.

[187] Die Belastung des dritten Knechts (vgl Weiser, Knechtsgleichnisse 270 für die Sonderquelle; Kamlah, KuD 14, 31 für Lk selbst) weist auf das lukanische Verständnis der Zwischenzeit als Zeit der Bewährung.

[188] „Wie lange es auch immer dauern mag, bis der Herr wiederkommt, für seine Jünger gilt es, in treuem Dienst mit dem ihnen anvertrauten Gut zu arbeiten" (Weiser, Knechtsgleichnisse 272).

[189] Vgl Jeremias, Gleichnisse 55 („moralisierende Vergröberung"); Schweizer, Mt 308 vgl 301.

ist der Gesichtspunkt der Entsprechung zur Basileia völlig aufgegeben zugunsten des *Umgangs* mit den Gaben Gottes. Deshalb wird es nicht mehr verstanden, daß der (ursprünglich) dritte Knecht dem Gericht verfällt, denn er tat ja nichts Böses. Deshalb wird ein neuer dritter Knecht eingeführt, der die Gaben Gottes mit Huren und Flötenspielerinnen durchbringt, dh der sich im höchsten Maße unmoralisch verhält. Ihn trifft die Gefängnisstrafe des Herrn, der ursprüngliche dritte Knecht aber wird lediglich getadelt.

2.4 Die übrigen Gleichnisse des Mt-Sondergutes

2.4.1 *Die Parabel vom Schalksknecht (Mt 18,23—35)*

Analyse

Matthäus stellt das Gleichnis in den Kontext der Gemeindeordnung von Kp 18. Er bringt es als Illustration des auch bei Lk überlieferten Jesuswortes vom Vergeben (V. 22).[1] Mt interessiert besonders das von Petrus (V. 21) ausgesprochene Problem, wie oft einem sündigenden Bruder vergeben werden müsse.[2] Darauf nimmt der Abschlußvers des Gleichnisses (V. 35) nocheinmal Bezug.[3] Die verbleibenden Verse 23—34 sind formgeschichtlich als Parabel einzuordnen.[4] Die Einleitungsformel in V. 23 ist wichtiger Beleg dafür, daß Mt die Parabel in seinem Sondergut vorfand.[5] Auffällig ist, daß

---

[1] Mt 18,22 ist eine *Variante* von Lk 17,4. Im Gegensatz zu Lk spricht Mt nicht von *Umkehr.* Beiden Versionen liegt wohl ein altes (Jesus-)Wort zugrunde. Seine Verbindung mit der Gleichniserzählung Mt 18,23ff geht wahrscheinlich auf matthäische Redaktion zurück (vgl das διὰ τοῦτο V. 23; Weiser, Knechtsgleichnisse 99f), da V. 22 und das Gleichnis nicht ganz konsistent sind (es ist im letzteren nicht von mehrfacher Vergebung die Rede; siehe Schweizer, Mt 234; vgl aber 245: „Einleitung [...] wie Gleichnis sind ihm [sc Mt] schon vorgegeben; ...“). Zum Ganzen siehe auch Via, Gleichnisse 133, der die Verbindung mit V. 21f auf Mt zurückführt.
[2] Daß Petrus auftritt, wo es um Lehrfragen der *Gemeinde* geht, ist für Mt typisch (Schweizer, Mt 245).
[3] V. 35 ist nach Wortschatz und Inhalt typisch matthäisch; Via, Gleichnisse 133; Weiser, Knechtsgleichnisse 99f; Kretzer, Herrschaft 256; Schweizer, Mt 247.
[4] Bultmann, Synoptische Tradition 191.
[5] Vgl oben S. 120 Anm 118 und S. 179 Anm 59 (dort findet sich auch eine genauere Analyse analoger Verbindungen im Mt-Evangelium).

in der zweiten Hälfte (V. 31–34) der Freispruch des Knechts wieder zurückgenommen wird, was einem Herrn, auf dessen Wort Verlaß ist, nicht gut ansteht. Dazu kommt, daß V. 31 ganz deutlich matthäisches Vokabelmaterial enthält.[6] Die Verse 32–34, die ebenfalls matthäisch überarbeitet sein dürften,[7] haben erwartungsgemäß viele Berührungspunkte mit V. 23–30, weisen aber andererseits *bemerkenswerte Unterschiede* zum ersten Teil auf.[8] Dies legt die Vermutung nahe, daß V. 32–34 erst *sekundär*, wohl aber schon vor Mt zur ursprünglichen Parabel hinzugefügt wurden.[9] Die *ursprüng-*

---

[6] Σύνδουλος erscheint 4× in unserer Parabel (V. 28.29.31.33) sowie 1× in 24,49 (wohl traditionell, vgl Schulz, Q 272). Λυπεῖν ist schon rein zahlenmäßig bei Mt viel häufiger als bei den andern Synoptikern (Mt: 6; Mk: 2; Lk: 0), die *Verbindung* mit dem ebenfalls matthäischen σφόδρα (Mt: 7; Mk: 1; Lk: 1; übriges NT: 2) ist deutlich redaktionell (17,23; 26,22 vgl Mk 14,19). Ἐλθών, wie hier gebraucht, ist bei Mt viel häufiger als bei Mk (31× gegenüber 12×) und kommt oft redaktionell vor. Διασαφεῖν steht im NT nur hier und Mt 13,36 (? traditionell, vgl oben S. 122 Anm 125). Τὰ γι(ε)νόμενα steht Mt 27,54 gegen Mk, 28,11 (redaktionell) verbunden mit ἅπαντα. Auch Weiser, Knechtsgleichnisse 85f stellt die vokabel-analytische Auffälligkeit von Mt 18,31 fest und schließt daraus, es handle sich um eine matthäische Bildung mit dem Zweck ekklesiologischer Konkretisierung.

[7] Typisch matthäisch ist das τότε in V. 32, das den Zusammenhang mit V. 31 herstellt. Ὀφειλή steht nur hier und Röm 13,7; 1Kor 7,3. Ἐκεῖνος kommt bei Mt gehäuft vor (Mt: 54×; Mk: 19[+3]×; Lk: 32×); ἀφιέναι steht Mt 6,15 (par Mk 11,25); 6,14 (redaktionell); 6,12 in Verbindung mit ὀφειλήματα. Ἐλεεῖν ist bei Mt etwas häufiger als bei den andern Synoptikern (Mt: 7×; Mk: 3×; Lk: 4×), bemerkenswert ist der redaktionelle (vgl Schweizer, Mt 53) Vers Mt 5,7. Ἕως οὗ steht bei Mt meistens redaktionell: 1,25(?); 5,25 (ὅτου, redaktionell); 13,33 (Q), 14,22 (gegen Mk); 17,9 (gegen Mk); 26,36 (gegen Mk). Daneben finden sich freilich auch traditionelle Vokabeln wie προσκαλεῖν, παρακαλεῖν, ὀφείλειν, ὀργίζεσθαι, παραδιδόναι. Daraus ergibt sich, daß Mt hier eine Vorlage überarbeitete. Gleiches Urteil bei Weiser, Knechtsgleichnisse 86–88.

[8] Nach V. 25b wäre nicht die Übergabe an die Folterknechte als Strafe zu erwarten (wie V. 34 aber erzählt), sondern die Ausführung des dort Befohlenen. Im Bericht V. 33, der das Verhalten des Knechts rekapituliert, wird nicht das Niederfallen und Knien von V. 26a aufgeführt, sondern das παρακαλεῖν des *Mitknechts* (von V. 29). Während der Herr nach V. 27 Erbarmen hat (σπλαγχνισθείς), schreibt er sich in V. 33 Ende Mitleid zu (ἠλέησα). In V. 27b erläßt der Herr τὸ δάνειον, in V. 32b dagegen πᾶσαν τὴν ὀφειλήν. In V. 30b steht ἕως ἀποδῷ τὸ ὀφειλόμενον, während V. 34b ἕως οὗ ἀποδῷ πᾶν τὸ ὀφειλόμενον schreibt. Überhaupt entspricht die *Bestrafung* des ersten Knechts dem *Schicksal, das dieser seinem Mitknecht bereitete*. Das Verhalten des Herrn orientiert sich also am Verhalten des Knechts gegenüber seinem Mitknecht.

[9] Die Anfügung kommt auch ohne den matthäischen Vers 31 aus, der die Empörung der Mitknechte schildert, da der Bericht an den Herrn nicht ausdrücklich erzählt zu werden braucht. Jeremias, Gleichnisse 207–211; Bultmann, Synoptische Tradition 191; Linnemann, Gleichnisse 116 halten die Parabel'

liche Parabel V. 23—30 stellt eine ältere Traditionsstufe dar und dürfte ihren Ursprung in der palästinensischen Welt haben.[10]

Es ergibt sich die folgende *traditionsgeschichtliche Hypothese*: die *ursprüngliche Parabel* (V. 23—30) wurde in der *vormatthäischen Gemeinde* mit der für sie typischen Einleitungsformel versehen und durch die Verse 32—34 ergänzt. *Matthäus* stellt die Parabel in den Kontext der Petrusfrage nach der Vergebung, indem er sie als Illustration der Antwort Jesu (V. 22) interpretiert. Er fügt neben kleineren Überarbeitungselementen den ekklesiologisch zu verstehenden V. 31 ein und schließt die Parabel (sowie auch die ganze Gemeindeordnung!) mit V. 35 ab.

Interpretation

Die Parabel lautete auf der *Jesusstufe*[11] etwa folgendermaßen:

„Mit der Gottesherrschaft verhält es sich wie mit einem Mann[12], der mit seinen Knechten Abrechnung halten wollte. Und als er

---

für einheitlich. Dagegen rechnet Weiser, Knechtsgleichnisse 92, vgl 76—88 mit matthäischer Überarbeitung einer traditionellen Parabel, die in V. 33f ihre Pointe erreichte (V. 31 ganz matthäisch; Teile von V. 32—34; Einzelheiten in 23—30).

[10] Dies zeigen schon die verschiedenen Semitismen (vgl Jeremias, Gleichnisse 208f; Weiser, Knechtsgleichnisse 77.81.82). Allerdings stimmen die von der Parabel vorausgesetzten Rechtsverhältnisse nicht genau mit den frühjüdischen Rechtsvorstellungen überein (der Verkauf eines Israeliten kam nur im Falle von *Diebstahl* infrage, Str-B I 797f zu Mt 18,25A; der Verkauf der Frau war der Halaka unbekannt, Str-B I 798 zu Mt 18,26B; vgl Jeremias, Gleichnisse 208). Sie dürften aber auch den ursprünglichen Hörern bekannt gewesen sein, so daß die Parabel zwar nicht realistisch (das brauchte sie nicht zu sein), aber doch *verständlich* war. Zur Strafe der Folterung vgl Jeremias, Gleichnisse 210.

[11] Die Herkunft der Parabel vom historischen Jesus ist durch nichts unwahrscheinlich zu machen; mit Jeremias, Gleichnisse 210f; Weiser, Knechtsgleichnisse 92; Dietzfelbinger, EvTh 32, 450f; Fuchs, Jesus 31f.

[12] Die Erzählung scheint vorauszusetzen, daß der Mann ein König ist (so Jeremias, Gleichnisse 208 vgl 24 Anm 1), obwohl sie durchwegs von einem „Herrn" spricht. Die geschuldete Riesensumme (10 000 Talente) darf aber nicht dazu verleiten, die Parabel auf das Milieu von Herrscher und Satrapen zu beziehen. Sie hat vielmehr eine dem Interesse der *Anwendung* dienende Funktion und ist ein deutlich *fiktionaler Zug* (auch ein Satrap könnte kaum so viel Schulden gehabt haben; vgl Schweizer, Mt 246!). Beachtet man schließlich, daß die Wendung ἄνθρωπος βασιλεύς für das Mt-Sondergut typisch ist (vgl oben S. 179 Anm 59), so liegt die Vermutung nahe, diese Kennzeichnung des Mannes auf die Metapher König ≅ Gott zurückzuführen (die allerdings schon für die Jesusstufe möglich wäre).

abzurechnen begann, wurde einer vor ihn gebracht[13], der schulde-
te ihm[14] zehntausend Talente[15]. Da dieser aber nicht imstande
war, (die Schuld) zurückzuzahlen, befahl der Herr, ihn (selbst)
zu verkaufen und seine Frau und seine Kinder und all seinen Besitz[16] und (so) Bezahlung zu leisten[17]. Da fiel der Knecht nieder,
kniete vor ihm und sagte: ‚Hab Geduld[18] mit mir, und ich werde
dir alles zurückzahlen.' Da erbarmte sich der Herr jenes Knechtes[19], und er ließ ihn gehen, und die Schuld[20] erließ er ihm. Jener Knecht aber ging hinaus und traf[21] einen seiner Mitknechte,
der ihm hundert Denare schuldig war, und er packte ihn, würgte
ihn und sagte: ‚Zahle zurück, was[22] du schuldest!' Nun fiel sein
Mitknecht nieder, bat ihn und sagte: ‚Habe Geduld mit mir, und
ich werde (es) dir zurückzahlen.' Der aber wollte nicht, sondern
ging hin und warf ihn ins Gefängnis, bis er das Geschuldete zu-
rückzahle.''

Ausgangspunkt für die *Interpretation der Erzählung* ist die Grundmetapher, daß die Schuld des Menschen vor Gott den Geldschulden

---

[13] Schweizer, Mt 246 (vgl Jeremias, Gleichnisse 208) vermutet dahinter eine
Andeutung, daß der Schuldner schon im Gefängnis saß und also ein Betrüger
gewesen wäre (siehe dagegen Linnemann, Gleichnisse 175 Anm 11). Die Parabel selbst legt auf diesen Zug keinen Wert; höchstens wäre dann der Befehl
des Herrn (V. 25) etwas verständlicher.
[14] Die Übersetzung von ὀφειλέτης geschieht in Anlehnung an Schweizer, Mt
245.
[15] Diese Summe ist beinahe unvorstellbar hoch (Vergleiche finden sich bei
Schweizer, Mt 246; Jeremias, Gleichnisse 208; Linnemann, Gleichnisse 114).
Die Zahl hat hier fast die Bedeutung von ,,unendlich hoher Betrag'', wenn
man bedenkt, daß 10000 die höchste Zahl war, mit der man rechnete, und
das Talent die größte Geldeinheit, die es gab (vgl Jeremias, Gleichnisse 208
Anm 7).
[16] Die Übersetzung des verbalen Ausdrucks πάντα ὅσα ἔχει geschieht am besten
substantivisch; ähnlich Schweizer, Mt 245 ,,Habe''.
[17] Übersetzung mit Schweizer, Mt 245.
[18] Zur Bedeutung von μακροθυμεῖν vgl Bauer, Wb s.v. 1.
[19] Zu den grammatikalischen Problemen des Gebrauchs von σπλαγχνίζεσθαι
mit Genitiv (wenn ,,jenes Knechts'' nicht auf ,,Herr'' zu beziehen ist) vgl Bauer,
Wb s.v. und Bl-Debr 115 (§ 176,1 erster Anhang).
[20] Zur Bedeutung von δάνειον (eigentlich ,,Darlehen'') siehe Jeremias, Gleichnisse 209, der einen Übersetzungsfehler aus dem Aramäischen annimmt.
[21] Vgl Bauer, Wb s.v. 1b (,,zufällig finden, antreffen, stoßen auf'').
[22] Im Griechischen steht hier ,,wenn du etwas schuldest'', was in unserem Kontext (nach V. 28b!) unpassend ist. Gegen die genannte Übersetzung votiert Jeremias, Gleichnisse 208 (mit Berufung auf den aramäischen Sprachhintergrund
der Parabel).

dieser Welt vergleichbar sei.[23] Mit dieser Grundmetapher hängen auch
die unterschiedlichen Geldsummen zusammen: der Kontrast zwischen
fast unendlich großer Schuld beim Herrn und demgegenüber beschei-
dener Schuld beim Knecht verweist auf den Unterschied der Relation
Gott-Mensch zur Relation Mensch-Mensch.[24] „Herr" und „Knecht"
sind demnach Metaphern für „Gott" bzw „Mensch".[25] Betrachtet man
zunächst das Verhalten des Knechts gegenüber seinem Mitknecht unter *Absehung von der Vorgeschichte,* so erscheint seine Handlungsweise durchaus „normal". Es ist selbstverständlich, daß geschuldete
Geldsummen zurückgefordert werden: jedermann würde so handeln.
Auf eben diese Selbstverständlichkeit stützt sich der *Verschränkungseffekt* unserer Parabel: sie kommt dem Hörer entgegen, indem sie
an seine „normalen" Vorstellungen anknüpft. Sie gibt der Welt und
ihrer Ordnung erzählerisch Raum. Allerdings stellt die Parabel die
verständliche Verhaltensweise des Knechts in einen bestimmten Kontext, indem sie ihr eine ungewöhnliche *Vorgeschichte* voranstellt:
eben diesem Normalverhalten des Knechts voran geht in der Erzählung das höchst erstaunliche Verhalten seines Herrn.[26] *In diesem Kontext* aber erscheint das Verhalten des Knechts *sinnlos, unbegreiflich.*
„Wie kann er nur!" Das ist die von der Parabel intendierte Reak-

---

23 Deutlich ist zum Beispiel die Stelle ExR 31(91^b) (zitiert bei Str-B I 800f zu
Mt 18,33): hier wird die Schuld eines Menschen bei einem Geldverleiher paral-
lelisiert mit der Sündenschuld der Menschen vor Gott. Dem Frühjudentum, „welches das Verhältnis zu Gott als Rechts- und Geschäftsverhältnis auffaßt, wird
es geläufig, das Bild von der Zahlungsschuld auf das ethisch-religiöse Verhältnis
zwischen Mensch und Gott anzuwenden. Der Mensch, der mit seinen frommen
Leistungen im Rückstand bleibt, gerät Gott gegenüber in ein Schuldverhältnis"
(Hauck, ThWNT V 561, 18–22 vgl die ebd Anm 15–18 genannten Belege).
Zur Sicht Jesu siehe Hauck, aaO 562, 7–563, 16; Weiser Knechtsgleichnisse 77.
24 Mit Jeremias, Gleichnisse 208; Weiser, Knechtsgleichnisse 77; Fuchs, Zeitverständnis GA II 361; ders, Unmerciful Servant 493; gegen Linnemann, Gleichnisse 114 mit Anm 12 (S. 175), die die Riesensumme nicht auf das Eindringen
der „Sachhälfte" zurückführen will. Daß es der Parabel um die oben genannten Relationen geht, zeigt sich auch darin, daß der Knecht vor dem Herrn „nie-
derkniet", während der Mitknecht, von dem sonst genau das Gleiche erzählt
wird (V. 29), die Proskynese nicht vollzieht, weil diese allein Gott gegenüber
angemessen ist.
25 Diese Metaphern sind frühjüdisch weit verbreitet und werden ohne weiteres verstanden; vgl Jeremias, Gleichnisse 208; Weiser, Knechtsgleichnisse 75f
(die Metapher König ≅ Gott bzw Knecht ≅ Mensch ist schon für Jesus vorauszusetzen).
26 Fuchs, Unmerciful Servant 493: es ist nicht ungewöhnlich, daß ein Mann
tief in Schulden steckt, aber daß ihm vergeben wird, ist königlich. Siehe auch
Linnemann, Gleichnisse 115. 117; Dietzfelbinger, EvTh 32, 441.

tion der Zuhörer. Mit der Vorgeschichte *ändert sich alles*: was eigentlich normal ist, wirkt jetzt geradezu absurd.

Daß die Parabel das Verhalten des Knechts durch eine *Vor*geschichte qualifiziert, ist keineswegs ein Zufall. Vielmehr geht es ihr darum, das „*Zuvor*" explizit zu betonen. Sie bildet also die *zuvorkommende Barmherzigkeit* Gottes, seine *zuvorkommende Liebe* ab, die hier *unbegreiflicherweise* folgenlos bleibt. Die Liebe Gottes ist nicht nur im zeitlichen Sinne zuvorkommend: daß der Herr die Schuld *erläßt*, überholt auch das, was der Knecht zu erbitten wagte (Geduld!). Die Liebe Gottes kommt auch den Erwartungen und Hoffnungen des Menschen zuvor. Daß der Mensch, obwohl ihm zuvor schrankenlose Barmherzigkeit widerfahren ist, ihr keine Barmherzigkeit nachfolgen läßt, ist völlig unbegreiflich. Dieses Urteil evoziert die Parabel im Hörer.[27] Deshalb *braucht* die Frage von V. 33 *nicht mehr erzählt zu werden*. Sie ist nach V. 30 vom Hörer *bereits beantwortet*.[28]

Das nach V. 34 über den Knecht hereinbrechende Gericht dagegen *darf gar nicht mehr erzählt werden*, denn es relativiert die zuvorkommende Barmherzigkeit Gottes. Es macht diese nämlich abhängig von unserem (Un-)Vermögen, ihr zu entsprechen. Die Verhaltensweise des Knechts wird hier *nicht mehr von der Vorgeschichte*, sondern von der *Nachgeschichte* her qualifiziert.[29] In der ursprünglichen

---

[27] Sofern die dem Menschen zuteilgewordene Befreiung von Schuld auch als das *Geschenk von Zeit* verstanden werden kann, ist die Auslegung Dietzfelbingers, EvTh 32, 437–451 berechtigt. Dietzfelbinger sieht in der Bitte des Knechts die *Bitte um Zeit* (aaO 441) und die Pointe des Gleichnisses folgerichtig als Ansage des Geschenks von Zeit (aaO 451) zur verantwortlichen Lebensgestaltung (aaO 443). Deshalb schlägt er eine neue Überschrift vor: „Das Gleichnis von der geschenkten Zeit" (aaO 442). Historisch betrachtet ging es dem Gleichnis sicher um Vergebung, theologisch beurteilt ist es durchaus legitim, diese Problematik auf die Zeit-Frage anzuwenden: wer Schuld hat, braucht seine Zeit, um diese zu sühnen; wem dagegen Vergebung zuteil wird, der hat Zeit zu verschenken in Hülle und Fülle.

[28] Zuzugeben ist, daß ein derart abrupter Schluß kaum Parallelen unter den Parabeln der synoptischen Tradition hat. Allerdings kann man sich fragen, ob nicht Parabeln wie Lk 15,11–32; Mt 20,1–15 ebenso unvermittelt enden und also eine Analogie zu dieser hier darstellen. In der Abruptheit des Schlusses kommt mE die *Offenheit der Parabel zum Hörer* zum Ausdruck. Die Frage von V. 33 kann auch als ursprünglich angenommen werden, ohne daß die obige Auslegung hinfällig wird.

[29] Es ist mE sehr *fraglich*, ob die Parabel der Welt in *diesem Punkt* voraus ist, weil in ihr der Schalksknecht keinen Erfolg hat (so Fuchs, Jesus 39, der auf die Erfahrung verweist, daß es in der Welt dem Gottlosen und Unrechttäter gut gehe). Mag sie zwar der *Erfahrungswelt* voraus sein, so ist die Anfügung eines Gerichts über den Schalksknecht dennoch unserer *Vorstellungswelt* durchaus

Parabel kommt die Gottesherrschaft insofern zur Sprache, als sie dem Menschen die zuvorkommende Vergebung so nahebringt, daß ihr Vergebung unter den Menschen selbstverständlich folgt. Die Parabel schenkt dem Menschen das Verständnis des vergebenden Gottes und macht ihm so die Basileia als *nahe* verständlich. Die Verständlichkeit der Basileia ist dasjenige Ereignis, in welchem menschliches Normalverhalten in den ihm zuvorkommenden Kontext gebracht und so in ein neues Licht gestellt wird.

Im Blick auf die *Bedeutung der Parabel im Kontext des Lebens Jesu* ist eine weitere Beobachtung ernst zu nehmen. Die Parabel spricht nicht von der Barmherzigkeit des Herrn im allgemeinen, sondern von einem bestimmten *Ereignis seiner Barmherzigkeit*.[30] Dieses Ereignis der zuvorkommenden Liebe Gottes *ist mit Jesus selbst gegeben*. Die in Jesu Verhalten gegenüber den „Schuldnern bei Gott" und in seinem Wort (gerade auch in den Gleichnissen!) zum Zuge kommende Liebe ist begründet im „Zuvor" der Liebe Gottes. Sein Zuspruch der zuvorkommenden Liebe Gottes ist der neue Kontext, die neue Situation, in die die menschlichen Verhaltensweisen gestellt werden.[31] Sofern Jesus *als Mensch* anzusprechen ist, ist seine bedingungslose Annahme des andern die Entsprechung zur zuvorkommenden Vergebung Gottes. Sofern er als Gott anzusprechen ist, *ereignet* sich in seiner *Existenz* eben jene Befreiung von Schuld. Im Blick auf Jesus von Nazareth ist beides nicht voneinander zu trennen, da er *als Mensch an der Stelle Gottes steht*.[32] In ihm wird, wie in unserer Pa-

---

konform, sofern es *menschlicher* Vorstellung entspricht, daß Unrecht nicht ungesühnt bleiben darf.

[30] Dazu Fuchs: „Die Mitleidlosigkeit des bösen Knechts steht mit dem *Ereignis* der Barmherzigkeit des Herrn im Widerspruch" (Jesus 31).

[31] Diesen Bezug zu Jesus stellen verschiedene Ausleger fest, zB Fuchs, Jesus, 32.36; ders, Unmerciful Servant 494; Weiser, Knechtsgleichnisse 97f; Dietzfelbinger, EvTh 32, 450.

[32] Von hier aus sind einige in der Literatur vertretene Deutungen der Parabel abzulehnen: Wenn Jeremias hier ein „Endgerichtsgleichnis" sieht, „das Mahnung und Warnung zugleich ist" (Gleichnisse 210), so verkennt er den zuvorkommenden Charakter der Liebe Gottes, der in unserer Parabel doch deutlich ist, und allegorisiert zugleich unzulässigerweise die Abrechnung des Herrn (wenigstens im zweiten Teil) auf das letzte Gericht. Das Fehlverhalten des Knechts wird ja so erzählt, daß der *Hörer* der Parabel es vollkommen unbegreiflich findet. Die Parabel bringt ihn auf diese Weise dazu, die Möglichkeit des Lebens aufgrund der zuvorkommenden Vergebung als die am nächsten liegende zu ergreifen. Die Parabel ist also nicht Gerichtsansage, sondern Zuspruch des Evangeliums. Er deutet das Gleichnis überhaupt zu stark von seinem (hier hypothetisch als sekundär geltenden) Ende her. Auch Weiser, Knechtsgleichnisse 93 betont zu stark die *Forderung*, die sich aus Gottes Vergebung ergibt, im Gegensatz zur Parabel selbst, die ja durch die Erzählung die Einsicht in die Vergebung Gottes

rabel, der grundsätzliche *Vorsprung der Liebe Gottes* sichtbar, die unser Verhalten und unsere Erwartungen immer schon überholt hat und insofern *immer deren Vorgeschichte darstellt.*

Die *vormatthäische Gemeinde* bringt mit der Anfügung von V. 32— 34 das *Urteil in die Erzählung herein,* das von der ursprünglichen Parabel *dem Hörer* überlassen wird. In diesem Nachtrag stellt sie fest, daß das Verhalten des Knechts am Tage des Gerichts nicht folgenlos bleiben wird.[33] Im Herrn der Erzählung sieht sie ausdrücklich Gott, der den Menschen entsprechend seiner Vergebungsfähigkeit richten wird. Mitleid[34] ist gefordert gegenüber dem Mitmenschen, da Gott unbegrenztes Mitleid gegenüber dem Menschen walten läßt. In dieser Form ist die Parabel unserer Denkwelt in nichts voraus, sofern hier der Übeltäter seiner Strafe zugeführt wird. Hat Gott seine Barmherzigkeit zurückgenommen? Ist die nachfolgende Untat des Menschen größer als die zuvorkommende Tat Gottes?

Matthäus wendet die Parabel direkt auf seine Gemeinde an. Dies zeigt sich schon darin, daß er die Empörung der Mitknechte (sie entsprechen den Gemeindegliedern) und ihre Meldung an den Herrn ausdrücklich erzählt (V. 31). Die Anwendung auf die Gemeinde ist von der ursprünglichen Parabel her durchaus legitim, die Frage wäre höchstens, ob die Vergebung nur gegenüber den Mitknechten zu fordern sei.[35] Viel gravierender ist dagegen das Schlußwort von V. 35: „So wird auch mein himmlischer Vater euch tun, wenn ihr nicht vergebt, jeder seinem Bruder von Herzen." Damit ist die Argumen-

---

zum Zuge kommen läßt, und zwar so, daß das Ausbleiben menschlicher Vergebung geradezu *unbegreiflich* erscheint. Damit eröffnet die Parabel die Möglichkeit, vom Ereignis der Vergebung aus zu denken, und sie ist gerade darin ein Teil jenes Ereignisses. Zu wenig beachtet ist dies bei Via, Gleichnisse 135—37, so daß die angemessene Antwort auf Gnade zu einem Allgemeinplatz zu degenerieren in Gefahr ist.

[33] Damit verliert die Parabel Entscheidendes von ihrer analogischen Kraft. Die Übergabe an die „Folterknechte" muß als nicht endende Bestrafung angesehen werden, da ja die Schuld auf diese Weise nicht zurückbezahlt werden kann. Sie dient also als Ausdruck für die ewige Verdammnis (vgl Weiser, Knechtsgleichnisse 88, der dies aber erst für Mt feststellt).

[34] Bemerkenswert ist, daß hier die Wortgruppe ἔλεος/ἐλεεῖν verwendet wird. Auf Gott bezogen meinte diese Wortgruppe in der urchristlichen Gedankenwelt Gottes heilsgeschichtlich-eschatologische Tat in Christus (vgl Tit 3,5; Röm 9,23; 15,8f; 1Petr 2,10; Bultmann, ThWNT II 480, 8—481, 2). Auf Menschen bezogen umschrieb sie ein durch Gott gefordertes Verhalten von Mensch zu Mensch (aaO 479, 8f).

[35] Diese Frage stellt sich für Mt nicht, sofern es ihm zuallererst um die Ermahnung an die Gemeinde geht, ohne daß das ἔλεος gegenüber den Außenstehenden schon in den Blick kommt.

tationsrichtung der Parabel *ins Gegenteil verkehrt*. Movens der menschlichen Vergebung ist nicht mehr die zuvorkommende Freisprechung durch Gott, sondern die dem menschlichen Versagen *nachfolgende* Verurteilung. Nicht mehr das Verhalten Gottes bestimmt das Verhalten des Menschen, sondern das Verhalten des Menschen bestimmt das Verhalten Gottes, sofern Gottes Urteil sich nach diesem richtet. Der drohende, ja wohl auch gesetzliche Ton ist unüberhörbar geworden.[36]

2.4.2 Die Parabel von den Arbeitern im Weinberg (Mt 20,1—16)

Analyse

Der engere Kontext dieser Parabel[37] bei Mt ist der aus Mk übernommene Spruch von den Ersten und Letzten (Mk 10,31 par Mt 19,30). Die Parabel ist eng mit diesem Logion[38] verbunden, was einerseits aus dem anknüpfenden γάρ in Mt 20,1, andererseits aus der Wiederholung des Logions (in abgeänderter Form[39]) in Mt 20,16a ersicht-

---

[36] Bekanntlich verstärkte Mt auch sonst die „Motivierung des ethischen Handelns durch den Blick auf das Gericht nach den Werken" (Barth, Gesetzesverständnis 79 Anm 1). Dies gilt auch für das Verständnis unserer Parabel (gegen Barth, ebd), mit Schweizer, Mt 247. Zu vergleichen ist Kretzer, Herrschaft 256: „Die Konfrontierung mit dem Gericht ist für den Evangelisten die eindringlichste Mahnung zur Brüderlichkeit, dem Gegenüber zur ἀνομία."

[37] Mt 20,1—15 ist formgeschichtlich als *Parabel* zu bezeichnen, sofern sie in extremer Weise einen „interessierenden Einzelfall" zur Sprache bringt (vgl Bultmann, Synoptische Tradition 188. 191).

[38] Mk 10,31 par war wohl ein ursprünglich freies Logion, das möglicherweise ein hohes Alter aufweist (so Jeremias, Gleichnisse 33 mit Anm 3.4; vgl Dupont, NRTh 89, 789—791; Schweizer, Mt 255.257f). Es kommt auch Lk 13,30 in einem anderen Kontext und wohl unabhängig von Mk vor. Etwas auffallend ist die zwischen Lk und Mt (20,16!) übereinstimmende Reihenfolge „Letzte — Erste" gegenüber der in Mk 10,31 par Mt 19,30 stehenden Reihenfolge „Erste — Letzte". Beachtet man jedoch die Unterschiede zwischen Lk 13,30 und Mt 20,16, so *verbietet* sich mE der Schluß, daß Mt 20,16 ein Q-Wort sei und vielleicht schon vor der matthäischen Redaktion mit der Parabel verbunden gewesen wäre (das letztere abgewiesen von Schweizer, Mt 255; de Ru, NT 8, 204; Mitton, ET 77, 308; Jeremias, Gleichnisse 30f und vielen anderen). Dazu kommt, daß die Reihenfolge in Mt 20,16 mit dem Bezug des Logions auf die Parabel (20,8!) hinreichend erklärt ist. Daraus folgt, daß die Übereinstimmung mit Lk nicht literarkritisch erklärt werden muß.

[39] Während Mt 19,30 außer der Auslassung des auch bei Mk textkritisch unsicheren οἱ (ℵ, A, D, W usw haben es hier auch *nicht*, was wahrscheinlich die ursprünglichere Lesart darstellt, da das Eindringen des οἱ mit der Parallele Mt 20,16 ebensogut erklärt werden kann wie der Ausfall desselben mit der Parallele Mt 19,30; die Abschreiber hatten ja keine Synopse vor sich und das Logion in der

lich ist.[40] Der in einer beträchtlichen Zahl von Textzeugen angefügte Satz „Viele nämlich sind berufen, **wenige aber auserwählt**" (vgl Mt 22,14) ist aus textkritischen Gründen sekundär.[41]

Der weitere Kontext ist bestimmt durch den Mk-Aufriß, dem Mt mit charakteristischen Abänderungen folgt: die Frage des Petrus über den Lohn der Nachfolge (Mt 19,27–29 vgl Mk 10,28–30) und die dritte Leidensankündigung (Mt 20,17–19 par Mk 10,32–34).[42] Die Mt *vorliegende* Parabel umfaßte demnach die Verse *Mt 20,1–15.*[43] Die Einleitungsformel zeigt, daß sie dem *Mt-Sondergut* entstammt.[44] Die Parabel selbst weist weder Spannungen noch Brüche auf; es gibt nichts in ihr, was ohne Schaden herausgelöst werden könnte. Sie ist also von redaktionellen Eingriffen unberührt.[45] Der Überlieferungs-

---

Form von Mt 20,16 ist einprägsamer) genau mit Mk 10,31 übereinstimmt, weist Mt 20,16 entscheidende Änderungen auf: die Letzten und die Ersten werden mit bestimmtem Artikel versehen; das relativierende πολλοί wird ausgelassen; ein anknüpfendes οὕτως wird eingefügt. Aus der Umkehr der normalen Ordnung, die zudem durch πολλοί relativiert wird, ist bei Mt ein absolutes Prinzip geworden (vgl Dupont, NRTh 89, 792).

[40] Mt versteht demnach die Parabel als *Illustration* des aus Mk übernommenen Logions. Gleiches Urteil zB bei Dupont, NRTh 89, 789; de Ru, NT 8, 204; Mitton, ET 77, 308; Jeremias, Gleichnisse 30f; Eichholz, Gleichnisse 101; Jüngel, Paulus und Jesus 164; Bultmann, Synoptische Tradition 191. Das Logion paßt allerdings nicht zur Parabel, da es nur auf V. 8 Bezug nimmt. Es ist, unter Voraussetzung der Zwei-Quellen-Theorie, von Mt *redaktionell* angefügt worden.

[41] Die Bezeugung ist mit C, 𝕽, D usw gegen B, ℵ, L usw schwach. Der Zuwachs erklärt sich als Übernahme von Mt 22,14 und reflektiert das Verständnis gewisser kirchlicher Kreise im zweiten Jahrhundert (vgl zB Dupont, NRTh 89, 788f).

[42] Besonders wichtig ist die Verheißung an die Jünger, daß sie auf zwölf Thronen sitzen werden (eine weitgehend matthäische Bildung, vgl Schweizer, Mt 251f). Dieser Vers ist für das matthäische Verständnis von „Israel" bedeutsam (s Schweizer, Gemeinde 33.36f). Im Blick auf die Einfügung unserer Parabel ist die Konzentration auf die *Endzeit* (in Sachen Belohnung der Jünger) von Bedeutung, die Mt dadurch erreicht, daß er die bei Mk erwähnte Belohnung „in dieser Zeit" streicht (Mt 19,29b vgl Mk 10,30; s auch Kretzer, Herrschaft 277)!

[43] Darin stimmt die große Mehrzahl der Exegeten überein: Jeremias, Gleichnisse 33; Jülicher, Gleichnisreden II, 469; Bultmann, Synoptische Tradition 191; de Ru, NT 8, 204f; Dupont, NRTh 89, 793–797; Jüngel, Paulus und Jesus 164; Fuchs, Zeitverständnis GA II 362; Derrett, JJS 25, 64; Schweizer, Mt 255; Dodd, Parables 122.

[44] Die Einleitungsformel unterscheidet sich zwar am Anfang von der für das Mt-Sondergut typischen (ὁμοία γάρ ἐστιν statt ὡμοιώθη, vgl Schweizer, Gemeinde 99f), was wohl der matthäischen Redaktion zu verdanken ist. Zu der für das Sondergut typischen Wendung ἀνθρώπῳ οἰκοδεσπότῃ vgl oben S. 179 Anm 59.

[45] Die meisten Ausleger stimmen darin überein. Allerdings ist immer wieder versucht worden, redaktionelle Zusätze in den Versen 1b–15 namhaft zu ma-

prozeß läßt sich mE eindeutig bestimmen: *traditions*geschichtlich zu erklären ist die vorliegende Form der Einleitungsformel (Mt 20, 1a), *redaktions*geschichtlich dagegen die Einfügung in den jetzigen Kontext und die Anfügung von Mt V. 16a, *text*geschichtlich schließlich die Anfügung von V. 16b (= Mt 22,14).

Interpretation

Die ursprüngliche Jesus-Parabel[46] lautete wie folgt:

„Mit der Gottesherrschaft verhält es sich wie mit einem Hausherrn[47], der gleich in der Frühe[48] ausging, Arbeiter[49] für seinen

---

chen. Aus neuerer Zeit ist besonders die Arbeit *Kretzers* zu erwähnen, der weitgehende redaktionelle Eingriffe feststellen zu müssen meint (Herrschaft, 280—284). Namentlich will Kretzer die „deutlich *lebensfremde*(n) ... Elemente" (aaO 281) wie die Auszahlung des Lohnes angefangen bei den Letzten (20,8) auf Mt zurückführen. Dies beruht auf dem Axiom, daß Jesus nur *realistische, aus dem Leben gegriffene* Parabeln erzählt habe. Das Axiom läßt sich nicht mehr aufrecht erhalten. Die matthäischen „Gestaltungsmittel" (aaO 282) sind keineswegs typisch für Mt. Die Erzähltechnik unserer Parabel hat gewiß ein hohes Niveau (282f). Dies spricht aber keineswegs für Redaktion, wie Kretzer, Herrschaft 283 selbst zugibt: „Gewiß können die erwähnten Erzählungsgesetze ganz allgemein gelten für die Gleichnisse, doch scheinen sie bei Mt vorzüglich in seinen Basileiagleichnissen ausgewertet zu sein." Die von Kretzer angeführten „wortstatistische(n) und *sprachliche(n)* Besonderheiten" (aaO 283f) sind in den meisten Fällen nicht eindeutig, und wo sie das sind, zeigen sie höchstens, daß die stilistische Gestaltung von Mt mitbestimmt ist, was ohne weiteres zu erwarten, für die redaktionsgeschichtliche Fragestellung aber unergiebig ist. Schon die *Diskrepanz* zwischen dem *redaktionellen* Vers 16a und der *Parabel selbst* deutet darauf hin, daß bemerkenswerte Eingriffe des Mt in der Parabel nicht zu erwarten sind.

[46] Es gibt kaum eine neutestamentliche Parabel, die nach den Kriterien von Diskontinuität (vgl unten S. 225.227 mit Anm 75f. 86) und Konsistenz (vgl zum historischen Ort im Leben Jesu unten S. 228f mit Anm 91—94) so sicher auf den historischen Jesus zurückgeht wie die vorliegende. Deshalb ist ihre Echtheit in neuerer Zeit nicht mehr bestritten worden (Jeremias, Gleichnisse 137—139; Jüngel, Paulus und Jesus 165; Schweizer, Mt 258; de Ru, NT 8, 208; Dupont, NRTh 89, 793f; Mitton, ET 77, 309; Eichholz, Gleichnisse 96f; Fuchs Bemerkungen GA II 140; ders, Zeitverständnis GA II 363; ders, Jesus 38; Derrett, JJS 25, 88—91), auch wenn die *Deutungen* der Parabel in der angeführten Literatur sehr stark divergieren.

[47] Da die Wendung ἄνθρωπος οἰκοδεσπότης wohl die vormatthäische Gemeindesprache verrät, kann damit gerechnet werden, daß ursprünglich οἰκοδεσπότης gestanden hat, vgl V.11. Dazu Derrett, JJS 25, 67.72.

[48] Vgl Jeremias, Gleichnisse 136: „gleich bei Sonnenaufgang". Der Sonnenaufgang war auch der Anfangspunkt der Stundenzählung.

[49] Zur Bedeutung von ἐργάτης vgl Bauer, Wb s.v. 1a. Es handelt sich hier (wie der Kontext zeigt) um *Tagelöhner*, die nur *für einen Tag* gedingt wurden (zur

Weinberg zu dingen[50]. Er kam mit den Arbeitern überein auf einen Denar[51] pro Tag[52] und schickte sie in seinen Weinberg. Als er um 9 Uhr[53] (wieder) ausging und andere auf dem Markt ohne Arbeit[54] herumstehen[55] sah, sagte er zu jenen: ‚Geht auch ihr in den Weinberg, und was recht ist, werde ich euch geben‘.[56] Sie aber gingen hin. Wiederum ging er aus um 12 Uhr und um

---

Stellung dieser Arbeiter im frühjüdischen Sozialkosmos vgl Derrett, JJS 25, 67f. 73f).

[50] Das Anstellen (s Würthwein, ThWNT IV 700, 27—36 für den Hellenismus; 701, 27—31 für die LXX) war weithin die Aufgabe des *Verwalters*. Wurde man jedoch durch den *Besitzer* gedungen, so galt dies als zuverlässiger, da in diesem Falle jeder (Lohn-)Betrug ausgeschlossen war (Derrett, JJS 25,72).

[51] Ein Denar war der *übliche* Tageslohn für einen Arbeiter, der diesen sozialen Stand innehatte. Dies zeigen die Belege bei Str-B I 831 deutlich. Man kann also bei dieser Entlöhnung nicht etwa von „hardly a good wage" sprechen (gegen Derrett, JJS 25, 68).

[52] So wird man $\tau\grave{\eta}\nu$ $\grave{\eta}\mu\acute{\epsilon}\rho\alpha\nu$ (Akkusativ der Ausdehnung) zu übersetzen haben, s Bl-Debr § 161,2.

[53] Diese Zeit ergibt sich aus der jüdischen ·Stundenzählung (vgl Jeremias, Gleichnisse 136 mit Anm 6). Daß der Besitzer mehrmals am Tage ausgeht, ist zu einem guten Teil durch die *Dramatik der Erzählung bedingt*, ist aber für die Zuhörer durchaus *verständlich*, da sich eine Situation, wo die Erntearbeit dermaßen drängte, gut denken läßt (Jeremias, Gleichnisse 136 denkt an das Einsetzen der Regenzeit; Derrett, JJS 25, 72 sieht die Bedingungen dann gegeben, wenn die Ernte noch vor dem Sabbatbeginn, also am Freitag, zu Ende gebracht werden mußte). Auch wenn der Ausgang des Herrn um 17 Uhr etwas hyperbolisch anmutet, ist er dennoch nicht Zeichen „allegorischer" Eintragungen, sondern von der Pointe her erklärlich. Wichtig ist *nicht* der Realismus, sondern die Verständlichkeit der Erzählung.

[54] Das Adjektiv $\mathring{\alpha}\rho\gamma\acute{o}\varsigma$ muß hier im Sinne von „arbeitslos" (s Bauer, Wb s.v. 1) verstanden werden und darf nicht den disqualifizierenden Sinn von „faul" oder „unbrauchbar" bekommen. Es steht hier wohl als Äquivalent zum aramäischen „baṭel" (= „empty, unemployed"; Derrett, JJS 25, 73). Die Charakterisierung der herumstehenden Arbeiter bei Jeremias, Gleichnisse 136 ist ungenau.

[55] Gegen Jeremias, Gleichnisse 136, der hier „herumsitzen" übersetzen will, impliziert das $\grave{\epsilon}\sigma\tau\mathring{\omega}\tau\alpha\varsigma$ „readyness for activity" (so Derrett, JJS 25, 69 Anm 14) und paßt demnach sehr gut zum nicht-disqualifizierenden Sinn von $\mathring{\alpha}\rho\gamma\acute{o}\varsigma$. Gegen Jeremias, ebd ist ferner festzustellen, daß die Antwort der Arbeitslosen in V. 7 *keine* „faule Ausrede" ist, sondern gerade die tatsächliche Lage der immer noch auf Arbeit Wartenden ausspricht.

[56] Diese Abmachung ist von der Dramaturgie der Erzählung her gesehen äußerst geschickt: sie legt, ohne dies auszusprechen, den Gedanken bereits nahe, daß die zuerst Gekommenen natürlicherweise mehr Lohn erhalten werden als die später Angeworbenen (vgl dazu Jörns, Gleichnisverkündigung 163). Ob allerdings der *Preis der Arbeit* gegen Abend *steigt* (so Derrett, JJS 25, 69) und nicht sinkt, scheint mir sehr fraglich. Die Beantwortung dieser Frage ist für unsere Parabel allerdings irrelevant, da diese sowieso davon ausgeht, daß die später Gekommenen weniger verdient hätten.

15 Uhr[57] und tat ebenso. Als er aber um 17 Uhr ausging, fand er andere herumstehen und sagt zu ihnen: ,Was steht ihr hier den ganzen Tag ohne Arbeit?' Sie sagen zu ihm: „Niemand hat uns gedungen.' Er sagt zu ihnen: ,Geht auch ihr in den Weinberg!'

Als es aber Abend wurde, sagt der Herr des Weinbergs zu seinem Verwalter[58]: ,Rufe die Arbeiter und zahle den Lohn aus, indem du bei den letzten anfängst bis (hin) zu den ersten[59]!' Da kamen die um 17 Uhr (Angeworbenen) und erhielten je[60] einen Denar. Und die ersten kamen und nahmen an, daß sie mehr[61] erhalten würden; und auch sie erhielten je einen Denar[62]. Als sie (ihn) aber erhielten, begehrten sie auf[63] gegen den Hausherrn und sagten: ,Diese letzten (hier) haben nur eine einzige[64] Stunde gearbeitet, und du hast sie uns gleich gemacht, die wir die Last des (ganzen) Tages und die Hitze ertragen[65] haben.' Er aber antwortete einem von ihnen und sagte: ,Freund[66], ich tue dir nicht unrecht. Bist du nicht um einen Denar mit mir übereingekommen? Nimm das

---

[57] Zur Zeiteinteilung und der hier gewählten Paraphrase vgl oben S. 221 Anm 53.

[58] Die Bezahlung der Tagelöhner am Abend war allgemein üblich (vgl Str-B I 832 zu Mt 20,8), sie gehörte zu den vornehmsten Aufgaben des Verwalters.

[59] Die von Jeremias vertretene Übersetzung von ἀρξάμενος ἀπό = „einschließlich" (Gleichnisse 32 mit Anm 2) wird dem Wortlaut des Textes nicht gerecht, da hier eindeutig die Ersten mitgenannt sind (ἕως τῶν πρώτων). Überdies handelt es sich um eine *erzählerische Notwendigkeit*, daß die Ersten zuletzt kommen, da sonst ihre Reaktion gar nicht verständlich wäre. Die Behauptung Derretts, die Letzten hätten zuerst bezahlt werden müssen, damit sie nach Hause gehen und die notwendigen Einkäufe machen konnten (JJS 25, 73), trägt — abgesehen davon, daß sie keinerlei Anhalt im Text hat — nur zur Verschleierung des klaren Erzählkonzepts bei (mit Schweizer, Mt 256).

[60] Vgl Bauer, Wb s.v. 3.

[61] Die von ℵ, 𝔐, L, Δ, pm bezeugte Lesart πλείονα unterscheidet sich inhaltlich nicht von der Variante πλεῖον (B, usw), s Bauer Wb s.v. πολύς II.2.b.c. Die erstere bezieht sich deutlicher auf μισθός, könnte also eine sekundäre Verbesserung sein.

[62] Zur Wiedergabe von τὸ ἀνὰ δηνάριον vgl Bauer, Wb s.v. ἀνά 3 und Bl-Debr. § 266,2.

[63] Vgl Wilckens, NT z.St.

[64] Die Verwendung des Zahlwortes (μίαν) bei „Stunde" betont besonders, daß die Letzten nur *eine* Stunde gearbeitet haben. Die Übersetzung geschieht mit Schweizer, Mt 255.

[65] Βαστάζειν steht hier im übertragenen Sinne und meint das geduldige Aufsichnehmen der unangenehmen Randbedingungen der Arbeit (s Bauer, Wb s.v. 2bβ).

[66] Die Anrede ἑταῖρε (vgl Mt 22,12; 26,50) impliziert wahrscheinlich eine zugleich gütige und vorwurfsvolle Haltung des Hausherrn. Sie wird — gut passend — verwendet bei jemandem, „dessen Namen man nicht weiß" (Jeremias, Gleichnisse 137 mit Anm 5f).

Deine und geh hin! Ich *will* aber diesem letzten geben wie auch dir. Darf ich mit dem, was mein ist,[67] nicht tun, was ich will? Oder ist dein Auge böse,[68] weil ich gut[69] bin?' "

Grundlegend für das ursprüngliche Verständnis unserer Parabel ist das metaphorische Bedeutungsfeld, das durch das Zusammentreffen von Hausherr, Arbeiter und Lohnauszahlung konstituiert wird. Die in unserer Parabel vorliegende Erzählkonstellation evoziert im Hörer jene Fragen und Vorstellungen, die den Lohn Gottes und dessen Bezug auf die religiöse Leistung des Menschen betreffen.[70] Wichtig für das Vorverständnis der Hörer ist, daß die Lohnauszahlung durch Gott eine *streng auf die Endzeit* beschränkte Erwartung des zeitgenössischen Judentums darstellte.[71]

---

[67] Hier ist trotz der Einwände bei Jeremias, Gleichnisse 137 das ἐν *instrumental* zu übersetzen, wie es vom Kontext her naheliegt. Zum Problem vgl Bl-Debr § 219.

[68] Das „böse Auge" steht hier als Ausdruck des „bösen Herzens", sofern sich die Stimmungen des Herzens in den Augen zeigen (Dupont, NRTh 89, 796; Schweizer, Mt 103 zu Mt 6,23). Das deutsche Wort „Neid" trifft den gemeinten Sachverhalt allerdings nicht genau, da es ein unberechtigtes, moralisch zu disqualifizierendes Gefühl des Menschen meint, während es in unserer Parabel eher um eine sachlich berechtigte, in vernünftiger Überlegung gründende Mißgunst der zuerst Gekommenen geht.

[69] Das Gutsein des Herrn kann an dieser Stelle in die Nähe von „Güte" gerückt werden, wenn damit *nicht Mitleid* als Handlungsmotiv des Herrn impliziert wird (gegen de Ru, NT 8, 207, der entgegen dem Wortlaut des Gleichnisses, das außer dem *Willen* kein Motiv für die Handlungsweise des Herrn nennt, das *Mitleid* des Herrn in den Mittelpunkt rückt).

[70] In der frühjüdischen Literatur wird sehr oft von der (gegenständlich gemeinten) Arbeit und ihrem Lohn auf das Verhältnis von Gebotserfüllung und göttlicher Belohnung geschlossen; vgl zB Aboth 2,15f (Str-B IV/1 488); ExR 30 (90d) (aaO 492); LvR 24 (123a) (aaO 492); pBerakh 2,5c,15 (aaO 492f); SLv 26,9 (450a) (aaO 493); Tanch כי תצא 19b (aaO 493f); Aboth 1,3 (aaO 496) vgl Preisker, ThWNT IV 701, 12–26. Die weite Verbreitung dieser Metapher erlaubt den Schluß, daß sie auch für die Hörer der Parabel vorauszusetzen ist.

[71] Die „Hauptregel bleibt: die Lohnauszahlung findet erst in der zukünftigen Welt statt" (Str-B IV/1 491 vgl die 494f genannten reichhaltigen Belegstellen). Diese Konzentration auf die Endzeit ist die Folge des schon seit dem Exil auseinandergebrochenen Zusammenhangs zwischen Tat und Ergehen einerseits (vgl Würthwein, ThWNT IV 710, 21–45) und der Individualisierung des Vergeltungsgedankens andererseits (aaO 714, 26–715, 4). Auch wo die Konzentration auf die Endzeit eingeschränkt wird, wie dies bei der Vorstellung von den schon jetzt ausbezahlten Zinsen der Fall ist (Aboth 3,17 vgl Preisker, ThWNT IV 719, 2–4 und die vielen Belegstellen bei Str-B IV/1 495 zu i; sowie zB auch Tob 4,9f), ist die grundsätzlich jenseitige Belohnung festgehalten. Zum Vergeltungsgedanken und seiner Konzentration auf das Jenseits vgl Hengel, Judentum 236 (Der Satz von Antigonus von Socho war in späterer Zeit verdächtig.) 313

Die Parabel schildert sorgfältig und bis in die arbeitsrechtlichen Details gehend die Anstellung der Arbeiter zu verschiedenen Tageszeiten. Die *Pointe* der *Handlung* wird erreicht im *erstaunlichen* [72] Verhalten des Herrn, der den zuletzt Gekommenen den gleichen Lohn wie den zuerst Gekommenen bezahlt: vom Lohn her betrachtet werden *alle Arbeiter zu Ersten gemacht*. [73] Dabei liegt der Hauptakzent wohl *nicht* darauf, daß alle Arbeiter *gleich* sind, [74] sondern eben darauf, daß es in diesem Weinberg *nur Erste gibt*. Dieses die menschlichen Gerechtigkeitsvorstellungen als unsachgemäß erweisende Verhalten des Hausherrn bedeutet eine Herausforderung für die zuerst Gekommenen: sie begehren auf gegen den Herrn, indem sie ihren Finger auf seine offensichtliche Ungerechtigkeit legen. Jeder Hörer wird diesen Protest als vollkommen berechtigt angesehen haben. Der Protest der Ersten ist der Ort, an welchem der Hörer anzutreffen ist, sofern auch er das Prinzip des Leistungslohnes, welches in der Welt zu Recht gilt,

---

(Daß das Halten der Tora und die ununterbrochene Beschäftigung mit ihr „den höchsten Lohn in der andern Welt verdiente, war eine Selbstverständlichkeit".). 361 (Vorstellung einer Vergeltung über den Tod hinaus). 258–260 (Ben-Sira). 456f (Chassidim). 369 (Individualisierung des Vergeltungsgedankens in der jüdischen Apokalyptik). Daneben existiert freilich auch die (im Vergleich zu früheren Aussagen) stärkere Behauptung des Zusammenhangs von Tat und Ergehen im Sinne der älteren Weisheit. Darin kommt ein gewisser *Diesseits*aspekt der Vergeltungslehre zum Zuge (Sir 3,31; 12,2 [?]; 16,14 [?]; 11,26; 35,11 [32, 13]; F. Gloor mündlich).

[72] Das merkwürdige Verhalten des Besitzers wird von vielen Auslegern betont, vgl zB Via, Gleichnisse 145; Dupont, NRTh 89, 793; Eichholz, Gleichnisse 95; Jörns, Gleichnisverkündigung 163. Der von Derrett, JJS 25, 77–80 vorgetragene Versuch, die Handlungsweise des Hausherrn als „not quixotic" und „though generous, only marginally so" (S. 80) zu erweisen, scheitert am Protest der zuerst Gekommenen, ganz abgesehen davon, daß der S. 77 genannte po'el batel („a notional minimum wage, balancing the social and moral rights of the employer and employee", S. 76) nur hypothetisch mit 0,7 Denar bestimmt werden kann. Er geht am Selbstverständnis der Parabel vorbei. Wie könnte der Protest der Ersten noch ernst genommen werden, wenn der Besitzer sich nur „marginally generous" verhalten hätte?

[73] Dabei ist richtig, daß von V. 8 an nur noch das Verhältnis „Erste – Letzte" interessiert, gerade weil sich im Gegenüber dieser Gruppen erst recht zeigt, was es heißt, daß alle zu Ersten gemacht werden.

[74] Mit de Ru, NT 8, 206, der allerdings als Alternative zum gleichen Lohn für alle den Gedanken „so großer Lohn für die Letzten!" anbietet. De Ru bestimmt dann das Handlungsmotiv des Besitzers als *Mitleid* mit den Letzten (weil diese kein Tagesauskommen verdienen konnten), was den Sinn der Parabel ebenfalls nicht trifft. Wesentlich am Verhalten des Herrn ist, daß es nicht begründet wird außer mit dem souveränen „*ich will*" (V. 14). Es kann also nicht wieder auf einen Begriff gebracht werden, auch wenn dieser statt iustitia distributiva nun Mitleid heißen würde.

fraglos auf die Belohnung am Ende der Tage anwendet.[75] Daß die Parabel dem Hörer gerade hier Raum gibt, zeigt deutlich, daß sie auf den frühjüdisch verbreiteten Lohngedanken abzielt, nach welchem Leistung und Lohn proportionale Größen sind.[76]

Die Parabel erreicht dort nocheinmal einen Höhepunkt, wo der Herr auf den Protest der Arbeiter reagiert (V. 13–15). Nachdem er den Vorwurf der Ungerechtigkeit mit dem Hinweis auf die gemeinsame Abmachung zurückgewiesen und den Arbeiter gehen geheißen hat, kommt er auf das eigentliche Motiv seines Verhaltens zu sprechen: *ich will*. Das Recht, mit dem Seinen zu tun, was er will, kann ihm niemand bestreiten. Der Wille des Herrn wird am Schluß als *Güte* präzisiert,[77] in deren Licht das Verhalten der Arbeiter als das erkenntlich wird, was es eigentlich ist: *Neid, Mißgunst*. Das schon quantitativ auffallende Gewicht, das der Erzähler den Argumenten des Hausherrn gibt, darf nicht übersehen werden. Gepaart mit der Vielseitigkeit der Argumentationsweise ist es ein Fingerzeig dafür, daß die Parabel gerade an diesem Punkt sorgfältig und von verschiedenen Seiten dem Hörer die Sicht des Herrn nahezubringen sucht.[78] *Sie wirbt um Einverständnis* und versucht so, den Hörer auf ihre Seite zu ziehen.

---

[75] Diese Übertragung zeigt sich gerade in dem von vielen Auslegern beigezogenen Gleichnis über Rabbi Bun (Jüngel, Paulus und Jesus 166; vgl Str-B IV/1 492f; allerdings aus der Zeit um 300 nChr!), wo die zweistündige Arbeit, nach der Leistung beurteilt, *höher eingestuft wird* als das Tagewerk der übrigen Arbeiter.

[76] Angesichts der Fülle des Materials (Str-B IV/1 492–494) ist es mE unbestreitbar, daß die Vorstellung „wie das Verdienst, so auch der Lohn" (aaO 490) im Frühjudentum zumindest eine große Bedeutung hatte (gegen Derrett, JJS 25, 81f). Selbst wenn zuzugeben ist, daß der Gedanke vom *Gnadenlohn* auch an einigen Stellen der altrabbinischen Literatur erscheint (Str-B IV/1 488f), so zeigt gerade unsere Parabel selbst (V. 12!), daß bei den Hörern Leistungsdenken vorausgesetzt wird. Diesen Sachverhalt verkennt Derrett, JJS 25, 88 völlig, wenn er den Sinn der Jesus-Parabel in folgender Weise bestimmt: „God will indeed ‚reward every man according to his works' (...) but he will (...) calculate (as it were) the reward according to the social as well as economic value of the work!" Wenn in rabbinischen Quellen davon die Rede ist, daß die Tora *um ihrer selbst willen* gehalten werden müsse (Aboth 1,13; 4,5; vgl Str-B IV/1 496), oder daß es auf die den Werken zugrundeliegende *Gesinnung* ankomme (Berakh 17ª; Str-B IV/1 497), so ist damit das Leistungsdenken nicht prinzipiell verlassen, sondern lediglich auf eine andere Ebene verschoben.

[77] Das besagt allerdings nicht, daß sein Verhalten wiederum auf einen Begriff zu bringen wäre (vgl oben Anm 74). Das ἀγαθός von V. 15 darf keinesfalls von dem θέλω δέ (V. 14) getrennt werden, das die absolute Unverfügbarkeit und Souveränität im Verhalten des Herrn hervorhebt.

[78] Die Parabel will, daß man den Herrn in der Überlegenheit kennen und alles „mit Gottes Augen ... sehen" lernt (Fuchs, Zeitverständnis GA II 363).

Die Parabel ist ein *Gottesreichs*gleichnis. Mit der Basileia verhält es sich so: in ihr gibt es nur Erste, weil der Herr auch die Letzten zu Ersten machen *will.* In der Basileia sind die Verhältnisse bestimmt durch die Güte Gottes.[79] Weil dem so ist, trifft die Basileia hart zusammen mit unseren Verhältnissen, in denen die menschlichen „Begriffe von Gerechtigkeit, Lohn und Leistung"[80] maßgebend sind.[81] Sie tritt uns nahe. Sie tritt uns so nahe, daß sie uns verbrennen müßte, wäre sie nicht *im Gleichnis* nahe.[82] „Die Nähe der Gottesherrschaft ist so nah, daß sie der Sprachform des Gleichnisses bedarf, um überhaupt so zur Sprache zu kommen, daß der Mensch sich auf sie einzustellen vermag."[83] Indem sie uns als Gleichnis nahetritt, gibt sie unseren Begriffen und Verhältnissen Raum, um uns in eine neue Sicht einzuführen. Unsere Parabel befreit den Hörer von seiner Leistungslohnvorstellung[84], indem sie ihm die Sicht des

---

[79] Die Basileia „kommt zur Sprache, indem sie das Ereignis einer die Werke beurteilenden, aber nicht nach den Werken urteilenden Güte zur Sprache bringt" (Jüngel, Paulus und Jesus 164; vgl Jeremias, Gleichnisse 33f).

[80] Bornkamm, Lohngedanke 88 (kursiv), vgl 82.

[81] Fuchs, Jesus 24 spricht von einem „Werkzusammenhang", durch den die menschliche Erfahrung bestimmt ist. Diese Bestimmung menschlicher Verhältnisse soll nicht als Pervertierung des Weltlichen verharmlost werden. Die Begriffe von Gerechtigkeit, Lohn und Leistung gelten gerade da, wo die Welt sich selbst am besten treu ist, wo sie das beste aus sich selbst macht (allzuoft herrschen ja Verhältnisse, die nicht einmal durch Gerechtigkeit bestimmt sind). Die Berufung der zuerst Gekommenen auf den Werkzusammenhang darf demnach nicht als Hochmut oder Stolz disqualifiziert werden. Sie ist vielmehr *echte Besinnung des Menschen auf sich selbst* (Fuchs, Jesus 24).

[82] Das Gleichnis setzt Gottes Nähe derart voraus, daß der Mensch nur im Gleichnis Gott fassen kann (Fuchs, Jesus 22).

[83] Jüngel, Paulus und Jesus 168f. Damit erweist sich die Sprach*form* des Gleichnisses nocheinmal als die der Nähe der Basileia entsprechende Weise ihres zur Sprache Kommens. Inhalt und Form sind hier eine Einheit. Daraus ergibt sich, daß das Gleichnis als Form weder didaktisch noch mit seinem historischen Ursprungsort, nämlich der Auseinandersetzung Jesu mit seinen Gegnern, zu begründen ist.

[84] Entscheidend ist, daß der in menschlichen Verhältnissen geltende Zusammenhang zwischen Leistung und Lohn die *Verständnisbedingung* für die eben jenen Zusammenhang sprengende Güte Gottes ist. Insofern leitet die Parabel den Menschen an, sich *auf sich selbst zu besinnen*, wenn er Gott verstehen will (vgl oben Anm 81). Die Parabel hebt allerdings den Lohngedanken *nicht* auf, sofern man darunter das Ernstnehmen des menschlichen Werkes durch Gott versteht. „Der Lohngedanke ist also nicht preisgegeben, und zwar nicht darum, weil Jesus den Menschen kennt und seiner natürlichen Schwäche eine Konzession machen wollte, sondern umgekehrt: weil er *Gott* nicht aus den Augen läßt, weil *Gottes* Entscheidung das letzte Wort behält, darum hält er (sc Jesus) an dem Lohngedanken fest" (Bornkamm, Lohngedanke 89). Zum Lohngedanken Jesu vgl aaO 74. 77–81; Schweizer, Jesus 38–43. Wohl aber lehrt die Parabel

Herrn argumentierend plausibel macht. So wird die *Parabel selbst zum Ereignis der Güte Gottes*.[85] In einer gewissen Hinsicht zahlt sie den *Lohn der Endzeit* schon jetzt aus, sofern sie den Hörer schon jetzt dazu bringt, den durch die Güte Gottes bestimmten Verhältnissen der Basileia zu entsprechen.[86]

Wer ist dieser Hörer? Sicher wird man an die Pharisäer denken können, an die Jesus unsere Parabel richtete.[87] Sicher werden unter den Pharisäern viele so gedacht haben wie die Arbeiter der ersten Stunde. Allerdings wird man fragen müssen, ob vom Aufbegehren der Arbeiter so direkt auf den Hörerkreis geschlossen werden darf. Und man wird erst recht fragen müssen, ob denn der in jenem Aufbegehren beschlossene Zusammenhang von Leistung und Lohn nur für die Starken, dh die Pharisäer oder die Jünger[88], kennzeichnend

---

begreifen, „daß der Lohn das Werk nicht wertvoller macht als es ohnehin ist, so daß der Lohn nicht mehr im Rahmen einer menschlichen Forderung thematisch wird, sondern *neben* dem Werk als Erweis der Güte Gottes seinen Platz findet" (Jüngel, Paulus und Jesus 167; die hier vorgenommene Korrektur Bornkamms ist mE notwendig). Diesen Sachverhalt trifft de Ru, NT 8, 222 nur ungenau, wenn er feststellt: „So the point in the teaching of Jesus is: service not ,for reward', but yet, to our surprise, ,rewarded' by the Lord in His goodness . . .".

[85] Das eigentliche Problem der Parabel ist nicht die (allgemeine) Güte Gottes, sondern das *Wunder* der Güte (welches sich im Sprachereignis des Gleichnisses ereignet); Fuchs, Jesus 23; vgl ders, Zeitverständnis GA II 363. Das Wunder der Güte ist zugleich das Ereignis von Gottes Verständlichkeit. „Jesu *Sorge* gilt allein diesem Ereignis von Gottes Verständlichkeit" (Fuchs, ebd). Darin liegt auch das *proprium* sowohl der Verkündigung Jesu vom gütigen Gott als auch der von Jesus gebrachten Form der Gleichnisrede. „Während in Jesu Gleichnissen die Gottesherrschaft so zur Sprache kommt, daß sie *im* Gleichnis als Gleichnis *Ereignis* wird, haben die rabbinischen Gleichnisse durchweg einen lehrhaften, der Schriftauslegung dienenden Charakter" (Jüngel, Paulus und Jesus 166). Auch hier gilt: das Wort von der Liebe muß *gesprochen* werden.

[86] Darin überholt das Gleichnis Jesu die kühnsten Erwartungen von Gottes Gnadenlohn am Ende der Tage. Und darin ist die Parabel das Ereignis der Ankunft von Gottes heilschaffender Gerechtigkeit und mithin kommensurabel mit der paulinischen Botschaft von der Rechtfertigung sola gratia. Eine paulinisch-lutherische Interpretation der Parabel ist deshalb durchaus angemessen (gegen Vincent, TU 73, 94). Zur kritischen Betrachtung verschiedener Interpretationsansätze vgl Linnemann, Gleichnisse 158—160 (Anm 15).

[87] Daran denken sehr viele Ausleger, zB Jeremias, Gleichnisse 34; Dupont, NRTh 89, 794, ders, ASeign 56, 26; Eichholz, Gleichnisse 98; Mitton, ET 77, 309; de Ru, NT 8, 208. Anders dagegen zu Recht Schweizer, Mt 257.

[88] Zur Bestimmung der Hörerschaft als Jünger oder Pharisäer vgl Jüngel, Paulus und Jesus 168 Anm 2 (der sich mit der Literatur auseinandersetzt und die Frage als „müßig" bezeichnet). Es ist sehr zu bezweifeln, ob das Gleichnis überhaupt jemanden tadeln will. Viel wahrscheinlicher ist, daß Jesus seine Hörer

sei. Sind nicht gerade auch die Schwachen, die Zöllner und Sünder, jenem Leistungsdenken gleichsam im negativen Sinne unterworfen, sofern sie die herrschende Rangordnung von Starken und Schwachen übernehmen und innerhalb jener ihren eigenen Wert bestimmen? Bewunderte kommen nie ohne Bewunderer aus. Dem „Werkzusammenhang", auf den die Parabel abzielt, ist *grundsätzlich jeder Mensch unterworfen*.[89] Daraus ergibt sich, daß Jesus die Parabel *nicht* an einen bestimmten Hörerkreis richtete; wohl aber hatte sie bei verschiedenen Hörern unterschiedliche Folgen: sie wirbt bei den Starken um ihr Einverständnis, damit diese nicht länger von ihrer Stärke auf ihren Wert vor Gott schließen. Sie sagt andererseits den Schwachen zu, daß auch sie durch Gottes Güte zu Ersten gemacht worden sind. Sie befreit die Starken vom Zwang zur Stärke und die Schwachen von der Last ihrer Schwäche. Beiden spricht Jesus die Basileia so zu, daß diese ihre Gegenwart *ganz* bestimmt. Er macht ihnen mit der Parabel Gott so verständlich, daß sie auch sich selbst besser verstehen.[90]

So interpretiert fügt sich die Parabel ausgezeichnet in den *Kontext des Lebens* Jesu ein. Sein Verhalten gegenüber den Pharisäern und Schriftgelehrten, die er in ihrer Stärke ernst nimmt, wie auch gegenüber den Zöllnern und Sündern, die er ebenso bedingungslos akzeptiert, ist der Kommentar unseres Gleichnisses.[91] Wie dieses die Güte

---

mit der Frage „entläßt: ob sie es von ihm lernen können, mit Gottes Augen zu sehen und nicht mehr mit dem eigenen ‚bösen Auge'" (Schweizer, Mt 257). Der Schluß vom Aufbegehren der Ersten auf die Zuhörer Jesu ist schon deshalb sehr problematisch, weil der „Werkzusammenhang" ja doch nur *so* ans Licht gebracht werden kann, daß er von einer Figur im Gleichnis tatsächlich und positiv beansprucht bzw *angewendet* wird.

[89] Es stellt sich deshalb die Frage, ob das Gleichnis überhaupt tadeln wollte (vgl letzte Anm oben, mit Jüngel, Paulus und Jesus 168 Anm 2). Meines Erachtens will es vielmehr den Hörer zum Einverständnis in die Bedingungen der Gottesherrschaft bewegen und ihn also von seiner Verstrickung in das Leistungslohndenken ablenken, indem es dieses allererst *zutage bringt*. Das kann es aber nur, wenn es an einem pointierten Beispiel (eben dem Aufbegehren der Ersten) die Unangemessenheit jenes Denkens aufweist.

[90] Der Zusammenhang zwischen Gotteserkenntnis und Selbsterkenntnis ist in unserer Parabel besonders schön gewahrt: „Jesus hat also in dieser Parabel die Gottesherrschaft so zur Sprache gebracht, daß mit ihr nicht nur Gott im Ereignis seiner Güte ‚sich uns *verständlich*', sondern damit zugleich uns selbst uns verständlich machte" (Jüngel, Paulus und Jesus 168 mit Berufung auf Fuchs, vgl Anm 1). Im Gleichnis tritt uns Gott so nahe, daß wir auch uns selbst näherkommen; vgl auch Dupont, ASeign 56, 26.

[91] Obwohl der Herr der Parabel auf Gott verweist, steht eigentlich *Jesus* hinter ihm. „In Jesu Umgang mit dem amhaarez kommt diese Güte *Jesu* zum Vorschein" (Fuchs, Jesus 38). Man wird zufügen dürfen, daß Jesus auch die Phari-

Gottes zum Ereignis macht, so macht das Verhalten Jesu gegenüber Starken und Schwachen die Liebe Gottes zum Ereignis.[92]

So wie das Verhalten Jesu Kommentar unserer Parabel ist, so ist die Parabel *Explikation* seines Verhaltens.[93] Mit der die Güte *Gottes* vergegenwärtigenden Parabel expliziert und legitimiert Jesus sein Wort und Werk, in welchem die Liebe für den Adressaten zum Ereignis wird. Jesus versteht sich selbst im eigentlichen Sinne *theologisch*. Eben dieses Selbstverständnis hat die *nachösterliche Christologie* angemessen bewahrt, indem sie Jesus als Gottes Sohn bekannte. „Warum soll der historische Jesus nicht der verborgene Christus sein können?"[94]

Bei *Matthäus* ist die Parabel an die Adresse der Jünger und also an die Kirche gerichtet (Mt 19,25).[95] Sie spricht wohl einerseits die Sicherheit der Gemeinde an, indem sie daran erinnert, daß die (jetzt wieder auf die Endzeit konzentrierte[96]) Belohnung der Jünger Gottes

---

säer *bedingungslos* als Erste akzeptieren konnte: Lk 7,36; 11,37; 14,1 (Tischgemeinschaft mit Pharisäern, vgl Weiss, ThWNT IX 37, 14—17). Daß Jesus sich selbst in den Arbeitern der letzten Stunde abgebildet sähe, läßt sich nicht halten, da die Parabel nicht heilsgeschichtlich zu verstehen ist (gegen Vincent, TU 73, 95).

[92] Dieser Zusammenhang ist bei vielen Autoren aufgezeigt; zB Dupont, NRTh 89, 795; Mitton, ET 77, 309; Jüngel, Paulus und Jesus 168: „Auch hier fällt also die Pointe der Parabel mit der Pointe der Existenz Jesu zusammen." Jeder Versuch, die Existenz Jesu von der Pointe der Parabel zu entfernen, führt notwendigerweise zu einer Verallgemeinerung ihres Sinnes, ob sie nun als Lehre über den Lohn (de Ru, NT 8, 222 vgl aber 208), die Barmherzigkeit Gottes oder den „letzten Sinn des Lebens" (Via, Gleichnisse 146) verstanden wird. Lehre und Leben Jesu sind nicht zu trennen. Gerade diesen Zusammenhang hat die Gemeinde mit der Christologisierung der Gleichnisse ausgezeichnet respektiert.

[93] Der Terminus „Rechtfertigung" (so zB Jeremias, Gleichnisse 34f. 136. 139) oder Verteidigung (zB de Ru, NT 8, 208; Dupont, NRTh 89, 794) trifft den vorliegenden Sachverhalt ungenau, weil er suggeriert, das Gleichnis sei Mittel im Kampf gegen die Kritiker Jesu. Dazu kommt, daß diese Parabel nicht eine Rechtfertigung der Freudenbotschaft (Jeremias, aaO 34) darstellt, sondern daß sie *selbst* Freudenbotschaft *ist* und das *Verhalten* (nicht das Evangelium) Jesu expliziert (nicht verteidigt). Der Mensch muß doch auch *gegen sich selbst* überzeugt werden.

[94] Fuchs, Bemerkungen GA II 141.

[95] So wendet Mt „die Tradition kritisch an, *kritisch gegenüber seiner Kirche*" (Eichholz, Gleichnisse 103; vgl Schweizer, Mt 258; Jeremias, Gleichnisse 35).

[96] Dies ergibt sich aus der Veränderung des Kontexts unserer Parabel: Mt läßt die irdische Lohnverheißung (die bei Mk 10,30 steht) weg und beschränkt sich auf den Lohn im ewigen Leben (mit Schweizer, Mt 254).

Sache ist und daß sie sich also jeder Berechnung entzieht.[97] Andererseits versichert sie den zuletzt gekommenen Heiden, daß sie die eigentlichen Nutznießer der Basileia sind.[98] Allerdings besteht bei Mt die *Gefahr,* daß die Aussage des Gleichnisses völlig vom Kommentar (Mt 20,16a vgl 19,30) vereinnahmt wird, daß also aus dem die Letzten zu Ersten machenden Ereignis der Güte Gottes eine wiederum menschlicher Berechnung zugängliche Umwertung der Werte wird, die der Souveränität Gottes keinen Raum mehr beläßt.[99]

Der *nachmatthäisch* zugefügte Vers 16b zeigt denn auch, daß die Parabel zusammen mit dem matthäischen Kommentar in V. 16a durchaus als *Drohung* (miß-)verstanden werden konnte.[100] Aus dem weiten Raum der Liebe Gottes ist jene beängstigende Enge geworden, die zwar viele berufen, aber nur wenige auserwählt sein läßt. Damit aber sind Antworten gegeben, die man besser Gott selbst, und zwar seine Güte, überlassen hätte.

2.4.3 Die Parabel von den ungleichen Söhnen (Mt 21,28—32)

Analyse

Die hier vorliegende Parabel[101] wurde von *Mt* in den Mk-Kontext eingefügt.[102] Dies ergibt sich aus der matthäischen Einleitung (τi $\delta \grave{\epsilon}$

---

[97] Der warnende Ton des matthäischen Rahmens ist unverkennbar (V. 16a): jetzt warnt die Parabel „nur noch davor, sie (sc die Güte Gottes) auf das Spiel zu setzen" (Schweizer, Mt 258; vgl Eichholz, Gleichnisse 104; Kretzer, Herrschaft, 286).

[98] Es ist allerdings die Frage, ob das Hereinkommen der Heiden zur Zeit des Mt-Evangeliums überhaupt noch ein Problem darstellte, oder ob mit den Letzten nicht viel eher die „Kleinen" anvisiert sind. Dann wäre die Parabel als Mahnung zum rechten Umgang mit diesen zu verstehen (so Schweizer, Mt 258). Freilich ist auch bei Mt der heilsgeschichtliche Aspekt wohl nicht aufgegeben, wie ja Mt 22,1—14 deutlich zeigt (vgl Kretzer, Herrschaft 288; Dupont, NRTh 89, 790).

[99] Die Veränderung des Logions in 20,16a gegenüber 19,30 (vgl oben S. 218 Anm 38) zeigt, daß diese Gefahr nicht fern liegt und das Logion durchaus als allgemeine Regel verstanden werden kann (Dupont, NRTh 89, 792 vgl Mitton, ET 77, 308).

[100] Mit V. 16b „wäre *nur* die Warnung ausgesprochen, und der Schluß des Gleichnisses würde aus einer offenen Frage fast schon zum Gerichtsurteil über die Vielen" (Schweizer, Mt 258 vgl Dupont, NRTh 89, 788).

[101] Sowohl der Erzählstil (Vergangenheitsformen!) wie auch das Bildmaterial charakterisieren unser Gleichnis *formgeschichtlich* als Parabel (vgl Bultmann, Synoptische Tradition 192).

[102] Mt folgt im Kontext dem Mk-Aufriß: Mt 21,23—27 par Mk 11,27—33; Mt 21,33—46 par Mk 12,1—12. Dazu kommt, daß die vier Perikopen Mt 21,23—

ὑμῖν δοκεῖ)[103], welche die zur Parabel gehörende Frage (V. 31a) vorwegnimmt.[104] Die Entscheidung, ob Mt auch am Ende eingegriffen hat, ist schwierig: einerseits würde, wenn ihm die Perikope mit V. 32 (den er allerdings überarbeitet hätte[105]) vorgelegen hätte, die Einfügung von V. 28–32 ad vocem Johannes (V. 32 vgl V. 26) verständlich,[106] andererseits wäre jedoch auch für Mt selbst die heilsgeschichtliche Anwendung des Gleichnisses auf Johannes gut vorstellbar.[107] Wichtig für Mt ist jedenfalls das „ihr habt ihm nicht geglaubt" (V. 32 vgl V. 25), womit er einen engen Zusammenhang zur vorherigen Peri-

27.28–32.33–46; 22,1–14 eine wichtige kompositorische Einheit des Matthäus darstellen vgl oben S. 161 mit Anm 66.

[103] Zu τί δὲ ὑμῖν δοκεῖ vgl Mt 18,12 (wo kein δέ steht, wenn der Text zu Recht so gelesen werden muß) und oben S. 170 mit Anm 16. Anders entscheidet sich Bultmann, Synoptische Tradition 192 (wieso rechnet er das δέ nicht zur Einleitungsformel?).

[104] Das δέ verweist zurück auf die vorhergehende Perikope. Auch der dortige Hörerkreis wird hier vorausgesetzt. Beides spricht – neben dem in der vorletzten Anm Genannten – deutlich für Mt-Redaktion. Die Frage in V. 31a wäre zudem redundant, wenn das ganze Gleichnis ursprünglich unter der Klammer „Was dünkt euch?" gestanden hätte. Für redaktionelle Einfügung der Parabel entscheiden sich Schweizer, Gemeinde 117 vgl Mt 267; Kretzer, Herrschaft 153; Merkel, NTS 20, 254–261 bes 254 (er sieht allerdings das Gleichnis für eine matthäische Bildung an, aaO 258).

[105] Typisch matthäisch ist das verknüpfende γάρ (Kretzer, Herrschaft 156 mit Anm 33); wichtig für Mt ist ferner das ἰδόντες (Kretzer, ebd); δικαιοσύνη ist bei Mt gehäuft (Mt: 7×; Mk: 0×; Lk: 1×); matthäisch ist auch die Wendung ὕστερον τοῦ πιστεῦσαι αὐτῷ (vgl Merkel, NTS 20, 256). Daneben findet sich die singuläre Verbindung „Zöllner und Huren", die aber aus V. 31 stammen kann.

[106] So entscheidet sich Jeremias, Gleichnisse 78f (sein Hauptargument, es handle sich um eine Parallele zu Lk 7,29f, ist allerdings nicht sehr stichhaltig, da die Parallelität beider Logien nur lose ist, und vor allem in Lk 7,29f nur die τελῶναι genannt sind). Wenn, wie Jeremias feststellt, das selbständige Logion ad vocem οἱ τελῶναι καὶ αἱ πόρναι vormatthäisch an Mt 21,31 angewachsen wäre, müßte ja für das ursprüngliche Logion das Vorhandensein beider Gruppen postuliert werden. Dann aber wäre zu erklären, warum Lk in 7,29f das πόρναι streicht.

[107] Dafür sprächen einerseits der matthäische Sprachcharakter von V. 32 und andererseits die bei Kretzer, Herrschaft 155–157 genannten inhaltlichen Argumente (mit Berufung auf Strecker, aaO 155 Anm 22f. 27). Für diese Lösung entscheiden sich auch Schweizer, Mt 267; Bultmann, Synoptische Tradition 192. Allerdings muß bei dieser Lösung für Mt 21,31f ein gegenüber Mt 3,2; 4, 12–17 fortgeschrittenes Stadium in der Einschätzung des Täufers angenommen werden, sofern jetzt die Proklamation der Basileia durch Johannes und durch Jesus als „geradezu gleich" angesehen wird (Kretzer, Herrschaft 157). Betrachtet man die genannte Lösung als wahrscheinlicher, so muß die ursprüngliche Anrede an die Hierarchen (die auch für die vorherige Perikope gilt) und das Vorkommen des Stichworts „Weinberg" (das ja in 21,33 eine große Rolle spielt) Mt dazu bewogen haben, das Gleichnis hier einzufügen.

kope herstellt.[108] Wie immer man sich in der Frage von V. 32 entscheidet, klar ist, daß V. 32 nicht zur ursprünglichen Parabel gehörte.[109] Schwieriger ist die Entscheidung, ob das sicher alte (Jesus-)
Logion von den Zöllnern und Huren, die „euch zuvorkommen[110]
ins Reich Gottes"[111], zum ursprünglichen Gleichnis gehört hat.[112]
Der Ausgang dieser Entscheidung bestimmt auch diejenige über die
ursprüngliche Hörerschaft: gehörte das Logion ursprünglich dazu, so
dürfte die bei Mt vorausgesetzte Hörerschaft (nämlich die Hohenpriester und Ältesten vgl V. 23) der Adressat des Gleichnisses gewesen sein.[113] Gehörte es dagegen nicht dazu, sind die Zuhörer nicht

---

[108] So Schweizer, Gemeinde 118; der Satz οὐκ ἐπιστεύσατε αὐτῷ wird aus V.
25 hier wörtlich wiederholt (aaO 117).
[109] Darin sind sich die meisten Ausleger einig: Jeremias, Gleichnisse 78f. 125;
Bultmann, Synoptische Tradition 192; Schweizer, Gemeinde 117f vgl Mt 267f;
Kretzer, Herrschaft 155; schon Jülicher, Gleichnisreden II 382; vorausgesetzt
auch bei Dodd, Parables 23.
[110] Zum Bedeutungsgehalt von προάγουσιν (Präsens!) vgl Bauer, Wb s.v. 2b. Die
von Jeremias, Gleichnisse 125 (mit Anm 5) postulierte *futurische* Bedeutung
der vorliegenden Verbform ist nicht zwingend begründet, da Jeremias lediglich
mit einem (ebenfalls postulierten) aramäischen Partizip, das atemporal sei, argumentiert, und da ferner im Text eine eindeutige Präsensform steht. Recht
zu geben ist Jeremias hingegen darin, daß das προ- hier eine exkludierende
Nuance (Gleichnisse 126 Anm 2) ins Spiel bringt.
[111] Das hohe Alter und auch die Echtheit dieses Logions werden kaum bezweifelt. Schon Jülicher, Gleichnisreden II 382 bezeichnet es als ein Wort, „das in
seiner pointierten Wuchtigkeit Jesu nicht abgesprochen werden kann". Gleich-
lautendes Urteil bei Jeremias, Gleichnisse 125f; Bultmann, Synoptische Tradition 192; Schweizer, Mt 267 (hier der Hinweis auf die einzigartige Zusammenstellung von Zöllnern und Huren und den unmatthäischen Ausdruck βασιλεία
τοῦ θεοῦ).
[112] Jeremias, Gleichnisse 125f zählt das Logion zum ursprünglichen Bestand.
Sein Hinweis (aaO 79 Anm 1) auf ähnliche, Gleichnisse abschließende Wendungen
(Mt 5,26; Lk 14,24; 15,7.10; 18,14) ist jedoch nicht beweiskräftig. Lk 14,24 ist in
der *heutigen Form* kaum ursprünglich (vgl oben S. 182f Anm 73). Dasselbe gilt
für Lk 15,7 (vgl oben S. 172 mit Anm 26). 10 (vgl unten S. 249 Anm 3);
18,14. Zweitens sind die mit ἀμὴν λέγω ὑμῖν eingeleiteten Schlußsätze bei
Gleichnissen nur dann ursprünglich, wenn sie *im Bild* bleiben, dh wenn sie
die *Pointe* (nicht aber die Anwendung!) bezeichnen (vgl Lk 14,24 in der ursprünglichen Form; 18,14a; Mt 18,13). Dies gilt von Mt 28,31b *nicht*. Drittens stehen eindeutig sekundäre Logien, die mit derselben Wendung eingeleitet
werden, den von Jeremias genannten gegenüber (Mt 24,47 par vgl oben S. 207
Anm 179 mit Schulz Q 398). Vorsichtig urteilen Bultmann, Synoptische Tradition 192, Schweizer, Mt 267 (der die Frage überhaupt offenläßt). Michaels,
HThR 61, 18 sieht einen Zusammenhang von V. 31b.32 mit V. 23–27, in welchen die Parabel selbst nicht genau paßt.
[113] Das den Zöllnern und Huren gegenübergestellte „euch" meinte ursprünglich
die „Gerechten Israels", die religiöse Elite des Volkes. Diese ist es ja auch, die

mehr zu bestimmen. Im folgenden wird *das letztere* als wahrscheinlicher vorausgesetzt, so daß das ursprüngliche Gleichnis mit V. 31a endet.[114] Das Logion hat demzufolge als eine von der vormatthäischen Gemeinde (oder von Mt selbst[115]) angefügte *Anwendung* der Parabel zu gelten.[116] Die ursprüngliche Parabel liegt also in den Versen *28* (ohne das „Was dünkt euch?") — *31a vor.*

Einige Schwierigkeiten bereitet die *textgeschichtliche Situation.* Die Textüberlieferung der Parabel liegt in drei Varianten vor: 1. Zuerst kommt der Ja-Sager, der nicht geht, dann der Nein-Sager, der geht; die Antwort auf die Frage in V. 31a lautet „der letztere".[117] 2. Zuerst kommt der Nein-Sager, der geht, dann der Ja-Sager, der nicht geht; die Antwort in V. 31a lautet „der erste".[118] 3. Zuerst kommt der Nein-Sager, der geht, dann der Ja-Sager, der nicht geht; Die Antwort in V. 31a lautet „der letzte(re)".[119] Die *dritte* Möglichkeit hat jedenfalls als *sekundär* zu gelten, zumal sie auch äußerlich schwach bezeugt ist.[120] Die ersten beiden Möglichkeiten können *beide* den

---

am Verhalten Jesu gegenüber Zöllnern und Sündern den größten Anstoß nimmt (vgl Mk 2,14—17; Mt 11,19 par Lk 7,34 vgl 30; Michel, ThWNT VIII 103, 12—106, 3).

[114] Schon Jülicher rechnete mit der Möglichkeit, daß das Logion V. 31b ursprünglich nicht in unseren Zusammenhang gehörte (Gleichnisreden II 382), setzt aber zumindest ein vormatthäisches Zuwachsen des Logions voraus.

[115] Die Einleitungsformel λέγει αὐτοῖς ὁ Ἰησοῦς ist *matthäisch.* Gleich oder in ähnlicher Form erscheint sie redaktionell in Mt 4,10 (≠ Lk); 8,4.22; 13, 52 (falls so zu lesen); 14,31; 15,34 (gegen Mk); 18,22; 19,21 (falls mit B usw zu lesen); 21,16 (vgl Schweizer, Mt 265); 21,42 (gegen Mk); 26,52 (vgl Schweizer, Mt 324); 26,64 (gegen Mk); 28,10 (vgl Schweizer, Mt 342). Demgegenüber steht die Formel nur ein Mal sicher traditionell (Mt 26,31 par Mk); und ein Mal unsicher (8,20 vielleicht aus Q). Zur Formel vgl auch Merkel, NTS 20, 256. Dieser Befund spräche dafür, daß erst Mt die vorliegende Anwendung anfügte.

[116] Auch Bultmann, Synoptische Tradition 192 sieht darin eine *Anwendung,* selbst wenn „deren Ursprünglichkeit vielleicht nicht bezweifelt zu werden braucht"(vgl auch oben S. 232 Anm 112).

[117] So der Text von Bpc, in der Grundstruktur gleich, jedoch mit Änderungen auch (Θ), Φ, pc, sa^pt.

[118] So die Überlieferung von ℵ, C, 𝕸, L, W, usw.

[119] So liest D, it, sy^s.

[120] Diese sonderbare Variante wird als ursprünglich vertreten von Michaels, HThR 61, 26 und passim; Schulz, Mitte 169. Man könnte sie nur so als ursprünglich verstehen, daß die Pharisäer in ihrer Verstockung absichtlich die falsche Antwort gegeben hätten, um so der Spitze des Gleichnisses zu entgehen (Schulz, aaO 169f). Das ist aber *unwahrscheinlich*: erstens hätte Jesus ihnen das vorwerfen müssen (Schweizer, Mt 268); zweitens hätten die Pharisäer von ihrem Selbstverständnis her kaum eine derartige Antwort gegeben, und es wäre sehr schwierig, ihnen eine solche zu unterschieben.

Anspruch auf Ursprünglichkeit erheben: Nimmt man an, daß Mt (oder schon seine Gemeinde) das Gleichnis heilsgeschichtlich verstand, daß er also im ersten Sohn die Pharisäer, im zweiten dagegen die Zöllner abgebildet sah, so stand im ursprünglichen Mt-Text wohl die Variante 1).[121] Die Änderung in die Variante 2) könnte damit erklärt werden, daß im Laufe der Zeit die Zöllner und Huren, die zwar Nein sagten und dennoch hingingen, den Ausgangspunkt darstellten, und daß diesen mit dem zweiten Sohn die verschiedenen Ja-Sager in der Gemeinde gegenübergestellt wurden, die zwar verbal sich zu Christus bekannten, aber den Willen des Vaters nicht taten.[122] Jedenfalls ist die Variante 3) von der Variante 2) abhängig.[123] Die textkritische Entscheidung ist nicht mit Sicherheit zu fällen.[124] Im folgenden wird die oben beschriebene Lösung als wahrscheinlicher vorausgesetzt: die Variante 1) wird als ursprünglich angenommen.

Es ergibt sich die folgende *traditions- und redaktionsgeschichtliche Hypothese*: Die ursprüngliche Parabel[125] wurde von der *vormat-*

---

[121] Für die Variante entscheidet sich auch die eingehende Untersuchung von Schmid, Problem 68—84; ebenso auch Derrett, StTh 25, 110f vgl Kretzer, Herrschaft 154.

[122] Die bei Derrett, StTh 25, 112 vorgeschlagene Begründung der sekundären Änderung überzeugt nicht. Kretzer, Herrschaft 154 verzichtet überhaupt auf die Begründung.

[123] Dies ist mE die einleuchtendste Einordnung der Variante in die Textgeschichte. Daß die Variante 3 zur Entstehung von Variante 1 geführt habe (erwogen bei Schweizer, Mt 268), ist wohl nicht wahrscheinlich, da die Variante 2 (im Gegensatz zu 3) in sehr alten Handschriften vorkommt.

[124] Jeremias, Gleichnisse 125 Anm 2 (vgl auch Schweizer, Mt 268) entscheidet sich für die Ursprünglichkeit der Variante 2). In der Tat kann so die Entstehung von Variante 1) gut aus dem (nachträglichen?) heilsgeschichtlichen Verständnis der Parabel erklärt werden. Jeremias' Begründung seines Entscheides, daß nämlich die Ablehnung des zuerst gebetenen Sohnes den Vater veranlaßt, sich an den zweiten Sohn zu wenden, ist jedoch unzureichend, da ja das Gleichnis sowieso von der Frage des Vaters an *beide* Söhne lebt, so daß der Vater gar kein Motiv braucht, um den zweiten Sohn zu bitten. Jeremias argumentiert von einem unangemessenen Realismus her. Daß es sich bei den Söhnen um einen älteren und einen jüngeren handle, wobei der jüngere (der naturgemäß als zweiter gebeten werde) psychologisch eher in der Lage des Nein-Sagens sei, hat keinen Anhalt im Text (gegen Derrett, StTh 25, 111).

[125] Die Annahme Merkels, das Gleichnis sei überhaupt von *Mt* gebildet worden (NTS 20, 254—261 bes 258), ist nicht überzeugend, da die von ihm erwiesenen matthäischen Spracheigentümlichkeiten (aaO 255f) lediglich eine matthäische *Bearbeitung* der Tradition wahrscheinlich machen können (zum Sprachlichen vgl Kretzer, Herrschaft 155f). Der Hinweis, das Gleichnis passe in das Konzept des Mt, ist kein Erweis der Unechtheit. Für Tradition entscheiden sich Bultmann, Synoptische Tradition 192; Jeremias, Gleichnisse 78f; Schweizer, Mt 267; Kretzer, Herrschaft 155; Derrett, StTh 25, 113.

thäischen Gemeinde mit der Anwendung von *V. 31b* versehen. Ebenfalls von ihr, bzw von *Matthäus* selbst stammt der Bezug auf Johannes den Täufer in V. 32. Die so verstandene Parabel wurde von Mt in den Kontext von Vollmachtsfrage und Parabel von den bösen Weinbergpächtern eingeordnet.

Interpretation

Auszugehen ist von einer ursprünglichen Jesus-Parabel[126] mit dem folgenden ungefähren Wortlaut:

> „Ein Mensch hatte zwei Söhne[127]. Und er kam zum ersten und sagte: ‚(Mein) Sohn[128], geh heute und arbeite in (meinem) Weinberg!' Doch der antwortete und sagte: ‚Ja, Herr[129]!' und ging (dann doch) nicht hin. Er kam aber zum zweiten und sagte ebenso. Doch der antwortete und sagte: ‚Ich will nicht.' Nachher besann er sich eines andern und ging hin. Wer von den zweien hat den Willen des Vaters getan? Sie sagen: ‚Der letztere.' "

Betrachtet man zunächst die *Erzählung* selbst, so kann man feststellen, daß es ihr um die Gegenüberstellung von zwei (auch logisch) entgegengesetzten Verhaltensweisen geht. Während der erste Sohn zwar Ja sagt, dann aber nicht hingeht, sagt der zweite zwar Nein, geht aber trotzdem hin. *Ein anfängliches Ja ist in der Folge ein Nein, während ein anfängliches Nein in der Folge zu einem Ja wird.* Bemerkenswert ist mE, daß die formale Analogie, welche in den die beiden Söhne betreffenden Sätzen vorliegt, *an einer Stelle durchbrochen* wird: zwischen die Antwort des zweiten Sohnes und seinem Verhalten wird ein μεταμεληθείς eingeschoben. Bei ihm wird also *explizit gesagt, daß er sich eines andern besann*, während dies beim ersten Sohn *fehlt*.[130] Daraus ist zu schließen, daß das *Hauptinteresse*

---

126 Es gibt keine Gründe, die vorliegende Parabel dem historischen Jesus abzusprechen, vgl Jülicher, Gleichnisreden II 385; Jeremias, Gleichnisse 78f; Schweizer, Mt 267; Kretzer, Herrschaft 155.
127 Das Geschlecht der Kinder kann aus dem Kontext erschlossen werden, mit Bauer, Wb s.v. 1aβ.
128 Bei der Anrede τέκνον schwingt die liebevolle Zärtlichkeit des Vaters mit (Bauer, Wb s.v. 1aβ). Seine Anrede ist also eine *Bitte*.
129 In der Literatur wird allgemein die Ansicht vertreten, das ἐγώ κύριε stehe hier als abgekürzter Ausdruck im Sinne einer intensiven Bejahung und wäre etwa mit ὑπάγω zu ergänzen (vgl Bl-Debr § 441.2 erster Anhang; siehe auch die Ergänzung in D; Jülicher, Gleichnisreden II 369). Die andere Übersetzungsmöglichkeit, nämlich „Ich, Herr?", brächte reizvolle Deutungsaspekte ins Spiel.
130 Dies kann nicht dadurch entschärft werden, daß ja der erste Sohn gar keine Reue empfunden haben könne, wenn er vom Ja zum Nein übergegangen sei. Vielmehr ist doch das μεταμέλεσθαι insofern von μετανοεῖν zu unterscheiden,

der Parabelerzählung auf dem *Benehmen des zweiten Sohnes* liegt: er besinnt sich eines andern; er ist also nicht an sein anfängliches Nein gebunden. Die Frage und die (selbstverständliche) Antwort in V. 31a sind erzählt, um zu *versichern*, daß jener Zweite (obwohl er Nein sagte) den Willen seines Vaters getan hatte. Stellt man in Rechnung, daß die Erzählkonstellation „Vater — Sohn — Arbeit im Weinberg" metaphorisch auf die Relation Gottes zu den Menschen verweist,[131] so ist der Schluß unausweichlich, daß es in unserer Parabel um den Anspruch Gottes und die Antwort des Menschen darauf geht. Die Parabel versucht demnach, den Menschen von seinem Nein zu Gott abzubringen, indem sie ihn sehen lehrt, daß sein anfängliches Nein nicht das letzte Wort zu Gott sein muß, und daß es die Möglichkeit gibt, sich eines andern zu besinnen. Indem ein Ja-Sager und ein Nein-Sager einander so gegenübergestellt werden, wird dem Hörer deutlich, daß er sein anfängliches Nein in ein gehorsames Ja verwandeln kann, und *daß es nur auf dieses wirklich ankommt.* Wer die Parabel verstanden hat, ist von seiner Fixierung auf das Nein befreit. Die von Gott her ergehende *Bitte* um Gehorsam, die die Parabel ausspricht, kommt in ihr so zur Sprache, daß der Hörer gerade durch die Parabel von seinem Ungehorsam abgelenkt wird und so der Bitte *nachkommen* kann. Die Parabel ist also beides: Bitte um Gehorsam und Geschenk der Erfüllung jener Bitte.

Das Gleichnis muß *im Kontext des Lebens Jesu* interpetiert werden. In diesem Kontext entspricht das anfängliche Ja bzw Nein der Söhne zum Vater einer Grundhaltung des Menschen gegenüber Gott, wie sie etwa bei den Pharisäern und Gerechten einerseits und bei den Zöllnern und Sündern andererseits vorliegt. Man kann jedoch nicht sagen, daß es der Parabel um die Gegenüberstellung jener beiden Volksgruppen geht.[132] Vielmehr geht es ihr um die *Verwand-*

---

als es „noch nicht einmal ein Gott wohlgefälliger Affekt zu sein" braucht, sondern „sogar nur einen Umschlag in der Stimmung andeuten (Ex 13,17; 1Makk 11, 10)" kann (Michel, ThWNT IV 631, 36—38; vgl Michaels, HThR 61,20: „Futile regret is a long way from saving repentance."). Also hätte auch der erste Sohn sein Ja bereuen können.

[131] Die metaphorische Bedeutung von „Vater" für Gott ist schon im AT festzustellen (Quell, ThWNT V 969, 14—970, 32). Sie findet ihre Fortsetzung im Frühjudentum und bei Jesus (Schrenk, ThWNT V 977, 27—981, 38). Daraus erfolgt die Metaphernbildung „Kind ≙ Mensch" mit Notwendigkeit. Zur metaphorischen Bedeutung von „Arbeit im Weinberg" vgl oben S. 223 mit Anm 70.

[132] Die meisten Auslegungen der Parabel gehen allerdings davon aus: Jeremias sieht in der Parabel die Botschaft verkündigt, daß Zöllner und Huren Gott näher stehen als die Frommen (Gleichnisse 125f). Nach Schweizer hat das Gleichnis „an die gedacht, die sich als die Gläubigen und Gottes Willen Erfül-

lung der anfänglichen Entscheidung, insbesondere um die *Verwandlung des anfänglichen Nein in ein Ja.* Das anfängliche Ja wird in der Ablehnung *Jesu* (gen.obj.) als ein Nein *zu Gott* offenbar, das anfängliche Nein wird in der Nachfolge *Jesu* als ein Ja *zu Gott* offenbar. Im Verhältnis zu Jesus zeigt sich des Menschen *wahres Verhältnis zu Gott*; dies ist die implizit christologische Dimension unserer Parabel.[133] Daß dabei *auch* an das Ja der Gerechten, das sich in ihrem Nein zu Jesus als Nein zu Gott herausstellt, und an das Nein der Sünder, das sich in ihrem Ja zu Jesus als Ja zu Gott herausstellt, gedacht werden kann, soll hier nicht bestritten werden. Darin liegt jedoch nicht das Hauptinteresse der Parabel. Ihr Anliegen ist vielmehr, die Sünder von ihrem anfänglichen Nein abzubringen und sie auf den Weg zum Gehorsam zu geleiten: sie zur Nachfolge Jesu zu bewegen. Damit *wiederholt* die Parabel, was Jesus in seinem Ruf zur Nachfolge gewährt: vom Nein zu Gott abkommen, sich eines andern besinnen, mit dem Ja zu Jesus ein Ja zu Gott sagen. In beidem, in der Parabel wie auch im Ruf zur Nachfolge, wird die Gottheit Gottes gewahrt: Gott spricht die Bitte zu kommen aus, und er gewährt dem Menschen die Erfüllung jener Bitte.

Die *vormatthäische Gemeinde* bezog in ihrer Anwendung (V. 31b) die Söhne der Parabel auf bestimmte Volksgruppen: auf der einen Seite stehen die, die mit ihrem Nein zu Jesus ihr anfängliches Ja zu Gott als Lippenbekenntnis entlarven, die Pharisäer und Hierarchen, die Gerechten Israels. Und auf der andern Seite stehen die, die mit ihrem Ja zu Jesus sich eines Besseren besinnen und von ihrem anfänglichen Nein zu Gott abkommen, die „Zöllner und Huren". Diese Anwendung, so gefährlich sie auch sein mag, bewahrt zumindest die christologische Spitze der Parabel. Ja, sie kann *rechtens als christologische Interpretation* bezeichnet werden. Die An-

---

lenden ansahen, es aber nicht waren, während die, die sich von Israel ausgeschlossen fühlten, tatsächlich Gottes Willen erfüllten; also an die Jesus ablehnenden Frommen einerseits, die Zöllner und Dirnen andererseits" (Mt 268). In ähnlicher Weise denkt Derrett an die Elite, die „neglected the call" (StTh 25, 115), die nur „pretend to serve" (aaO 116), während „those constantly hostile in their reactions, will ultimately turn out to show the fullest obedience" (ebd). Alle diese Deutungen beruhen mE auf einer vorschnellen Übertragung einzelner Erzählzüge auf die Erfahrungswelt. Zudem stellen sie zu wenig in Rechnung, daß der Hauptakzent der Parabel auf dem *zweiten* Sohn liegt, der von seinem Nein abkommt und gehorsam wird.
[133] Gegen Vincent, TU 73, der mE zu Unrecht den Nein sagenden Sohn als christologisches Element bezeichnet: „We seem to have in this picture of dutiful obedience to the father the kind of attitude which our Lord had to God, often holding back from His will (...), but finally giving in to it" (S. 88).

wendung mag teilweise durch die Erfahrung der Gemeinde bedingt sein, sofern sie das Nein Israels zum verkündigten Christus und das Ja der Ausgestossenen und Heiden[134] zur Christusbotschaft widerspiegelt.

Matthäus selbst versteht möglicherweise die Parabel *heilsgeschichtlich*[135], sofern er im ersten Sohn das Verhalten Israels, im zweiten dagegen die christliche Gemeinde abgebildet sieht.[136] Indem er einen Bezug auf Johannes herstellt (V. 32), sichert er das christologische Verständnis der Parabel: er hält fest, daß mit Johannes jene Zeit gekommen ist, wo offenbar wird, wer den Willen des Vaters in Wahrheit tut. Mit Johannes beginnt die Zeit des Christus. Israel hat schon Johannes nicht geglaubt (V. 32 vgl V. 25), sein Ja zu Gott ist damit als Nein offenbar geworden. An Israels Stelle ist ein anderes Volk getreten, das den „Weg der Gerechtigkeit" geht, indem es den Willen des Vaters tut und Frucht bringt (Vgl Mt 21,43!).[137] Auch dieses Verständnis der Parabel vermag ihr gerecht zu werden, wenn streng darauf geachtet wird, daß auch das neue Volk vor der Gefahr nicht sicher ist, sein anfängliches Ja in ein faktisches Nein zu verkehren. Und wenn darauf geachtet wird, daß auch jetzt Nein-Sager darauf warten, von ihrem Nein abgebracht zu werden.

---

[134] „Daß man nach Ostern auch an die Jesus ablehnenden Juden und die ihn aufnehmenden Heiden, für die die Zöllner so etwas wie ein Vor-Bild darstellen, gedacht hat, ist wahrscheinlich" (Schweizer, Mt 268). Dies gilt mE gerade für die vormatthäische Gemeinde, die aus diesem Grunde das Logion angefügt haben könnte.

[135] Das heilsgeschichtliche Verständnis legt sich auch im Blick auf die Feigenbaumperikope und vor allem im Blick auf den Aufbau von Kp 21—25 nahe. Israel dient Mt als warnendes Beispiel (Kretzer, Herrschaft 156f).

[136] Damit dürfte Mt schon an das Verständnis seiner Gemeinde angeknüpft haben (Schweizer, Mt 268 und die vorletzte Anm oben).

[137] Für Mt ist der Bezug auf Johannes deshalb wichtig, weil nach ihm die Entscheidung schon beim Täufer fällt (eine Analogie zu V. 25f); vgl Schweizer, Mt 268. Der „Weg der Gerechtigkeit" (Kretzer, Herrschaft 157f) ist ein Weg, auf welchem *getan* wird, was gepredigt wird. Mt kommt es darauf an, „die Bedeutung des *Tuns* herauszustellen"; wer das Tun verweigert, bleibt fruchtlos (aaO 159). So ist das Gleichnis „hartes Gerichtswort über die, die in Worten und Gedanken ja sagen, ohne daß es doch zur Verwirklichung des Willens Gottes kommt, und zugleich dringliche Einladung zu solcher Verwirklichung" (Schweizer, Mt 269). Die Gerichtsdrohung hat an vielen Stellen den „paränetischen Zweck: sie soll zum Tun des Willens Gottes treiben. Das Gericht droht gerade auch den Jüngern" (Barth, Gesetzesverständnis 56. 71).

2.4.4 *Die Parabel von den zehn Jungfrauen (Mt 25,1—13)*

Analyse

Die Parabel[138] wurde von *Matthäus* in den Kontext von zwei Parusiegleichnissen (Mt 24,45—51; Mt 25,14—30) gestellt.[139] Auf Matthäus zurückzuführen ist wahrscheinlich auch V. 13, da diese Aussage zum Gleichnis selbst nicht paßt[140] und zudem der Verklammerung von Mt 25,14—30 mit unserer Parabel dient.[141] Die *Einleitungsformel* (V. 1a) geht auf die Matthäus vorliegende Sondertradition von vier Gleichnissen zurück.[142] Die meisten Erzählzüge dieser Parabel sind für den Hörer in ihrem Zusammenhang ohne weiteres verständlich. Die erzählte Geschichte ist, wenn auch nicht alltäglich, so doch gut denkbar.[143] Die Erzählung ist auf ihre *Verständlichkeit* und innere *Gesetzmäßigkeit* hin zu befragen. In dieser Hinsicht sind allerdings einige Züge auffällig: die Bezeichnung der Jungfrauen als „töricht" bzw „klug" (V. 2) nimmt vorzeitig das Ende der Erzählung vorweg und beraubt sie eines guten Teils ihrer Spannung. Auffällig ist auch, daß die beiden Bezeichnungen am Schluß nicht mehr auf-

---

[138] Zur formgeschichtlichen Einordnung von Mt 25,1—13 vgl Bultmann, Synoptische Tradition 190f. Bultmann führt den Abschnitt zwar unter den Parabeln auf, bezeichnet ihn dann aber als „von der Anwendung aus konstruierte Allegorie" (aaO 191). Daß in der jetzigen Gestalt des Textes *metaphorische Züge* festzustellen sind, ist nicht zu bestreiten. Dennoch ist die Parabel nicht als Allegorie im eigentlichen Sinne anzusprechen (gegen Donfried, JBL 93, 427; Strobel, NT 2, 201f), da durchaus eine in sich konsistente Erzählung vorliegt, deren Einzelzüge mehrheitlich dem Erzählgerüst eingeordnet werden können (mit Via, Gleichnisse 119; vgl auch Linnemann, Gleichnisse 133).
[139] Die Einordnung ist redaktionell (Schweizer, Mt 314). Das zeigt auch das τότε, das auf den Zusammenhang mit der Parusierede verweist (V. 1; Maisch, BiLe 11, 248).
[140] Das „Wachen" spielt im Gleichnis keine Rolle, da dort ja *alle* Jungfrauen schlafen (mit zB Schweizer, Mt 306; Bornkamm, Verzögerung 50; Strobel, NT 2, 222, Bultmann, Synoptische Tradition 191; Jeremias, Gleichnisse 48f). V. 13 verweist zurück auf Mt 24,42 (par Mk). Die Anpassungen an das Gleichnis (ὥρα zusätzlich gegenüber Mt 24,42) weisen den Vers als redaktionell aus.
[141] Vgl das zurückverweisende γάρ in Mt 25,14 (siehe oben S. 194).
[142] Gegen Bultmann, Synoptische Tradition 190f mit Schweizer, Mt 304. 197; vgl ders, Gemeinde 101. Zum Futurum ὁμοιωθήσεται s aaO 100.
[143] Beachtet man den *fiktionalen* Charakter, der den Parabeln eigen ist, so ist die vielverhandelte Frage, ob sich die Parabel mit den damaligen Hochzeitsbräuchen vereinbaren läßt, nicht so erheblich, wie sie von den Vertretern der gegensätzlichen Standpunkte hingestellt wird (dazu die Auseinandersetzung Jeremias', Gleichnisse 171—174, mit Bornkamm, Verzögerung 49—55; Donfried, JBL 93, 417; Strobel, NT 2, passim). Ob die Parabel „quite a realistic story" (Dodd, Parables 173) sei, trägt für ihr Verständnis nichts aus, da es ja nicht auf ihren Realismus ankommt.

tauchen; dort werden die Jungfrauen bloß mit ἔτοιμοι bzw λοιπαί bezeichnet (V. 10f). Dies legt die Vermutung nahe, daß es sich hier um eine Charakterisierung handelt, die erst sekundär eingetragen wurde, als der Ausgang der Parabel schon bekannt war.[144] Eine weitere Auffälligkeit ist in dem zweifachen „Herr! Herr!" (V. 11) zu sehen, welches an die verwandte Stelle Mt 7,22f (Q) erinnert.[145] Diese deutlich verwandte Tradition dürfte aber gegenüber unserer Parabel sekundär, also eher von ihr beeinflußt sein als umgekehrt.[146] Dennoch wirkt die zweifache Anrede unverhältnismäßig; sie ist wohl ebenfalls von der vormatthäischen Gemeinde in Anspielung an die Anrede Christi bei der Parusie eingetragen worden. Dasselbe gilt schließlich von dem „Wahrlich, ich sage euch" (V. 12),[147] das im Munde des Bräutigams unmotiviert ist. Das „Ich kenne euch nicht" kann dagegen als ursprünglich gelten.[148] Ebenfalls zum ursprünglichen Bestand gehört der (etwas ungewöhnliche) Verzug des Bräutigams (V. 5), der für das Erzählgerüst der Parabel unentbehrlich ist.

Aus dem oben Gesagten ergibt sich die folgende *traditions- und redaktionsgeschichtliche Hypothese*: die *ursprüngliche Parabel* umfaßte V. 1.3—12 (ohne die adjektivische Bezeichnung der Jungfrauen; ohne die Verdoppelung der Herr-Anrede und ohne das „Wahrlich, ich sage euch"). Der V. 2, die formale Gestaltung der Einleitungsformel und die in der obigen Klammer genannten Elemente gehen auf die *vormatthäische Gemeinde* zurück. *Matthäus* selbst trägt das „dann" (V. 1) ein und fügt V. 13 an, um die Parabel in den Kontext der Parusierede einzubringen.

---

[144] Daß handelnde Personen mit *Adjektiven* charakterisiert werden, ist für den Stil der Gleichniserzählung zudem ungewöhnlich (Bultmann, Synoptische Tradition 204f). Nimmt man dazu, daß das Gegensatzpaar μωρός — φρόνιμος so nur noch im Gleichnis vom Hausbau (ebenfalls Mt-Sondertradition, vgl Schweizer, Gemeinde 101) vorkommt, so liegt die Vermutung nahe, es handle sich hierbei um ein Interpretament der vormatthäischen Gemeinde (die ja die Sondertradition der Gleichnisse bei Mt mitgeformt hat). Als negative Qualifikation steht μωρός überhaupt nur im Mt (7×) und vielleicht 1× im Mk (7,13). Mit diesem Befund stimmt der von φρόνιμος überein, das 7mal bei Mt (immer traditionell), 2mal bei Lk (davon 1mal Q, 1mal in einem vorlukanischen Gleichnis), sowie bei Paulus 5mal vorkommt.
[145] Die doppelte Kyrie-Anrede dürfte hier vormatthäisch sein (Schulz, Q 425 mit Anm 163); vgl den im übrigen wohl ursprünglicheren Wortlaut in Lk 13, 25—28. Das doppelte Kyrie redet den Parusiechristus an (Schulz, Q 426).
[146] Vgl Schweizer, Mt 304.
[147] Vgl Strobel, NT 2, 202; zur λέγω ὑμῖν-Formel siehe zB Schulz, Q 390.
[148] Dazu Jeremias, Gleichnisse 175 mit Verweis auf die jüdischen Parallelen bei Str-B I 469; IV 293.

Interpretation

Auszugehen ist von einer ursprünglichen Parabel mit ungefähr dem folgenden Wortlaut:

„Mit der Gottesherrschaft verhält es sich wie folgt: Zehn Jungfrauen nahmen ihre Lampen[149] und gingen aus, den Bräutigam einzuholen.[150] Fünf von ihnen nahmen die Lampen, nicht aber Öl mit sich. Die andern fünf dagegen nahmen Öl mit in Krügen[151], samt ihren Lampen.[152]

Da aber der Bräutigam sich Zeit ließ[153], wurden alle schläfrig und schliefen ein.

Mitten in der Nacht[154] aber erhob sich ein Geschrei: ‚Siehe, der Bräutigam! Geht aus, ihn einzuholen!'

---

[149] Obwohl das Wort in den meisten Fällen „Fackel" bedeutet (vgl Jeremias, Gleichnisse 174 mit Anm 4), wird man es in unserer Parabel mit „Lampe" wiedergeben müssen (Argumente bei Schweizer, Mt 304f). Daß diese „Lampen" aber nur für den häuslichen Gebrauch bestimmt wären (so Strobel, NT 2, 211), ist aus dem Wortgebrauch nicht zu erheben. Das Postulat Strobels ergibt sich aus seiner Herleitung der Parabel von der passa-theologischen Erwartung (die Taufe werde in der Passanacht mit Lichtern gefeiert).
[150] Die Zufügung καὶ τῆς νυμφῆς (D, Θ, al, latt, sy^{s.p}) ist, abgesehen von ihrer schlechten Bezeugung, dadurch zu erklären, daß das Fehlen der Braut in dieser Parabel schon von den Abschreibern als Mangel empfunden wurde. Lectio difficilior ist demnach das bloße „den Bräutigam" (vgl Jeremias, ThWNT IV 1093 Anm 11). Zur Einholung des Bräutigams siehe Jeremias, Gleichnisse 172f. Der hier vorliegende Sprachgebrauch erinnert an 1Thess 4,17 (εἰς ἀπάντησιν τοῦ κυρίου!). Die metaphorische Bedeutung des Ausdrucks ist für die *Endgestalt* des Gleichnisses vorauszusetzen.
[151] Vgl Jeremias, Gleichnisse 174.
[152] Die Übersetzung geschieht mit Schweizer, Mt 303. Der Kontext (V. 7f) läßt vermuten, daß in allen Lampen bereits Öl war, so daß es sich beim mitgenommenen um solches handelt, das zum Nachfüllen der Lampen dient.
[153] Zur Übersetzung von χρονίζειν vgl Bauer, Wb s.v. 1. Das Verbum erscheint vorwiegend in Zusammenhängen, in denen es um die Parusie geht (Mt 24,48 par; Hebr 10,37; anders nur Lk 1,21). Die Verzögerung der Ankunft des Bräutigams kann im Blick auf die Erzählung durchaus verständliche Gründe haben (Jeremias, Gleichnisse 173; allerdings mit Berufung auf *moderne* Hochzeitsbräuche Palästinas).
[154] Der Ausdruck μέσης νυκτός (ohne Artikel!) kann wohl „Mitternacht" meinen, braucht aber nicht im Sinne einer genauen Zeitangabe gepreßt zu werden (gegen Strobel, NT 2, 203f). Die von Strobel angegebenen Parallelen (Ex 12,29; SapSal 18,14; aaO 204) stimmen nicht genau mit unserer Stelle überein.

Da erwachten[155] alle jene Jungfrauen und brachten ihre Lampen in Ordnung.[156] Die ersten Fünf aber sagten zu den zweiten: ‚Gebt uns von eurem Öl, denn unsere Lampen verlöschen!‘

Diese aber antworteten: ‚Keineswegs! Es wird niemals reichen für uns und für euch. Geht lieber zu den Händlern, und kauft für euch (welches)!‘[157]

Während sie nun weggingen zu kaufen, kam der Bräutigam, und die bereit waren, gingen mit ihm zur Hochzeitsfeier[158]; und die Tür ward verschlossen.

Später kamen auch die übrigen Jungfrauen und sagten: ‚Herr, öffne uns!‘

Er aber sagte: ‚Ich kenne euch nicht.‘"[159]

Die Beantwortung der Frage, ob diese Parabel auf den historischen Jesus oder auf die christliche Gemeinde zurückgeht, ist außerordentlich schwierig. Jedenfalls darf sie *nicht* davon abhängig gemacht werden, ob in der Parabel allegorische Züge vorkommen, noch davon, ob die Erzählung sich mit den Hochzeitsbräuchen Palästinas verträgt. Die Beantwortung jener Frage hängt vielmehr davon ab, ob die mit der *ganzen Erzählung* vorgenommene metaphorische Prädikation das Gottesreich *so* zur Sprache bringt, wie es auch in andern Gleichnissen Jesu zur Sprache kommt, oder ob die Erzählung sich von Haus aus auf die Parusie Christi (und also nicht auf die Basileia) bezieht.[160]

---

155 Das Verb kann *auch bei Mt* das natürliche Aufwachen vom Schlaf meinen (gegen Donfried, JBL 93, 424f; vgl zB Mt 1,24). Dies schließt allerdings nicht aus, daß Mt hier hinter dem „Schlafen" und „Erwachen" das Sterben und Auferwecktwerden der Christen sieht. Für die ursprüngliche Parabel ist diese Metaphorik nicht anzunehmen.

156 Zur Bedeutung des Ausdrucks vgl Schweizer, Mt 305.

157 Die vielverhandelte Frage, ob die Läden um diese Zeit noch offen waren, wird dadurch beantwortet, daß man ja annehmen muß, bei einer Hochzeitsfeier sei mehr oder weniger das ganze Dorf auf den Beinen (Schweizer, Mt 305), so daß man bestimmt irgendwie Öl bekommen konnte. „Weder die Weigerung der Klugen, von ihrem Öl abzugeben, noch die Möglichkeit des Nachfüllens im Laden darf man allegorisch ausdeuten" (ebd). Dies zeigt nocheinmal, daß unsere Parabel keine Allegorie im eigentlichen Sinne ist.

158 Es besteht kein Grund, das εἰς τοὺς γάμους hier mit „zum Hochzeitshause" (so Jeremias, Gleichnisse 174) wiederzugeben (siehe Bauer, Wb s.v. 1.b).

159 Vgl Str-B I 469 (zu Mt 7,23), wo allerdings *späte* Belege für diese „Bannformel" genannt werden.

160 Deshalb ist es methodisch unzulässig, wenn aufgrund der metaphorischen Bedeutung von *Einzelzügen* auf Gemeindebildung geschlossen wird. Wenn also zB Züge wie „Kommen des Bräutigams" (Donfried, JBL 93, 421. 424), „Verzögerung" (aaO 421), „verschlossene Tür" (aaO 423), „Öl" (aaO 422.

Daraus folgt, daß die Frage erst beantwortet werden kann, wenn die *Erzählung als ganze interpretiert* ist.

Die Erzählung gliedert sich in drei szenische Untereinheiten: die *erste Szene* schildert die Vorbereitung zum Empfang des Bräutigams und dessen Verspätung. In der *zweiten Szene* ist der Bräutigam im Kommen, und die Jungfrauen treffen die letzten Maßnahmen zu seinem Empfang. Dabei stellt sich heraus, daß die Hälfte der Frauen für die Ankunft des Brätigams nicht gerüstet ist. Die *dritte Szene* schildert die Ereignisse nach der Ankunft des Bräutigams: die einen Jungfrauen gehen mit ihm zur Feier, die andern kommen später und werden nicht mehr eingelassen. *Handlungsträger* der Erzählung sind zehn Jungfrauen, die von Anfang an in zwei Gruppen unterteilt werden. *Ihre Einheit findet die Handlung* in der Person des *Bräutigams,* der in allen drei Szenen *handlungsbestimmend ist*: die erste bestimmt er als *Erwarteter,* die zweite als *Kommender,* die dritte als *Angekommener.* Die eine Hälfte der Jungfrauen macht in der ersten Szene einen Fehler, der sich allerdings erst in der zweiten Szene als solcher herausstellt, und dessen Folgen in der dritten Szene als Ausschluß der betreffenden Jungfrauen vom Hochzeitsmahl geschildert werden. Worin besteht dieser Fehler? Er besteht oberflächlich gesehen darin, daß ein Teil der Frauen

---

425f), oder „Licht" (aaO 423) bei *Mt* eine metaphorische (christologische) Bedeutung haben, so sagt das nichts aus über die Entstehung der Parabel, sondern lediglich über das matthäische Verständnis derselben (gegen Donfried, aaO 427, der die Parabel für eine matthäische Bildung hält). Derselbe methodische Fehler liegt auch bei Strobel, NT 2, 199—227 vor, der die gewalttätige Einordnung von Einzelzügen (aaO 201—203) zum Unechtheitszeichen der Parabel erklärt. Wenn die passa-theologische Erwartung des Menschensohns in judenchristlich-quartadecimanischen Kreisen (aaO 205) Züge aufweist, die mit unserer Parabel verwandt sind, so heißt dies keineswegs, daß „die Annahme der schon öfter behaupteten Gemeindebildung ... unabweislich" ist (aaO 222). Von Verwandtschaft auf Einfluß zu schließen, ist methodisch grundsätzlich problematisch. Und daß die Beeinflussung von der passa-theologischen Erwartung *ausging* und nicht von unserer Parabel, ist eine durch nichts zu belegende Annahme. Schwerer wiegt der Einwand Bornkamms, die „Voraussetzung für das Geschehen unserer Parabel" sei „das anfängliche Ausbleiben des Bräutigams" (Verzögerung 49), und deswegen sei die Parusieverzögerung die Voraussetzung der Parabel (aaO 50). Daß die späte Ankunft des Bräutigams für unsere Parabel wesentlich ist, ist nicht zu bestreiten; die Frage ist höchstens, ob dieser Zug, *noch bevor er im Ganzen der Erzählung interpretiert worden ist,* so direkt auf die Parusieverzögerung zu beziehen ist (aaO 52—54). Vor allem beweist der Hinweis auf die Erwartung des Weltendes bei Nacht (aaO 52, mit Nennung vieler neutestamentlicher Belege) nichts, weil diese Belege — die Ursprünglichkeit der Parabel vorausgesetzt — ja auch *von ihr* beeinflußt sein können.

kein Ersatzöl für ihre Lampen mitnimmt. Dies ist sicher nicht in ihrer Nachlässigkeit begründet, sondern darin, daß sie die Ankunft des Bräutigams *zu dem Zeitpunkt erwarten, wo sie selbst beim Treff- punkt vor dem Dorf oder der Stadt angelangt sind.* In der Erzählung vertreten sie also die irrige Annahme, daß sie mit ihrem Hinausgehen zum Empfang die Handlung bestimmen. Den Gang der Handlung bestimmt jedoch der Bräutigam, denn er ist die Hauptperson an sei- nem Hochzeitsfest. Wann er kommt, hängt von ihm allein ab, und nicht von denen, die ihn abholen. Das haben die Jungfrauen nicht alle bedacht. Ihr Fehler besteht im Grunde darin, daß sie den Bräu- tigam gar *nicht (im strengen Sinne) als Kommenden erwarten,* in- dem sie glauben, über sein Kommen zu verfügen. Sie scheinen zu wissen, wann er kommt. Darum waren sie zwar bereit, als er *nach ihrer Meinung* kommen sollte, aber nicht bereit, als er tatsächlich *kam.* Bereitschaft, jemanden als Kommenden zu empfangen, be- deutet ihrem Wesen nach, darauf *verzichten,* über sein Kommen zu verfügen. Dies wird in der zweiten Szene offenbar, sofern der im Verfügen-Wollen begründete Fehler der Jungfrauen sich als ihre *Nicht*-Bereitschaft herausstellt (V. 8f). Die Folgen davon zeigen sich in der dritten Szene. Weil die Frauen den Bräutigam nicht im stren- gen Sinne als Kommenden erwarteten, verpaßten sie seine Ankunft, und die Feier mit dem Angekommenen blieb ihnen versagt.

Nachdem die Erzählung für sich interpretiert ist, kann der Versuch gemacht werden, sie als metaphorisches Prädikat *der Gottesherr- schaft* auszulegen. Richtungweisend ist dabei der metaphorische Gehalt der handlungsbestimmenden Figur des Bräutigams. „Bräuti- gam" ist sowohl im Alten Testament[161] wie auch im Frühjuden- tum[162] eine *Metapher für Gott,* deren Verwendung in der nach- exilischen Zeit immer mehr zunimmt.[163] Die Hochzeitsfeier mit diesem Bräutigam — ursprünglich ein Bild für den Bundesschluß Jahwes mit Israel[164] — wird im Frühjudentum zum Bild für die Herrlichkeit der Endzeit.[165] In diesem Kontext ausgelegt bringt

---

[161] Vgl Jeremias, ThWNT IV 1094, 29—37. Die deutlichste Stelle ist wohl Jes 62,5 („mit der Freude des Bräutigams an der Braut freut sich dein Gott an dir"), vgl aaO 1094, 35f.
[162] Vgl Jeremias, ThWNT IV 1094, 29—1095, 4 und zB die bei Str-B I 501 zi- tierte Stelle ExR 46(101ᵃ), wo Jahwe als Bräutigam, die Israeliten als Braut und Mose als Brautführer erscheinen (vgl auch Str-B I 970 zu Mt 25,6).
[163] Sie wird nachexilisch verbunden mit der Hoffnung auf das endzeitliche Hochzeitsfest mit dem Bräutigam. Eine Metapher Messias-Bräutigam scheint nicht bestanden zu haben (Jeremias, ThWNT IV 1095, 7—36).
[164] So Stauffer, ThWNT I 651, 39—44 (mit Belegstellen).
[165] Vgl oben S. 188 Anm 98 und Jeremias, ThWNT IV 1095, 5—7 mit Anm 32.

die Parabel also *Gott als Kommenden* zur Sprache, der in seinem Kommen das eigentlich *handlungsbestimmende Subjekt* der Menschen bleibt. Die Parabel intendiert dabei jene Einstellung des Menschen, die dem kommenden Gott dadurch entspricht, daß sie auf das Verfügen über sein Kommen verzichtet, nämlich die *Bereitschaft*.[166] Die Fehlhaltung, die erzählerisch durch das Verhalten der Jungfrauen ohne Öl dargestellt ist, besteht darin, daß Gott nicht im strengen Sinne als Kommender, sondern als *zu einem bestimmten Zeitpunkt* (über den der Mensch Bescheid zu wissen glaubt) *Kommender* verstanden wird. So verstanden wendet sich die Parabel *gegen eine berechnende Einstellung* zur Ankunft Gottes, indem sie jede *zeitliche* Bestimmung der Nähe Gottes *aufhebt*. Jede zeitliche Bestimmung der Nähe Gottes beschränkt die Bereitschaft, ihn zu empfangen, auf einen bestimmten Zeitraum, was (wie die Parabel zeigt) der Nicht-Bereitschaft gleichkommt und dazu führt, daß die Ankunft Gottes *verpaßt* wird.[167] In summa: die Parabel bringt Gott *ohne Einschränkung* als Kommenden zur Sprache.

Ist diese Auslegung der Parabel richtig, so paßt sie ausgezeichnet zur Basileia-Verkündigung Jesu; und sie ist dann zu Recht als Gottesreichs-Gleichnis überliefert (Mt 25,1). Jesus bringt ja die Gottesherrschaft als eine ihrem Wesen nach *nahe* zur Sprache. Dabei ist die Nähe nicht in der Kategorie des Zeitraums auszusagen, sondern als Nähe, die direkt zur Gegenwart ist.[168] Aus diesem Grunde wendet sich Jesus ja gegen jede Berechnung der Ankunft des Gottesreiches. Wie kann die direkte Nähe der Basileia zur Gegenwart zur Sprache gebracht werden, ohne daß die Basileia in der Gegenwart aufgeht (was einer Aufhebung der Differenz von Gott und Welt gleichkäme) und ohne daß ihre Nähe im Sinne eines zeitlichen Abstandes relativiert wird? Dies geschieht eben so, *daß die Basileia als*

---

[166] Wesentlich für die Konkretisierung der Bereitschaft ist, daß für die Ankunft des Bräutigams *keine Zeit* festgesetzt ist. Dies zeigen rabbinische Gleichnisse, die mit dem unsrigen eine gewisse Verwandtschaft aufweisen, deutlich: ihr Grundzug besteht nämlich darin, daß ein Fest ohne Zeitangabe angesetzt wird (Str-B I 878f). Sie dienen dort dazu, zur täglichen Buße zu ermahnen, damit der Mensch für den Tod bereit ist. Dieses Element der nicht festgesetzten Zeit wird in unserer Parabel erzählerisch durch die Verspätung des Bräutigams vertreten. Es erscheint demnach nicht ganz berechtigt, diesen Zug sofort von der Parusieverzögerung her zu erklären.

[167] Überaus bemerkenswert ist in diesem Zusammenhang, daß die „verschlossene Tür" geradezu sprichwörtlich für die *verpaßte Gelegenheit* steht (Str-B I 970 zu Mt 25,12).

[168] Vgl oben S. 94 Anm 124.

Kommende zur Sprache kommt.[169] Genau das aber leistet unsere Parabel. Von hier aus gesehen erscheint es also sinnvoller, die Parabel als Gottesreichsgleichnis Jesu[170] zu verstehen. Daß die Parabel ihre Existenz der Parusieverzögerung verdanke, ist demnach eine Annahme, die — auch wenn sie durchaus möglich ist — nicht mit Notwendigkeit zu machen ist.[171]

Wenn die Parabel ein Gleichnis Jesu über das Gottesreich ist, so muß sie im *Kontext des Lebens Jesu* interpretiert werden. Gott als Kommender bzw die (nahe) Basileia ist in der Person Jesu gegenwärtig. Die Nähe der Basileia wird hier in der (das Denken in Zeit-Räumen aufhebenden) Kategorie des *Kommens* Gottes ausgesagt. Die Verkündigung Jesu gilt dem kommenden Gott, und Jesu Verhalten widerspiegelt die Nähe der Gottesherrschaft. Darum ist jetzt die Zeit der Erwartung Gottes (vgl Szene 1). Darum kann jetzt nicht gefastet werden.[172] *Jetzt* gilt es, sich auf Gott als den Kommenden einzustellen. Die Bereitschaft beginnt auch in der Parabel von allem Anfang an, sofern sich dort entscheidet, ob die Ankunft Gottes verpaßt wird

---

169 Die Sprache des neutestamentlichen Zeugnisses erhebt „nicht ein Wirkliches (...), sondern ein Kommendes und *nur so Gegenwärtiges* zur Wahrheit ,an' uns" (Fuchs, Hermeneutik 218; Hervorhebung von mir).

170 So entscheiden sich, wenn auch mit verschiedenen Auslegungen, zB Jeremias, Gleichnisse 50; Via, Gleichnisse 119f; Maisch, BiLe 11, 254; Ford, NT 9, 121f.

171 Diese Annahme machen zB Bornkamm, Parusieverzögerung 54f; Donfried, JBL 93, 427 (*Mt* hat die Parabel gebildet); Strobel, NT 2, 225 (der, etwas apodiktisch, jede nähere Untersuchung darüber für überflüssig hält, ob das Gleichnis einen echten Kern habe); Linnemann, Gleichnisse 132. 187—192 (Anm 7f; ausführliche Auseinandersetzung mit in der Literatur vertretenen Positionen).

172 Von der so verstandenen Parabel aus erscheint das Jesuswort Mk 2,19a (vgl Schweizer, Mk 32) in einem interessanten Licht. Auch dort expliziert Jesus sein Verhalten mit einem Bildwort, das metaphorisch von der Gegenwart *Gottes* spricht (es braucht nicht messianisch verstanden zu werden, gegen Pesch, Mk 175). Auch dort interpretiert die *Gemeinde* so, daß sie *Jesus* mit dem Bräutigam identifiziert (V. 20, vgl Schweizer, Mk 33f; Pesch, Mk 175). Es ist wahrscheinlich daß die Bräutigam-Gott Metapher sowohl in Mk 2,19 wie auch in unserer Parabel auf den historischen Jesus zurückgeht. Während in Mk 2,19a die Gegenwart Jesu mit der Gegenwart Gottes *metaphorisch* qualifiziert wird, präzisiert unsere Parabel die Gegenwart Jesu als *Anwesenheit des kommenden Gottes* (bzw als Zeit der nahen Basileia). Beachtet man die fundamentale Differenz zwischen Gott und Welt, so muß die *Gegenwart Gottes* als ein *Kommen* gedacht werden. In diesem Zusammenhang wäre die Metapher Bräutigam-Christus als eine durch Ostern notwendig gewordene Interpretation der Gemeinde zu erklären, deren Verständnisbedingung die Verkündigung Jesu ist.

oder nicht.[173] *Jetzt ist die Zeit zur Bereitschaft gekommen, zur nicht-berechnenden Erwartung des kommenden Gottes.* Eben diese Einstellung stellt das Gleichnis her, indem es am Beispiel der törichten Jungfrauen zeigt, daß berechnende Erwartung den Menschen um die Teilnahme am Fest bringt. Die Parabel gibt dem Hörer schon jetzt Teil am endzeitlichen Heil, sofern sie ihm eine Einstellung ermöglicht, die ihn Gott gewiß nicht verpassen läßt. So wendet sie das Gericht, das auf die berechnende Erwartung folgt, ab und verhilft dem Menschen zum Heil.[174] Indem die Parabel dem Hörer eine neue Einstellung zu Gott gibt, gibt sie ihm auch das rechte Verhältnis zur Welt. Sie befreit ihn davon, die Welt apokalyptisch-enthusiastisch zu übergehen, indem sie den kommenden Gott als direkt zur Gegenwart der Welt ausspricht. Und indem sie den Hörer lehrt, *Gott* nicht-berechnend zu erwarten, lehrt sie ihn eine Weise des Erwartens, die er auch auf *die Menschen* anwenden wird. Er wird auch die Menschen als auf ihn zukommende sehen lernen und die Gelegenheiten zur Liebestat nicht mehr verpassen. Jesu Ankündigung, daß die Zeit zur Liebe gekommen sei,[175] ist begleitet von der Ermächtigung, die Zeiten der Liebe zu nützen. Dieser Zusammenhang zwischen Gottesverständnis und menschlichem Selbstverständnis ist freilich in der Parabel selbst nicht explizit angesprochen. Er ergibt sich indessen mit Notwendigkeit aus der allgemeinen Theorie der Gleichnisauslegung (vgl oben 1.2.8).

Die *vormatthäische Gemeinde* gibt ihrem Verständnis der Parabel zunächst darin Ausdruck, daß sie die Jungfrauen ausdrücklich *klug* bzw *töricht* nennt. Sie nimmt damit etwas schon am Anfang vorweg, das sich erst vom Ende der Parabel her ergibt: klug ist, wer bereit ist; wer dagegen nicht bereit ist, ist töricht und wird die Ankunft des Herrn verpassen. Mit den Interpretamenten in V. 11f zeigt die Gemeinde deutlich, daß sie Christus als den kommenden Bräuti-

---

[173] Gerade das *vernünftige* Handeln der Jungfrauen in der Mittelszene führt dazu, daß der am Anfang gemachte Fehler sich als Verpassen des Bräutigams auswirkt. Die Vorsorge der einen Hälfte der Jungfrauen erscheint dementsprechend *erst vom Ende her* als Klugheit. Der Fehler der andern besteht nicht darin, daß sie oberflächlich voraussetzen, die Welt werde sich um sie kümmern (so Via, Gleichnisse 122); diese Voraussetzung erwies sich ja als gerechtfertigt. Vielmehr besteht der Fehler darin, daß sie den Bräutigam nicht *als im strengen Sinne Kommenden* erwarten.

[174] Deshalb ist es mE unberechtigt, die Parabel zu den *Krisis*gleichnissen zu zählen (gegen Jeremias, Gleichnisse 49f; übernommen von Maisch, BiLe 11, 254).

[175] Vgl Fuchs, Zeitverständnis GA II 375.

gam erwartet.[176] Mit der *christologischen Interpretation* trägt die
Gemeinde dem Sachverhalt Rechnung, daß in Jesus Gott so als
Kommender zum Zuge kam, daß das Kommen Gottes nicht mehr
unter Absehung von Jesus vorgestellt werden kann, sondern geradezu als Kommen des *Christus* am Ende der Zeit verstanden werden muß. Damit wiederholt sie auf ihre Weise das Geschehen von
Ostern, in welchem die Selbstidentifikation Gottes mit dem Gekreuzigten offenbar wurde. Daher konnte nun für Christus gelten, was
vordem Gott zugekommen war. So verstanden wird die Parabel
von einer auf die Gegenwart zielenden Ansage des Kommens Gottes zu einer die Geschichte interpretierenden Ankündigung der
künftigen Parusie des Menschensohnes. Indem die Parabel geschichtlich ausgelegt wird (und eine solche Auslegung folgt aus der christologischen Interpretation), wird sie zum Ausdruck des Geschichtsverständnisses dieser Gemeinde. *Sie erschließt die Gegenwart als
eine Zeit der Erwartung,* der durch die Parusie des Menschensohnes
ein Ende gesetzt werden wird. Dabei sorgt die Parabel selbst dafür,
daß der Zukunft keine unabhängige Funktion zukommt, sondern
daß ihr Bezug zur Gegenwart gewahrt wird, sofern die Bereitschaft
zum Empfang des Parusiechristus *die Gegenwart* prägt. Die durch
Ostern geschehene geschichtliche Wende führt ihrerseits dazu, daß
verschiedene Einzelzüge der Parabel eine neue metaphorische Bedeutung bekommen.[177] Insbesondere wird das Ausbleiben der Parusie so verarbeitet, daß der Akzent auf die *jetzt* erforderliche Bereitschaft gelegt wird. Darin wird ein Zug der ursprünglichen Parabel wirksam, die ja die *Un*berechenbarkeit des Kommens Gottes
ins Bewußtsein rief.

Matthäus nimmt die Auslegung seiner Gemeinde auf, indem er die
Parabel als *Aufforderung zur Wachsamkeit* (die er ausdrücklich in

---

[176] Das doppelte „Herr" gilt dem Parusiechristus (vgl oben S. 240 Anm 145),
und das „Amen, amen ich sage euch" ist häufig Einleitung zu Jesusworten
(vgl oben S. 240 Anm 147).
[177] Bornkamm, Verzögerung mahnt allerdings mit Recht zur Vorsicht im Blick
auf durchgreifende „Allegorese" (53). Zumindest aber wären hier die Einholung des Bräutigams (vgl oben Anm 150), seine nächtliche Ankunft (vgl oben
Anm 160) und der Ausschluß von der Hochzeitsfeier (als Verurteilung im Gericht) zu nennen. Möglich ist auf dieser Stufe, daß das Schlafen und Aufwachen
der Jungfrauen (V. 5f) die Auferweckung der Toten zum Gericht abbilden. Wir
hätten damit eine weitere Stelle, die die Auferweckung *aller* zum Gericht voraussetzt. Ebenfalls möglich ist, daß die Jungfrauen nun die christliche Gemeinde
darstellen (vgl 2Kor 11,2; Donfried, JBL 93, 426). Damit wäre — für die vormatthäische Gemeinde typisch (vgl oben S. 240 Anm 144) — wiederum die
Kirche als corpus mixtum dargestellt. Dies alles bleibt jedoch hypothetisch.

der Unberechenbarkeit der Ankunft der Parusie begründet) versteht (V. 13).[178] Unter dem Gesichtspunkt der Unberechenbarkeit paßt unsere Parabel gut zur vorhergehenden (Mt 24,45—51), obwohl diese zu jener in einem gewissen Gegensatz steht: in Mt 24,45—51 ist jener Knecht böse, der mit der Verzögerung der Ankunft rechnet, während in Mt 25,1—13 dies gerade als klug gilt.[179] Im Kontext des Matthäusevangeliums müssen *beide* Parabeln als Ausdruck der Unberechenbarkeit des Endes verstanden werden. Schwer zu entscheiden ist, wie Matthäus diese Bereitschaft konkret verstand. Möglich ist, daß sie im Tun des Willens Gottes bestand.[180] Klar ist jedenfalls, daß auch für ihn die Gegenwart von der Parusie Christi bestimmt ist, da er den Bezug der Parabel auf die Parusie ausdrücklich übernimmt.[181]

2.5 Die Gleichnisse des Lk-Sondergutes

2.5.1 Das Gleichnis von der verlorenen Drachme (Lk 15,8—10)

Analyse

Das ursprüngliche Gleichnis steht in Frageform[1] und umfaßt *V. 8f.* In V. 10 folgt eine Anwendung, die zwar schon vor Lukas zum Gleichnis gekommen sein muß,[2] die aber kaum auf den historischen Jesus zurückgehen dürfte.[3] Das Gleichnis samt seiner Anwendung wurde von Lukas durch ein einfaches „oder" (V. 8) in den jetzigen

---

178 Wachen ist „schon als übertragener Ausdruck für solche Bereitschaft verwendet, die die Zeit nicht überspringt, wohl aber in der Gegenwart schon auf die Zukunft hin lebt" (Schweizer, Mt 306).
179 Vgl Bornkamm, Verzögerung 50. Es ist mE die Frage, ob die beiden Gleichnisse überhaupt sachgemäß ausgelegt werden, wenn sie *nur* von ihrer Einstellung zur Parusie her verstanden werden.
180 So Donfried, JBL 93, 423, der von der Lichtsymbolik auf die „guten Taten" schließt (vgl Mt 5,14—16). Der Kontext (Gleichnis von den Talenten) zeigt, daß ein solches Verständnis möglich ist (vgl Bornkamm, Enderwartung 20).
181 Dies ergibt sich aus dem τότε und dem futurischen ὁμοιωθήσεται, siehe auch Schweizer, Mt 305.
1 Jeremias, Gleichnisse 134.
2 Vgl oben S. 170 Anm 11.
3 Die Anfügung einer *Anwendung* ist, wie Mt 18,14 und Lk 15,7 zeigen, in den meisten Fällen ein Werk der Gemeinde (vgl oben S. 172 Anm 26f). Daß die Anwendung futurisch zu übersetzen sei (Jeremias, Gleichnisse 135 Anm 5), ist eine Vermutung.

Kontext gestellt.[4] Besonders wichtig ist für Lk der V. 9. Dies ergibt sich daraus, daß er diesen Vers auch in das vorhergehende Gleichnis (V. 6) einträgt.[5] Das Gleichnis selbst ist einheitlich; es geht wohl in der vorliegenden Gestalt auf den historischen Jesus zurück.[6]

Interpretation

> „Welche Frau, die zehn Drachmen[7] hat, (und) wenn sie eine Drach-me (davon) verloren hat,[8] zündet nicht ein Licht an[9] und fegt[10] das Haus und sucht genau, bis sie sie findet? Und wenn sie sie ge-funden hat, ruft sie die Freundinnen und Nachbarinnen zusammen und sagt: ‚Freut euch mit mir, denn ich habe die Drachme gefun-den, welche ich verloren hatte!‘ "

Das Gleichnis ist *zweiteilig*: der erste Teil macht — folgend auf die Exposition, die den Verlust einer von zehn Drachmen als Ausgangs-lage skizziert — die intensive *Suche* der Frau zum Thema, während der zweite Teil ihre überschwengliche *Freude* über das Wiederfinden des Verlorenen zum Ausdruck bringt.[11] Beide Teile sind wichtig: der intensiven Suche entspricht die große Freude. Im Unterschied zum Gleichnis vom verlorenen Schaf, wo das Zurücklassen der 99 Schafe ein leicht hyperbolisches Moment darstellt,[12] erscheint die Suche des Verlorenen in unserem Gleichnis als vollendete *Selbstver-ständlichkeit*.[13] Wichtig, ist, daß die Frau durchwegs als handelndes

---

[4] Vgl oben S. 170 mit Anm 10.
[5] Vgl oben S. 170 mit Anm 14.
[6] Bultmann, Synoptische Tradition 185. 211 rechnet mit der Möglichkeit, daß Lk 15,8—10 ein späterer Zusatz zum Gleichnis vom verlorenen Schaf ist. Die Kriterien der Konsistenz und Diskontinuität sprechen aber für Echtheit; gleiches Urteil bei Jeremias, Gleichnisse 135.
[7] Es kann sich dabei um den zum Brautschatz gehörenden Kopfschmuck han-deln (vgl Jeremias, Gleichnisse 134).
[8] Der Aorist wird hier aus Gründen des Kontextes mit einem deutschen Perfekt wiedergegeben.
[9] Dies ist nötig, weil die Häuser keinen nennenswerten Lichteinfall hatten (vgl Jeremias, Gleichnisse 134).
[10] Die Übersetzung mit Jeremias, ebd.
[11] Diese Zweiteiligkeit verbietet es, das Gleichnis auf einen einzigen Punkt (die Freude über das Finden des Verlorenen) zu fixieren (gegen Jeremias, Gleichnisse 135; Linnemann, Gleichnisse 72; ähnlich Jülicher, Gleichnisreden II 324f). Dies ist zu stark von der Anwendung her gedacht.
[12] Das wird allerdings dadurch fast aufgehoben, daß das Gleichnis vom verlore-nen Schaf die Form einer rhetorischen Frage hat (vgl oben S. 174).
[13] Wer sucht nicht, wenn er ein Geldstück verloren hat? Etwas hyperbolisch ist lediglich die Intensität der Suche; vgl Dupont, ASeign 55, 72.

Subjekt auftritt.[14] Das Verlorene ist der *passive* Teil: es bestimmt das Handeln der Frau nur insofern, als es *Objekt* ihrer Suche und — als Wiedergefundenes — *Grund* ihrer Freude ist. Das Gleichnis versetzt den Hörer in die Lage, die intensive Suche der Frau zu begreifen und in ihre Freude über das Finden einzustimmen.

In diesem Gleichnis kommt Gott als der zur Sprache, der den Menschen sucht und sich überschwenglich freut, wenn er ihn findet.[15] In dieser Hinsicht kann das Gleichnis als *Gottesreichsgleichnis* verstanden werden, sofern nämlich die *Nähe* der Basileia in der *Suche* und der *Freude* ihren Ausdruck findet. Im Gleichnis tritt die Basileia dem Hörer so nahe, daß er sich selbst als Verlorenen verstehen lernt und *zugleich davon befreit wird, aus eigener Kraft seine Verlorenheit zu überwinden.* Vielmehr soll er sich suchen lassen und einstimmen in die Freude Gottes, die sich einstellt, wenn er gefunden wird. Wer sich im Sinne der Parabel als Verlorenen begreift, begreift gerade dadurch seine Zugehörigkeit zu Gott.

Die Suche Gottes nach dem Verlorenen ist im *Leben Jesu* Ereignis geworden. Die Nähe der Basileia ereignet sich in der Nähe Jesu zum Menschen.[16] Im Gleichnis expliziert Jesus *seine* Suche nach dem Menschen als Suche *Gottes.* Und er lehrt den Menschen, die Gottferne als Verlorenheit zu verstehen, die nur Gott selbst überwinden kann; mehr noch, die er — wenn das Gleichnis ankommt — *schon überwunden* hat. *Das* ist das Evangelium.[17]

Die vorlukanische *Gemeinde* interpretiert das Gefundenwerden als *Metanoia* des Sünders. Dabei legt sie den Ton so stark auf die Freude Gottes, daß dadurch der Gefahr, die Umkehr als Bedingung zum Heil aufzufassen, entgegengetreten wird. Vielleicht schon

---

14 Darin ist unser Gleichnis mit der ursprünglichen Fassung von Lk 15,4—7 par völlig gleich (vgl oben S. 174). In der Anwendung dagegen ist diese Konzentration auf das Subjekt durch die Einführung des μετανοοῦντι leicht abgeschwächt.

15 Daß im Gleichnis Gott zur Sprache kommt, ist in der (allerdings sekundären) Deutung V. 10 aufbewahrt. Es ergibt sich auch aus Analogiegründen (Gleichnis vom verlorenen Schaf und vom verlorenen Sohn).

16 Gerade die in der Tischgemeinschaft Jesu mit den Menschen verschiedenster Herkunft hergestellte Nähe zu diesen ist nicht nur „Akt und Ausdruck einer menschlichen Gesinnung" (Bornkamm, Jesus 73), sondern das Ereignis der nahen Gottesherrschaft (aaO 74).

17 Deshalb ist das Gleichnis nicht „Jesu Apologie des Evangeliums" (gegen Jeremias, Gleichnisse 135, dessen Bestimmung des historischen Orts unseres Gleichnisses als Kampf gegen die Pharisäer und Frommen zur zitierten Verwechslung führt).

für die Gemeinde, sicher aber für *Lukas*, ist die Metanoia streng an die Person Jesu gebunden (V. 1—3). Damit wird der theologische Anspruch des Gleichnisses Jesu als *christologischer* explizit.

2.5.2 Die Parabel vom verlorenen Sohn (Lk 15,11—32)

Analyse

Die vorliegende Parabel[18] wurde von Lukas in den jetzigen Kontext gestellt.[19] Im Blick auf die *Einheitlichkeit* der Parabel wurde in neuerer Zeit vor allem versucht, zwischen einer Quelle und einer lukanischen Überarbeitung derselben[20] oder zwischen einer originalen ersten Hälfte (V. 11—24) und einer sekundären zweiten Hälfte (V. 25—32)[21] zu unterscheiden. Was die Frage der redaktionellen Überarbeitung der Parabel angeht, hält nur die These von der stilistischen Mitgestaltung durch Lukas einer genaueren Überprüfung stand.[22] Inhaltlich dagegen ist die Parabel in sich geschlossen; es lassen sich keine Einzelzüge ausscheiden, ohne daß das Erzählgefüge der Parabel zerstört wird.[23] Auch die These vom sekundären Charakter der zweiten Hälfte vermag nicht zu überzeugen, da weder der Aufweis

---

[18] Zur formgeschichtlichen Einordnung vgl Bultmann, Synoptische Tradition 190; Fuchs, Zeitverständnis GA II 369; Pesch, Exegese 141; Schottroff, ZThK 68, 39.

[19] Vgl oben S. 170 Anm 10; Bovon, enfant 37; Giblin, CBQ 24, 15. 22f.

[20] Hier ist insbesondere die These von Schweizer, ThZ 4, 469—471 zu nennen, der eine (semitisierende) Quelle im ersten Teil des Gleichnisses feststellt und eine Rekonstruktion des ursprünglichen Inhalts vornimmt (aaO 470). Dazu vgl Peschs Referat über die Auseinandersetzung zwischen Schweizer und Jeremias (Exegese 142f, vgl 149). Die These Schweizers wird allerdings *durch ihn selbst* überholt (ThLZ 99, 724f), sofern auch Schweizer die Einheitlichkeit der Parabel feststellt. Bovon, enfant 48. 51 hält V. 24.32 für redaktionell.

[21] Die Fragestellung erscheint schon bei Bultmann, Synoptische Tradition 190, wird aber im negativen Sinne beantwortet (aaO 212). Neuerdings hat Sanders, NTS 15, 433—438 wiederum den Versuch unternommen, Lk 15,25—32 dem Evangelisten zuzuweisen.

[22] Dies zeigen mE die vokabelstatistischen Untersuchungen von Jeremias, ZNW 62, 174—181 und besonders auch die Analyse von Carlston, JBL 94, 369—383. Beide Autoren kommen zum Ergebnis, daß die lukanische Arbeit an der Parabel auf das Stilistische beschränkt bleibt (Jeremias, aaO 181; Carlston, aaO 383; übernommen von Pesch, Exegese 150; Broer, NTS 20, 461). Die Entscheidung über V. 24.32 bleibt unsicher: diese beiden Verse können wohl redaktionell oder traditionell sein.

[23] Die Einheitlichkeit wird ausdrücklich festgestellt von Schottroff, ZThK 68, 37; Eichholz, Gleichnisse 216; Jüngel, Paulus und Jesus 160; Pesch, Exegese 145. Eine Analyse der Erzählung rechtfertigt dieses Urteil.

von sprachlichen Besonderheiten[24], noch der Hinweis auf die Verschiedenheit der vorausgesetzten Rechtsverhältnisse von denen im ersten Teil,[25] noch formgeschichtliche Argumente[26] wirklich beweiskräftig sind.[27] Wahrscheinlich bleibt demnach nur die Annahme, Lk 15,11—32 sei ein im wesentlichen einheitliches, von Lk stilistisch überarbeitetes Gleichnis.[28] Damit ist auch die These, die Parabel sei ein Werk des Lukas,[29] als unbegründet abgelehnt. Das Hauptargument dieser These ist, daß die Parabel mit der lukanischen Soteriologie übereinstimme und aus diesem Grunde als redaktionell anzusehen sei.[30] Ganz abgesehen davon, daß jene Übereinstimmung sich

---

[24] Carlston, JBL 94, 390 vgl 383 kommt zum Schluß, daß die lukanischen Spracheigentümlichkeiten jedenfalls in V. 25—32 *nicht* häufiger sind als in V. 11—24; vgl die Gegenprobe von Jeremias, ZNW 62, 178f, der auch in V. 25—32 erhebliches traditionelles Material findet; zur Auseinandersetzung mit der These von Sanders s O'Rourke, NTS 18, 431—433, dessen Analyse zeigt „that the arguments adduced from rhetoric and vocabulary do not prove much, if anything, concerning the original unity of the parable" (aaO 433).

[25] Dies schon deshalb, weil der Erzähler der Parabel gar kein Interesse an der Übereinstimmung mit den Rechtsvorstellungen hat (Schottroff, ZThK 68, 41). Das Erzählte sprengt sowieso die Normalität weltlicher Verhältnisse (Fuchs, Zeitverständnis GA II 370). Dazu kommt, daß sich schon innerhalb des ersten Teils rechtliche Inkonsequenzen finden, sofern nämlich der Vater bei der Rückkehr des jüngeren Sohnes über das Erbteil des älteren zu verfügen scheint (V. 22f; vgl Pesch, Exegese 144 im Anschluß an Daube; zum Problem siehe auch Derrett, NTS 14, 62f).

[26] Gegen Sanders, der mit der Nichtexistenz von zweigipfligen Parabeln argumentiert (NTS 15, 433f), ist festzuhalten, daß die Gegenüberstellung zweier Typen durchaus nicht zum Postulat der sekundären Erweiterung berechtigt (vgl Mt 20,1—15; 21,28—32). Gleich urteilen Jüngel, Paulus und Jesus 160; Fuchs, Zeitverständnis GA II 369; Jeremias, Gleichnisse 131; Schottroff, ZThK 68, 43; Bovon, parabole 295, Giblin, CBQ 24, 20; Broer, NTS 20, 460; schon Bultmann, Synoptische Tradition 212. Auch der Hinweis auf „allegorische" Züge im zweiten Teil (so Sanders, aaO 436) trägt nichts aus, da erstens das Auftreten allegorischer Züge nicht gegen Ursprünglichkeit spricht und zweitens allegorische (oder besser metaphorische!) Züge auch im ersten Teil zu finden wären (mit Pesch, Exegese 144, der auf V. 14f.24 hinweist).

[27] Es läßt sich im Gegenteil zeigen, daß die Parabel von allem Anfang an *beide* Söhne voraussetzt (V. 11.12.13) und also im Hörer die Erwartung weckt, auch über den älteren etwas zu erfahren. „Das Gleichnis kann, soll es die Hörer befriedigen, nicht / mit V. 24 enden" (Pesch, Exegese 144f).

[28] Als Beispiel für die große Mehrzahl der Ausleger seien genannt: Jeremias, ZNW 62, 181 und Carlston, JBL 94, 383: „On the contrary, linguistic criteria seem strongly to indicate that the entire parable came to Luke *via* the tradition and that he has treated it with about the same degree of freedom that he shows in his treatment of the Marcan and Q materials."

[29] Vertreten von Schottroff, ZThK 68, 27—52, besonders 49. 51f.

[30] Schottroff, aaO 51.

nicht nachweisen läßt,[31] ist das Argument *schon aus methodischen Gründen* fragwürdig, fußt es doch auf dem Axiom, daß ein Theologumenon eines Evangelisten mit der Verkündigung Jesu gar nicht übereinstimmen *könne*. Fällt also Lukas als Autor außer Betracht, so legt sich die Vermutung nahe, daß unsere Parabel auf den historischen Jesus zurückgeht. Diese Vermutung läßt sich auch positiv „im Maß des historisch-kritisch Möglichen"[32] wahrscheinlich machen.[33] Daraus resultiert die traditions- und redaktionsgeschichtliche *Hypothese, daß Lk 15, 11—32 ein Gleichnis Jesu ist, welches von Lukas stilistisch überarbeitet und in unseren Kontext gestellt wurde.*[34]

Interpretation

Das Gleichnis Jesu lautete wie folgt:

   „Ein Mensch hatte zwei Söhne.[35] Und der jüngere von ihnen sagte zum Vater: ‚Vater, gib mir den (mir) zukommenden Teil[36] (dei-

---

[31] Vielmehr läßt sich zeigen, daß die lukanische Soteriologie, in welcher die Buße Voraussetzung des Heils zu sein scheint (Schottroff, aaO 32f mit Verweis auf Lk 5,32; 17,3f; 15,7), gerade *nicht* mit derjenigen der Parabel übereinstimmt. In der Parabel kommt ja die Vergebung des Vaters der Buße des Sohnes *zuvor* (vgl Carlston, JBL 94, 384f. 386f; Broer, NTS 20, 459; Pesch, Exegese 145. 162). Dazu kommt, daß Lk 15,7 *nicht* redaktionell ist, also auch nicht für die lukanische Soteriologie in Anspruch genommen werden kann (gegen Schottroff, aaO 33 vgl oben S. 170 Anm 11).

[32] Pesch, Exegese 145.

[33] Für die Echtheit der Parabel spricht: 1. Sowohl in sprachlicher als auch in motivgeschichtlicher Hinsicht ist palästinensischer Hintergrund vorauszusetzen (Broer, NTS 20, 461; Jeremias, ZNW 62, 174—181; Carlston, JBL 94, 378—383; Schweizer, ThZ 4, 469; Derrett, NTS 14, 56—74; Pesch, Exegese 147). 2. Die Parabel ist konsistent mit der Verkündigung Jesu, vgl zB Mt 20, 1—15 (Carlston, aaO 388f; Broer, aaO 462; Pesch, aaO 148). 3. Die Botschaft der Parabel widerspricht den Vorstellungen sowohl des Frühjudentums als auch der christlichen Gemeinde (die Parabel zeigt gerade nicht die Buße als Bedingung des Heils).

[34] So urteilt die Mehrzahl der Ausleger (ausgenommen die oben S. 252 Anm 20f. S. 253 Anm 29 genannten Positionen).

[35] Die Wendung ἄνθρωπός τις ist Lk-Sondergut, während Lk selbst eher ἀνήρ τις brauchen würde (Bovon, enfant 42). Auch δύο υἱούς (statt υἱοὺς δύο) kann zur Lk-Quelle gehören (Carlston, JBL 94, 381).

[36] Der ihm zukommende Teil wäre nach Dtn 21,17 $1/3$ des Besitzes (so Jeremias, Gleichnisse 128); vielleicht auch $2/9$ (Vermutung von Derrett, NTS 14, 62). Die Rechtslage ist unklar: der ältere Sohn wird nach V. 31 als alleiniger künftiger Besitzer bezeichnet. Er hat also das Besitzrecht, nicht aber die Nutznießung. Es handelt sich demnach um eine „Schenkung bei Lebzeiten" (Jeremias, aaO 128f). Der *jüngere* Sohn aber verlangt offenbar eine *Abfindung*. Zum Problem vgl Derrett, aaO 59—63; Pesch, Exegese 157.

nes) Vermögens[37].' Der aber teilte seinen Besitz[38] unter sie. Nicht lange danach machte der jüngere Sohn alles zu Geld[39] und verreiste in ein fernes Land[40]; und da verpraßte[41] er sein Vermögen in einem heillosen Leben[42]. Als er alles aufgebraucht hatte, kam eine schwere Hungersnot[43] über jenes Land, und er begann Mangel zu leiden. Da ging er hin und hängte sich an einen Bürger jenes Landes, und der[44] schickte ihn auf seine Felder, die Schweine zu hüten.[45] Und er hätte sich am liebsten den Bauch voll geschlagen[46] mit den Schoten[47], welche die Schweine fraßen, und niemand gab ihm (davon).[48] Da ging er in sich[49] und sagte: ‚Wieviele Tagelöhner mei-

---

[37] Vgl Jülicher, Gleichnisreden II 337f; Bauer, Wb s.v.; Bovon, enfant 43.

[38] Die Unterscheidung beider Vokabeln für Besitztum ist wohl kaum zufällig, da οὐσία durchwegs die Selbständigkeit des Sohnes, βίος dagegen seine Beziehung zum Vater signalisiert (mit Pesch, Exegese 158). Um diesem Sachverhalt Rechnung zu tragen, wird hier zwischen „Vermögen" und „Besitz" unterschieden.

[39] Übersetzung mit Bauer, Wb s.v. συνάγειν 1.

[40] Er zog wohl in die Diaspora (Jeremias, Gleichnisse 129), um seine Selbständigkeit und Unabhängigkeit vom Vater zu demonstrieren.

[41] Im διασκορπίζειν steckt das Moment des „ausstreuenden", ziellosen Umgangs mit dem Geld (vgl Bauer, Wb s.v.).

[42] Das ζῶν ἀσώτως meint ein Leben „sans espoir de salut" und impliziert wohl unmoralisches Verhalten (Bovon, enfant 44).

[43] Ἐγένετο λιμός ist ein biblischer Ausdruck (vgl Gen 47,13 LXX); Bovon, aaO 44.

[44] Jeremias sieht im unvermittelten Subjektwechsel einen Semitismus (Gleichnisse 129).

[45] Die Situation zwingt den jüngeren Sohn, sich an einen heidnischen Arbeitgeber zu verdingen. Das Schweinehüten ist für einen Juden verunreinigend (dazu Str-B II 213; Schweizer, ThZ 4, 469; Jeremias, Gleichnisse 129; Derrett, NTS 14, 66) und bedeutete eine menschliche und religiöse Degradierung (Carlston, JBL 94, 379).

[46] Damit soll der derbe Ausdruck wiedergegeben werden (mit Jeremias, Gleichnisse 129). „Die Grobheit des Ausdrucks malt, wie der Mann beim Essen nur noch die Bedürfnisse eines Schweins hat, auf allen Genuß längst verzichtend" (Jülicher, Gleichnisreden II 344). „Drastischer kann die Unfreiheit einer Existenz, die nur noch elementare Gier ist, nicht gemalt werden" (Pesch, Exegese 160).

[47] Zum Ausdruck vgl Jülicher, Gleichnisreden II 344. Wichtig ist, daß es sich um Schweinefutter handelt (siehe Str-B II 213—215).

[48] Die Übersetzung des Satzes geschieht in Anlehnung an Jeremias, Gleichnisse 129. Der Sohn hat seine religiösen Bedenken schon lange vergessen, es geht hier um die schiere Verweigerung des Essens durch seine Mitmenschen.

[49] Das εἰς ἑαυτὸν δὲ ἐλθών muß *nicht* von vornherein mit *Buße* gleichgesetzt werden (so auch Str-B II 215, der zwar Belege für die Bedeutung von Buße bringt, aber auch notiert, der Ausdruck könne auch im „allgemeineren Sinn: von einer Meinung abstehen, ein Wort zurücknehmen" usw vorkommen). Hier bedeutet der Ausdruck die Rückkehr des Sohnes zur Vernünftigkeit, die darin

nes Vaters haben Brot im Überfluß, ich aber komme hier vor Hunger um! Ich will mich aufmachen und zu meinem Vater gehen und zu ihm sagen: Vater, ich habe gesündigt gegen den Himmel und gegen dich.[50] Ich bin es nicht mehr wert, dein Sohn zu heißen; stelle mich wie einen deiner Tagelöhner!'[51] Und er machte sich auf und kam zu seinem Vater. Als er aber noch fern war, sah ihn sein Vater und wurde von Mitleid ergriffen, und er eilte[52] (ihm entgegen) und fiel ihm um den Hals und küßte ihn[53]. Der Sohn aber sagte zu ihm: ,Vater, ich habe gesündigt gegen den Himmel und gegen dich, ich bin es nicht mehr wert, dein Sohn zu heißen.' Aber der Vater sagte zu seinen Knechten: ,Schnell! bringt das erste Gewand[54] heraus und zieht es ihm an! Und steckt einen Ring[55] an seinen Finger und gebt ihm Schuhe an die Füße[56].

---

besteht, die Situation zu bedenken und das Naheliegende zu tun (vgl Bauer, Wb s.v. ἔρχεσθαι I. 2.c). Die Umkehr darf jedenfalls *nicht als eine Leistung des Sohnes* verstanden werden. Dafür spricht auch die Art seiner Begründung, in welcher er seine Position mit derjenigen der Knechte seines Vaters vergleicht.

[50] Die Variation in der Formulierung (εἰς bzw ἐνώπιον) ist hier rein stilistisch bedingt (Lohfink, ThQ 155, 52). Beides ist also mit „gegen" wiederzugeben. Eine Analyse des LXX-Sprachgebrauchs zeigt, daß die Übersetzung „ich habe bis zum Himmel gesündigt" falsch ist (ebd). „Der jüngere Sohn des Gleichnisses hatte in der Fremde das, was ihn mit seiner Familie verband, immer mehr zerstört; er hatte aber auch die Gemeinschaft mit Gott zerstört, als er bei den Heiden seinen Glauben verlor — und deshalb hat er gesündigt: gegen den Himmel und gegen den Vater" (ebd; vgl Str-B II 217, der den Parallelismus betont; Pesch, Exegese 161). Anders dagegen Bovon, enfant 46; Schweizer, ThZ 4, 470.

[51] Der μίσθιος hatte eine sehr untergeordnete Stellung (Bovon, enfant 46; Jeremias, Gleichnisse 130). Der Sohn hat keinerlei Hoffnung, wieder Sohn seines Vaters zu sein. Darum kann man nicht sagen, er beanspruche „den Vater als Vater" und empfange „des Vaters Barmherzigkeit" (gegen Pesch, Exegese 166f).

[52] Eine derartige Eile ist für einen jüdischen Vater „ganz ungewöhnlich und unter seiner Würde" (Jeremias, Gleichnisse 130 mit Berufung auf Weatherhead, Anm 2).

[53] Der Kuß ist Zeichen der Vergebung (Jeremias, aaO 130).

[54] Es handelt sich wohl nicht um ein Feiergewand, sondern um das Gewand, das der Sohn — als er noch zu Hause war — zu tragen pflegte (vgl Bovon, enfant 47). Seine Einkleidung bedeutet demnach die Wiedereinsetzung als Sohn (Pesch, Exegese 163).

[55] Der Ring bedeutet die Einsetzung in die Verfügungsgewalt im Hause (vgl Jeremias, Gleichnisse 130; Pesch, Exegese 163; Derrett, NTS 14, 66).

[56] „Die Schuhe zeichnen nicht nur den freien Mann im Unterschied zum barfüßigen Sklaven aus, sie symbolisieren ... auch die Verfügungsgewalt des im Hause wieder eingesetzten Sohnes ..." (Pesch, Exegese 163; Jeremias, Gleichnisse 130).

Und hôlt das Mastkalb[57], schlachtet (es), und dann wollen wir
ein Freudenmahl feiern. Denn dieser mein Sohn war tot und ist
wieder zum Leben gekommen,[58] er war verloren und ward wiedergefunden.' Und sie fingen an zu feiern. Sein älterer Sohn aber
war auf dem Felde[59]; und wie er heimkehrend sich dem Hause
näherte, hörte er Musik und Tanz[60], und er rief einen der Knechte[61] und erkundigte sich[62], was dies sei. Der aber sagte ihm: ,Dein
Bruder ist gekommen; und (da) schlachtete dein Vater das Mastkalb, weil er ihn gesund wieder hat.' Da geriet er in Zorn und
wollte nicht hineingehen. Sein Vater aber ging zu ihm hinaus und
sprach ihm freundlich zu[63]. Doch der antwortete dem Vater: ,Sieh,
(alle) diese Jahre diene ich dir, und niemals habe ich eines deiner
Gebote übertreten, und mir gabst du niemals (auch nur) einen Zie-
genbock[64], daß ich mit meinen Freunden hätte ein Freudenmahl
feiern können. Aber als dein Sohn — dieser da, der deinen Besitz
mit Huren verpraßt hat — kam, hast du für ihn das Mastkalb geschlachtet.' Er aber sagte zu ihm: ,Kind[65], du bist doch immer
bei mir, und alles, was mein ist, ist dein;[66] man sollte doch feiern
und sich freuen,[67] daß dieser dein Bruder, der tot war, wieder
zum Leben gekommen ist, verloren war und wiedergefunden
ward.'"

In einem ersten Interpretationsschritt ist die *Parabelerzählung* für
sich zu betrachten. Nach einer kurzen *Exposition* (V. 11f), die die
Ausgangslage schildert und mit der Teilung des väterlichen Besitzes

---

[57] Das Mastkalb wird für besondere Anlässe bereitgehalten; sonst wird nur selten Fleisch gegessen (Jeremias, ebd).
[58] Mit diesem Bild wird die Wende im Geschick des Sohnes metaphorisch dargestellt (Jeremias, ebd; vgl Pesch, Exegese 163). Der zweite Teil dieses Verses
(,,verloren — wiedergefunden") könnte, wenn er nicht im Sinne des Parallelismus membrorum eine Einheit mit dem ersten Teil bildet, von Lukas selbst aufgrund des Kontextes (V. 4—7.8—10) eingetragen sein (ähnlich Bovon, enfant
48, der den ganzen Vers für redaktionell ansieht).
[59] Vgl Bauer, Wb s.v. 1.
[60] Zur Übersetzung vgl Jeremias, Gleichnisse 130.
[61] Die παῖδες sind hier identisch mit den δοῦλοι von V. 22 (Bovon, enfant 49).
[62] Vgl Bauer, Wb s.v. 1.
[63] Zu beachten ist das *Imperfekt* (gegenüber den vorhergehenden Aoristen;
Jeremias, Gleichnisse 130). Zur Übersetzung vgl Bauer, Wb s.v. 5.
[64] Vgl Bauer, Wb s.v.
[65] Die Anrede ist liebevoll (Jeremias, Gleichnisse 130) und paßt gut zum παρακαλεῖν von V. 28.
[66] Offenbar war dem älteren Sohn der Besitz des Vaters zugesichert worden.
[67] Taktvoll sagt der Vater: ,,*man* sollte doch feiern und sich freuen" um dem
älteren Sohn nicht zu nahe zu treten (Bovon, enfant 51).

die Handlung in Gang bringt, folgt der *erste Teil* (V. 13–24), der vom Geschick des *jüngeren Sohnes* erzählt. Sein *Abstieg* (V. 13–16) beginnt mit seiner Auswanderung ins Ausland, wo er sein Vermögen verliert. Der Abstieg setzt sich fort: der Sohn leidet Mangel; er verliert demzufolge seine jüdisch-religiöse Reinheit, als er die Schweine eines Heiden hüten muß. Der Abstieg erreicht den Höhepunkt, als der Sohn — um seine nackte Existenz kämpfend — nicht einmal mehr mit Schweinefutter seinen Hunger stillen kann.[68] Die Erzählung geht jetzt zur *Peripetie* (V. 17–19) über, in welcher der Sohn vernünftig nachdenkt und seine Lage mit dem Los der Tagelöhner seines Vaters vergleicht. Der Vergleich zeigt ihm, daß es das Naheliegendste ist, heimzukehren[69] und sich beim Vater um eine Stelle als Taglöhner zu bewerben.[70] Der Sohn erkennt, daß er kein Recht mehr hat, Sohn zu heißen, da er gegen den Himmel und gegen den Vater gesündigt hat. Die *Ereignisse bei seiner Rückkehr* (V. 20–24) sind unerwartet: der Vater *kommt* seinem Schuldbekenntnis *zuvor,* indem er den Sohn umarmt und küßt. So überholt der Vater die Vergangenheit seines Sohnes. Er setzt ihn erneut an Sohnes Statt und veranstaltet ein Freudenfest. Der Sohn hat gar keine Gelegenheit mehr, seine Bitte um Anstellung als Taglöhner vorzubringen,[71] denn schon ist er wieder der Sohn geworden, und das Fest duldet keinen Aufschub.[72]

---

[68] „Der Erzähler ist offensichtlich interessiert, die Notlage des Sohnes zuzuspitzen, den tiefen Fall des reichen Erben scharf zu markieren und so den Hörer an die Schwelle der Peripetie zu führen" (Pesch, Exegese 155). Hier spielen religiöse oder ethische Fragen keine Rolle mehr, es geht um die schlichte Lebenserhaltung mit allen Mitteln. Die Verlorenheit des Sohnes besteht also *nicht* in seiner religiösen oder moralischen Schuld, sondern darin, daß er vor dem *Nichtsein* steht.

[69] Die Erzählstruktur macht deutlich, daß die *Umkehr* durch die *Lage* des Sohnes motiviert ist. Es geht nicht darum, die Umkehr als so etwas wie ein *Werk* zu verstehen (etwa mit Eichholz, Gleichnisse 207: der Sohn zieht einen Schlußstrich unter sein bisheriges Leben; oder mit Pesch, Exegese 155: er macht einen „neuen Lebensentwurf"). Der Sohn ist weder zu Lebensentwürfen noch zu Leistungen fähig; er schlägt den *einzigen* Ausweg ein. Daß er zur Einsicht kommt, er habe gesündigt, ist (in dieser Lage!) wahrhaftig keine Leistung.

[70] Diese Bitte ist nach dem Gerechtigkeitsempfinden des Sohnes das äußerste, was er sich leisten kann. Sie wird seiner Ansicht nach *nur durch ihre Verbindung mit einem Schuldbekenntnis erträglich.* Der Sohn wagt es nicht mehr, seinen Vater als Vater zu beanspruchen (gegen Pesch, Exegese 166f mit Jüngel, Paulus und Jesus 161).

[71] Bezeichnenderweise wird V. 19b hier nicht wiederholt (falls mit Nestle zu lesen ist)!

[72] „Die Macht der zuvorkommenden Liebe duldet keinen Aufschub. Sie drängt zum Fest" (Jüngel, Paulus und Jesus 162).

Der *zweite Teil* (V. 25–32) nimmt den *älteren Sohn* in den Blick:
Vom Felde heimkehrend hört er Musik und Tanz; irritiert erkun-
digt er sich, was da los sei. Der Bericht des Knechts ist so wiedergegeben, daß die *Selbstverständlichkeit* des väterlichen Handelns
suggeriert wird.[73] Der ältere Sohn kann die Sache nicht mit den
Augen seines Vaters sehen; verärgert bleibt er draußen. Der Vater
kommt, ihn zu bitten. Der Sohn aber beharrt auf seiner Gerechtigkeit[74], er kann den jüngeren nicht mehr als Bruder akzeptieren
(deshalb spricht er von „diesem, deinem Sohn", V. 30). Der Vater
geht auf seine Argumente ein[75] und entkräftet sie. Nocheinmal
bittet er seinen Sohn zum Fest, damit dieser im Mitfeiern wieder
Sohn und Bruder werde.

Die *Zentralfigur* der Erzählung ist (auch wenn er nicht durchwegs
Handlungsträger ist) der *Vater*.[76] Er vereinigt die Geschichte beider Söhne; seine überströmende Liebe[77] kommt dem jüngeren zuvor und bittet auch den älteren, von seiner Gerechtigkeit abzukom-
men und mitzufeiern.[78] Das Hauptinteresse dieser Liebe ist die
Rekonstitution des Ganzen.[79]

---

[73] „Wie selbstverständlich erscheint im Referat des Knechtes, daß das Mastkalb geschlachtet wird ..." (Pesch, Exegese 156). Diese Selbstverständlichkeit
will der Erzähler gerade deshalb suggerieren, weil die Handlungsweise des Vaters *das, was man von Vätern erwarten kann, bei weitem übertrifft*.
[74] Die Haltung des älteren Sohnes darf nicht vorschnell moralisch abquali-
ziert werden (gegen Pesch, Exegese 164f, der den Sohn in eine „ ‚gesetzliche'
Position" versetzt sehen möchte). Es geht nicht um die Darstellung seiner
Selbstgerechtigkeit oder Lieblosigkeit (gegen Jeremias, Gleichnisse 131), noch
darum, daß dieser Sohn nun seinerseits das fünfte Gebot verletzt (gegen Derrett,
NTS 14, 68). Vielmehr widerspiegelt der ältere Sohn auf seine Weise die gleiche
Gerechtigkeit, welche sich auch in des jüngeren Bitte um Anstellung als Tagelöhner ausspricht: es ist die „normale", nicht mit der Liebe rechnende, vernünftige Gerechtigkeit dieser Welt; vgl Dupont, ASeign 55, 73: „Chacun des deux fils
se fait une idée fausse à cet égard (sc in ihrer Beziehung zum Vater)".
[75] Der Vater bestreitet die Leistungen des Sohnes nicht, sondern er geht darauf
ein, indem er antwortet, der ganze Besitz gehöre ja ihm (ähnlich Broer, NTS
20, 460). Der Vater setzt tiefer an, nämlich bei der Unzeitgemäßheit des Ge-
rechtigkeitsempfindens seines Sohnes: *jetzt* ist nicht die Zeit der vernünftigen
Gerechtigkeit, jetzt ist die Zeit der Freude und der Liebe; deshalb *muß* jetzt
gefeiert werden.
[76] Dies wird von vielen Auslegern registriert (zB Fuchs, Zeitverständnis GA II
369; Eichholz, Gleichnisse 213. 219; Bovon, parabole 295; Pesch, Exegese 168).
[77] Die Liebe dieses Vaters ist außergewöhnlich. Wer könnte den Verlorenen
so aufnehmen und den Daheimgebliebenen so bitten? „Die Liebe des Vaters
ist der die verlorenen Söhne einigende Grund" (Jüngel, Paulus und Jesus 162).
[78] Die Erfüllung bzw Verweigerung der Erfüllung der Bitte wird nicht erzählt.
So stellt das Gleichnis die Offenheit zum Hörer her (vgl zB Pesch, Exegese

Der Vater dieser Parabel verweist auf *Gott*.[80] Genauer: die Liebe, die sich in dieser Parabel ereignet, ist die Liebe Gottes.[81] Insofern kommt in ihr „die Gottesherrschaft als die sich ereignende Liebe zur / Sprache"[82]. Von dieser Liebe her gesehen ist es selbstverständlich, daß der Vater den heimkehrenden Sohn mit Wohltaten überschüttet. Die Liebe Gottes überholt *als Vergebung* die Vergangenheit des Menschen,[83] und sie überholt *als Bitte* zum Mitfeiern auch die Gerechtigkeit des Menschen.[84] Indem die Parabel den Verlorenen lehrt, das Naheliegende zu tun und umzukehren zum Vater, ist sie selbst, wenn sie zum Ziel kommt, ein Ereignis jener göttlichen Liebe.[85] Und indem es ihr gelingt, den Verärgerten von seiner Gerechtigkeit abzubringen, ist sie auch für diesen *Evangelium*.[86] Die Liebe Gottes ist darauf aus, *beide* Verlorenen zum

156). Wenn der Hörer durch die Erzählung gelernt hat, mit den Augen des Vaters zu sehen, wird er für sich selbst die Bitte als erfüllt betrachten. Weil der Schluß offenbleibt, „le texte de l'Evangile s'adresse à nous, jeune comme au premier jour, ‚invieilli'" (Antoine, miséricorde 132. 135, hier das Zitat).

[79] Die durch die Auswanderung des jüngeren Sohnes entstandene Leerstelle wird durch die *vergebende* Liebe des Vaters wieder ausgefüllt (Beirnaert, parabole 138f), während der Ausfüllung der Leerstelle, die durch die Weigerung des älteren Sohnes im Enstehen ist, die *bittende* Liebe des Vaters gilt.

[80] So Jeremias, Gleichnisse 128; Via, Gleichnisse 160f.

[81] Gewiß wird man den Vater nicht ohne weiteres mit Gott identifizieren dürfen (so zu Recht Jüngel, Paulus und Jesus 162). Dennoch bildet die *Liebe* des Vaters die Liebe *Gottes* ab.

[82] Jüngel, aaO 162f.

[83] Dies zeigt sich bei *beiden* Söhnen gleichermaßen: die Vergangenheit des Jüngeren wird überholt durch seine Reinvestitur als Sohn. Die Vergangenheit des älteren Sohnes, die sich in seiner Weigerung zwischen ihn und den Vater drängt, sucht der Vater mit dem Hinweis auf das *jetzt* Notwendige und mit seiner *Bitte* zu überwinden.

[84] Auch der jüngere Sohn geht ja von einer Gerechtigkeitsvorstellung aus; allerdings muß er in seiner Lage nicht lange gebeten werden.

[85] „Wenn Jesus die Gottesherrschaft als das die Verlorenen einigende Ereignis der Liebe zur Sprache bringt, dann geht es in seinem *Wort* (. . .) um das ... Sein *Gottes* als Ereignis der Liebe und um das *Neue* Sein derer, die die Liebe Gottes gefunden hat" (Jüngel, Paulus und Jesus 163). Die Liebe Gottes macht alles so neu, daß das, was mit den Geliebten geschieht, sachgemäß als Wende vom Tod zum Leben beschrieben werden muß (V. 24.32). Zum Wesen der Liebe gehört, daß sie *bittet*. Darin ereignet sich die *Ohnmacht* des gerade in seiner Liebe „allmächtigen" Gottes (vgl Schweizer, ThLZ 99, 724f).

[86] Die von der Identifikation des älteren Sohnes mit den Pharisäern und Frommen ausgehenden Auslegungen mißachten dies und bringen die Parabel *einseitig* als *Rechtfertigung* der Frohbotschaft zur Sprache (angefangen bei Jeremias, Gleichnisse 131; aufgenommen bei Derrett, NTS 14, 72; Sanders, NTS 15, 438; modifiziert auch bei Eichholz, Gleichnisse 217, vgl 220). Dagegen zu Recht Jüngel, Paulus und Jesus 163; Broer, NTS 20, 462.

Fest der Liebe zu vereinigen. In dieser Parabel tritt demnach die Gottesherrschaft dem Menschen so nahe, daß er einerseits sich selbst näher (indem er sich als Sohn verstehen lernt) und andererseits in die Nähe des Andern kommt (indem er jenen als seinen Bruder akzeptieren lernt). Das Ereignis einer solchen Liebe irritiert die Welt[87], denn Vergebung ist in ihr nicht vorgesehen.[88] Aber gerade als eine irritierende Liebe macht sie alles neu.

Wenn die Parabel also die Nähe der Gottesherrschaft als Ereignis der Liebe zur Sprache bringt, so muß sie im *Kontext des Lebens Jesu* interpretiert werden. Der Vater der Parabel verweist, weil er an Gott erinnert, auf Jesus selbst.[89] Die Parabel belehrt ja nicht über die Liebe Gottes im allgemeinen — dazu hätte es keiner Parabel bedurft —, sondern sie macht die Liebe Gottes *zum Ereignis*. Eben dies tut die Geschichte Jesu, sofern sein das Vergangene überholender Ruf in die Nachfolge und seine Mahlgemeinschaft mit vielen Ausdruck jener Liebe Gottes sind. „Jesus begeht in *seinem* Mahl das als Gottesherrschaft freilich erst kommende Fest."[90] Jesus verankert demnach sein Verhalten im Verhalten Gottes, das er in der Parabel zum Ereignis werden läßt. Das Verhalten Jesu und die Parabel sind streng aufeinander bezogen: „Zuerst empfängt das Gleichnis von Jesu Mahl seine *Verständlichkeit*. Dann aber empfängt Jesu Mahl durch das Gleichnis seine *Wahrheit*."[91]

Den Zusammenhang zwischen dem Verhalten Jesu und der Parabel hat *Lukas* zumindest dadurch gewahrt, daß er die Parabel in den jetzi-

---

[87] Das in Wahrheit Irritierende in der Welt ist nicht das Böse, sondern das Gute: „Nicht das Böse, sondern das Gute bringt, eben in der Liebe, das Unberechenbare in die Welt" (Fuchs, Zeitverständnis GA II 371). Der deutlichste Fingerzeig für das Irritierende der Liebe ist die Kreuzigung Jesu.

[88] *Beide* Söhne illustrieren das auf je eigene Weise: der eine kann sich nicht mehr als Sohn verstehen, dem andern ist der Weg zur Vergebung gegenüber dem Bruder unbekannt (vgl auch Eichholz, Gleichnisse 212; allerdings nur im Blick auf den älteren Sohn).

[89] Vgl Via, Gleichnisse 160f. Die doppelte Verweisfunktion des Vaters ist kein Zufall. Sie gründet in dem Sachverhalt, daß es mit dem Sein Gottes als Ereignis der Liebe „auch um das *Sein Jesu selbst* (geht), in dessen Geschichte das sich als Liebe ereignende Sein Gottes den Verlorenen zuvorkommt" (Jüngel, Paulus und Jesus 163).

[90] Fuchs, Fest der Verlorenen GA III 406.

[91] Fuchs, aaO 409. Der skizzierte Bezug darf nicht zugunsten einer literaturanalytisch-existentialen Interpretation aufgegeben werden. Diese Gefahr scheint mir bei Pesch nicht völlig gebannt, wenn er zuerst das im Gleichnis implizierte Existenzverständnis erhebt, und erst dann zur theologischen Interpretation, „welche das Existenzverständnis (...) im Horizont der religiösen Dimension reflektiert", übergeht (Exegese 170).

gen Kontext stellt (V. 1—3). Daß Lukas die beiden andern Gleichnisse vom Verlorenen (V. 4—7.8—10), in welchen er die *Freude* am Wiedergefundenen besonders unterstreicht (V. 6!), mit unserer Parabel zusammenstellt, mag ein Hinweis darauf sein, daß es Lukas im besonderen um die Einladung an seine Leser geht, die Freude Gottes (und Jesu) über die Umkehr eines Sünders zu teilen.[92] Wieweit Lukas *hier* die Buße als Bedingung des Heils versteht, ist nicht auszumachen.[93] Die Parabel jedenfalls lehrt das Umgekehrte: *das Heil kommt der Buße zuvor.*[94]

2.5.3 Die Parabel vom ungerechten Haushalter (Lk 16,1—13)

Analyse

Die Parabel[95] wird in V. 1a an die Jüngerschaft adressiert.[96] Die eigentliche Erzählung umfaßt sicher V. 1b—7; der Parabelanfang (V. 1b) ist typisch für die Parabeln des lukanischen Sondergutes.[97] V. 8a ist umstritten: entweder ist das Subjekt der Herr der Parabel, dann lobt also dieser (unbegreiflicherweise) seinen betrügerischen Verwalter,[98] oder aber das Subjekt ist Jesus, dann ist V. 8a Bericht über den ursprünglichen Kommentar *Jesu* zur Parabel.[99] Wie immer man sich

---

[92] Dies ist nach Giblin, CBQ 24, 19. 22f die Hauptabsicht des Evangelisten.

[93] In dem Punkt geht der Auslegungsversuch von Schottroff am Text vorbei: die Parabel ist gerade nicht Einladung zur Buße (ZThK 68, 49), sondern Zuspruch der zuvorkommenden Liebe Gottes (vgl die Widerlegung von Schottroffs Position durch Broer, NTS 20, 458—462).

[94] So überzeugend Carlston, JBL 94, 386f.

[95] Bultmann, Synoptische Tradition 190. Die Parabel ist fiktional. Eine Anknüpfung des Erzählers an einen konkreten Vorfall braucht nicht angenommen zu werden (gegen Jeremias, Gleichnisse 181).

[96] Die Bestimmung der Adressaten ist jedenfalls sekundär (vgl Dodd, Parables 30f; Jeremias, Gleichnisse 44). Ob sie auf Lukas oder die Gemeinde zurückgeht, ist nicht sicher. Das letztere ist mE wahrscheinlicher.

[97] Vgl oben S. 254 Anm 35.

[98] So erwogen bei Dodd, Parables 31; festgestellt von Derrett, NTS 7, 217 (mit der Begründung, daß der Verzicht des Verwalters auf *Wucherzinsen* auch im Interesse *des Herrn* lag); Via, Gleichnisse 147 (aus Gründen der Logik der literarischen Gattung); Schwarz, BZ 18, 94f (der allerdings das „loben" als Übersetzungsfehler ansieht vgl unten S. 265 Anm 112): Topel, CBQ 37, 218 (aaO 216 Anm 1 notiert weitere Literatur zur Parabel).

[99] Bultmann, Synoptische Tradition 190; Jeremias, Gleichnisse 42; Jüngel, Paulus und Jesus 157; Descamps, NT 1, 47 (der Kyrios steht hier, im Unterschied zur Erzählung, absolut); Dupont, ASeign 56, 70. Diese Position ist wahrscheinlicher als die in der letzten Anmerkung genannte.

entscheidet, festzuhalten ist, daß das ungerechte Verhalten des Verwalters *gelobt* wird. V. 8b bringt mit der Gegenüberstellung von „Söhnen dieses Äons" und „Söhnen des Lichts" eine Verallgemeinerung des Lobs von V. 8a.[100]

V. 9 setzt neu ein und lenkt den Blick vom Verwalter „der Ungerechtigkeit" zum Mammon „der Ungerechtigkeit", mit dessen Hilfe der Mensch sich Freunde schaffen soll, damit er in die „ewigen Wohnungen" aufgenommen werde.[101] V. 10–12 knüpft ebenfalls an den „ungerechten Mammon" an und wendet die Parabel e contrario an.[102] Mit V. 13 fügt Lukas ein Q-Wort an, das Mammondienst und Gottesdienst als unvereinbare Gegensätze zur Sprache bringt.[103] Die Verschiedenheit der Anwendungen in V. 9–13 dokumentiert die Schwierigkeiten, welche die ursprüngliche Parabel der christlichen Gemeinde bereitete.

Unser Interpretationsgang gründet auf der *traditions- und redaktionsgeschichtlichen Hypothese,* wonach die *ursprüngliche Parabel* V. 1–7

---

[100] Gerade in dieser Verallgemeinerung wird aber das Lob von V. 8a eingeschränkt (mit Jüngel, Paulus und Jesus 157). Die Gegenüberstellung — unlukanisch wie sie ist — geht wohl auf vorlukanische Tradition zurück (vgl Topel, CBQ 37, 219; Bultmann, Synoptische Tradition 190 mit Anm 1). Ähnliche Gegenüberstellungen finden sich im Qumranschrifttum (zB „Söhne des Lichtes" und „Söhne der Finsternis"; Lohse, ThWNT VIII 359, 38f bzw 39f). Die Terminologie ist nicht „synkretistisch" (gegen Bultmann, aaO 190 Anm 1). Im Rabbinischen scheint die Wendung „Söhne dieses Äons" nicht vorzukommen (Schweizer, ThWNT VIII 366 Anm 220 mit Verweis auf Lohse, aaO 359, 26; vgl auch Str-B II 219).

[101] Nach Williams, JBL 83, 295 stünden die „Freunde" als Personifikation für „Almosen" (dazu vgl auch Jeremias, Gleichnisse 43 Anm 3), so daß diese es wären, die dem Menschen Einlaß in die ewigen Wohnungen gewähren. Ein solches Verständnis ist vielleicht möglich, obwohl zwischen Freund und Fürsprecher ein beträchtlicher Unterschied besteht. Der Vers kann aber durchaus im Sinne von Jeremias, Gleichnisse 43 verstanden werden. Das δέξωνται ist dann als Umschreibung Gottes zu verstehen (Str-B II 221). Colella, ZNW 64, 124–126 möchte (aufgrund einer Rückübersetzung ins Aramäische!) das ἐκ τοῦ in „potius quam" („und nicht") ändern: „macht euch Freunde *und nicht* den Mammon" (aaO 126). Diese Korrektur ist erstens hypothetisch und zweitens vom Inhalt her gar nicht notwendig. Die Anfügung von V. 9 dürfte (schon aufgrund seiner Vorstellungswelt) auf einer relativ frühen Stufe erfolgt sein (gegen Descamps, NT 1, 49f). V. 9 gehörte indessen nicht ursprünglich zur Parabel (gegen Jalland, TU 73, 504f; Williams, JBL 83, 295f; beide sehen das Almosengeben als Pointe der ursprünglichen Parabel an).

[102] Diese Anwendung kann von Lukas stammen, der hier (möglicherweise altes) Material zum Stichwort μαμωνᾶ τῆς ἀδικίας anfügt und so die Parabel erträglicher macht (vgl Jeremias, Gleichnisse 43f; Descamps, NT 1, 51f, nach welchem V. 10–12 stark lukanisch überarbeitet sind).

[103] Die Aussage stammt wohl aus Q (Schulz, Q 459–461) und kann ein Jesus-Wort sein, das von Lukas hierher gestellt wurde (Descamps, NT 1, 52).

umfaßt; sie wurde von Anfang an mit dem Kommentar Jesu in V. 8a überliefert. Auf der *Gemeindestufe* wurde die Jüngerschaft als Adressat eingeführt (V. 1a) und die Parabel mit V. (8b).9 interpretiert. Lukas selbst fügt die Parabel in den heutigen Kontext ein (V. 1a) und addiert zwei weitere Anwendungen zum Stichwort „Mammon".

Interpretation

Auszugehen ist von der folgenden Jesus-Parabel:[104]

„Es war einmal ein reicher Mann, der hatte einen Verwalter, und dieser wurde bei ihm angezeigt[105], er veruntreue[106] sein Vermögen. Da rief er ihn zu sich und sagte zu ihm: ‚Was höre ich da von dir? Lege Rechnung über deine Verwaltung ab; du kannst nämlich nicht länger Verwalter sein.'[107] Da sagte der Verwalter bei sich selbst: ‚Was soll ich tun, da mein Herr mir die Verwaltung wegnimmt? Zum Graben bin ich nicht stark (genug), zu betteln schäme ich mich. Ich weiß, was ich tun werde, damit sie mich aufnehmen werden in ihre Häuser, wenn ich abgesetzt sein werde[108].'

Und er rief die Schuldner seines Herrn einzeln zu sich und sagte zum ersten: ‚Wieviel schuldest du meinem Herrn?' Der sagte: ‚Hundert Maß Öl.'[109] Da sagte er zu ihm ‚Da hast du deinen Schuldschein,[110] setz dich hin und schreibe schnell «fünfzig»!' Darauf sagte er zum zweiten[111]: ‚Und du, wieviel schuldest du?' Der sagte: ‚Hundert Maß Korn.' Da sagt er zu ihm: ‚Da hast du deinen Schuldschein, schreibe «achtzig»!'"

---

[104] Die Parabel paßt zur Verkündigung Jesu und dürfte nicht zuletzt wegen ihres schockierenden Charakters auf jene zurückgehen. Die christlichen Tradenten hatten – wie V. 9–13 zeigen – jedenfalls von Anfang an Mühe mit der Parabel (gleiches Urteil bei Kamlah, ungerechter Verwalter, 293f; Descamps, NT 1, 48f; Jeremias, Gleichnisse 181; Jüngel, Paulus und Jesus 157; Dupont, ASeign 56, 70f).

[105] Das διαβάλλειν kann hier nicht „verleumden" heißen, denn sowohl der Besitzer als auch der Verwalter nehmen die Beschuldigung ernst (Drexler, ZNW 58, 288).

[106] Vgl Bauer, Wb s.v.; Übersetzung mit Wilckens, NT z.St.

[107] Der Besitzer hat die Entlassung ausgesprochen; sie tritt zum Zeitpunkt der Rechenschaftsablage in Kraft (Drexler, ZNW 58, 288).

[108] Die Übersetzung geschieht im Anschluß an Drexler, ebd, der in μετασταθῶ ein Futurum II sieht.

[109] Die Höhe der geschuldeten Summen scheint beträchtlich gewesen zu sein (Jeremias, Gleichnisse 180f).

[110] Übersetzung mit Jeremias, Gleichnisse 181.

[111] Vgl Bauer, Wb s.v. ἕτερος 1. b.δ.

Und der Herr lobte den ungerechten Verwalter, weil er klug gehandelt habe.[112]

Die Parabel*erzählung* zentriert ihr ganzes Interesse auf die Person des *Verwalters*.[113] Allein um sein Verhalten geht es ihr. Der in der Exposition erscheinende *Besitzer* (Herr) ist indessen die Figur, die die Handlungsweise des Verwalters im Grunde bestimmt. Die Ankündigung, der Verwalter werde seine Stellung verlieren, bringt die Handlung in Gang. Der Verwalter seinerseits ist gezwungen, sich auf die mit Gewißheit kommende Entlassung einzustellen. Mit allen ihm zur Verfügung stehenden Mitteln stellt er sich auf die ihm gewisse Zukunft ein. Er hat begriffen, daß sich seine Zukunft *jetzt* entscheidet. Bemerkenswert an der Erzählung ist, daß sie das künftige Los des Verwalters verschweigt. Ihr geht es offensichtlich allein um die (gegenwärtige) *Einstellung* des Verwalters. Sich auf diese Zukunft einzustellen, erscheint im Blick auf den Verwalter als Gebot der Vernunft.[114] In der *Intensität* seiner Einstellung, die auch vor betrügerischen Maßnahmen nicht zurückschreckt,[115] entspricht der Verwalter der *Gewißheit* seiner Zukunft. Die böse Zukunft kommt in der Erzählung als eine zur Sprache, die in der Gegenwart *abgewendet* werden kann.

---

[112] Die Anstößigkeit dieses Halbverses darf nicht aufgehoben werden. Der Versuch von Schwarz, BZ 18, 94f, einen doppelten Übersetzungsfehler aus dem Aramäischen zu postulieren und das ἐπῄνεσεν in „fluchte", das φρονίμως dementsprechend in „hinterlistig" zu korrigieren, ist ohne Anhalt im Text. Mag בְּרַךְ (Äquivalent für ἐπαινεῖν) und עָרִים (Äquivalent für φρονίμως) sowohl im bösen wie auch im guten Sinne gebraucht worden sein; hier ist die Annahme eines Übersetzungsfehlers unnötig. Auch Derrett, NTS 7, 209–219 unternimmt es, die Anstößigkeit von V. 8a wegzuexegesieren: der Verwalter habe nur die in den Schuldscheinen als Originalschuld *getarnten* Wucherzinsen gestrichen und habe damit angesichts seiner Entlassung dem Gesetz Gottes den Vorzug vor der geschäftlichen Praxis gegeben. Damit habe er auch zum guten Ruf seines Herrn etwas beigetragen; darum sei sein Lob auch gerechtfertigt gewesen. Diese Auslegung scheitert schon daran, daß der Verwalter ja explizit „*ungerecht*" genannt wird.

[113] Vgl Kamlah, ungerechter Verwalter 280. Der Verwalter ist indessen nicht metaphorisch (weder auf die Gemeindeleiter noch auf die Führer Israels; gegen aaO 289. 292) zu deuten, da an seinem Verhalten *ausschließlich* seine Einstellung zur Zukunft von Interesse ist; vgl Drexler, ZNW 58, 288.

[114] Ihm also Unerschrockenheit zuzuschreiben (so Via, Gleichnisse 151) ist unsachgemäß, da er ja nur noch gewinnen kann.

[115] „Das moralisch Abstoßende im Verhalten des / Haushalters ist nur als ‚Verfremdungseffekt' von Bedeutung; es unterstreicht die Pointe der Parabel" (Jüngel, Paulus und Jesus 158f). Die in oben Anm 112 angeführten Versuche verdunkeln den Sinn der Parabel.

Versteht man die Erzählung so, dann entdeckt man in der Parabel
die *Ansage der (nahen) Gottesherrschaft.* Die Nähe der Basileia
drückt sich so aus, daß ihre Zukunft zur Gegenwart des Hörers
direkt ist. „Denn die Nähe der Gottesherrschaft hat die Zukunft
so an die Gegenwart gebunden, daß die Gegenwart zu einer eschatologischen Möglichkeit qualifiziert wird.“[116] *Jetzt* gilt es angesichts
der gewissen Zukunft die notwendigen Maßnahmen zu treffen. Die
in der Parabel hergestellte Nähe der Gottesherrschaft ermöglicht
dem Hörer, die Gegenwart als entscheidende (eschatologisch qualifizierte) Zeit zu verstehen, und sie erlaubt ihm zugleich, seine böse
Zukunft als eine *jetzt abwendbare* zu begreifen. So bringt der Erzähler die Gottesherrschaft als *kommende,* und zwar als eine zum
Heil (nicht zum Gericht) des Menschen kommende zur Sprache.[117]
Wer die Gottesherrschaft versteht — und eben dieses Verständnis
stiftet die Parabel —, lernt *seine eigene Zeit* besser verstehen.[118]

Das „Jetzt“ der Parabel gilt der *Zeit Jesu.* Mit ihm ist die Gottesherrschaft so nahe, daß seine Hörer sich auf sie einstellen können.
Mit der Parabel schafft Jesus eben jene Einstellung. Sie konkretisiert sich für den Hörer als *Einstellung zu Jesus,* sofern der Eintritt
in den Raum der Liebe, den Jesus mit seinem Wort und Werk eröffnet, die sachgemäße Einstellung zur Zukunft Gottes ist.[119] Auch
Jesus selbst stellt sich in seinem ganzen Sein auf die gewisse Zu-

---

[116] Jüngel, aaO 159.
[117] Jeremias, Gleichnisse 181 betont zu sehr den drohenden Aspekt dieser Parabel (ähnlich auch Dupont, ASeign 56, 77). Sofern in ihr das Gericht *parabo-
lisch* und überdies als ein *abwendbares* zu Sprache kommt, wird es vom Gleichnis gerade ins Heil gewendet. Darum leuchtet auch nicht ein, wieso die Parabel
antipharisäisch sein soll; vgl Kamlah, ungerechter Verwalter, 294: „Sie (sc die
Parabel) erweist sich als eine Auseinandersetzung mit dem rabbinischen Anspruch
auf eine führende Stellung in der Synagoge. Die Parabel setzt dagegen ein Bild
des rechten ‚Verwalters‘, der sich zu den Schuldnern gesellt und ihre Last erleich-
tert.“ Hier werden einzelne Züge metaphorisch ausgelegt, ohne daß deren Bezug zum Ganzen der Erzählung als ein *übergeordneter* zum Zuge gebracht wird.
[118] Eine *moralische* Auslegung der Parabel ist also unsachgemäß. Dies gilt für
Williams, JBL 83, 294 und Jalland, TU 73, 505 gleichermaßen. Beide betrachten nämlich das *Almosengeben* als Pointe der Parabel. Es gilt überdies auch für
Derrett, NTS 7, der — verleitet von seiner Sicht des Verwalters (vgl oben S.
265 Anm 112) — feststellt, daß „we may learn a lesson from their (sc worldly
people wie der Verwalter) reactions both as to the validity of God's standards,
... and as to the applicability of those standards to every department of life
and every sphere of activity“ (aaO 219). Die Parabel ist primär *theologisch*
zu deuten.
[119] Zum „Raum der Liebe“ vgl Jüngel, Paulus und Jesus 159f.

kunft Gottes ein. In diesem Rahmen sind seine Taten der Liebe als
Zeichen einer neuen Qualifikation der Gegenwart zu verstehen.[120]

Die nachösterliche *Gemeinde* machte den impliziten christologischen
Anspruch der Parabel dadurch explizit, daß sie von der Erfüllung
einer Forderung *Jesu* (macht euch Freunde mit dem Mammon der
Ungerechtigkeit) die Entscheidung Gottes am Ende der Tage abhängig sein läßt (V. 9).[121]

Lukas zeigt mit seinen beiden Anfügungen (V. 10−12.13), wie die
geforderte Einstellung sich konkret auswirken kann. Dabei erscheint
der Verwalter als Negativtyp, an welchem e contrario ablesbar ist,
daß im Bereich des ungerechten Mammon Treue zu üben ist. Und
Lk zeigt, daß es mit der genannten Einstellung um ein Entweder-
Oder geht, dessen Gegensätze nicht in eine Synthese gebracht werden können.[122]

2.5.4 Die Parabel vom Richter und der Witwe (Lk 18,1−8)

Analyse

Die Parabel[123] ist von Lukas in den Kontext von 17,20ff (Verse,
die vom plötzlichen und unberechenbaren Kommen der Basileia
bzw des Menschensohnes sprechen) gestellt und mit 18,1 eingelei-

---

120 Diese Parabel ist demnach ein weiteres Beispiel für den Sachverhalt, daß
das Verhalten Jesu von seiner Gleichnisverkündigung theologisch expliziert
wird.

121 Damit ist freilich die Gefahr eines ethisch engführenden Verständnisses
der Parabel gegeben. Gewiß wird zwar die von der Parabel ermöglichte Einstellung zu Gott als dem *Kommenden auch* Folgen haben im Blick auf den Umgang
mit dem Mammon. Nach Topel, CBQ 37, 220f wäre V. 9 eine lukanische Interpretation im Sinne des Almosengebens. Topel verweist auf Lk 16,19−31;
12,33 und die allgemeine Stellung der Reichen in Lk/Apg. Daß Lk diesen Vers
so verstand, ist möglich, jedoch mE aus den genannten Texten nicht zu beweisen.

122 Topel, aaO 221−226 sieht einen Zusammenhang unserer Parabel mit Lk
15,1−32, wo die Vergebung Hauptthema sei. Er stellt fest, die Ungerechtigkeit des Verwalters sei seine „forgiveness" (aaO 225) und sei *nur in den Augen der Menschen* ungerecht (ebd, vgl 227). Dieser Sicht widerspricht aber,
daß gerade *Lukas* in V. 10−12 den Verwalter als Beispiel e contrario versteht
und also den Gerechtigkeitsbegriff keiner grundsätzlichen Kritik unterzieht.
Die lukanischen Anfügungen zeigen doch, daß Jesu Ruf zur sachgemäßen Einstellung auch „Gebenkönnen", „Treue" und „Absage an den Mammon" ein-
schließt (Jeremias, Gleichnisse 44f).

123 Zur formgeschichtlichen Einordnung vgl Bultmann, Synoptische Tradition 189; Linnemann, Gleichnisse 125.

tet worden.[124] Die Erzählung folgt in V. 2—5; sie ist in sich geschlossen.[125] Im Blick auf V. 6—8 bestehen verschiedene Hypothesen: Einerseits wird der sekundäre Charakter dieser Verse herausgestrichen, wobei V. 8b gegenüber V. 6—8a nocheinmal sekundär wäre.[126] Andererseits wird die ursprüngliche Zusammengehörigkeit von V. 2—8 festgestellt, und die Einheit als ganze wird entweder auf den historischen Jesus[127] oder die frühe nachösterliche Gemeinde[128] zurückgeführt. Die Alternative ist mE in dieser Weise nicht sachgemäß; vielmehr ist V. 6f als Kommentar des ursprünglichen Erzählers der Parabel zu begreifen,[129] während in V. 8 mit dem „ich sage euch" ein Neueinsatz erfolgt, der das Stichwort ἐκδίκησις neu aufnimmt und den Blick vom Subjekt der ἐκδίκησις auf ihr *Objekt* wendet (V. 8a). Daß der Tag der Rechtschaffung[130] kommt, steht hier nicht mehr zur Debatte; vielmehr geht es darum, daß er „in Bälde"[131] kommt. Dazu paßt genau die an die Frage von V. 7 ange-

---

[124] Vgl Jeremias, Gleichnisse 156 mit Verweis auf aaO 92 Anm 3 (wo die *Zusammengehörigkeit* von Lk 18,1—8 und 9—14 auf vorlukanische Tradition zurückgeführt wird). V. 1 jedenfalls ist weitgehend lukanisch (Harnisch, EvTh 32, 431; Spicq, RB 68, 68; Deschryver, RHPhR 48, 357; George, ASeign 60, 69; fragend Delling, ZNW 53, 1).

[125] Vgl Delling, ZNW 53, 6—13.

[126] So Jülicher, Gleichnisreden II 284; aufgenommen von Bultmann, Synoptische Tradition 189.

[127] So zB Delling, ZNW 53, 13. 19f (der V. 8b als sekundären Nachtrag aus dem Sondergut des Lk ansieht, aaO 20f); Jeremias, Gleichnisse 155f (inklusive V. 8b!); Deschryver, RHPhR 48, 356. 365f; Stählin, JAC 17, 18.

[128] Vgl insbesondere Linnemann, Gleichnisse 127 (vgl 185: Lk 18,1—8a gehört zusammen und ist als Ganzes sekundär, mit Fuchs).

[129] Die Notwendigkeit des Kommentars ergibt sich auf der Jesusstufe aus der Wahl des Bildes (ungerechter Richter), dessen metaphorischer Verweis auf Gott den Vorstellungen der Hörer zuwiderläuft. Die Analogie von V. 6 zu Lk 16,8a ist frappant (absolutes ὁ κύριος; Charakterisierung der Hauptperson mit τῆς ἀδικίας). Lk 16,8a ist auch der Kommentar des ursprünglichen Erzählers (vgl oben S. 262 Anm 99). Zum Problem vgl Delling, ZNW 53, 13—16; Deschryver, RHPhR 48, 362. Dazu kommt, daß das Ende von V. 7 schon grammatikalisch auffällt (vgl unten S. 269 Anm 132) und V. 8 einen deutlichen Neueinsatz bringt, welcher dem Gleichnis seine analogische Kraft raubt (mit Harnisch, EvTh 32, 435).

[130] Mit der ἐκδίκησις dürfte wohl nicht nur an gewöhnliche Genugtuung gedacht sein, sondern eher an den Tag des eschatologischen Gerichtes Gottes (gegen Schrenk, ThWNT II 444, 6—15, der den LXX-Gebrauch dieser Wortgruppe für Lk 18,1—8 nicht voraussetzen will). Auch in Lk 21,22 verweisen die ἡμέραι ἐκδικήσεως auf das letzte Gericht. Schließlich stellt auch V. 8b sicher, daß das Wort hier einen eschatologischen Sinn hat bzw in der Gemeinde im eschatologischen Kontext verstanden wurde.

[131] Es besteht kein Anlaß, das ἐν τάχει mit „plötzlich" oder „unvermittelt" zu übersetzen (gegen Jeremias, Gleichnisse 154f; Spicq, RB 68, 81. 85). Mit

hängte, selbständige Frage: „Und zieht er es lange hin bei ihnen?"[132]
Die entscheidende Frage bei seinem Kommen wird sein, ob der Menschensohn Glauben vorfindet.[133] Betrachtet man V. 2—7 im obigen
Sinne als eine Einheit, so ist die *Frage nach der Echtheit* neu zu
stellen. Sie wird erst aufgrund der Interpretation beantwortet werden können. Jedenfalls muß mit der sekundären Anfügung von V.
7fin.8 (vor Lukas[134]) gerechnet werden, so daß dieser also die Einheit V. 2—8 mit V. 1 redaktionell eingeleitet und seiner Verkündi-
gungsabsicht dienstbar gemacht hätte.

Interpretation

Die ursprüngliche Parabel lautete also wie folgt:

„In einer Stadt gab es einen Richter, der Gott nicht fürchtete
und sich vor keinem Menschen scheute. Und es war eine Witwe
in jener Stadt, und sie kam (immer wieder)[135] zu ihm und sagte:
,Verschaffe mit Recht[136] gegenüber meinem Gegner!' Und er
wollte eine Zeitlang nicht.[137] Danach aber sagte er bei sich selbst:

Delling, ZNW 53, 19; Linnemann, Gleichnisse 128. 186; Klostermann, Lk 179;
Bauer, Wb s.v.

[132] V. 7 ist eine crux interpretum. Der Wiedergabe von Jeremias, Gleichnisse 154
steht die Schwierigkeit entgegen, daß er einen „aramaisierenden Satzbau" vermuten muß. Die Übersetzung bei Deschryver, RHPhR 48, 364 („quoique en réalité
il 'temporise' à leur égard") setzt voraus, daß das $\varkappa\alpha\acute{\iota}$ als $\varkappa\alpha\grave{\iota}\tau o\iota$ oder $\varepsilon\acute{\iota}$ $\varkappa\alpha\acute{\iota}$
verstanden werden muß. Die Verschiedenheit der Aktionsarten ($\pi o\iota\acute{\eta}\sigma\eta$ — $\mu\alpha$-
$\varkappa\rho o\theta\upsilon\mu\varepsilon\widehat{\iota}$) spricht dafür, daß es sich beim zweiten Teil um einen *neuen* Einsatz
handelt (vgl besonders Horst, ThWNT IV 384 Anm 56). Man wird diesen Neu-
einsatz ebenfalls als *Frage* auffassen müssen (gegen Horst, ebd; mit Linnemann,
Gleichnisse 184f, Anm 13), auf welche dann V. 8 antwortet. Dies wird umso
eher verständlich, wenn man in V. 8 ein Interpretament der Gemeinde sieht,
das zur Einführung des $\varkappa\alpha\grave{\iota}$ $\mu\alpha\varkappa\rho o\theta\upsilon\mu\varepsilon\widehat{\iota}$ $\dot{\varepsilon}\pi'$ $\alpha\dot{\upsilon}\tau o\widehat{\iota}\varsigma$ geführt hat. Dann ist $\mu\alpha\varkappa\rho o$-
$\theta\upsilon\mu\varepsilon\widehat{\iota}\nu$ aufgrund des Bezuges zu $\dot{\varepsilon}\nu$ $\tau\acute{\alpha}\chi\varepsilon\iota$ mit „sich lange hinziehen" zu über-
setzen (mit Bauer, Wb s.v. 3; George, ASeign 60, 70f; anders Delling, ZNW
53, 17f).
[133] Dazu Delling, aaO 22f.
[134] Überzeugend nachgewiesen von Jeremias, Gleichnisse 155 Anm 2. Selbstverständlich ist damit kein ursprünglicher Zusammenhang mit der Parabel auf-
gewiesen (Linnemann, Gleichnisse 186, Anm 17). Es handelt sich um ein Interpretament der Gemeinde.
[135] Damit soll das Imperfekt umschrieben werden (vgl Deschryver, RHPhR 48,
360; Delling, ZNW 53, 8).
[136] Dem Widersacher soll das Unrecht nicht durchgelassen werden (vgl Delling,
aaO 8—11; Schrenk, ThWNT II 442, 5—10).
[137] Dieser Zug ist nicht von der Deutung her (als Reflex der Parusieverzögerung) eingetragen, sondern er bringt die Abhängigkeit der Witwe vom Richter
zum Ausdruck: er will die Bitte nicht erfüllen, weil er es nicht gewohnt ist,
auf *Bitten* einzugehen.

‚Wenn ich auch Gott nicht fürchte und mich vor keinem Menschen scheue — weil diese Witwe mir lästig wird, werde ich ihr Recht verschaffen; damit sie nicht noch am Ende[138] zu mir kommt und mich verprügelt[139].‘ ‘ Der Herr aber sagte: „Hört was der ungerechte Richter sagt! Sollte Gott aber seinen Auserwählten[140] nicht Recht verschaffen, die Tag und Nacht zu ihm schreien? “

Bei der Interpretation dieser Parabel ist besonders darauf zu achten, daß sie nicht von Lk 11,5—8 her ausgelegt wird. Wird dies trotzdem getan — die Texte selbst geben dazu keinerlei Anlaß —, so erhalten die *Unterschiede* unserer Parabel gegenüber Lk 11,5—8 ein viel zu großes Gewicht. Der Interpretator wird dann vor allem die *Beharrlichkeit* und den in der Weigerung des Richters implizierten *Zeitfaktor* herausstreichen.[141] Damit ist aber die Interpretation enggeführt, sofern sie auf den Problemkreis „Parusie — Bitte um Parusie in Beharrlichkeit — Verzögerung der Parusie" fixiert wird.

Betrachtet man dagegen die Parabel als selbständiges Erzählstück, so fällt sogleich auf, daß die *Erzählung* ihr Interesse auf das Gegenüber zweier Typen zentriert. Da ist auf der einen Seite der Richter[142] „sans foi ni loi"[143], ein Mann, der nur *ein* Maß seines Verhaltens kennt, nämlich *sich selbst.*[144] Der Erzähler verwendet diese Selbstherrlichkeit des Richters als Metapher für die Freiheit Gottes;[145]

---

138 Das εἰς τέλος ist nicht mit „total" zu übersetzen (gegen Jeremias, Gleichnisse 153 mit Delling, ZNW 53, 12).

139 Der ἵνα-Satz umschreibt den Sarkasmus des Richters und ist vom Erzähler her gesehen ein Element der *Ironie* (Harnisch, EvTh 32, 433). Darum muß das ὑπωπιάζειν *wörtlich genommen* werden (mit Delling, ZNW 53, 12).

140 Das Verständnis von ἐκλεκτοί an dieser Stelle ist problematisch. Sollte der Vers von Jesus gesprochen worden sein, hat wohl etwas anderes (zB ὑμᾶς) hier gestanden. Von der Gemeinde her wären es die Auserwählten der Endzeit, also die Gemeinde selbst (der Begriff paßt zum „Menschensohn" in V. 8; vgl Schrenk, ThWNT IV 192, 27—194, 9 mit Hinweis auf Mk 13,19—27).

141 Beides findet sich bei Spicq, RB 68, 86—90 (nach einem Vergleich mit Lk 11,5—8). Auch Linnemann, Gleichnisse 126—128 betont die beiden Elemente zu stark. Bei einem Richter wie dem in der Parabel beschriebenen ist doch von vornherein klar, daß die *Bitte* mit einiger Ausdauer vorgetragen werden muß, eben weil sie eine *bloße* Bitte (nicht begleitet zB von Schmiergeldern) ist. Dieser Zug ist nicht im Sinne eines Ausharrens angesichts der Parusieverzögerung zu verstehen; er ist dem Phänomen „Bitte" untergeordnet.

142 Der „Richter" hat eine metaphorische Affinität zu „Gott", sofern Gott am Ende der Tage sein *Gericht* über die Welt halten wird. Die Vorstellung ist Allgemeingut des Judentums (vgl zB Büchsel, ThWNT III, 935, 1—936, 3).

143 Spicq, RB 68, 73.

144 Vgl Delling, ZNW 53, 7.

145 Vgl Stählin, JAC 17, 19.

ein Gedanke, der ans Unerträgliche grenzt. Auf der andern Seite steht die Witwe[146], eine Frau mit außerordentlich niedrigem Sozialprestige. Sie ist ohne Macht und Druckmittel; sie kann nicht einmal darauf hoffen, daß ihr der Richter aus Gottesfurcht[147] oder aus Angst, seinen guten Ruf zu verlieren, hilft. Es bleibt ihr nur das Eine: sie kann sich aufs *Bitten* verlegen. Sie kann nichts anderes tun als immer wieder sagen: „Verschaffe mir Recht ...". Darin entspricht sie vollkommen der Selbstherrlichkeit des Richters. Und der Fortgang der Erzählung zeigt, daß des selbstherrlichen Richters einziges Motiv, die Bitte zu erfüllen, eben diese wiederholte Bitte selbst ist. Die Befürchtung des Richters, sie könnte ihn am Ende noch ins Gesicht schlagen, dient dazu, den Sarkasmus dieses Mannes zur Sprache zu bringen. Das Motiv seines Handelns ist indessen, daß ihm die wiederholt vorsprechende Witwe lästig wird.

Der Erzähler selbst gibt die *Pointe* an: wenn schon ein selbstherrlicher Richter[148] den Bitten einer machtlosen Witwe nachgibt, warum sollte dann Gott die Bitten der von ihm erwählten Menschen um das Kommen des Tages der Rechtschaffung unerhört lassen? Damit schenkt die Parabel ihrem Hörer den *gewissen* Zusammenhang zwischen seiner Bitte um das Kommen des Endes[149] und deren Erhörung durch Gott. Und darin gewährt sie ihm die *Freiheit*, sich im Blick auf das Ende allein auf seine Bitte zu verlassen. Sie befreit ihn von seinen Werken, mit denen das Ende herbeizuzwingen er versucht sein könnte. Sie gibt ihm die Freiheit, Bitten vorzubringen, und zwar Bitten, die nichts anderes vorzuweisen haben als sich selbst.

Wer solche Zusammenhänge eröffnen kann, muß von der Gewißheit des nahen Endes erfüllt sein. Er muß überzeugt sein, daß Gottes Erhörung jener Bitte schon im Vollzuge ist. Ist es nicht die Gewißheit *Jesu*, daß in seinem Wort und Werk die Gottesherrschaft, der Tag der Rechtschaffung, *nahegekommen* ist? Ist nicht *er* es, der

---

146 Sie ist der Typ der völlig machtlosen, den Mächtigen hilflos ausgelieferten Frau; vgl Stählin, ThWNT IX 433, 32—434, 33. Eine weitergehende metaphorische Auslegung der Witwe (im Sinne von „Jerusalem", „neues Gottesvolk"; Stählin, JAC 17, 12. 19) drängt sich hier nicht auf.

147 Die Mahnungen zur liebevollen Behandlung der Witwe richten sich im AT an *alle* Frommen (Stählin, ThWNT IX 435, 1—4). Wäre der Richter gottesfürchtig, so hätte sich die Witwe auf ihren Status als Witwe berufen und ohne weiteres erwarten können, daß ihr Recht geschafft würde.

148 Das τῆς ἀδικίας nimmt hier die Charakterisierung des Richters in der Parabel wieder auf. Seine Ungerechtigkeit besteht darin, daß er weder Gott fürchtet noch die Menschen scheut.

149 Vgl oben S. 268 Anm 130.

seine Nachfolger um die Ankunft der Basileia *bitten* heißt (Mt 6,10 par)? Wenn diese Fragen mit Recht positiv zu beantworten sind, dann ist die Parabel *auf Jesus* zurückzuführen.[150] Dann aber geht es ihr um die Gottesherrschaft: daß die Bitte um ihre Ankunft erhört wird, ist gewiß, denn schon ist die Basileia nahegekommen. Dann ist die Parabel selbst *ein Ereignis der Nähe* der Gottesherrschaft, sofern darin dem Hörer die Gewißheit zugesprochen wird, daß seine Bitte um ihre Ankunft erfüllt wird. Und zugleich wird die Gottesherrschaft als *Gottes*herrschaft gewahrt, sofern die *Bitte* der der Freiheit Gottes angemessene Bezug des Menschen zur Gottesherrschaft ist. Die Parabel bringt so die (menschliche Bitten erfüllende) *Liebe* Gottes zur Sprache, ohne seine *Freiheit* in Abhängigkeit zu verkehren. Dieses sachgemäße Wort von der Freiheit *Gottes* schafft Raum für die Freiheit *des Menschen,* indem es ihn davon befreit, sich *in seinen Werken* auf die Ankunft der Gottesherrschaft zu beziehen, und ihm so *Zeit* gibt zur Liebe gegenüber dem Andern.

Die *Gemeinde* verstand die Nähe der Gottesherrschaft in der Kategorie des Zeitraums. Wird Gott zögern? Nein, er wird den Tag der Rechtschaffung in Bälde anbrechen lassen. Ob diese Aussagen als *Ausdruck* der Naherwartung oder bereits als Folge der sich verzögernden Parusie zu verstehen sind, ist unentscheidbar.[151] Sie beziehen sich jedenfalls auf das endzeitliche Handeln Gottes an den Auserwählten[152]. Die Gemeinde versteht das eschatologische Kommen *Gottes* als die Ankunft des *Menschensohnes* am Ende der Tage. Diese Identifikation hat ihren Grund in der Identifikation Gottes mit dem Gekreuzigten; einer Identifikation, die sich als die Auferweckung des Gekreuzigten auswirkt. Indem die Gemeinde das Kommen Gottes im Kommen des Menschensohnes sieht, trägt sie dem Sachverhalt Rechnung, daß die *Gewißheit* ihrer Bitte um das Kommen des Reiches nicht unabhängig von der Nähe der Basileia in der Existenz *Jesu* ausgesagt werden kann. Sie bewahrt Jesus als

---

150 Dies tun (allerdings mit je verschiedener Auslegung) Jeremias, Gleichnisse 156; Delling, ZNW 53, 13. 19f; Deschryver, RHPhR 48, 365f; Stählin, JAC 17, 18. Gerade das beinahe Unerträgliche, einen ungerechten Richter zur Metapher für Gott werden zu lassen, ist für den historischen Jesus charakteristisch (vgl zB Mt 13,33 par).

151 Gegen Linnemann, Gleichnisse 128, die den Sitz im Leben dieser Parabel in der „Erwartung ..., daß nun *in Kürze* die Erfüllung aller Verheißungen sichtbar werden müsse" (Hervorhebung von mir), sieht. Man wird auch nicht auf die Aussage der Plötzlichkeit des Endes ausweichen dürfen (gegen Spicq, RB 68, 81—84).

152 Vgl oben S. 270 Anm 140.

Sprecher der Parabel, in dem sie die *theologische* Explikation des Seins Jesu nun als explizite *Christologie* zur Sprache bringt. Die Frage, die diese Gemeinde im Blick auf das Ende beschäftigt, ist, ob der Menschensohn dann Glauben vorfinden werde. Wird er die Menschen beim *Gebet* um die Ankunft des Reiches antreffen — darin wird ja ihr Glaube an die Herrschaft *Gottes* konkret —, oder werden sie ihn verfehlen, weil sie mit dem Selbermachen des Gottesreiches beschäftigt sind?[153]

Lukas mahnt seine Leser, des Betens nicht müde zu werden (V. 1).[154] Er betont in der Parabel also besonders die *Beharrlichkeit der Witwe,* die zum Exempel für die beharrlichen Gebete der Christen wird. Der Kontext (17,20—37) zeigt, daß wohl auch Lukas an die Bitte um das Kommen des Reiches dachte.[155] Lukas expliziert damit einen Zug der Parabel, da ja die Gewißheit der Erfüllung der Bitte *zugleich die Bedingung der Möglichkeit eines Ausharrens im Gebet* ist. Und darin, daß Lukas zum Ausharren im *Gebet* mahnt, zeigt sich, daß auch er die Gottesherrschaft im strengen Sinne als *Gottes* Herrschaft auffaßt, welcher gegenüber das Gebet die dem Menschen angemessene Einstellung darstellt.

---

[153] Das heißt allerdings nicht, daß die Parabel gegen die Zeloten gerichtet wäre (gegen Derrett, NTS 18, 191). Das Kommen des Menschensohnes ist in der jetzigen Gestalt des Textes die Erfüllung der Bitte um das Kommen Gottes.
[154] Vgl Spicq, RB 68, 69f.
[155] Vgl Spicq, aaO 68. 70f; gegen Delling, ZNW 53, 4—6; Deschryver, RHPhR 48, 357.

3 ZUSAMMENFASSUNG UND FOLGERUNGEN

3.1 Die traditionsgeschichtliche Betrachtungsweise der Gleichnisse Jesu

Die unter 2 durchgeführte Untersuchung ergab als *wichtigstes Resultat,* daß die Gleichnisse — so verschieden sie im einzelnen sind — ein erstaunliches Maß an Gemeinsamkeiten aufweisen. Dies gilt nicht nur im Blick auf die Eigenart der ursprünglichen Gleichnisse Jesu, sondern auch im Blick auf ihre Auslegungs- bzw Wirkungsgeschichte bis hin zum Thomasevangelium. Im folgenden werden die Hauptlinien zusammenfassend ausgezogen, die für den Überlieferungsprozeß der Gleichnisse charakteristisch sind.

3.1.1 Theologische Explikation — explizite Christologie

Die Gleichnisse Jesu sind mit dem Auftreten Jesu in einer Weise verbunden, die sich grundlegend vom gewöhnlichen Zusammenhang zwischen Lehre und Lehrer unterscheidet. Der Unterschied besteht in zweierlei Hinsicht. Zum ersten sind *Verhalten* und *Gleichnisverkündigung* Jesu aufs engste verschränkt: das Verhalten Jesu ist als Kommentar der Gleichnisse ihre *Verständnisbedingung,* während die Gleichnisse als Explikation des Verhaltens Jesu dieses *zur Eindeutigkeit bringen.* Das Verhalten Jesu wird durch die Parabeln insofern eindeutig, als es in ihnen *theologisch* expliziert wird. Und die Parabeln werden durch das Verhalten Jesu insofern verständlich, als die in ihnen hergestellte Nähe der Basileia zur Welt im Verhalten Jesu konkret *erfahrbar* wird.

Daß Jesus sein Wirken theologisch expliziert, ist ein *Vorgriff im Rahmen des Möglichen.* Weil metaphorische Rede ihrem Wesen nach der faktischen Wirklichkeit vorgreift, kommt die theologische Explikation des Wirkens Jesu vornehmlich in Gleichnissen zur Sprache.

Zum zweiten ist Jesus als *Sprecher* der Gleichnisse mit der in ihnen ausgesprochenen *Wahrheit* unlösbar verbunden: die Gleichnisse setzen keine allgemeinen Wahrheiten über Gott in die Welt; sie machen vielmehr die Nähe Gottes zur Welt *zum Ereignis.* Weil metaphorische

Rede ihrem Wesen nach die Wahrheit als Ereignis zur Sprache bringt, spricht Jesus die Wahrheit Gottes dem Hörer vornehmlich in Gleichnissen zu. Und sofern Jesus die Nähe Gottes zur Welt *zum Ereignis* macht, gehört er als Sprecher der Gleichnisse *wesentlich* zu der in ihnen angesagten Wahrheit.

Beide der genannten Aspekte des Zusammenhangs zwischen Auftreten und Gleichnisrede Jesu zeigen, daß Jesus sich selbst theologisch versteht. Darin besteht sein Vorgriff im Rahmen des Möglichen. Die fundamentale geschichtliche Wende von Ostern erwies jenen Vorgriff als berechtigt, sofern Gott sich mit dem Gekreuzigten so identifizierte, *daß nunmehr dessen Existenz gar nicht mehr anders als theologisch zu verstehen war.* Die christliche Gemeinde trug jener geschichtlichen Wende dadurch Rechnung, daß sie die Gleichnisse Jesu christologisch verstand. *Der in den Gleichnissen als Vorgriff Jesu zur Sprache kommenden und an Ostern von Gott selbst zur Wahrheit gebrachten theologischen Explikation des Seins Jesu entspricht die explizite Christologie der nachösterlichen Gemeinde.* Denn Gott war im Sein Jesu so zum Ereignis geworden, daß er nicht mehr unter Absehung von Jesus Christus verstanden werden konnte. Die Gleichnisse Jesu *mußten* christologisch interpretiert werden, wenn sie nach Ostern als Gleichnisse *Jesu* überliefert werden sollten.

In der Tat zeigen die oben vorgenommenen Interpretationen (synthetischer Arbeitsgang), daß die Gleichnisse Jesu fast ausnahmslos christologisch ausgelegt wurden. Dies geschah auf zweierlei Weise: einerseits kann die Gemeinde den nachösterlichen Christus *im Gleichnis selbst wiederfinden.* Bemerkenswert ist dabei, daß *oft ursprüngliche Metaphern für Gott nun zu Metaphern für Christus werden.* Darin widerspiegelt sich der schon angesprochene Sachverhalt, daß Gott nachösterlich nicht mehr unter Absehung von Jesus Christus zur Sprache kommen konnte. Jetzt tritt Christus geradezu an die Stelle Gottes, wie die folgenden Beispiele belegen:

Bringt Jesus seine Suche nach den Verlorenen in Zusammenhang mit Gottes Suche nach den verlorenen Schafen Israels (Lk 15,4−7 par), so interpretiert die Gemeinde den Hirten der Parabel als Metapher für Christus (Lk 15,5!). Verweist der Bräutigam in Mt 25,1−13 metaphorisch auf das Kommen Gottes, so sieht die Gemeinde in ihm den zur Parusie kommenden Christus. Ist für Jesus in Lk 18,1−8 der ungerechte Richter Bild für Gott, der die Bitte um das Kommen des Reiches gewiß erfüllt, so versteht die Gemeinde das eschatologische Kommen Gottes als Parusie des Menschensohnes

(V. 8). Die Gemeinde hatte indessen noch andere Möglichkeiten, den Erzähler der Gleichnisse in ihnen vorkommen zu lassen (zB der Säende in Mt 13,24—30.36—43; der Sohn des Königs in Mt 22,1—14). Auf vielerlei Weise dokumentierte sie, daß Jesus als Sprecher des Gleichnisses notwendig zu diesem gehört.

Andererseits vollzieht die Gemeinde die christologische Interpretation der Gleichnisse dadurch, daß sie *sie nicht mehr als Gleichnisse über das Gottesreich, sondern über Jesus Christus versteht.* Während für Jesus in Mk 4,3—9 der Same das Wort von der Gottesherrschaft abbildet, das mit Gewißheit reiche Frucht trägt, ist für die nachösterliche Gemeinde Jesus Christus selbst zu jenem Wort geworden. Sind auf der Jesusstufe Senfkorn und Sauerteig Bilder für den Geschehenszusammenhang zwischen dem unscheinbaren Anfang der Basileia und ihrem herrlichen Ende, so kann die Gemeinde Jesus selbst als Senfkorn und Sauerteig verstehen. Ähnlich verhält es sich mit den Gleichnissen vom Schatz im Acker und von der Perle. Bringt Lk 19,11—27 auf der Jesusstufe den Anspruch der übergebenen Basileia zur Sprache, so ermutigt die Parabel die Gemeinde zum gehorsamen Einsatz der übergebenen „Talente" gegenüber dem Herrn Jesus Christus (besonders deutlich bei Lk).

In summa: Die explizite Christologie der *Gemeinde* nimmt die theologische Explikation *Jesu wahr.*

3.1.2 Eröffnete Zusammenhänge — Sprachraum geschichtlichen Selbstverständnisses

Viele Gleichnisse eröffnen dem Hörer einen *Zusammenhang* zwischen der im Sein Jesu hergestellten *Nähe der Basileia* und ihrer künftigen *Vollendung* durch Gott. In den ursprünglichen Gleichnissen kommt der Zusammenhang *streng metaphorisch* zur Sprache, das heißt, in ihnen wird die Zukunft Gottes *direkt* auf die Gegenwart Jesu und seiner Hörer bezogen. Die Zwischenzeit zwischen Zuspruch der Basileia durch Jesus und Vollendung derselben durch Gott hat keine selbständige Bedeutung. Vielmehr *qualifiziert* die herrliche Zukunft Gottes die Gegenwart der Basileia in Jesus, während auf der andern Seite die von Jesus hergestellte Nähe als der die Zukunft Gottes nach sich ziehende, *notwendige* Anfang erscheint. Besonders deutlich ist dies in den Wachstumsgleichnissen: so wie die Ernte gewiß der Aussaat folgt, zieht die Nähe der Basileia in Jesus die Vollendung durch Gott unweigerlich nach sich (Mk 4,26—29). Die Gewißheit der kommenden Scheidung qualifiziert die Gegenwart Jesu als eine Zeit

bedingungsloser Sammlung (Mt 13,24–30; 13,47f). Der unscheinbare Anfang in Jesus erscheint im Licht der herrlichen Zukunft Gottes
als das, was er in Wahrheit ist (Mk 4,30–32; Lk 13,20f). Ähnliche
Zusammenhänge werden auch durch andere Gleichnisse eröffnet:
Im Sein Jesu ist *Gott als Kommender gegenwärtig,* so daß *jetzt* die
Zeit zur Bereitschaft gekommen ist (Mt 25,1–13). Die Gottesherrschaft ist so nahe, daß jetzt dem Hörer die Gewißheit zugesprochen
werden kann, daß seine Bitte um das Kommen des Reiches erfüllt
wird (Lk 18,1–8). Die Übergabe der Basileia ist mit Jesus erfolgt,
also gilt es jetzt, den in ihr liegenden Anspruch wahrzunehmen, indem sie zum Zuge gebracht wird (Lk 19,11–27). Mit Jesus beginnt
das eschatologische Freudenmahl, darum läßt sich jetzt einladen,
wer die Zeit versteht (Lk 14,15–24). In Jesus spricht Gott seine
endgültige Bitte zur Umkehr aus, darum entscheidet sich jetzt alles
am Verhalten gegenüber dem Sohn (Mk 12,1–12).

Die in den genannten Gleichnissen eröffneten Zusammenhänge, die
als streng metaphorische zu gelten haben, wurden nachösterlich nicht
mehr rein metaphorisch verstanden. *Die betreffenden Metaphern
wurden in gewisser Weise beim Wort genommen,* indem die Gemeinde die Gleichnisse Jesu als „Abrisse" der Geschichte von Jesus bis
zum Ende der Zeit bzw. vom Alten Testament bis zur Gegenwart
der christlichen Gemeinde (Mk 12,1–12) verstand.

Dieses geschichtliche Verständnis ist *evoziert durch die christologische Interpretation* der Gleichnisse Jesu. Wurden nämlich Metaphern
wie Aussaat oder Einladung zum Festmahl als die Zeit Jesu betreffend erkannt und dementsprechend Ernte oder Abrechnung mit
der Zeit der Parusie identifiziert, so lag es nahe, auch andere Züge
der Parabeln auf die Erfahrung oder die Geschichte anzuwenden.
Auf diese Weise konnten die Parabeln Jesu *zum Sprachraum für das
geschichtliche Selbstverständnis der christlichen Gemeinde werden.*
Sie ermöglichten der Gemeinde, ihren eigenen Ort innerhalb der Geschichte Gottes mit der Welt sprachlich zu erfassen. So verstanden
wurden die Parabeln zum Sprachangebot für die Qualifizierung der
Gegenwart *der Gemeinde.* Sofern die Gemeinde ihre eigene Zeit von
der Zeit Jesu unterscheiden *mußte,* bekam die Zeit zwischen dem
Anfang der Basileia in Jesus und der künftigen Vollendung derselben
durch Gott eine *selbständige Bedeutung*: sie war die Zeit des unbegreiflichen Wachstums, des Miteinanderseins von Unkraut und Getreide, von Guten und Bösen. Sie war die Zeit, in welcher mit eschatologischer Dringlichkeit die Einladung des Kyrios in Gestalt christlicher Missionspredigt erging, die Zeit der Erwartung des kommenden Gottes, der beharrlichen Bitte um das Kommen seines Reiches.

Dabei bestand *zwischen geschichtlicher Erfahrung und Parabel eine Wechselbeziehung*: einerseits sprachen die Parabeln eine Sprache, die Erfahrungen ermöglichte, andererseits führten die Erfahrungen zu einem neuen Verständnis der Parabeln. Der Erfahrung stiftende und Erfahrung in sich aufnehmende Charakter metaphorischer Rede kommt im urchristlichen Überlieferungsprozeß der Gleichnisse Jesu zur vollen Entfaltung.

Daß die (heils-)geschichtliche Anwendung der Gleichnisse Jesu mit ihrer christologischen Interpretation wesentlich zusammhängt, wird auf *ebenso ungewöhnliche wie frappante Weise durch das Thomasevangelium bestätigt*. In sämtlichen hier überlieferten Gleichnissen wurden *sekundär* alle christologischen Bezüge gestrichen. Im Vollzug der Entchristologisierung wird die Dimension der geschichtlichen Anwendung aufgegeben. Die Gleichnisse der synoptischen Tradition werden im Thomasevangelium ausnahmslos *individual-anthropologisch* gedeutet. Jetzt sind sie nicht mehr Abriß der Geschichte Gottes mit der Welt; deshalb werden alle geschichtlichen Bezüge aufgehoben. Sie sind jetzt zu Instrumenten geworden, die den Menschen von der Wahrheit der gnostischen Anthropologie überzeugen sollen. Sie sollen den Menschen zur Erkenntnis seines wahren Selbst, zum Schritt von der uneigentlichen in die eigentliche Existenz des wahren Gnostikers bewegen (besonders deutlich ist dies bei der gnostischen Version des Senfkorn- und Sauerteiggleichnisses, ThEv 20; 96). Weil die Gleichnisse hier zugleich Ausdruck und Propagierung der gnostischen Anthropologie sind, werden sie nicht mehr christologisch und — als Konsequenz der Entchristologisierung — auch nicht mehr geschichtlich ausgelegt. Demnach dürfte die Diskrepanz in der Gleichnisauslegung, wie sie zwischen der synoptischen Tradition und dem Thomasevangelium besteht, ein geschichtliches Verstehensmodell darstellen, anhand dessen die Problematik der konsequent existential-anthropologischen Hermeneutik im Blick auf die Gleichnisse Jesu angegangen werden kann. Die Behandlung dieser speziellen Fragestellung sprengt indessen den Rahmen der vorliegenden Arbeit.

3.1.3 Verständlichkeit Gottes — ethische Praxis des Menschen

Die Gleichnisse Jesu machen Gott in einer Weise verständlich, daß der Mensch dabei auch sich selbst neu verstehen lernt. Das von den Gleichnissen evozierte Ereignis der Gotteserkenntnis ist zugleich ein Ereignis menschlicher Selbsterkenntnis. Dies gilt nicht nur insofern, als die Gleichnisse den Menschen und seine Handlungsweisen als Metaphern für Gott beanspruchen und auf diese Weise jenen als Ebenbild Gottes ansprechen (wie zB den „Herrn" in Mt 20,1–15 oder den Vater in Lk 15,11–32), sondern auch dadurch, daß die Verständlichkeit Gottes auch *unabhängig* von einer solchen konkreten metaphorischen Prädikation zu einem neuen Selbstverständnis des Menschen führt. Denn wer immer den Gott Jesu Christi versteht, versteht sich selbst neu.

Sofern aber die Erneuerung menschlichen Selbstverständnisses immer *auch* die Erneuerung menschlicher Praxis impliziert, haben die Gleichnisse Jesu einen *ethischen Aspekt.* Eben diesen hat die christliche Gemeinde wahrgenommen, wenn sie die Gleichnisse *paränetisch interpretierte.* Allerdings ist für die Gleichnisse *Jesu* grundlegend, daß sie sich strikte auf das Ereignis der Verständlichkeit Gottes konzentrieren, das aller ethischen Praxis des Menschen *zuvorkommt.* Dieses Ereignis ist immer die *Vorgeschichte* menschlichen Handelns. Deshalb gilt dann: *Jesus macht Gott so verständlich, daß die ethische Praxis des Menschen selbstverständlich daraus folgt.* Die Gleichnisse sprechen nicht den Willen des Menschen an; vielmehr sprechen sie dem Menschen eine neue Einstellung so zu, daß sich aus ihr die neue Praxis von selbst ergibt. Sie tragen als *ansprechende Rede* von Gott den *Anspruch Gottes* in einer Weise an den Menschen heran, die es ihm ermöglicht, jenen Anspruch — statt als Fremdbestimmung — als evangelischen Anspruch zu erfahren, in dessen Erfüllung der Mensch gerade *zur Identität mit sich selbst kommt. Die Gleichnisse Jesu legen den Willen Gottes in das Herz des Menschen.* Darin sind sie auf ihre Weise Erfüllung eschatologischer Verheißung (vgl Jer 31,31ff; Ez 36,26f; 11,19f).

Wo die paränetische Interpretation der Gemeinde den Zusammenhang zwischen menschlichem Handeln und dem diesem *zuvorkommenden* Ereignis der Verständlichkeit Gottes wahrt, legt sie die Gleichnisse Jesu sachgemäß aus. Dort aber, wo Gottes Handeln *nicht mehr Vorgeschichte, sondern Nachgeschichte menschlicher Praxis* ist (zB in der Gerichtsdrohung, vgl Mt 13,49f), wird die paränetische Auslegung zur *gesetzlichen Interpretation;* diese ist im Namen des Evangeliums der Sachkritik zu unterziehen. Die gesetzliche Interpretation beraubt die menschliche Praxis des ihr angemessenen Kontextes und macht sie so zu einem selbständigen Thema. Sie schreibt also den Werken des Menschen mehr zu, als sie in Wahrheit sind: *Folgen* der Verständlichkeit Gottes. Eine solche Paränese führt den Menschen nicht zur Identität mit sich selbst, sondern in die Selbstentfremdung, indem sie ihn erneut unter das Gesetz der

Sünde und des Todes zwingt. Werden die Gleichnisse Jesu so ausgelegt, machen sie nicht mehr *Gott* zum Ereignis, sondern den
Menschen, sei es im Blick auf seine Unfähigkeit, Unrecht unver-
golten zu lassen (Gerichtsdrohung), sei es im Blick auf seine ver-
meintliche Fähigkeit, das Heil mit seinen Werken zu erlangen (Praxis als selbständiges Thema). Die Gottes Handeln als Vorgeschichte menschlicher Praxis respektierende paränetische Auslegung der
Gleichnisse ist — systematisch gesehen — das Paradigma für die
sachgemäße Begründung christlicher Ethik.

Überblickt man die Auslegungsgeschichte der Gleichnisse innerhalb
der synoptischen Tradition, so stößt man sowohl auf die gesetzliche als
auch die evangelische Grundform paränetischer Auslegung. Wenn
der Hörer das Wort von der Basileia als ein mit Gewißheit wirken-
des kennenlernt (Mk 4,3—9), so wird er mit Selbstverständlichkeit
darauf *hören,* damit es auch an ihm seine Wirkung zu tun vermag
(vgl Mk 4,13—20). Das Wort muß nicht *zusätzlich* ins Werk gesetzt
werden, sondern es selbst wird, wo es gehört wird, seine Früchte
tragen. Die Gewißheit der kommenden Scheidung ermöglicht Jesus
die bedingungslose Sammlung (vgl die ursprüngliche Gestalt von
Mt 13,24—30; 13,47f). Wird die Sammlung als Vorgeschichte christlicher Gemeinde ernst genommen, ist die Gemeinde zum getrosten
Miteinander befreit (Gemeindestufe II). Hier ist die Gerichts*drohung*
fehl am Platz (Mt 13,40—43.49f). Daß Gott im Gleichnis Jesu als
einer zur Sprache kommt, der das Verlorene sucht, nicht weil es
wertvoll, sondern weil es verloren ist (Lk 15,4—7 par), kann im
Blick auf die Einstellung des Menschen zu seinem in die Irre gehenden Bruder nicht folgenlos bleiben (vgl die Anwendung des Mt).
Wenn der Mensch sich als verlorenen und gerade so als zu Gott gehörenden verstehen lernt (Lk 15,8—10), versteht sich seine Umkehr von selbst. Wenn der mit der Übergabe der Basileia gegebene
Anspruch an den Menschen herantritt, die Basileia auch *einzusetzen*
(ursprüngliche Version von Lk 19,11—27 par), so wird der Mensch
die Basileia gerade *nicht umzusetzen* haben (vgl die Mt-Version).
Wenn dem Menschen das Ereignis der Vergebung Gottes so zugesprochen wird, daß es seine Vorgeschichte darstellt (Mt 18,23—30),
dann wird des Menschen Vergebung gegenüber seinem Bruder das
Selbstverständliche sein; die Drohung mit dem nachfolgenden Gericht
Gottes verkehrt jenes Verhältnis (Mt 18,31—35). Wenn Gott dem
Menschen so nahetritt, daß er als Vergebender die Vergangenheit
des Menschen, als Bittender die Gerechtigkeit des Menchen überholt,
wird fortan weder Vergangenheit noch Gerechtigkeit den Bruder
vom Bruder trennen können (Lk 15,11—32). Wenn der Mensch ver-

stehen lernt, daß angesichts des Kommens des Gottesreiches die Bitte das angemessene Verhalten darstellt, wird er sich nicht länger in seinen Werken auf die Ankunft des Gottesreiches beziehen müssen (Lk 18,1–7). Gerade dies ermöglicht ihm die rechte Unterscheidung von Gott und Welt und befreit ihn zum weltlichen Umgang mit der Welt.

3.1.4 Nähe der Basileia — Ende der Zeit

Die Gleichnisse Jesu bringen die Gottesherrschaft in die Nähe zur Welt und machen so Gott als Kommenden gegenwärtig. Also erhält die Gegenwart eine eschatologische Qualität, denn in den Parabeln gerät die Welt in die *direkte Nähe* der Zukunft Gottes. Damit hängt zusammen, daß die frühjüdisch-apokalyptische Erwartung der endzeitlichen Offenbarung Gottes in charakteristischer Weise aufgehoben wird. Weil in den Gleichnissen dem Hörer die Verhältnisse der endzeitlichen Gottesherrschaft so zugesprochen werden, daß er schon jetzt jene Verhältnisse auch für seine Gegenwart bestimmend sein läßt, ergibt sich aus der Gleichnisverkündigung Jesu ein *dialektisches* Verhältnis zwischen der Zukunft Gottes und der Gegenwart Jesu. Sofern einerseits die Zukunft Gottes die Gegenwart Jesu interpretiert und andererseits die Gegenwart Jesu der Anbruch der Zukunft Gottes ist, *wird dem Hörer Jesu schon jetzt zugesprochen, was am Ende der Zeit offenbar werden wird.* Im Blick auf den Hörer sind die Parabeln also ein Vorgriff auf das Ende der Zeit. Sie vollziehen gleichsam schon jetzt am Hörer, was Gott im Eschaton tun wird: *Die Gleichnisse erwecken schon jetzt vom Tod zum Leben*, sofern in ihnen der lebendigmachende Gott dem Menschen so nahetritt, daß dieser eine neue Kreatur wird. Dies heißt jedoch nicht, daß in den Gleichnissen der Zukunftsaspekt aufgegeben sei; vielmehr wird er ja dadurch gewahrt, daß der gegenwärtige Zuspruch sich auf die Zukunft Gottes bezieht und von dieser her sachgemäß verstanden wird. Indem die Gleichnisse Zukunft und Gegenwart dialektisch aufeinander beziehen, *vollziehen* sie am Hörer das, was Paulus in der Dialektik von Rechtfertigung und Rettung theologisch *auf den Begriff brachte* (zB Röm 5,8f).

Daß der in den Gleichnissen Jesu nahegebrachte Gott einer ist, der den Menschen vom Tod zum Leben ruft, hat sich in der Auferweckung Jesu von den Toten als wahr erwiesen (vgl Röm 4,17). Die Auferweckung Jesu ist demnach das die Gleichnisverkündigung Jesu *eindeutig* machende Ereignis der Nähe Gottes zur Welt. Denn der den Gekreuzigten zum Leben bringende Gott kann kein anderer sein als der in der Gleichnisrede des Gekreuzigten dem Menschen zugesprochene Gott. Deshalb gilt: die Gleichnisse Jesu vollziehen am Hörer im Sinne einer Prolepse, was Gott an Jesus bereits vollzogen hat, und was er dereinst an aller Welt vollziehen wird: die Auferweckung vom Tode zum Leben. Mit anderen Worten gesagt: die Gleichnisse Jesu vollziehen das Wesen Gottes.

Dies soll an einigen besonders deutlichen Beispielen aufgezeigt werden: Erkennt der Hörer den Geschehenszusammenhang zwischen dem unscheinbaren Anfang in Jesus und der herrlichen Vollendung der Basileia (Mk 4,30–32; Lk 13,21f), so wird er dem unscheinbaren Anfang trauen und erhält so schon jetzt Anteil am künftigen Heil. Versteht der Hörer, daß das endzeitliche Freudenmahl schon mit Jesus seinen Anfang nimmt (Lk 14,15–24 par), so wird er von der Parabel dazu bewogen, sich jetzt einladen zu lassen; auf diese Weise bestimmt das Ende der Zeit schon seine Gegenwart. Macht die Parabel in Mt 20,1–15 die Güte Gottes so zum Ereignis, daß der Hörer schon jetzt die Basileia, in der es nur Erste geben wird, zum Maß seiner Gegenwart macht, zahlt sie gleichsam den Lohn der Endzeit schon jetzt aus. Bringt Mt 25,1–13 Gott so als Kommenden zur Sprache, daß der Hörer die Einstellung der Bereitschaft gewinnt, wird er mit Gewißheit Gott am Ende der Zeit nicht verpassen. Spricht schließlich Lk 15,11–32 dem Hörer die Liebe Gottes so zu, daß sie als Vergebung seine Vergangenheit und als Bitte seine Gerechtigkeit überholt, so ist er schon jetzt vom Tode zum Leben gekommen (vgl V. 24.32!).

3.2 Bemerkungen zum Problem des historischen Jesus

Die in dieser Arbeit vorgenommene Untersuchung der Gleichnisse in ihrer Geschichte von Jesus als ihrem ursprünglichen Erzähler bis zu ihrer vielgestaltigen Rezeption in der Gemeinde bietet sich als Denkmodell zur Klärung der Frage nach dem theologischen Stellenwert des historischen Jesus an (vgl oben 1.2.10). Dazu sollen im folgenden einige Andeutungen gemacht werden.

3.2.1 Der Stand des Problems

Die folgenden thesenartigen, skizzenhaften Anmerkungen zum Stand des Problems, welches mit der Frage nach dem historischen Jesus dem christlichen Glauben aufgegeben ist, würden eine differenzierte historische Analyse erfordern, um dem Vorwurf der Pauschalität zu entgehen. Die historischen Analysen können im Rahmen dieser Arbeit nicht mehr geleistet werden.

3.2.1.1 Die Leben-Jesu-Forschung des 19. Jahrhunderts oder die „alte" Frage nach dem historischen Jesus

Die Hauptstoßrichtung der Leben-Jesu-Forschung war eine *antidogmatische*: es ging ihr vor allem darum, den historischen Jesus[1] von den dogmatischen Fesseln zu befreien, die die Kirche um ihn gelegt hatte.[2] Es galt, der dogmatischen Verschleierung, die schon mit der Christologie der Evangelien ihren Anfang genommen hatte, die Wahrheit des geschichtlichen Seins Jesu entgegenzusetzen. Auf diesem Wege hoffte man, eine solide *historische Begründung* des christlichen Glaubens zu erlangen.[3] Ein wichtiger *hermeneutischer* Aspekt der Leben-Jesu-Forschung ist mE darin zu sehen, daß mit der Konzentration auf die „*Persönlichkeit*" Jesu und den *Eindruck*, den diese auf den Menschen der Gegenwart macht, ein hermeneutisches Grundmuster geschaffen wurde, mit dessen Hilfe der Graben zwischen der Vergangenheit Jesu und der Gegenwart des Glaubenden überbrückt werden konnte.[4] Mit der genannten hermeneutischen Vorentscheidung hängt es zusammen, daß der Glaube *an* Jesus durch den Glauben *Jesu* ersetzt werden mußte. Im Vollzug dieser Neuorientierung wurde Jesus zum *Offenbarer* der wahren Religion. Seine Person war nicht mehr Inhalt des Glaubens, vielmehr wurde die Lehre vom Lehrer getrennt. Der letztere hatte einen bloß akzidentiellen Zusammenhang mit der wahren Religion, sofern er nur als Brin-

---

[1] Der „historische Jesus" wurde identifiziert mit dem Jesus, „wie er wirklich war". Zum Problem vgl Ebeling, Frage 302—308; Robinson, New Quest 26.
[2] „Die neuzeitliche Jesus-Forschung ist weithin geradezu in der Absicht betrieben worden, auf diese Weise die Christologie zu erledigen" (Ebeling, Frage 301 Anm 4). „Die geschichtliche Erforschung des Lebens Jesu ging nicht von dem rein geschichtlichen Interesse aus, sondern sie suchte den Jesus der Geschichte als Helfer im Befreiungskampf vom Dogma" (Schweitzer, Geschichte 4). Siehe auch die Urteile bei Anderson, Jesus 18; Downing, Church 18.
[3] Vgl Schweitzer, Geschichte 631f; Richardson, History 121f führt die Ritschl-Schule als ein besonders typisches Beispiel an. Zum Problem siehe auch Keck, Future 19; Dodd, History 11.
[4] Die Korrelation des Glaubens „zu Christus (ist) eine Beziehung innerhalb der Immanenz der Geschichte" (Barth, Geschichte 505). Gerade weil Jesus „eine historischer Erkenntnis prinzipiell so gut oder so schlecht wie Tiberius zugängliche *menschliche Persönlichkeit*" (ebd, das Kursive gesperrt) ist, kann dadurch das hermeneutische Problem, wie Jesus in Bezug zur Gegenwart kommt, gelöst werden.

ger der Offenbarung, als Verkündiger einer Wahrheit, die auch abgesehen von ihm Wahrheit bleiben konnte, thematisch wurde.

Der historische Zugang zu Jesus, wie ihn die Leben-Jesu-Forschung auf mannigfaltige Weise vollzog, ist mit folgenschweren *Implikaten* belastet. Mag es zunächst als Vorteil erscheinen, daß die spekulative (oder dogmatische) Begründung des christlichen Glaubens durch die geschichtliche ersetzt wurde, so war der dafür zu erlegende Preis hoch: zwar kam der historisch-kritischen Forschung als solcher die Würde zu, eine *theologische* Disziplin zu sein. In eben dieser Würde aber war beschlossen, daß der Unterschied zwischen Jesus von Nazareth und dem Menschen nur noch *als gradueller und nicht mehr als prinzipieller* zur Sprache kommen konnte. Als geschichtliche Persönlichkeit konnte Jesus einen Höchstwert haben; das „Einmal" seiner Person konnte in der Kategorie des Superlativs qualifiziert werden. Das „Ein für alle Male" aber, das das Neue Testament mit der Christologie und die alte Kirche mit der Zweinaturenlehre respektiert hatten, war jenseits des historisch-kritisch Möglichen und mußte fallen gelassen werden. Das ist der Tribut, der dem Geist der Zeit gezollt werden mußte. An die Stelle der eschatologischen Bedeutung der Person Jesu trat die ewige Bedeutung der von ihm ausgesprochenen Wahrheiten. Wo die Person und das Werk Jesu überhaupt noch Thema der christlichen Theologie waren, konnte Jesus nur noch als *Vorbild,* als *Exemplum wahren Menschseins* eine Bedeutung haben. Darin zeigt sich der *gesetzliche Grundzug* des rein historischen Zugangs zu Jesus. Vorbilder zwingen zur Nachahmung, sobald man sie als *gute* Vorbilder akzeptiert hat. Vorbilder zwingen den Menschen unter das Gesetz; sie können niemanden erlösen. Sofern Jesus in der Kategorie des Vorbildes verstanden wurde, konnte die soteriologische Dimension seines Seins nicht mehr angemessen gewürdigt werden.[5]

Albert Schweitzer wird in der theologischen Literatur weithin mit der Ehre bedacht, er habe der Leben-Jesu-Forschung „die Grabrede gehalten"[6]. Diese Einschätzung bedarf mE unbedingt einer *Korrektur.* Zwar trifft es zu, daß Schweitzer das Scheitern der Leben-Jesu-

---

[5] Es ist mE bemerkenswert, daß ausgerechnet in dieser Zeit die Idee eines ständigen Fortschritts des Gottesreiches in der Geschichte so weit verbreitet war. Es wäre zu untersuchen, ob nicht die Unmöglichkeit, in *angemessener* Weise soteriologisch von Jesus Christus zu reden, zu diesem Ausweg gezwungen hat.

[6] Bornkamm, Jesus 11.

Forschung mit unerbittlicher Schärfe erkannt und aufgezeigt hatte.[7]
Gescheitert ist jedoch nach Schweitzer der Versuch, Leben und Bewegung in die historische Gestalt Jesu zu bringen und den so Be-
lebten „als Lehrer und Heiland in unsere Zeit" hineinzustellen[8].
Schweitzer kritisierte zwar radikal die *Modernisierungsversuche,*
welche im Rahmen der „alten" Frage unternommen worden waren.
Damit vollzog er ein Stück des religionskritischen Erbes, das Karl
Marx der Neuzeit hinterlassen hatte: nicht nur im Himmel fand
der Mensch bloß den Widerschein seiner selbst, sondern auch in
der Geschichte Jesu hatten die Theologen nur den Widerschein ihrer
eigenen Gedanken gefunden. Das ist der Vorwurf Schweitzers an
das 19. Jahrhundert. Der gesamten Leben-Jesu-Forschung hielt
Schweitzer die *Fremdheit* Jesu entgegen, die das Ereignis einer
wahrhaft redlichen geschichtlichen Untersuchung sein muß. Die
Kritik Schweitzers blieb vollkommen im System der „alten" Frage,
nicht nur, weil er an der grundsätzlichen Möglichkeit, Jesus von
Nazareth *historisch* zu erkennen, nicht im mindesten zweifelte, sondern auch weil er die Ergebnisse historischer Forschung für *relevant*
hielt, sobald sie die Fremdheit Jesu (die in seiner Eschatologie bestand) ausreichend respektierte. Ferner ist Schweitzer auch darin
mit dem 19. Jahrhundert verbunden, daß für ihn die *Persönlichkeit*
Jesu von grundlegender Bedeutung war.[9] Überdies teilt er die Ansicht der „alten" Frage, daß die *Lehre* Jesu von seiner Person zu
trennen sei und für die gegenwärtige Religion in einem fundamen-
talen Sinne bedeutsam sei.[10] Das hermeneutische Kontinuum zwischen der Fremdheit des vergangenen Jesus und der Gegenwart der
christlichen Religion war die „innerliche Gleichgestimmtheit des
Wollens, Hoffens und Sehnens"[11]. Die Bedeutung der Person und
Lehre Jesu besteht jedoch nicht einmal darin, daß er uns die „Idee
der sittlichen Weltvollendung" *offenbart* — diese liegt vielmehr „in

---

[7] Der „Ertrag der Leben-Jesu-Forschung" ist „negativ" (Schweitzer, Geschichte
631).
[8] Schweitzer, aaO 631 vgl 632: „Aber er blieb nicht stehen, sondern ging an
unserer Zeit vorüber und kehrte in die seinige zurück."
[9] „Wir haben das unmittelbare Empfinden, daß seine Persönlichkeit .../...
eine weitgehende Bereicherung auch unserer Religion bedeutet" (Schweitzer,
aaO 633f).
[10] „Die Tat Jesu besteht darin, daß seine natürliche und tiefe Sittlichkeit von
der spätjüdischen Eschatologie Besitz ergreift und so dem Hoffen und Wollen
einer ethischen Weltvollendung in dem Vorstellungsmaterial jener Zeit Ausdruck gibt" (Schweitzer, aaO 635).
[11] Schweitzer, aaO 637 vgl 638: „In einer Religion ist so viel Verstehen des
historischen Jesus, als sie starken und leidenschaftlichen Glauben an das Reich
Gottes besitzt."

uns und ist mit dem sittlichen Willen gegeben" —, sondern lediglich
darin, daß er mithilft, jene Idee auch „in uns zur Herrschaft" zu
bringen, damit „wir sittliche Kräfte für unsere Zeit werden".[12]
Schweitzers Kritik der Leben-Jesu-Forschung ist vollkommen system-
immanent. Daher kann sie nicht der wahre Grund des Endes jenes
Unternehmens sein, wenn sie auch manchem die Augen geöffnet haben mag für die prinzipiellen Aporien der „alten" Frage. Diese wurde zu Grabe getragen von einem bedeutend radikaleren theologischen Unternehmen, der *kerygmatischen Theologie*.

3.2.1.2 Die kerygmatische Theologie

Unter dem Begriff der kerygmatischen Theologie werden hier die
Einwände dreier Theologen zusammengefaßt, die sonst in mancher-
lei Hinsicht voneinander zu unterscheiden sind. Der Begriff ist meines Erachtens insofern gerechtfertigt, als er den Wechsel des Inter-
esses vom *Wort Jesu* zum *Wort über Jesus,* zum Kerygma, anzeigt.
Diese Interessenverschiebung ist für alle drei im folgenden genannten
Theologen charakteristisch.

Martin Kählers „Mahnruf" lautet: „Der historische Jesus der modernen Schriftsteller verdeckt uns den lebendigen Christus."[13] Dies
gilt einerseits insofern, als das historische Jesusbild der Leben-Jesu-
Literatur darin mit dem dogmatistischen übereinstimmt, daß es wie
dieses als ein Erzeugnis „menschlicher erfindender Kunst" anzusehen ist.[14] Und es gilt andererseits insofern, als der mit den Mitteln
der Geschichtswissenschaft erkannte historische Jesus *per definitio-
nem* nicht der lebendige Christus sein kann, sondern eine Person der
Vergangenheit bleiben *muß*. Als solcher ist der historische Jesus von
vornherein eine Gestalt, die sich nur „auf der Linie des Grades" von
uns unterscheidet.[15] Der *wirkliche* Christus dagegen ist der lebendige,
der gepredigte und geglaubte Christus des Neuen Testaments, der
geschichtliche Christus der Bibel[16], der sich nicht nur auf der Linie
des Grades, sondern *der Art* von uns unterscheidet. „Ist Offenbarung nur ein mißverständlicher Name für religiöses Bewußtsein in
seiner geschichtlich bedingten Entwickelung; ist Jesus nur ein ursprüngliches, gradweise über uns hervorragendes religiöses Gemüt, dann kann

---

12 Schweitzer, aaO 640. Im Hintergrund ist das Geschichtsverständnis der Auf-
klärung.
13 Kähler, Christus 44.
14 Ebd.
15 Kähler, aaO 53 vgl 59.
16 Kähler, aaO 65.

freilich das neutestamentliche Glaubensbekenntnis ... nur eine Verdunkelung der Thatsachen bewirken."[17] Im Namen eben dieses Glaubensbekenntnisses richtet Kähler seinen Warnruf an die Zeitgenossen, damit Christus als Gegenstand des Glaubens erhalten bleibe. Für Kähler bedeutet dies allerdings nicht, daß man „immer weiter *Autoritätsglauben* der Bibel gegenüber fordern und leisten" muß.[18] Die Kategorie des „*Bildes*" ermöglicht es Kähler, die Antinomie zwischen historischer Kritik und Autoritätsgläubigkeit aufzuheben: das neutestamentliche Bild Christi ist deshalb Ausgangspunkt unseres Glaubens, *weil Christus selbst der Urheber jenes Bildes ist*.[19] Kähler leugnet nicht, daß die biblische Überlieferung da und dort „sorglos" oder „unverständig" mit der Jesus-Tradition umgegangen ist. Aber je „dunkler die Hergänge bleiben, welche der schriftstellerischen Thätigkeit vorangegangen sein müssen, um so sicherer *spürt man über der Sorglosigkeit der alten Gemeinde die fürsorgende unsichtbare Hand*".[20] Wenn die Bewahrung des Bildes Christi auch nicht mit dem „Dictat des heiligen Geistes" legitimiert wird, so wird man Kähler an diesem Punkt einige Fragen betreffend einer *dogmatischen* Legitimation des *historischen* Überlieferungsprozesses nicht ersparen können.

Karl Barth erachtet den Versuch, hinter die neutestamentlichen Texte zu gehen, sowohl historisch wie auch theologisch als inadäquat. Er ist *historisch* inadäquat, weil das Neue Testament nirgends versucht, Jesus unter Absehung von seiner Auferweckung zu beschreiben.[21] Und er ist *theologisch* inadäquat, weil der königliche Mensch Jesus Christus den Gliedern des Volkes Gottes in der Welt „nicht in irgendeiner Objektivität, gerade nicht als ,historischer Jesus', gerade nicht ... als eine ihnen gebotene Möglichkeit ..., nicht so also gegenübersteht, daß sie die Tragweite seiner Existenz für sie selber (...) erst zu realisieren hätten", sondern als der von den Toten auferstandene *Herr* aller Menschen und so auch als

---

17 Kähler, aaO 68.
18 Kähler, aaO 72 (das Kursive gesperrt).
19 Kähler, aaO 87: „So machen wir es uns zugleich hintendrein klar, daß wir im tiefsten Grunde nicht um irgend einer Autorität willen an ihn glauben, sondern daß er selbst uns den Glauben abgewinnt. Denn das liegt bereits in dem Gesagten: *er selbst ist der Urheber jenes Bildes* (das Kursive gesperrt).
20 Kähler, aaO 89 (das Kursive gesperrt).
21 Barth, KD IV/2 174: „Seine neutestamentliche Bezeugung würde in dem Maß unbrauchbar, seine Geschichte, er als der königliche Mensch, würde in dem Maß unsichtbar, als man das Licht dieser seiner Selbstkundgebung künstlich abblenden, ein vom österlichen Nachher abstrahiertes vorösterliches Vorher für sich ins Auge fassen wollte."

ihr Herr.[22] Es versteht sich von selbst, daß Jesus *auch* eine „Figur der Weltgeschichte" und als solche ein Gegenstand der historischen Wissenschaft ist. Die Historiker *als Historiker* „kennen ihn und seine Existenz, aber sie *erkennen* ihn nicht, sondern sie verkennen ihn und sie".[23] Dies hat seinen Grund darin, daß Jesus von Nazareth — wenn er erkannt werden soll — nur als Sohn Gottes erkannt werden kann.[24] Als Sohn Gottes ist er die Offenbarung Gottes. Die Offenbarung Gottes ist indessen *kein* Gegenstand der Geschichtswissenschaft, denn „wo Offenbarung geschieht, da geschieht sie auf alle Fälle nicht durch das Mittel dieser unserer Einsicht und Kunst, sondern in der Freiheit, die Gott hat, für uns frei zu sein ...".[25] Daraus ergibt sich sowohl die Aufgabe als auch die Grenze historischer Arbeit im Bereich der Theologie.

Rudolf Bultmann stellt wohl die Klimax der radikalen Kritik an der Leben-Jesu-Forschung dar. Bultmann geht davon aus, daß der Gegenstand des Glaubens der Christus des Kerygmas und nicht der historische Jesus ist.[26] Sofern das Kerygma an die Stelle des historischen Jesus getreten ist und diesen also vertritt, gehört der historische Jesus zu den *Voraussetzungen* neutestamentlicher Theologie[27]. Er gehört in den Bereich des Judentums.[28] Fragt man nach dem Verhältnis der urchristlichen Christusbotschaft zum historischen Jesus, so gilt es, zwischen der Frage nach der *historischen Kontinuität* und der nach dem *sachlichen Verhältnis* streng zu unterscheiden.[29] Was die historische Kontinuität betrifft, so beschränkt sich diese auf das „Daß" der Geschichte Jesu; in diesem *formalen* Sinne setzt das Kerygma den historischen Jesus voraus.[30] Die formale Kontinuität impliziert jedoch keineswegs ein positiv zu formulierendes *sachliches Verhältnis*. „Alle Bemühungen zu zeigen, daß der historische Jesus in seinem Wirken schon den Anbruch der Heilszeit gesehen hat, können über den grundsätzlichen Unterschied zwischen sei-

---

22 Barth, KD IV/2 589f.
23 Barth, KD IV/2 100 (Hervorhebung von mir).
24 Ebd. Vgl 112: „Es geht also darum, in seiner Menschlichkeit *Gott* zu erkennen ..." (das Kursive gesperrt); 113: „Die Menschlichkeit Jesu an sich und als solche wäre ... ein Prädikat ohne Subjekt."
25 Barth, KD I/2 72.
26 Bultmann, Verhältnis 26 (der Glaube an Christus ist zugleich Glaube an die Kirche als Trägerin des Kerygmas, dh „in der dogmatischen Terminologie: an den Heiligen Geist".).
27 Bultmann, Theologie 1f.
28 Bultmann, Verhältnis 8.
29 Bultmann, aaO 6.
30 Bultmann, aaO 8f.

ner Verkündigung und dem Christus-Kerygma nicht täuschen."[31] Bultmann kann den grundsätzlichen Unterschied beispielsweise in den Kategorien „Verheißung — Erfüllung" oder „Einmal — Ein-für-allemal" bzw „vergangen — gegenwärtig" zur Sprache bringen.[32]

Der grundsätzliche Unterschied *gilt auch dann*, wenn das Phänomen „historischer Jesus" nicht mehr im Sinne der objektivierenden Geschichtsschreibung, sondern im Rahmen einer „*geschichtlichen d.h. existentiellen Begegnung*", wie sie von der existentialen Geschichtsbetrachtung ermöglicht wird, verstanden wird.[33] Das neue Geschichtsverständnis hat gegenüber dem alten zwar den Vorzug, daß es die Geschichte nicht mehr distanziert, als objektive Vergangenheit betrachtet, sondern vielmehr den Geschichtsbetrachter in die Begegnung mit der Geschichte einbezieht.[34] Das heißt jedoch *nicht*, daß die Ergebnisse dieser neuen Geschichtsbetrachtung eine *theologische* Relevanz hätten: der so beschriebene und in den Horizont des gegenwärtigen Betrachters eingebrachte historische Jesus stellt zwar den Menschen „vor die Entscheidung für (oder gegen) eine ... *Möglichkeit des Selbstverständnisses*", während das „Christus-Kerygma den *Glauben* an den in ihm präsenten Jesus" fordert.[35] Darum endet jeder Versuch, eine „sachliche Übereinstimmung" zwischen Jesus und Kerygma festzustellen, „in dem unnötigen Bemühen, die Legitimität des Kerygmas zu beweisen".[36] Ein solcher Versuch ist demnach als Versuch *des Unglaubens* zu bezeichnen.

3.2.1.3 Die „neue" Frage nach dem historischen Jesus

Es ist kein Zufall, daß die „neue" Frage nach dem historischen Jesus ihren *Ursprung im Bereich der Bultmann-Schule* nahm. Denn die Radikalität, mit der Bultmann die Konzentration auf das christliche Kerygma vertreten hatte, forderte eine Reaktion geradezu heraus.[37] Dazu kommt, daß das Wesen der „neuen" Frage durch die Antithese Bultmanns zur Leben-Jesu-Forschung prinzipiell konstituiert wird. Unsere Skizze der „neuen" Frage beschränkt sich auf

---

31 Bultmann, aaO 26.
32 Bultmann, aaO 25.
33 Bultmann, aaO 18. Bultmann konkretisiert dies in der Beurteilung der Entwürfe von J. M. Robinson, G. Ebeling, E. Fuchs und anderen (aaO 18—23).
34 Bultmann entwickelt dieses neue Geschichtsverständnis in seinem Jesusbuch (vgl Jesus 7—15).
35 Bultmann, Verhältnis 25 (Hervorhebung von mir).
36 Bultmann, aaO 14.
37 Vgl Käsemann, Problem 189.

eine kurze Betrachtung der Entwürfe von E. Käsemann, G. Ebeling und E. Fuchs.

Ernst Käsemann leitete in einem vielbeachteten Vortrag im Kreise alter Marburger die neue Frage nach dem historischen Jesus ein. Nach Käsemann besteht der Sinn des Historischen in den Evangelien (und damit auch im christlichen Glauben und in der christlichen Theologie) *erstens* darin, daß sich „in ihrer Bindung an eine konkrete Historie" die „*Kontingenz der Offenbarung*" bekundet, die die „Freiheit des handelnden Gottes (spiegelt) und ... die Möglichkeit unserer Entscheidung (begründet)".[38] Er besteht *zweitens* darin, daß der Vergangenheitscharakter der Geschichte Jesu in den Evangelien das „extra nos des Heiles als *Vorgegebenheit* des Glaubens" herausstellt.[39] *Drittens* besteht der Sinn des Historischen darin, daß der Osterglaube mit dem Bezug zur Historie Jesu an der Identität des irdischen mit dem erhöhten Jesus festhielt und so dokumentierte, daß das christliche Kerygma seinen Inhalt „nicht erst und ausschließlich" vom Osterglauben bezieht.[40] Aus den drei genannten Aussagen ergibt sich, daß die Frage nach der Geschichte Jesu zwar nicht unter Absehung vom christlichen Kerygma gestellt werden darf, daß sie aber im Rahmen des Kerygmas *gestellt werden muß.* „*Die Frage nach dem historischen Jesus ist legitim die Frage nach der Kontinuität des Evangeliums in der Diskontinuität der Zeiten und in der Variation des Kerygmas.*"[41] Diese Fragestellung unterscheidet sich von der Leben-Jesu-Forschung nicht nur im Blick auf den Verzicht einer Jesus-Biographie und auf den Einbezug des Kerygmas in die *historische* Arbeit, sondern noch grundsätzlicher darin, daß sie das Historische wieder *zum Problem* werden läßt. „Die ‚neue Frage' verdient nur deshalb neu genannt zu werden, weil die theologische Relevanz des Historischen in einem vorher ungekannten Ausmaße zu einem akuten und entscheidenden, aber im Grunde völlig unbewältigten Problem geworden ist."[42] An Käsemann müßte die Frage gestellt werden, wie die Frage nach der „Kontinuität in der Diskontinuität" *methodisch* zu konkretisieren wäre.

Gerhard Ebeling geht aus vom Grundsatz, daß „Jesus Kriterium der Christologie" ist.[43] Damit ist die Verquickung der historischen mit der dogmatischen Frage nach Jesus klar herausgestellt: nach

---

38 Käsemann, aaO 201 (Hervorhebung von mir).
39 Käsemann, aaO 202 (Hervorhebung von mir).
40 Käsemann, aaO 203.
41 Käsemann, aaO 213 (Hervorhebung von mir).
42 Käsemann, Sackgassen 31.
43 Ebeling, Frage 301. Zum Folgenden vgl aaO 300—302.

der Christologie kann nicht gefragt werden, ohne daß der historische Jesus einbezogen wird, während umgekehrt nicht nach dem historischen Jesus gefragt werden kann, ohne daß die christologische Frage angegangen wird. Versteht man unter dem „historischen Jesus" den „Jesus, wie er bei strenger historischer Methode zur Erkenntnis kommt"[44], so wird dieser — unter Voraussetzung des in der Neuzeit weithin vorherrschenden Geschichtsverständnisses, das am „Tatsachenbegriff" orientiert ist[45] — zu etwas *Relativem*.[46] Dies führt indessen in die *Aporie*, daß einer *geschichtlichen* Person *dogmatische* Relevanz zugewiesen wird. Die Aporie kann weder durch die Beschränkung auf das Historische, noch durch die Rückkehr zur Christologie überwunden werden, sondern nur durch „eine Neubesinnung auf den historischen Jesus".[47] „Aus dem historischen Engpaß führt allein dasjenige Geschichtsverständnis heraus, das am *Wortgeschehen und damit an der Sprachlichkeit der Wirklichkeit* orientiert ist."[48] Im Rahmen dieses *allgemeinen*[49] Geschichtsverständnisses fragt der Theologe nach dem, *was in Jesus zur Sprache gekommen ist*.[50] In Jesus ist *der Glaube* zur Sprache gekommen.[51] Was die Frage nach der „Kontinuität zwischen Jesus und dem Christusglauben" angeht, so hat diese auch den „*Gesichtspunkt schroffer Diskontinuität*" einzubeziehen, die dadurch gegeben ist, daß „der Weg von Jesus zum Christusglauben über Tod und Auferstehung führte, also über ein schlechthiniges Wunder, das im Gegensatz steht zur Kontinuität".[52] Unter Berücksichtigung der genannten Modifikation kann gesagt werden: „Die Zusammengehörigkeit von Jesus und Glaube begründet die Kontinuität zwischen dem historischen Jesus und dem sogenannten Christus des Glaubens."[53] War der historische Jesus „Zeuge des

---

[44] Ebeling, aaO 303.
[45] Ebeling, aaO 307 (Hervorhebung von mir).
[46] Ebeling, aaO 305. Die Relativität besteht einerseits darin, daß Jesus zu „etwas *rein* Historischem" wird (ebd), und andererseits darin, daß die „historische Erfassung selbst" ein Moment des Relativen in sich trägt (aaO 306).
[47] Ebeling, aaO 306.
[48] Ebeling, aaO 307.
[49] Ebeling legt Wert darauf, daß es sich beim neuen Geschichtsverständnis um ein neues „Verhältnis zur Geschichte überhaupt" handelt (aaO 307).
[50] Die das alte Verständnis von Geschichte kennzeichnende Frage lautet dagegen: „Was ist passiert?" Vgl Ebeling, aaO 307f.
[51] Dies gilt nicht nur im Sinne *eines Aspektes* des historischen Seins Jesu, sondern es hat als *Zusammenfassung und Charakteristik* jenes Seins zu gelten (aaO 308). Das macht Jesus zu einer *einzigartigen* geschichtlichen Person (aaO 310f).
[52] Ebeling, aaO 312 (Hervorhebung von mir).
[53] Ebeling, aaO 317.

Glaubens"[54], so geht es in der Osterüberlieferung darum, „daß Jesus als der *Zeuge* des Glaubens zum *Grund* des Glaubens wurde und die so Glaubenden Zeugen des Glaubens sind als Zeugen Jesu".[55] Hier müßte wohl die *Frage* gestellt werden, ob der Wechsel von „Zeuge des Glaubens" zu „Grund des Glaubens" das Moment „schroffer Diskontinuität" zwischen dem historischen Jesus und dem nach-österlichen Christus *zureichend zur Sprache zu bringen vermag.*

Ernst Fuchs bezeichnet die Frage nach dem historischen Jesus als *die uns auferlegte Form des christologischen Problems.*[56] Sie ist solange nicht sachgemäß gestellt, als sie nicht auf das Verhältnis von „vere deus" und „vere homo" abzielt. *Ausgangspunkt* für Fuchs ist jedenfalls das „vere deus"; konkret: der *Glaube an Jesus* (wie er zB bei Paulus zur Sprache kommt).[57] Fuchs stellt die *Frage nach der Kontinuität* zwischen dem historischen Jesus und dem nachöster-lichen Christus(-glauben?), indem er das (aus Paulus gewonnene) Christuskerygma mit dem historischen Jesus der Synoptiker ver-gleicht.[58] Er fragt, inwiefern der historische Jesus in den paulini-schen *Rahmen* paßt. Die Analogien, die sich zwischen der Verkün-digung Jesu und der Theologie des Paulus feststellen lassen,[59] recht-fertigen eine positive Beantwortung der Kontinuitätsfrage. Sofern Jesus sich so verhält, als stünde er an Gottes Stelle[60], ist das Ver-

---

54 Ebeling, aaO 315. Der Ausdruck meint *nicht* das Reden Jesu über *seinen eige-nen* Glauben, sondern seine „Mitteilung des Glaubens" (aaO 309f). Zum Gan-zen vgl Ebeling, Jesus und Glaube 203—254.

55 Ebeling, Frage 314 (Hervorhebung von mir). Nach Ebeling ist der Ausdruck „Grund des Glaubens" streng zu unterscheiden von dem, was „Glaubensgegen-stand" meint (aaO 317). „An Jesus glauben heißt ...: ... *ihn als Zeugen des Glaubens Glaubensgrund sein lassen* und darum sich auf ihn und seinen Weg einlassen, an ihm und seinem Weg partizipieren und darin *an dem partizipieren,* woran zu partizipieren dem Glauben verheißen ist, *nämlich an der Allmacht Gottes*" (aaO 315; Hervorhebung von mir).

56 Fuchs, Einleitung 1. Seit den fünfziger Jahren beschäftigt sich Fuchs inten-siv mit dem Problem des historischen Jesus. Fast alle seiner bisher veröffent-lichten Arbeiten wären also hier zu beachten.

57 Fuchs, Frage 211 beginnt mit „I. Der Glaube an Jesus" und geht dann über zu „II. Der historische Jesus" (aaO 218).

58 Fuchs, Frage 218.

59 Fuchs nennt als Analogien beispielsweise: während für Paulus der Glaube an die Herrschaft Christi Heil bedeutet, insofern er von der Furcht des Zornes Gottes befreit, beansprucht Jesus die Gnade Gottes gegenüber dem Sünder, der umkehrt (Frage 216. 219). Während Paulus im Namen des Herrn Christus ver-kündigt, daß die *Zeit* des Glaubens an seine Herrschaft gekommen sei (aaO 217), macht Jesus die Ansage der *Zeit* der Basileia zur Hauptsache seiner Verkündigung (aaO 222). Schließlich ist der Glaube an Jesus die Wiederholung der Entscheidung *Jesu,* daß die Zeit zur Liebe gekommen sei (aaO 227).

60 Fuchs, aaO 219.

halten Jesu als Rahmen seiner Verkündigung gewissermaßen die *christologische Dimension*, die in der kerygmatischen Interpretation des irdischen Jesus durch die nachösterliche Gemeinde explizit wird.[61] In dieser Hinsicht besteht eine Kontinuität zwischen irdischem Jesus und nachösterlichem Christus(-glauben). Fuchs übersieht jedoch nicht das Moment der Diskontinuität: die vorösterliche Gemeinde „darf noch nicht unter dem Profil des Glaubens *an Jesus*" gesehen werden, da Glaube an Jesus keine vorösterliche Möglichkeit war.[62] Obwohl „an Jesus glauben" heißt, Jesu *eigene* Entscheidung zu *wiederholen*,[63] ist die nachösterliche Wiederholung nicht eine Repetition im strengen Sinne, sofern sie als neues Element eine bestimmte *Einstellung zu Jesus* notwendig in sich schließt.[64] Dazu kommt: „Die urchristliche Verkündigung *unterscheidet* sich von Jesu Verkündigung dadurch, daß sie um dieses Schon (sc der Herrschaft Christi) bei Jesus weiß und die Erfahrung des Glaubens in ihr Wissen um Jesus einzuordnen versuchte".[65] Hier wäre vor allem die Frage nach der präzisen Unterscheidung zwischen der Entscheidung Jesu und der seiner Jünger bzw seiner nachösterlichen Gemeinde zu stellen.

3.2.1.4 *Worin besteht die Neuheit der „neuen Frage"?*

Die „neue Frage" ist in einem *qualitativen* (prinzipiellen) Sinne neu, sofern sie die Frage nach dem historischen Jesus *als Frage nach der Kontinuität und Diskontinuität zwischen dem historischen Jesus und dem kerygmatischen Christus* stellt. Dies bedeutet eine Absage an die Leben-Jesu-Forschung, die in ihrem Grundzug vom kerygmatischen Christus *absehen* will, und zugleich eine *positive Integration* der grundlegenden Einsichten der kerygmatischen Theologie (vgl oben 3.2.1.2), die mit Recht verneinte, daß Historie *als solche* eine unmittelbare theologische Bedeutung haben kann. Sofern der theologiegeschichtliche Fortschritt von der Leben-Jesu-Forschung zur kerygmatischen Theologie historisch und theologisch *notwendig*

---

[61] Fuchs, aaO 220. In einem späteren Aufsatz modifizierte Fuchs seine Auffassung: „Mein Satz, Jesu Verhalten sei der ,Rahmen' seiner Verkündigung gewesen (...), ist ein hermeneutischer Satz. Was Jesus *sagte*, ist gerade der ,Kern' seines Verhaltens" (Einleitung 19). Jüngel, Paulus und Jesus 139 bezeichnet den genannten Satz als einen *theologischen* (bei Ablehnung eines soziologischen oder historisierenden Mißverständnisses).

[62] Fuchs, Frage 223.

[63] Fuchs, Frage 227.

[64] Ebd.

[65] Fuchs, aaO 228 (Hervorhebung von mir).

war, wird sich jeder Versuch, die Frage nach dem historischen Jesus
neu zu stellen, die Anfrage gefallen lassen müssen, inwiefern er die
in jenem Fortschritt zum Zuge kommende Wahrheit zu seiner eigenen Voraussetzung gemacht hat. Er wird sich die Frage gefallen lassen müssen, inwiefern für ihn das Historische ein theologisches *Problem* ist, das er *als Problem durchzuhalten* vermag, ohne es auf dem
Wege der *Identifikation* des Historischen mit dem Theologischen
vorschnell zu lösen. Die „neue Frage" ist also legitim, wenn sie im
Rahmen des kerygmatischen Christus nach dem historischen Jesus
fragt, *ohne sich auf das eine oder andere zu beschränken.* Auf eben
diese Weise aber *bleibt* das Historische ein theologisches und das
Theologische ein historisches Problem.

3.2.2 Die Ergebnisse der Gleichnisuntersuchungen im Blick auf das Problem des historischen Jesus

Die in Teil 2 ausgeführten traditionsgeschichtlichen Untersuchungen an den Gleichnissen Jesu ergeben im Blick auf das Problem
des historischen Jesus die folgenden Grundsätze:

1. Die Beschränkung auf die Suche nach dem *historischen Jesus
allein* ist weder historisch nach theologisch sachgemäß.

a) Sie ist *historisch* unsachgemäß, weil in allen uns bekannten
christlichen Quellen der historische Jesus nur im Rahmen seiner
kerygmatischen Bedeutung als auferweckter Christus zur Sprache
kommt. Von der letzteren abstrahieren hieße, die Quellen entgegen ihrem eigenen Selbstverständnis benutzen. Auf der Ebene
der Gleichnisverkündigung Jesu ist jenes Selbstverständnis daran
erkenntlich, daß die Gleichnisse Jesu christologisch interpretiert
wurden.

b) Sie ist *theologisch* unsachgemäß, weil eine geschichtliche Person *als solche* keine unmittelbare Bedeutung für den Glauben haben kann. Geschichte ist nicht per se dogmatisch relevant. Auf
der Ebene der Gleichnisverkündigung zeigt sich dies darin, daß
die Gemeinde die ursprünglichen Gleichnisse (von Ostern her)
christologisch *interpretieren mußte,* wollte sie sie als Gleichnisse
Jesu überliefern. Die Gleichnisse Jesu sind als Vorgriffe im Rahmen des Möglichen so auf das Ereignis der Nähe Gottes zur Welt
bezogen, daß ihr *neues* Verständnis von Ostern her eine theolo-

gische *Notwendigkeit* darstellt. Zur impliziten Theologie der Gleichnisse Jesu gehört notwendig die explizite Christologie der nachösterlichen Interpretation.

2. Der *Verzicht* auf die Frage nach dem historischen Jesus ist weder historisch noch theologisch gerechtfertigt.

a) Er ist *historisch* ungerechtfertigt, weil die Frage nach dem historischen Jesus historisch gesehen möglich und sinnvoll ist. Sie ist *möglich*, weil die Gemeinde in ihrer *kerygmatischen* Interpretation Jesu ein beträchtliches Maß an *historischem* Material aufbewahrte. Die von der neutestamentlichen Wissenschaft bereitgestellten Echtheitskriterien (besonders die Kriterien der Diskontinuität und der Konsistenz) erlauben es, eine im Rahmen des historisch-kritisch Möglichen ausreichende Wahrscheinlichkeit zu erlangen. So gelingt auch die Rekonstruktion der ursprünglichen Gleichnisse Jesu in den allermeisten Fällen bis zu einem ausreichenden Maße. Die Frage nach dem historischen Jesus ist *sinnvoll*, weil die christliche Gemeinde sich in ihren christologischen Aussagen bewußt auf den irdischen Jesus bezieht. Sie veränderte zwar die Gleichnisse Jesu nach Ostern, aber sie veränderte eben *diese*. Damit sind die Gleichnisse Jesu als geschichtlicher Ausgangspunkt der kerygmatischen Interpretation qualifiziert. Es wäre mE zu fragen, ob die der synoptischen Tradition entsprechende Dimension des Historischen *bei Paulus* nicht durch das Kreuz vertreten wird, das als geschichtliches Ereignis die Zusammenfassung und Pointe der Existenz des irdischen Jesus darstellt.

b) der Verzicht auf die Frage nach dem historischen Jesus ist *theologisch* ungerechtfertigt, weil der Bezug der Offenbarung Gottes zur Geschichte ein unaufgebbarer Grundzug christlicher Theologie ist. Mit ihm steht nicht nur die Leiblichkeit und Offenbarung bzw das extra nos des Heiles auf dem Spiel, sondern auch das „vere homo" als Konstitutivum der Christologie. Auf der Ebene der Gleichnisverkündigung hielt die christliche Gemeinde das Beieinander von „vere deus" und „vere homo" dadurch fest, daß sie die Gleichnisse *Jesu* im Lichte von Ostern *neu* verstand. Damit trug sie dem Sachverhalt Rechnung, daß Gott nun nicht mehr unter Absehung von Jesus Christus zur Sprache kommen konnte. Mit der Formel „Jesus Christus" ist zugleich die theologische Legitimität der Frage nach dem historischen Jesus gegeben.

3. Wenn der Vorsprung an theologischer Sachgemäßheit, welchen die „neue Frage" gegenüber der Leben-Jesu-Forschung hat, darin besteht,

daß nach der Kontinuität und Diskontinuität zwischen dem historischen Jesus und dem kerygmatischen Christus gefragt wird, dann gilt:

a) Das Verhältnis von historischem Jesus und kerygmatischem Christus darf *nicht* im Sinne einer *Identifikation* definiert werden.

Jesus und Christus werden beispielsweise dann identifiziert, wenn auf der Ebene der Gleichnisverkündigung das *vom historischen Jesus gesprochene Gleichnis* unter Absehung von seiner christologischen Dimension zum alleinigen Inhalt der christlichen Verkündigung gemacht und so als das volle Wort Gottes ausgegeben wird. Diese Identifikation verkennt, daß die Gleichnisse Jesu erst mit dem Ereignis der Nähe Gottes an Ostern zur Wahrheit gebracht worden sind.

Andererseits werden Jesus und Christus dann identifiziert, wenn die kerygmatisch interpretierten Gleichnisse Jesu zum einzigen Ausgangspunkt christlicher Verkündigung gemacht werden, wobei die Rückfrage nach dem historischen Gleichnis als unmaßgeblich und illegitim abgetan wird. Diese Identifikation liegt besonders in einer (gegenwärtig extrem angewendeten) strukturalen Interpretation vor, welche sich einseitig auf synchronische Fragestellungen beschränkt und das diachronische Element (zu welchem im Grunde auch der *Bedeutungs*bezug der Texte gehört) nicht wahrnehmen will.

Eine weitere Spielform jener Identifikation ist die Verhältnisbestimmung von Jesus und Christus in Analogie zum allgemeinen Verhältnis von Faktum und Deutung. Versteht man den historischen Jesus als Faktum, das nur *gedeutet* werden müsse, damit es theologische Aussagekraft bekomme, dann verbleibt man grundsätzlich *innerhalb* des Historischen, sofern schon dieses (auch im säkularen Bereich) die Polarität von Faktum und Deutung in sich schließt. Die Auferweckung Jesu wird demnach als bloße *Bekräftigung* einer Deutung verstanden, die auch der Historiker als Historiker zu vollziehen vermag.

b) Demgegenüber ist festzuhalten, daß die Auferweckung Jesu von den Toten das Phänomen des historischen Jesus in einen *eschatologisch neuen* Deutungshorizont stellt. Die von Ostern provozierte *kerygmatische* Interpretation der Geschichte und Verkündigung Jesu *sprengt* in einem grundsätzlichen Sinne das im Bereich des Historischen geltende Verhältnis von Faktum und Deutung. Auf der Ebene der Gleichnisverkündigung kann man sich dies am Bei-

spiel der nachösterlichen Auslegung der Parabel von den Weinbergpächtern (Mk 12,1—12) vergegenwärtigen: während in der ursprünglichen Parabel das Sein Jesu als der eschatologische Versuch Gottes, Israel zu einem Ja zu Gott zu bringen, theologisch
expliziert wird, bringt die nachösterliche Deutung (in V. 10f) zum
Ausdruck, daß Gott an Ostern auch das *Nein* des Menschen zu
ihm überholt hat, indem er den Stein, den die Bauleute verwor-
fen hatten, zum Eckstein machte. Dies ist eine Deutung, die dem
Ausleger der ursprünglichen Parabel verschlossen gewesen wäre.
In diesem Sinne begründet Ostern die *radikale Diskontinuität*
zwischen Jesus und Christus, indem an Ostern ein Deutungshorizont eröffnet wird, der sich von einer Deutung im Rahmen des
Geschichtlichen so radikal unterscheidet, wie das Sein des Auferweckten gegenüber dem Sein Jesu in eschatologischer Weise
neu ist.

Andererseits begründet Ostern aber auch die *Kontinuität* zwischen
Jesus und Christus, sofern die Auferweckung *des Gekreuzigten*
die Gemeinde davor bewahrt, den kerygmatischen Christus vom
historischen Jesus zu abstrahieren. Gerade Ostern machte es notwendig, an der Identität des Auferweckten mit dem Gekreuzigten festzuhalten. Dies führte unter anderem zu einer auch litera-
turgeschichtlich singulären Sprachform, dem Evangelium als einer
Erzählgattung, in welcher die Geschichte kerygmatisch zur Sprache kommt. Und es führte auch dazu, daß die Gleichnisse Jesu
christologisch interpretiert werden *mußten,* wenn sie als Gleichnisse *Jesu* bewahrt werden sollten. Die in Ostern begründete *Vereinigung von Jesus und Christus* wurde fortan zur *Grundform des
christlichen Kerygmas.*

c) Aus den eben skizzierten Sachverhalten ergibt sich, daß die
Frage nach dem historischen Jesus legitim ist als die methodisch
notwendige Frage nach dem geschichtlichen Element des christlichen Kerygmas. Sie hat stattzufinden *im Kontext des Nachvoll-
zugs* der kerygmatischen Interpretation der Geschichte Jesu, welche die christliche Gemeinde unter dem neuen Aspekt von Ostern
durchzuführen hatte. Die Frage nach Jesus steht im Dienste jener
Verstehensbemühung, die die Vereinigung von Jesus und Christus
zu wiederholen versucht. Als eine solche hat sie nichts zu tun
mit einer historischen Verifikation des Glaubens, wohl aber hat
sie etwas zu tun mit dem *argumentativen Charakter des Kerygmas.* Wo die Frage nach Jesus im genannten Kontext gestellt wird,
wird das Kerygma davor bewahrt, eine totalitäre Entscheidungsfor-
derung zu sein, der gegenüber man nur mit einem Ja oder Nein

antworten kann. Der Faktor des Historischen im Kerygma ist das Element, das den Menschen argumentativ angeht und ihm Zeit zum Denken und Gründe zum Bekenntnis gewährt. *Verifiziert* wird die Rede von Gott allerdings nur im *Bekenntnis* des Einzelnen.

Im Kontext des Nachvollzuges der Vereinigung von Jesus und Christus hat die *Sachkritik* ihren legitimen Ort, indem sie bei dem jeweiligen kerygmatischen Text danach fragt, ob in ihm in Wahrheit Jesus und Christus vereinigt worden ist. Daß die sachkritische Frage sich in einem Zirkel bewegen muß, ist nicht zu umgehen; im Gegenteil, der Zirkelcharakter der Sachkritik ist eine mit dem Wesen des christlichen Kerygmas gegebene *theologische* Notwendigkeit. Jedenfalls läuft man auf diese Weise weniger Gefahr, fortwährend sachfremde Autoritäten zum kritischen Maßstab des Neuen Testamentes zu machen.

d) Der durch die oben definierte Frage nach dem historischen Jesus konstituierte Sinnhorizont läßt es nicht zu, daß das Kerygma an die Stelle des historischen Jesus tritt und damit zu einer nicht mehr hinterfragbaren Autorität wird. Vielmehr ist das Kerygma von Jesus Christus als eine weltliche Folge der Auferweckung Jesu durch Gott zu betrachten. Das Kerygma partizipiert in dem Maße an der Wahrheit Gottes, als es die mit Ostern hergestellte Nähe Gottes zur Welt wahrhaftig *wiederholt*. Weil sich das Kerygma jenem Ereignis der Nähe Gottes zur Welt verdankt, hat es die sprachliche *Grundform der Metapher*. Ist die Formel „Jesus ist Christus" die theologische Grundmetapher, dann wäre der Zusammenhang von Historischem und Kerygmatischem in Analogie zur metaphorischen Prädikation zu verstehen (vgl 1.2).

4. Ist die Frage nach dem historischen Jesus als eine im Kontext des Nachvollzuges der Vereinigung von Jesus und Christus legitime und methodisch notwendige Frage erkannt, so muß das Verhältnis von Historie und Kerygma im Blick auf den jeweiligen *Beitrag* bei der Seiten zum Ganzen der christlichen Verkündigung definierbar sein. Dies sei zum Schluß in einigen Andeutungen versucht; der fragmentarische Charakter dieser Andeutungen möge den Leser nicht allzusehr verärgern.

a) Der *Beitrag des Historischen* besteht zum ersten darin, daß dieses die *Konkretheit* des christlichen Kerygmas schafft. Wenn das Kerygma Jesus Christus als Gottes Sohn, als die Selbstmitteilung Gottes verkündigt, so wird am irdischen Jesus deutlich, *als wer* Gott der Welt offenbar wird: als der das Verlorene suchende, den Menschen bedingungslos liebende, ihn von der Vergangenheit befreiende und ihn so zur neuen Kreatur machende Gott. So wie das Verhalten Jesu konkretisierender Kommentar seiner Gleichnisverkündigung ist, ist das historische Sein Jesu Konkretheit schaffender Kommentar des kerygmatischen Christus. Dies kommt sowohl in der Kreuzestheologie des Paulus als auch in der kerygmatischen Geschichtserzählung der synoptischen Evangelien gleichermaßen zum Zuge.

Zweitens: Die Gleichnisverkündigung Jesu ist ein Vorgriff im Rahmen des Möglichen. Als Vorgriff *auf Ostern erschließt* sie für den Hörer jenes Ereignis der Nähe Gottes zur Welt. Dies zeigt sich zum Beispiel darin, daß die Gleichnisse Jesu für die Gemeinde das Sprachmaterial ihrer christologischen Verkündigung darstellen. Oder es zeigt sich darin, daß die Gleichnisse Jesu — christologisch interpretiert und auf die Geschichte angewendet — zum *Sprachraum* für das eschatologische Selbstverständnis der Gemeinde werden. Was für die Gleichnisverkündigung Jesu im besonderen gilt, gilt auch für das historische Sein Jesu allgemein: indem es die Offenbarung des Christus an Ostern erschließt, ist es die notwendige Voraussetzung (in einem *materialen* Sinne!) der Christologie, da an Ostern zwar ein *neues* Licht, aber immerhin ein neues Licht *auf Jesus* gefallen war.

Der Beitrag des Historischen besteht drittens darin, daß es die *Verständnisbedingung* des Kerygmas darstellt. So wie das Verhalten Jesu die Verständnisbedingung der in den Gleichnissen in die Nähe zur Welt gebrachten Gottesherrschaft ist, ist das historische Sein Jesu die Verständnisbedingung des österlichen Ereignisses der Nähe Gottes zur Welt. In dem Maße, wie wir Jesus von Nazareth verstehen, wird *uns auch Gott verständlich*. Gewiß wird das historische Sein Jesu an Ostern transzendiert, aber als transzendiertes bleibt es der christlichen Rede von Gott unentbehrlich.

Schließlich besteht der Beitrag des Historischen darin, daß es den *Ereignischarakter* der im Kerygma ausgesprochenen Wahrheit wahrt. So wie die Gleichnisse Jesu auf seine Existenz als den Ort, wo die Nähe der Basileia sich ereignet, verweisen, verweist das Kerygma auf Jesus und stellt damit sicher, daß die Wahrheit Gottes im Sein Jesu Ereignis geworden ist.

b) Der Beitrag des *Kerygmatischen* ergibt sich zum ersten daraus, daß das Kerygma eine weltliche Folge von Ostern ist: an Ostern wurde die Vieldeutigkeit des historischen Seins Jesu zur Eindeutigkeit gebracht, indem dieses in seiner Bedeutung für die *Rede von*

Gott eindeutig wurde. Eine Folge jener Eindeutigkeit war, daß die Erinnerung an Jesus von Nazareth nachösterlich zur „Erinnerung" an *Gott* wurde, indem die Überlieferung von Jesus kerygmatisch interpretiert und damit in den Horizont der Rede von Gott gebracht wurde. Dieser Vorgang läßt sich sowohl in den Gleichnissen Jesu als auch in den meisten andern Texten der synoptischen Tradition beobachten. Er widerspiegelt den Sachverhalt, daß nach Ostern einerseits Gott nicht mehr unter Absehung von Jesus zur Sprache kommen konnte, und andererseits Jesus nicht mehr unter Absehung von Gott zur Sprache kommen durfte.

Der Beitrag des Kerygmatischen besteht zweitens darin, daß der Vorgriff Jesu nicht ein Vorgriff im Rahmen des Möglichen bleibt, sondern im Kerygma als ein Vorgriff im Rahmen der *Wahrheit* bekannt wird. Damit reflektiert das Kerygma den Vorgang von Ostern, wo das historische Sein Jesu zur Wahrheit gebracht und als für die Wahrheit Gottes maßgebliches erwiesen wurde.

Schließlich wird im Kerygma davon Zeugnis abgelegt, daß das historische Sein Jesu seit Ostern als das *Heil* der Welt verkündigt werden kann. Wenn nämlich Gott an Ostern der gewesen ist, der vom Tode zum Leben erweckt, so wird in diesem Lichte auch das Wort Jesu als ein vom Tode zum Leben führendes offenbar. Wenn das Ereignis der Nähe Gottes *Jesus* vom Nichtsein ins Sein führt, so erkennt man mit Recht auch die Gleichnisse Jesu, die die Nähe Gottes zur Welt im Sinne eines Vorgriffes herstellten, **als lebendig machendes Evangelium. Und selbst der** *Tod* **Jesu,** angesichts dessen die Jünger verstummen mußten, wurde mit Ostern als Ereignis des Heils *verkündbar*: als das Ereignis nämlich, in welchem Gott das für den Menschen tödliche Nein überholte und den Gottlosen in die Freiheit gerechtfertigten Lebens entließ.

LITERATURVERZEICHNIS

Die im Literaturverzeichnis verwendeten Abkürzungen richten sich nach S. Schwertner, Internationales Abkürzungsverzeichnis für Theologie und Grenzgebiete (IATG), Berlin/New York 1974. Im übrigen wurden in dieser Arbeit die Abkürzungen des ThWNT verwendet, einige andere verstehen sich von selbst.

1. Allgemeine Hilfsmittel

Aland, K.: Synopsis quattuor evangeliorum, Stuttgart ³1964.

Bauer, W.: Griechisch-deutsches Wörterbuch zu den Schriften des Neuen Testaments und der übrigen urchristlichen Literatur, Berlin ⁵1963 (Wb).

Strack H. L./Billerbeck P.: Kommentar zum Neuen Testament aus Talmud und Midrasch, München ⁴1965 (I—III); ³1961 (IV); ²1963 (V und VI); (Str-B).

Blass F./Debrunner A.: Grammatik des neutestamentlichen Griechisch, Göttingen ¹²1965 (Bl-Debr).

Hatch, E./ Redpath, H.: A Concordance to the Septuagint, Oxford 1897.

Hennecke, E./Schneemelcher, W.: Neutestamentliche Apokryphen in deutscher Übersetzung, Tübingen I ³1959; II ³1964 (Hennecke).

Kautzsch, E.: Die Apokryphen und Pseudepigraphen des Alten Testaments, Darmstadt 1962.

Kittel, R.: Biblia Hebraica, Stuttgart ¹³1962.

Kuhn, K. G. (ed.): Konkordanz zu den Qumrantexten, Göttingen 1960.

Lohse, E.: Die Texte aus Qumran, Darmstadt 1964.

Moulton, W. F./Geden, A. S.: A Concordance to the Greek Testament, Edinburgh ⁴1967 (repr.).

Nestle, E./Aland, K.: Novum Testamentum Graece, Stuttgart ²⁵1964.

Rahlfs, A.: Septuaginta, Stuttgart 1935 (LXX).

Wilckens, U.: Das Neue Testament. Übersetzt und kommentiert von, Hamburg/Köln/Zürich ²1971 (NT).

2. Übrige Literatur

Im folgenden wird *nur diejenige Literatur* aufgeführt, die in dieser Arbeit *zitiert* ist. Die in der Arbeit angeführten Kurztitel werden hier nicht wiederholt, da sie eindeutig sind. Wo Unklarheiten bestehen könnten, ist das als Kurztitel verwendete Wort hier kursiv gesetzt.

Anderson, H.: Jesus and Christian Origins, New York/Oxford 1964.

Antoine, G.: Les trois paraboles de la miséricorde. Explication de Luc 15,1—32, in: Exegesis (s Bovon, enfant), S. 126—135.

McArthur, H. K.: The Parable of the Mustard Seed, CBQ 33 (1971) 198—210.

Barth, G.: Das Gesetzesverständnis des Evangelisten Matthäus, in: G. Born-
kamm/G. Barth/H. J. Held, Überlieferung und Auslegung im Matthäusevangelium, Neukirchen ⁷1975 (WMANT 1), S. 54—154.

Barth, K.: Die kirchliche Dogmatik, I/2 Zollikon—Zürich ⁴1948; IV/2 Zollikon—
Zürich 1955.

—: Die protestantische Theologie im 19. Jahrhundert. Ihre Vorgeschichte und
ihre Geschichte, Zürich ³1960.

Bauckham, R.: Synoptic Parousia Parables and the Apocalypse, NTS 23 (1977)
162—176.

Behm, J.: Art. δεῖπνον, δειπνέω, ThWNT II 33,39—35,30.

Beirnaert, L.: La parabole de l'enfant prodigue (Luc 15,11—32) lue par un ana-
lyste, in: Exegesis (s Bovon, enfant), S. 136—144.

Berger, K.: Materialien zur Form und Überlieferungsgeschichte neutestamentlicher Gleichnisse, NT 15 (1973) 1—37.

Blank, J.: Die Sendung des Sohnes. Zur christologischen Bedeutung des Gleichnisses von den bösen Winzern Mk 12,1—12, in: Neues Testament und Kirche, Fschr R. Schnackenburg, ed. J. Gnilka, Freiburg/Basel/Wien 1974, S.
11—41.

Blumenberg, H.: Beobachtungen an Metaphern, ABG 15 (1971) 161—214.

Boobyer, G. H.: The Redaction of Mark IV. 1—34, NTS 8 (1961/62) 59—70.

Bornkamm, G.: Der Lohngedanke im Neuen Testament, in: ders, Studien zu
Antike und Christentum, München 1963 (BEvTh 28), S. 69—92.

—: Die Verzögerung der Parusie. Exegetische Bemerkungen zu zwei synoptischen Texten, in: ders, Geschichte und Glaube I (Ges. Aufs. III) München 1968
(BEvTh 48), S. 46—55.

—: Enderwartung und Kirche im Matthäusevangelium, in: s Barth, Gesetzesverständnis, S. 13—47.

—: Jesus von Nazareth, Stuttgart/Berlin/Köln/Mainz ⁸1968 (UB 19).

Bovon, F.: La parabole de l'*enfant* prodigue (Luc 15,11—32), in: Exegesis.
Problèmes de méthode et exercices de lecture (Genèse 22 et Luc 15), ed.
F. Bovon/G. Rouiller, Neuchâtel 1975 (BT [N]), S. 36—51.

—: La *parabole* de l'enfant prodigue. Seconde lecture, in: Exegesis (s Bovon,
enfant), S. 291—306.

Bowker, J. W.: Mystery and Parable: Mark IV. 1—20, JThS 25 (1974) 300—
317.

Branscomb, B. H.: The Gospel of Mark, London ⁷1964 (MNTC).

Broer, I.: Das Gleichnis vom verlorenen Sohn und die Theologie des Lukas,
NTS 20 (1974) 453—462.

Brown, S.: „The Secret of the Kingdom of God" (Mark 4 : 11), JBL 92 (1973)
60—74.

Büchsel, F.: Art. κρίνω, κτλ., κρίνω C.D.E., ThWNT III 933, 5—942, 29.

—: Art. λύω, κτλ., ThWNT IV 337, 7—359, 11.

Bultmann, R.: Art. ἔλεος, κτλ., ThWNT II 474, 10—483, 29.

—: Das Verhältnis der urchristlichen Christusbotschaft zum historischen Jesus,
SHAW.PH 1960/3.

—: Die Geschichte der synoptischen Tradition, Göttingen ³1957 (FRLANT.NF
12).

—: Jesus, Berlin o.J.

—: Theologie des Neuen Testaments, Tübingen ⁶1968.

Burkill, T. A.: The Cryptology of Parables in St. Mark's Gospel, NT 1 (1956)
246—262.

Carlston, Ch. E.: Reminiscence and Redaction in Luke 15:11—32, JBL 94 (1975) 368—390.

Cave, C. H.: The Parables and the Scriptures, NTS 11 (1964/65) 374—387.

Colella, P.: Zu Lk 16,7 (Sic? Der Verfasser behandelt Lk 16,9), ZNW 64 (1973) 124—126.

Crossan, J. D.: Parable and Example in the Teaching of Jesus, NTS 18 (1971/72) 285—307.

—: Structural Analysis and the Parables of Jesus, LingBibl 3 (1973) H. 29/30, 41—51.

—: The Parable of the Wicked Husbandmen, JBL 90 (1971) 451—465.

—: The Seed Parables of Jesus, JBL 92 (1973) 244—266.

Dehandschutter, B.: La parabole des vignerons homicides (Mc., XII, 1—12) et l'évangile selon Thomas, in: L'Évangile selon Marc. Tradition et rédaction, ed. M. Sabbe, Gembloux 1974 (BEThL 34), S. 203—219.

Delling, G.: Art. καιρός, κτλ., ThWNT III 456, 10—465, 47.

—: Art. τέλος, κτλ., ThWNT VIII 50, 2—88, 5.

—: Das Gleichnis vom gottlosen Richter, ZNW 53 (1962) 1—25.

Derrett, J. D. M.: Fresh Light on St Luke XVI. I. The Parable of the Unjust Steward, NTS 7 (1960/61) 198—219.

—: Law in the New Testament: The Parable of the Prodigal Son, NTS 14 (1967/68) 56—74.

—: Law in the New Testament: The Parable of the Talents and Two Logia, ZNW 56 (1965) 184—195.

—: Law in the New Testament: The Parable of the Unjust Judge, NTS 18 (1971/72) 178—191.

—: Law in the New Testament: The Treasure in the Field (Mt. XIII, 44), ZNW 54 (1963) 31—42.

—: The Parable of the Two Sons, StTh 25 (1971) 109—116.

—: Workers in the Vineyard: A Parable of Jesus, JJS 25 (1974) 64—91.

Descamps, A.: La composition littéraire de Luc XVI 9—13, NT 1 (1956) 47—53.

Deschryver, R.: La parabole du juge malveillant (Luc 18,1—8), RHPhR 48 (1968) 355—366.

Dietzfelbinger, C.: Das Gleichnis von der erlassenen Schuld. Eine theologische Untersuchung von Matthäus 18,23—35, EvTh 32 (1972) 437—451.

Dodd, C. H.: History and the Gospel, London 1938.

—: The Parables of the Kingdom, London ³1936.

Donfried, K. P.: The Allegory of the Ten Virgins (Matt 25:1—13) as a Summary of Matthean Theology, JBL 93 (1974) 415—428.

Dormeyer, D.: Literarische und theologische Analyse der Parabel Lukas 14, 15—24, BiLe 15 (1974) 206—219.

Doty, W. G.: An Interpretation: Parable of the Weeds and Wheat, Interp. 25 (1971) 185—193.

Downing, F. G.: The Church and Jesus, London 1968.

Drexler, H.: Zu Lukas 16,1—7, ZNW 58 (1967) 286—288.

Drury, J.: The Sower, the Vineyard, and the Place of Allegory in the Interpretation of Mark's Parables, JThS 24 (1973) 367—379.

Dupont, J.: Encore la parabole de la Semence qui pousse toute seule (Mc 4, 26—29), in: Jesus und Paulus, Fschr W.G. Kümmel, ed. E. E. Ellis/E. Grässer, Göttingen 1975, S. 96—108.

—: Le couple parabolique du sénevé et du levain. Mt 13,31—33; Lc 13,18—21, in: Jesus Christus in Historie und Theologie, Fschr H. Conzelmann, ed. G. Strecker, Tübingen 1975, S. 331–345.

—: La parabole des ouvriers de la vigne (Matthieu, XX, 1–16). NRTh 89 (1957) 785–797.

—: La parabole des talents (Mat. 25:14–30) ou des mines (Luc 19:12–27), RThPh 19 (1969) 376–391.

—: La parabole du maître qui rentre dans la nuit (Mc 13,34–36), in: Mélanges Bibliques, Fschr B. Rigaux, ed. A. Descamps/A. de Halleux, Gembloux 1970, S. 89–116.

—: Les implications christologiques de la parabole de la brebis perdue, in: Jésus aux origines de la christologie, ed. J. Dupont, Gembloux 1975 (BEThL 40), S. 331–350.

—: Les ouvriers de la onzième heure, ASeign 56 (1974) 16–26.

—: Les paraboles du trésor et de la perle, NTS 14 (1967/68) 408–418.

—: L'exemple de l'intendant débrouillard, ASeign 56 (1974) 67–78.

—: Réjouissez-vous avec moi! Lc 15,1–32, ASeign 55 (1974) 70–79.

Ebeling, G.: Die Frage nach dem historischen Jesus und das Problem der Christologie, in: ders, Wort und Glaube, Tübingen [3]1967, S. 300–318.

—: Einführung in theologische Sprachlehre, Tübingen 1971.

—: Jesus und Glaube, in: ders, Wort und Glaube, Tübingen [3]1967, S. 203–254.

Eichholz, G.: Gleichnisse der Evangelien, Neukirchen—Vluyn 1971.

Ellena, D.: Thematische Analyse der Wachstumsgleichnisse, LingBibl 3 (1973) H. 23/24, 48–62.

Fiedler, P.: Die übergebenen Talente, Auslegung von Mt 25,14–30, BiLe 11 (1970) 259–273.

Foerster, W.: Art. διαβάλλω, διάβολος, C.D., ThWNT II 74, 26–80, 48.

—: Art. ἐχθρός, ἔχθρα, ThWNT II 810, 24–815, 15.

Ford, J. M.: The Parable of the Foolish Scholars (Matt. XXV 1–13), NT 9 (1967) 107–123.

Frankemölle, H.: Hat Jesus sich selbst verkündet?, BiLe 13 (1972) 184–207.

Fuchs, E.: Hermeneutik, Bad Cannstatt [3]1963.

—: *Jesus.* Wort und Tat, Tübingen 1971 (Vorlesungen zum Neuen Testament 1).

—: Zum hermeneutischen Problem in der Theologie. Die existentiale Interpretation, Tübingen 1959 (Gesammelte Aufsätze I = *GA I*).

—: Zur Frage nach dem historischen Jesus, Tübingen 1960 (Gesammelte Aufsätze II = *GA II*).

—: Glaube und Erfahrung. Zum christologischen Problem im Neuen Testament, Tübingen 1965 (Gesammelte Aufsätze III = *GA III*).

—: Bemerkungen zur *Gleichnisauslegung*, in: GA II 136–142.

—: Das *Christusverständnis* bei Paulus und im Johannesevangelium, in: GA III 298–313.

—: Das Fest der Verlorenen. Existentiale Interpretation des Gleichnisses vom verlorenen Sohn, in: GA III 402–415.

—: Das Neue Testament und das hermeneutische Problem, in: GA III 136–173.

—: Das Wesen des *Sprachgeschehens* und die Christologie, in: GA III 231–248.

—: Das Wunder der Güte, in: GA III 471–479.

—: Das Zeitverständnis Jesu, in GA II 304–376.

—: Der historische Jesus als Gegenstand der Verkündigung, in GA III 433–444.

—: Die *Frage* nach dem historischen Jesus, ZThK 53 (1956) 210–229.

—: Die Wirklichkeit Jesu Christi, in: GA III 452–470.

—: Muß man *an Jesus glauben*, wenn man an Gott glauben will?, in: GA III 249—279.

—: The Parable of the *Unmerciful Servant* (Matt. 18,23—35), in: Studia Evangelica, ed. K. Aland et al., Berlin 1959 (TU 73), S. 487—494.

—: Über die *Selbstbeherrschung* als Bedingung einer christlichen Existenz im Selbstverständnis des Apostels Paulus, in: GA III 314—333.

—: Was hat die christliche Verkündigung zu sagen?, in: GA III 416—432.

—: Was ist ein Sprachereignis?, in: GA II 424—430.

—: Was wird in der Exegese des Neuen Testamentes interpretiert?, in: GA II 280—303.

—: Zur Frage nach dem historischen Jesus. Ein Nachwort, in: GA III 1—31 (*Einleitung*).

Funk, R. W.: Beyond Criticism in Quest of Literacy: The Parable of the Leaven, Interp. 25 (1971) 149—170.

—: Language, Hermeneutic, and Word of God, New York/Evanston/London 1966.

—: The Looking-Glass Tree Is for the Birds. Ezekiel 17:22—24; Mark 4:30—32, Interp. 27 (1973) 3—9.

Gärtner, B.: The Theology of the Gospel According to Thomas (English Translation by E. J. Sharpe), New York 1961.

McGaughy, L. C.: The Fear of Yahweh and the Mission of Judaism: A Postexilic Maxim and Its Early Christian Expansion in the Parable of the Talents, JBL 94 (1975) 235—245.

George, A.: La parabole du juge qui fait attendre le jugement. Lc 18,1—8, ASeign 60 (1975) 68—79.

Gerhardsson, B.: The Parable of the Sower and Its Interpretation, NTS 14 (1967/68) 165—193.

Giblin, Ch. H.: Structural and Theological Considerations on Luke 15, CBQ 24 (1962) 15—31.

Glombitza, O.: Das große Abendmahl. Luk. XIV 12—24, NT 5 (1962) 10—16.

Gnilka, J.: Wie urteilte Jesus über seinen Tod?, in: K. Kertelge (ed.), Der Tod Jesu. Deutungen im Neuen Testament, Freiburg/Basel/Wien 1976 (QD 74), S. 13—50.

Goedt, M. de: L'explication de la parabole de l'ivraie (Mt. XIII, 36—43), RB 66 (1959) 32—54.

Grässer, E.: Das Problem der Parusieverzögerung in den synoptischen Evangelien und in der Apostelgeschichte, Berlin 1957 (BZNW 22).

Grundmann, W.: Das Evangelium nach Markus, Berlin ⁵1971 (ThHK 2).

Güttgemanns, E.: Die linguistisch-didaktische Methodik der Gleichnisse Jesu, in: ders, studia linguistica neotestamentica, München 1971 (BEvTh 60), S. 99—183.

Haacker, K.: Erwägungen zu Mc IV 11, NT 14 (1972) 219—225.

Haenchen, E.: Der Weg Jesu, Berlin ²1968.

—: Die Botschaft des Thomas-Evangeliums, Berlin 1961 (TBT 6).

Hahn, F.: Das Gleichnis von der Einladung zum Festmahl, in: Verborum Veritas, Fschr G. Stählin, ed. O. Böcher/K. Haacker, Wuppertal 1970, S. 51—82.

Harnisch, W.: Die Ironie als Stilmittel in Gleichnissen Jesu, EvTh 32 (1972) 421—436.

—: Die Sprachkraft der Analogie. Zur These vom argumentativen Charakter der Gleichnisse Jesu, StTh 28 (1974) 1—20.

Hasler, V.: Die königliche Hochzeit, Matth. 22,1–14, ThZ 18 (1962) 25–35.

Hauck, F.: Art. ὀφείλω, κτλ., ThWNT V 559, 1–565, 38.

Haufe, G.: Erwägungen zum Ursprung der sogenannten Parabeltheorie Markus 4,11–12, EvTh 32 (1972) 413–421.

Hengel, M.: Das Gleichnis von den Weingärtnern Mc 12(,)1–12 im Lichte der Zenonpapyri und der rabbinischen Gleichnisse, ZNW 59 (1968) 1–39.

—: Judentum und Hellenismus. Studien zu ihrer Begegnung unter besonderer Berücksichtigung Palästinas bis zur Mitte des 2. Jh. v.Chr., Tübingen 1969 (WUNT 10).

Hermaniuk, M.: La Parabole Évangélique. Enquête exégétique et critique, Louvain 1947 (DGMFT II/38).

Hill, D.: The Gospel of Matthew, London 1972 (NCeB).

Hoffmann, P.: Studien zur Theologie der Logienquelle, Münster 1972 (NTAbh 8).

Holdcroft, I. T.: The Parable of the Pounds and Origen's Doctrine of Grace, JThS 24 (1973) 503f.

Horst, J.: Art. μακροθυμία, κτλ., ThWNT IV 377, 1–390, 14.

Ingendahl, W.: Der metaphorische Prozeß. Methodologie zu seiner Erforschung und Systematisierung, Düsseldorf 1971 (Sprache der Gegenwart 14).

Jalland, T. G.: A Note on Luke 16,1–9, in: Studia Evangelica, ed. K. Aland et al., Berlin 1959 (TU 73), S. 503–505.

Jeremias, J.: Art. νύμφη, νυμφίος, ThWNT IV 1092, 1–1099, 6.

—: Art. ποιμήν, κτλ., ThWNT VI 484, 16–501, 35.

—: Beobachtungen zu neutestamentlichen Stellen an Hand des neugefundenen griechisch Henoch-Textes, ZNW 38 (1939) 115–124.

—: Die Gleichnisse Jesu, Göttingen [7]1965.

—: Palästinakundliches zum Gleichnis vom Säemann, (Mark. IV. 3–8 Par.), NTS 13 (1966) 48–53.

—: Tradition und Redaktion in Lukas 15, ZNW 62 (1971) 172–189.

Jörns, K.-P.: Die Gleichnisverkündigung Jesu. Reden von Gott als Wort Gottes, in: Der Ruf Jesu und die Antwort der Gemeinde, Fschr J. Jeremias, ed. E. Lohse et al., Göttingen 1970, S. 157–178.

Jülicher, A.: Die Gleichnisreden Jesu, I. Die Gleichnisreden Jesu im Allgemeinen, Tübingen [2]1910 (2. unveränderter Nachdruck); II. Auslegung der Gleichnisreden der drei ersten Evangelien, Tübingen [1]1910 (2. unveränderter Nachdruck).

Jüngel, E.: Die Welt als Möglichkeit und Wirklichkeit. Zum ontologischen Ansatz der Rechtfertigungslehre, in: ders, Unterwegs zur Sache. Theologische Bemerkungen, München 1972 (BEvTh 61), S. 206–233.

—: Gott als Geheimnis der Welt. Zur Begründung der Theologie des Gekreuzigten im Streit zwischen Theismus und Atheismus, Tübingen 1977.

—: Metaphorische Wahrheit. Erwägungen zur theologischen Relevanz der Metapher als Beitrag zur Hermeneutik einer narrativen Theologie, in: P. Ricoeur/E. Jüngel, Metapher. Zur Hermeneutik religiöser Sprache, München 1974 (EvTh Sonderheft), S. 71–122.

—: Paulus und Jesus. Eine Untersuchung zur Präzisierung der Frage nach dem Ursprung der Christologie, Tübingen [3]1967 (HUTh 2).

Kähler, M.: Der sogenannte historische Jesus und der geschichtliche biblische Christus, Leipzig [2]1928.

Käsemann, E.: An die Römer, Tübingen [2]1974 (HNT 8a).

—: Das Problem des historischen Jesus, in: ders, Exegetische Versuche und Besinnungen I, Göttingen 1964, S. 187—214.

—: Die Anfänge christlicher Theologie, in: ders, Exegetische Versuche und Besinnungen II, Göttingen ³1968, S. 82 —104.

—: Sackgassen im Streit um den historischen Jesus, in: s Käsemann, Anfänge, S. 31—68.

Kainz, F.: Über die Sprachverführung des Denkens, Berlin 1972 (Erfahrung und Denken 38).

Kamlah, E.: Die Parabel vom ungerechten Verwalter (Luk 16,1ff.) im Rahmen der Knechtsgleichnisse, in: Abraham unser Vater. Juden und Christen im Gespräch über die Bibel, Fschr O. Michel, ed. O. Betz/M. Hengel/P. Schmidt, Leiden/Köln 1963 (AGSU 5), S. 276—294.

—: Kritik und Interpretation der Parabel von den anvertrauten Geldern. Mt. 25,14ff.; Lk. 19,12ff.; KuD 14 (1968) 28—38.

Kamper, D.: Das Spiel als Metapher, Merkur 29 (1975) 821—831.

Keck, L. E.: A Future for the Historical Jesus, London 1972.

Kittel, G.: Art. λέγω, κτλ., D., ThWNT IV 100, 26—140, 34.

Klauck, H.-J.: Das Gleichnis vom Mord im Weinberg (Mk 12,1—12; Mt 21, 33—46; Lk 20,9—19), BiLe 11 (1970) 118—145.

Klostermann, E.: Das Lukasevangelium, Tübingen ³1975 (HNT 5).

—: Das Markusevangelium, Tübingen ³1936 (HNT 3).

—: Das Matthäusevangelium, Tübingen ²1927 (HNT 4).

Kretzer, A.: Die Herrschaft der Himmel und die Söhne des Reiches. Eine redaktionsgeschichtliche Untersuchung zum Basileiabegriff und Basileiaverständnis im Matthäusevangelium, Stuttgart 1971 (SBM 10).

Kümmel, W. G.: Einleitung in das Neue Testament, Heidelberg ¹⁵1967.

—: Noch einmal: Das Gleichnis von der selbstwachsenden Saat, in: Orientierung an Jesus, Fschr J. Schmid, ed. P. Hoffmann, Freiburg/Basel/Wien 1973, S. 220—237.

Kuhn, H.-W.: Ältere Sammlungen im Markusevangelium, Göttingen 1971 (StUNT 8).

Kuhn, K. G.: Art. βασιλεύς, κτλ., C., ThWNT I 570, 1—573, 37.

Lambrecht, J.: Redaction and Theology in MK., IV, in: L'Évangile selon Marc. Tradition et rédaction, ed. M. Sabbe, Gembloux 1974 (BEThL 34), S. 269—307.

Lampe, P.: Die markinische Deutung des Gleichnisses vom Sämann. Mk 4,10—12, ZNW 65 (1974) 140—150.

Léon-Dufour, X.: La parabole des vignerons homicides, in: ders, Études d'Évangile. Parole de Dieu, Paris 1965, S. 304—344.

Lindars, B.: New Testament Apologetic. The Doctrinal Significance of the Old Testament Quotations, London 1961.

Linnemann, E.: Gleichnisse Jesu. Einführung und Auslegung, Göttingen ⁴1966.

—: Überlegungen zur Parabel vom großen Abendmahl. Lc 14(,)15—24/Mt 22(,) 1—14, ZNW 51 (1960) 246—255.

Lipps, H.: „Metaphern", in: ders, Die Verbindlichkeit der Sprache. Arbeiten zur Sprachphilosophie und Logik, Frankfurt ²1958, S. 66—79.

Lohfink, G.: „Ich habe gesündigt gegen den Himmel und gegen dich". Eine Exegese von Lk 15,18.21, ThQ 155 (1975) 51f.

Lohmeyer, E.: Das Evangelium des Markus, Göttingen ¹⁶1963 (KEK I/2).

—: Das Evangelium des Matthäus. Nachgelassene Ausarbeitungen und Entwürfe zur Übersetzung und Erklärung, für den Druck erarbeitet und herausgegeben von W. Schmauch, Göttingen 1956 (KEK Sonderband).

Lohse, E.: Art. υἱός, κτλ., C. II, ThWNT VIII 358, 1–363, 26.

Magass, W.: „Der Schatz im Acker" (Mt 13,44): Von der Kirche als einem Tauschphänomen – Paradigmatik und Transformation, LingBibl 3 (1973) H. 21/22, 2–18.

Maisch, I.: Das Gleichnis von den klugen und törichten Jungfrauen. Auslegung von Mt 25,1–13, BiLe 11 (1970) 247–259.

Masson, Ch.: Les Paraboles de Marc IV avec une Introduction à l'explication des Évangiles, Neuchâtel 1945 (CThAP 11).

Maurer, Chr.: Art. ῥίζα, κτλ., ThWNT VI 985, 1–991, 22.

Merkel, H.: Das Gleichnis von den „ungleichen Söhnen" (Matth. XXI. 28–32), NTS 20 (1974) 254–261.

Michaelis, W.: Art. λιθάζω, κτλ., ThWNT IV 271, 1–272, 3.

–: Art. ὁδός, κτλ., ThWNT V 42, 1–118, 22.

–: Die Gleichnisse Jesu. Eine Einführung, Hamburg ³o.J. (1956) (UCB 32).

Michaels, J. R.: The Parable of the Regretful Son, HThR 61 (1968) 15–26.

Michel, O.: Art. μεταμέλομαι, ἀμεταμέλητος, ThWNT IV 630, 1–633, 15.

–: Art. τελώνης, ThWNT VIII 88, 7–106, 3.

Mitton, C. L.: Expounding the Parables. VII. The Workers in the Vineyard (Matthew 20 [,] 1–16), ET 77 (1966) 307–311.

Montefiore, H.: A Comparison of the Parables of the Gospel According to Thomas and of the Synoptic Gospels, NTS 7 (1960/61) 220–248.

Newell, J. E. und *R. R.*: The Parable of the Wicked Tenants, NT 14 (1972) 226–237.

O'Rourke, J. J.: Some Notes on Luke XV. 11–32, NTS 18 (1971/72) 431–433.

Pedersen, S.: Zum Problem der vaticinia ex eventu (Eine Analyse von Mt. 21, 33–46 par.; 22,1–10 par.), StTh 19 (1965) 167–188.

Perrin, N.: Historical Criticism, Literary Criticism, and Hermeneutics: The Interpretation of the Parables of Jesus and the Gospel of Mark Today, JR 52 (1972) 361–375.

–: Jesus and the Language of the Kingdom. Symbol and Metaphor in New Testament Interpretation, London 1976.

–: *Rediscovering* the Teaching of Jesus, London 1967.

–: The Modern Interpretation of the Parables of Jesus and the Problem of Hermeneutics, Interp. 25 (1971) 131–148.

–: Was lehrte *Jesus* wirklich? (deutsche Übersetzung von Rediscovering the Teaching of Jesus), Göttingen 1972.

Pesch, R.: Das Markusevangelium. I. Teil. Einleitung und Kommentar zu Kp. 1,1–8,26, Freiburg/Basel/Wien 1976 (HThK II/1).

–: Zur Exegese Gottes durch Jesus von Nazaret. Eine Auslegung des Gleichnisses vom Vater und den beiden Söhnen (Lk 15,11–32), in: Jesus. Ort der Erfahrung Gottes, Fschr B. Welte, Freiburg ²1977, S. 140–189.

Preisker, H.: Art. μισθός, κτλ., A.B. I. III. IV, ThWNT IV 699, 1–710, 19; 718, 7–736, 44.

Preisker, H./ Schulz, S.: Art. πρόβατον, προβάτιον, ThWNT VI 688, 30–692, 19.

Pryor, J. W.: Marcan Parable Theology, ET 38 (1971/72) 242–245.

Quell, G.: Art. πατήρ, κτλ., B., ThWNT V 959, 5–974, 15.

—: Art. σπέρμα, κτλ., B., ThWNT VII 538, 38—543, 12.

Rad, G. von: Art. βασιλεύς, κτλ., B., ThWNT I 563, 33—569, 35.

Rawlinson, A. E. J.: St. Mark. With Introduction, Commentary, And Additional Notes, London [10]1960 (WC).

Rengstorf, K. H.: Art. ἁμαρτωλός, ἀναμάρτητος, ThWNT I 320, 39—339, 3.

—: Art. ἀποστέλλω, κτλ., ThWNT I 397, 1—448, 4.

—: Die Stadt der Mörder (Mt 22,7), in: Judentum. Urchristentum. Kirche, Fschr J. Jeremias, ed. W. Eltester, Berlin 1960 (BZNW 26), S. 106—129.

Richardson, A.: History Sacred and Profane, London 1964.

Ricoeur, P.: La métaphore vive, Paris 1975.

—: Stellung und Funktion der Metapher in der biblischen Sprache, in: P. Ricoeur/ E. Jüngel, Metapher. Zur Hermeneutik religiöser Sprache, München 1974 (EvTh Sonderheft), S. 45—70.

Robinson, J. A. T.: The Parable of the Wicked Husbandmen: A Test of Synoptic Relationships, NTS 21 (1975) 443—461.

Robinson, J. M.: A New Quest for the Historical Jesus, London [2]1961.

Robinson, Th. H.: The Gospel of Matthew, London [9]1960 (MNTC).

Ru, G. de: The Conception of Reward in the Teaching of Jesus, NT 8 (1966) 202—222.

Sanders, J. T.: Tradition and Redaction in Luke XV. 11—32, NTS 15 (1968/ 69) 433—438.

Schelkle, K. H.: Der Zweck der Gleichnisreden (Mk 4,10—12), in: Neues Testament und Kirche, Fschr R. Schnackenburg, ed. J. Gnilka, Freiburg/Basel/ Wien 1974, S. 71—75.

Schlatter, A.: Markus, Der Evangelist für die Griechen, Stuttgart 1935.

Schmid, J.: Das Evangelium nach Markus, Regensburg [5]1963 (RNT 2).

—: Das textgeschichtliche Problem der Parabel von den zwei Söhnen, Mt 21, 28—32, in: Vom Wort des Lebens, Fschr M. Meinertz, Münster 1951, S. 68—84.

Schmidt, K. L.: Art. βασιλεύς, κτλ., D.E.F., ThWNT I 573, 39—595, 32.

Schneider, G.: Parusiegleichnisse im Lukas-Evangelium, Stuttgart 1975 (SBS 74).

Schneider, J.: Art. ἔρχομαι, κτλ., ThWNT II 662, 30—682, 19.

Schniewind, J.: Das Evangelium nach Markus, Göttingen [3]1937 (NTD 1/1).

Schottroff, L.: Das Gleichnis vom verlorenen Sohn, ZThK 68 (1971) 27—52.

Schrage, W.: Das Verhältnis des Thomas-Evangeliums zur synoptischen Tradition und zu den koptischen Evangelienübersetzungen. Zugleich ein Beitrag zur gnostischen Synoptikerdeutung, Berlin 1964 (BZNW 29).

Schreiber, J.: Theologie des Vertrauens. Eine redaktionsgeschichtliche Untersuchung des Markusevangeliums, Hamburg 1967.

Schrenk, G.: Art. δίκαιος, δικαιοσύνη, ThWNT II 184, 13—214, 44.

—: Art. ἐκδικέω, κτλ., ThWNT II 440, 19—444, 20.

—: Art. λέγω, κτλ., ἐκλεκτός, ThWNT IV 186, 22—197, 34.

—: Art. πατήρ, κτλ., A.C.D., ThWNT V 946, 10—959, 3; 974, 16—1016, 11.

Schulz, S.: Die Mitte der Schrift. Der Frühkatholizismus im Neuen Testament als Herausforderung an den Protestantismus, Stuttgart/Berlin 1976.

—: Q. Die Spruchquelle der Evangelisten, Zürich 1972.

Schwarz, G.: „... lobte den betrügerischen Verwalter"? (Lukas 16,8a), BZ 18 (1974) 94—95.

Schweitzer, A.: Geschichte der Leben-Jesu-Forschung, Tübingen [4]1926.

Schweizer, E.: Art. υἱός, κτλ., C.I.1.b.c.2.3.D., ThWNT VIII 355, 16—357, 23; 364, 1—395, 16.

—: Das Evangelium nach Markus, Göttingen [14]1975 (NTD 1).

—: Das Evangelium nach Matthäus, Göttingen [13]1973 (NTD 2).

—: Die theologische Leistung des Markus, in: ders, Beiträge zur Theologie des Neuen Testamentes, Zürich 1970, S. 21—42.

—: EGO EIMI. Die religionsgeschichtliche Herkunft und theologische Bedeutung der johanneischen Bildreden, zugleich ein Beitrag zur Quellenfrage des vierten Evangeliums, Göttingen [2]1965 (FRLANT 56).

—: Jesus Christus im vielfältigen Zeugnis des Neuen Testaments, München/Hamburg 1968 (Siebenstern-Taschenbuch 126).

—: Marc 4,1—20, ETR 43 (1968) 256—264.

—: Matthäus und seine Gemeinde, Stuttgart 1974 (SBS 71).

—: Wer ist Jesus Christus?, ThLZ 99 (1974) 721—732.

—: Zur Frage der Lukasquellen. Analyse von Luk. 15,11—32, ThZ 4 (1948) 469—471.

Snodgrass, K. R.: The Parable of the Wicked Husbandmen: Is the Gospel of Thomas Version Original?, NTS 21 (1975) 142—144.

Söhngen, G.: Analogie und Metapher. Kleine Philosophie und Theologie der Sprache, Göttingen 1962 (Studium Universale).

Spicq, C.: La parabole de la veuve obstinée et du juge inerte, aux décisions impromptues (Lc. XVIII, 1—8), RB 68 (1961) 68—90.

Stählin, G.: Art. χήρα, ThWNT IX 428, 29—454, 36.

—: Das Bild der Witwe. Ein Beitrag zur Bildersprache der Bibel und zum Phänomen der Personifikation in der Antike, JAC 17 (1974) 5—20.

Stauffer, E.: Art. γαμέω, γάμος, ThWNT I 646, 1—655, 13.

Strobel, F. A.: Zum Verständnis von Mt XXV 1—13, NT 2 (1958) 199—227.

Stuhlmacher, P.: Neues Testament und Hermeneutik — Versuch einer Bestandsaufnahme, in: ders, Schriftauslegung auf dem Wege zur biblischen Theologie, Göttingen 1975, S. 9—49.

Stuhlmann, R.: Beobachtungen und Überlegungen zu Markus IV. 26—29, NTS 19 (1972/73) 153—162.

TeSelle, S. McF.: Speaking in Parables. A Study in Metaphor und Theology, London 1975.

Topel, L. J.: On the Injustice of the Unjust Steward: Lk 16:1—13, CBQ 37 (1975) 216—227.

Trilling, W.: Zur Überlieferungsgeschichte des Gleichnisses vom Hochzeitsmahl Mt 22,1—14, BZ 4 (1960) 251—265.

Via, D. O.: Die Gleichnisse Jesu. Ihre literarische und existentiale Dimension (deutsche Übersetzung), München 1970 (BEvTh 57).

—: The Relationship of Form to Content in the Parables: The Wedding Feast, Interp. 25 (1971) 171—184.

Vielhauer, Ph.: Das Nazaräerevangelium, in: Hennecke [3]I, 90—100.

Vincent, J. J.: The Parables of Jesus as Self-Revelation, in: Studia Evangelica, ed. K. Aland et al., Berlin 1959 (TU 73), S. 79—99.

Vögtle, A.: Die Einladung zum großen Gastmahl und zum königlichen Hochzeitsmahl. Ein Paradigma für den Wandel des geschichtlichen Verständnishorizonts, in: ders, Das Evangelium und die Evangelien. Beiträge zur Evangelienforschung, Düsseldorf 1971 (KBANT), S. 171—218.

Weiser, A.: Die Knechtsgleichnisse der synoptischen Evangelien, München 1971 (StANT 29).

—: Von der Predigt Jesu zur Erwartung der Parusie. Überlieferungsgeschicht-
   liches zum Gleichnis vom Türhüter, BiLe 12 (1971/72) 25—31.
Weiss, H. F.: Art. Φαρισαῖος, B., ThWNT IX 36, 13—51, 5.
Wenham, D.: The Interpretation of the Parable of the Sower, NTS 20 (1974)
   299—319.
White, K. D.: The Parable of the Sower, JThS 15 (1964) 300—307.
Wilkens, W.: Die Redaktion des Gleichniskapitels Mark. 4 durch Matth., ThZ
   20 (1964) 305—327.
Williams, F. E.: Is Almsgiving the Point of the ‚Unjust Steward'?, JBL 83
   (1964) 293—297.
Würthwein, E.: Art. μισθός, κτλ., B. II., ThWNT IV 710, 21—718, 5.
Zerwick, M.: Die Parabel vom Thronanwärter, Bib. 40 (2/1959) 654—674.